아함경²

붇다의 생애

학담평석 아함경²

불보장 1 붇다, 그 거룩한 삶 위대한 길

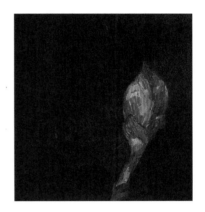

한길사

Āgama-Sūtra

by. Hakdam

Published by Hangilsa Publising. Co., Ltd., Korea, 2014

학담 아함경의 구성

불보장 佛寶章 1

붇다, 그 거룩한 삶 위대한 길

일러두기

1. 번역 대본 및 참고한 주요 불전과 문헌은 다음과 같다.
   - 북전 산스크리트어의 한역(漢譯) 네 아함을 번역 대본으로 삼고, 필요한 경우 그에 해당하는 남전 팔리어 니카야를 번역해 함께 수록했다. 그 가운데 상윳타니카야(Saṃyutta-nikāya, 상응부경전)와 마즈히마니카야(Majjhima-nikāya, 중부경전)는 보디(Bodhi) 비구의 영역본을 기본으로 해서 일어역『남전장경』(南傳藏經)을 참조했다. 또한 동국역경원 한글 번역본을 초역에 참고했다.
   - 비나야(vinaya, 律)로는 동아시아 불교 율종(律宗)의 토대가 된『사분율』(四分律)의 주요 내용을 뽑아 실었다.
   - 천태지의선사(天台智顗禪師)의 교관(敎觀)을 경전 해석의 기본 틀로 삼아 천태선사의 저술『마하지관』(摩訶止觀)·『법계차제초문』(法界次第初門) 가운데 많은 법문을 번역해 실었다.
   - 그밖에 참고한 다양한 불전 및 문헌들은 제12책(아함경 독해의 길잡이) 끝에 자세히 실었다.

2. 네 아함의 한문 경전은 직역을 원칙으로 했으며 자연스러운 우리말을 풍부히 살렸다. 특히, 게송은 뜻을 살리면서 운율의 맛이 느껴지게 했다.

3. 기존 한역 네 아함과 남전 다섯 니카야의 불전 체계를 귀명장·불보장·법보장·승보장 삼보(三寶)의 새로운 틀로 재구성했다. 전12책 20권의 편제다.

4. 해제, 이끄는 글, 해설에서 모든 경을 대승 교설과 회통하여 깊고 명쾌하게 평석했다. 부·장·절 그리고 각 경에 제목을 붙여 내용의 이해를 도왔다.

5. 지명·인명·용어 등은 산스크리트어 표기를 원칙으로 하되 이미 익숙해

진 발음은 아래처럼 예외를 두었다.

- 붓다는 산스크리트어 Buddha의 어원을 나타내기 위해 '붇다'로 표기한다. 싣단타(siddhānta)와 데바닫타(Devadatta)의 경우도 마찬가지이다.
- 산스크리트어 표기는 묵음화된 현대 발음을 쓰지 않고 고대 한자어로 음사한 음을 따라 쓴다. 예를 들어 Veda는 웨다로 쓰지 않고 베다로 쓴다. 산스크리트어 비파스야나(vipaśyanā)는 위파사나로 하는 이들이 있지만, 우리말에 익숙해진 비파사나로 쓴다.
- ⟨ś⟩의 발음은 ⟨śari⟩처럼 뒤에 모음이 오면 '사리(스)', ⟨Śrāvastī⟩처럼 뒤에 자음이 오면 '슈라바스티(슈)', ⟨Aśvajit⟩처럼 단어 중간에 모음 없이 오면 '아쓰바짓(쓰)'으로 표기한다.
- 팔리어 인·지명만 남아 있을 경우 '巴'로 팔리어임을 표시했다.
- 산스크리트어의 원래 발음을 찾지 못한 한자 음사어는 우리말 한자음과 현대 중국어 발음을 참고해서 원어에 가깝게 표기하고 한자어를 병기한다.
- 산스크리트어 빅슈(bhikṣu)·빅슈니(bhikṣuṇī)는 팔리어 비구(bhikkhu)·비구니(bhikkhunī)로 쓴다. 산스크리트어 슈라마네라(śrāmaṇera)·슈라마네리카(śrāmaṇerikā)도 사미·사미니로 쓴다. 산스크리트어로 슈라마나(śramaṇa), 팔리어로 사마나(samaṇa)는 사문(沙門)으로 쓴다.
- 용수(龍樹)-나가르주나(Nāgārjuna), 마명(馬鳴)-아쓰바고샤(Aśvaghoṣa), 세친(世親)-바수반두(Vasubandhu) 등 일부 인명은 익숙한 한자음 표기를 혼용한다.

6. 경전명·저술명은 가급적 한자어로 표기한다. 『중론』·『성유식론』·『기신론』·『대지도론』·『열반경』·『화엄경』 등.

7. 불(佛)·법(法)·승(僧)은 어원에 따라 붇다·다르마·상가로 쓴다.

8. " " - 직접인용 및 대화   ' '-" " 속의 인용과 대화 및 어구 강조

   ⟨ ⟩ - ' ' 속의 인용과 대화   「 」- 경전(품)·논문·단편

   『 』 - 경전·불전·책(빈번히 언급되는 남·북전 아함경은 생략)

   [ ] - 병기 한자어 및 원어 독음이 다를 때

불보장 佛寶章 1

붇다, 그 거룩한 삶 위대한 길

제1부

진리를 깨친 붇다,
그 진리대로의 삶과 구세행

붇다의 세간 출현을 그 무엇으로
비유할 것인가. 기나긴 밤 어두움 속에
묻혀 있는 만상은 찬란한 해가 뜰 때
그 모습을 온전히 드러낸다. 그렇듯 보디의
완성자 붇다의 지혜광명이 미망의 세간을
비추면 우주 만유의 연기적 실상이
온전히 밝혀지고, 중생 속 한량없는
공덕장이 온전히 드러난다.

붇다의 삶의 가르침으로 다시 읽는 붇다의 생애

1. 붇다의 출세와 역사적 상황

불교는 스스로 위없는 보디의 완성자라고 선언한 사카무니 붇다의 세간 출현과 그의 깨달음, 그리고 깨달음의 언어적 전승으로 인해 인류역사에 출현한 종교다.

붇다의 깨달음을 떠나 불교를 말할 수 없다. 그러나 원래 인도에서 붇다라는 말은 사카무니 한 사람을 일컫는 말이 아니었다. 높은 지혜를 갖춘 성자, 세간의 탐욕을 이긴 자를 지칭하는 일반명사로 쓰였다.

자이나교에서도 가장 높은 성자를 '위대한 영웅'이라는 뜻의 마하비라(Mahāvīra)라 일컫기도 하고 승리자[勝者] 곧 '지나'(Jina)라고도 한다. 또한 자이나교에서는 지나를 깨달은 자 곧 붇다(Buddha), 거룩한 이 '무니'(muni)라 불렀다.

그러나 불교가 인도를 넘어 세계종교가 됨으로써 붇다는 불교의 고유한 술어로 굳어져갔다. 불교 안에서도 붇다는 사카무니 붇다만을 일컫는 말이 아니고 '깨친 분' 모두를 일컫는 뜻으로 쓰였다.

그래서 비록 '깨친 이'지만 깨달음을 대중 속에 넓히지 못하고 홀로 그 니르바나에 머물며 세상에 가르침을 전하지 않는 프라테카붇다(pratyeka-buddha, 辟支佛, 獨覺)라는 뜻이 생겼으며, 과거의 붇다·미래의 붇다·시방의 붇다 등의 뜻이 생겼다.

붇다는 위없는 깨달음의 완성자를 나타내는 뜻이었지만, 사카무니 붇다로 인해 붇다의 구체적인 모습이 역사에 나타나게 된 것이고, 지혜와 자비의 완성자 사카무니로 인해 다시 언제 어디서나 계실 수 있는 붇다의 뜻이 세워졌다.

그러므로 차츰 붇다라는 말은 사카족 출신 고타마 붇다라는 뜻으로 한정지어진다.

경전에 나타나는 시방 삼세(十方三世)의 붇다라 하더라도 지금 여기 눈앞에 구체적인 인격으로 나타나 있는 고타마 붇다라는 뜻이 시간적·공간적으로 확장된 것이다.

고타마 붇다가 태어날 때 인도사회의 문화적·인종적 지형은 어떤 모습이었을까. 당시 인도사회는 하랍파(Harrapā), 모헨조다로(Mohenjo-daro)의 두 도시 중심으로 인더스 문명을 세웠던 드라비다(Dravida)의 선주민 사회에, 산스크리트어를 사용하며 베다의 종교문헌을 만들었던 아리안(Aryan)들의 문명이 결합된 형태를 띠고 있었다. 사성계급은 베다의 종교문헌을 만들었던 브라마나족의 인도 지배로부터 형성된 사회질서이다.

이렇게 보면 브라마나는 단순히 종교계급의 성격을 지닐 뿐만 아니라 인종적 성격을 아울러 지니는 개념이다. 브라마나 지배의 사회질서 속에서 선주민은 수드라의 노예계급으로 전락한다.

사카족은 스스로 크샤트리아족이라 하는 것으로 보아 인종적으로는 베다를 숭상했던 순수 브라마나족이 아니었던 것 같다. 그러나 붇다 탄생 당시 인도사회는 아리안들의 인도 지배가 오래 뿌리내려서 인종적 혼혈과 문화적 융합이 광범위하게 진행되었으며, 베다와 아리안어가 보편적 문화로 자리 잡았던 시대였다.

그러나 그 시대는 중부인도에 농업생산력이 발달하고 풍부한 물자의 집산과 상업자본의 축적으로 도시상업국가가 발달함으로써 바이샤의 사회적 영향력은 확대되고, 베다와 브라흐만의 신성을 등에

업은 브라마나들의 사회적·정치적 지배권은 약화된 시기였다.

바야흐로 크샤트리아와 바이샤의 시대가 도래한 것이다.

새로운 사문들의 출현은, 크샤트리아와 바이샤 계급의 사회적 부상의 철학적 반영이다.

정치적으로 당시 사회는 바이샤 중심의 도시상업국가가 나타난 시기였다. 작은 단위의 상업국가들은 공화정을 취하는 도시국가들이 연합된 정치체제였고, 그러한 정치적 연합체들은 다시 코살라나 마가다와 같은 대군주국가에 통합되는 과정을 거치고 있었다.

카필라 또한 열 개의 작은 나라들의 정치적 연합체로서, 그 나라의 수장들이 대표격인 라자(Rāja)를 뽑아 나라를 다스렸다. 중심 도시는 카필라바스투(Kapila-vastu)였다.

카필라바스투의 왕인 고타마 붓다의 아버지 정반왕(淨飯王, 白淨王, Śuddhodana-rāja)은 감자왕(甘蔗王, Ikṣvāku-rāja, 日種)의 먼 후손이라 하며, 그 형제들인 곡반왕(斛飯王, Droṇodana-rāja) 등도 연합체에 속한 작은 나라들의 수장이었다. 붓다의 어머니 마야(Māyā) 부인은 코리족의 수도 데바다하(Devadaha, 天臂城) 성주의 딸이다. 라훌라(Rāhula, 羅睺羅)의 어머니 야소다라(Yaśodharā) 또한 데바다하의 선각왕(善覺王, Suprabuddha)의 딸이라 한다.

이처럼 카필라는 혼인으로 묶인 정치연합체로서, 자치권을 가졌지만 코살라(Kośalā) 국의 지배권에 종속되어 있었다.

코살라 국과 마가다(Magadha) 국은 당시 인도를 다스렸던 두 강대국이었다. 붓다 성도 이후 코살라 국의 프라세나짓(Prasenajit) 왕과 마가다 국의 빔비사라(Bimbisāra) 왕이 모두 붓다께 귀의함으로써 그들이 살아 있었던 때는 두 나라 사이에 잠정적 평화가 유지되었다.

그러나 코살라 국의 프라세나짓 왕이 죽고 나서 그 아들 비두다바(Viḍūḍabha)가 왕위에 오른 뒤 카필라 국은 코살라 국에 멸망당한다. 코살라 국 또한, 부왕인 빔비사라 왕을 죽이고 왕위에 오른 아자타사트루(Ajātaśatru)가 다스리는 마가다 국에 통합된다.

붇다의 고국 카필라의 멸망과 코살라와 마가다의 통합은 모두 붇다 만년의 시대에 이루어졌다.

붇다는 코살라 국의 속방인 카필라 국에서 태어나 마가다 국의 구역에서 성도하고 그 이후 코살라 국의 수도 슈라바스티(Śrāvastī)를 전법의 주된 근거지로 삼았다.

그러나 인도의 정치적 지배권이 마가다로 통합되던 만년에는 그 수도 라자그리하(Rājagṛha) 성에서 교화하시다 북방으로 니르바나의 길을 떠나신다.

중국 당조(唐朝)에 '천하의 길이 장안(長安)으로 통한다'고 말했듯이, 인도의 길은 정치와 상업의 중심인 마가다 국의 라자그리하 성과 코살라 국의 슈라바스티 성으로 통한다. 라자그리하 성에 이르는 길은 북로(北路, Uttrāpatha)와 남로(南路, Dakkhiṇāpatha)다. 북로는 슈라바스티 성에서 시작하여 위쪽으로 카필라 성에 이르고, 다시 동쪽과 남쪽으로 돌아 쿠시나가라(Kuśinagara) 성과 바이샬리(Vaiśāli) 성을 거쳐 강가아 강을 건너 마가다 국의 라자그리하 성으로 들어간다.

남로는 남인도 데칸 고원의 파티타아나(Patiṭṭhāna)에서 아반티(Avanti) 국의 웃제니(Ujjenī)와 베디사(Vedisa)를 지나, 다시 카우삼비(Kauśāmbī)와 사케타(Sāketa)를 거쳐 슈라바스티 성과 라자그리하 성에 이르는 길이다.

두 길은 모두 슈라바스티 성을 거쳐 가며, 슈라바스티와 라자그리하 두 도시를 중심으로 붇다 교화의 주된 지역이 몰려 있으므로 이 주변 지역을 '불교중국'(佛敎中國)이라 말한다.

붇다 생존시에 이미 남인도까지 붇다의 가르침이 전해졌다고 한다. 설법 제일 푸르나(Pūrṇa-maitrāyṇṇīputra)가 이미 인도 서해안 수나파란타(Sunāparanta)에 법을 전하다 그곳에서 순교한 기록을 전하는 경이 있으며, 마하카타야나(Mahākātyāyana)와 마하코티타(Mahākoṭṭita) 등이 남방 아반티 국에까지 불교를 전했다.『숫타니파타』의 '저 언덕에 이르는 길의 장'[彼岸道品]은 남인도 데칸 고원에 살던 바아바란(Bāvaran)이라는 브라마나의 열여섯 제자가 남로를 따라 붇다를 방문하여 법을 들었다고 기록한다.

그러나 붇다는 주로 중부인도의 두 중심도시 슈라바스티와 라자그리하를 오가며 전법했으며, 마지막 니르바나에 드실 때는 라자그리하 성의 윗길, 곧 북로를 거슬러 육신의 몸을 받아나셨던 카필라 성쪽으로 걸어 올라가시다 쿠시나가라 성에서 장엄한 니르바나에 드셨다.

길에서 나시고 길을 오가며 법을 전하다, 길에서 거룩한 니르바나에 드신 것이다.

2. 사제법으로 읽는 붇다의 생애

사제법(四諦法)은 고(苦)·집(集)·멸(滅)·도(道)로 요약된다. 본 아함전서에서는 사제를 '괴로움·괴로움을 모아냄·괴로움의 사라짐·괴로움을 없애는 길'로 옮기고 있다. 괴로움과 괴로움의 모아냄이 원인에 의해 고통의 삶이 일어나는 모습을 나타낸다면, 괴로움의 사라짐과 괴로움을 없애는 길은 괴로움이 일어나는 인과를 반성하여 괴로움이 사라진 해탈의 삶을 구현하는 인과를 보인다.

괴로움과 괴로움을 모아냄이 중생이 삶의 실상을 등지고 고통바다에 흘러 구르는 연기[流轉緣起]를 나타낸다면, 괴로움의 사라짐과 괴로움을 없애는 길은 괴로움이 연기한 괴로움이므로 그 괴로움을 괴로움이게 하는 원인과 조건을 없앰으로써 다시 니르바나의 진실에 복귀하는 연기[還滅緣起]를 밝힌다.

사제법은 이처럼 인간의 삶에서 괴로움과 소외[苦諦]가 일어나는 인과[流轉緣起]와, 해탈과 니르바나[滅]가 구현되는 인과[還滅緣起]를 단적으로 보이는 교설로 연기법의 기본 구조를 해명하고 있다.

이 사제의 교설을 좀더 깊이 있게 살펴보자.

고제로 표현된 중생의 고통의 삶은 왜곡된 원인과 조건에 의해서 일어난 것이므로 고통은 본래 있는 것이 아니고, 니르바나는 중생 자신의 실천적 반성의 행을 통해서 구현된 것이므로 본래 없는 것이 아니다. 그러므로 사제설은 일어나고 사라지는 인과를 통해 중생은 본래 깨침의 존재이고 세계가 원래 니르바나되어 있음을 가르치고 있다.

사제설로 보면 해탈의 과정은 본래 깨쳐 있는 중생이 얻음 없이 새로 보디를 구현하는 과정이며, 중생의 번뇌와 세계의 모습이 본래 적멸되어 있으므로 모습 떠나 머물러야 할 니르바나의 모습이 없어서, 보디를 구현하게 되면 나고 사라지는 세간 역사의 땅에 다시 돌아오게 됨을 가르치고 있다.

이렇게 보면 사제설은, 나고 죽음을 떠나 보디를 구현하였지만 머물 니르바나를 보지 않으므로 세간에 복귀하고, 세간 교화의 행을 끝없이 펼치지만 그 짓는 행에 지음 없어 교화의 행이 다시 본래의 깨침 본래의 고요함을 떠나지 않는, 붇다 삶의 기록인 것이다.

사제설이 곧 붇다의 교설 전체를 관통하는 토대가 되는 것이다. 그러므로 붇다는 보디의 나무 아래서 보디를 이루신 뒤 바라나시국의 사슴동산에서 맨 처음 이 사제의 교설을 설하신 것이다.

붇다는 맨 처음 설한 사제의 간명한 교설로, 자신이 태어나서 중생의 고제(苦諦)를 자각하고 그 근원적 괴로움의 문제를 해결하기 위해 출가하고 수행하고 성도한 뒤 전법에 나선 자신의 과거의 삶을 압축해서 드러낸다. 다시 사제의 교설로 붇다는 니르바나의 고요함을 떠남이 없이 한량없는 교화행을 일으키다 다시 니르바나의 고요함에 복귀하는 미래의 삶을 함축해서 예언한다.

붇다는 자신의 삶 속에 이미 일어난 일과 앞으로 일어날 일을 사제의 교설로써 진실 그대로 요약해 보이고 함축적으로 예언한 것이다.

또한 실천적으로 사제의 교설은 범부의 쾌락적 삶과 쾌락의 삶을 거부하는 정신주의자들의 고행주의(苦行主義), 이 두 극단을 뛰어넘어 해탈을 이룬 자신의 삶의 기록이자 세간 중생을 향한 중도적 실천[中道行]의 제안이다.

붇다 당시 인도 사상계는 브라흐만의 신성이 만유를 전변(轉變)했다고 믿는 브라마나와 브라흐만의 신성을 부정하는 사문 두 집단이 대립하던 시기였다. 붇다의 사제교설은 신성과의 신비적 합일을 추구하는 브라마나의 수정주의(修定主義)와 육체에 고통을 가함으로써 영혼의 빛을 드러내려는 사문들의 고행주의를 넘어서 보디의 길[菩提道]을 제시한다.

붇다의 길은 쾌락을 추구하고 모습에 집착하는 범부의 세속주의 입장에서도 부정(쾌락에 대한 고행)의 부정인 새로운 길이며, 저 브라마나의 신성과의 합일을 추구하는 신비선정[修定主義]의 길에서

도 부정(초월주의적 선정에 대한 내재주의적 선정)의 부정인 새로운 길이다.

새로운 길은 부정하되 살리고 버리되 크게 껴안으며 세간에 돌아와도 세간에 물들지 않는 자유의 길이다.

사제설 자체가 해탈과 자재를 실현하려는 한 빼어난 인간의 실천적 고투의 기록이자 그 해탈과 자재를 성취한 실천적 검증의 기록이다.

사제설에서 멸제는 니르바나이다. 니르바나가 영적 신비의 세계가 아니라 고제를 고제로서 인식하고 그 고제의 원인을 없애는 실천행을 통해서 구현되는 세계라면, 니르바나는 고제의 자기전환이다.

이때 중생의 고제가 연기한 것이므로 실로 있는 고제가 아니라면, 고제의 전환으로서 니르바나에도 머물러야 할 니르바나가 없다. 니르바나는 중생의 고제가 새로운 해탈의 활동으로 드러난 것이며, 새로운 세간 복귀의 활동으로 나타나는 것이다.

사제설은 고제를 고제로서 인식하고 그 고제의 원인을 규명하여 고제를 멸제로 전환시킨 고타마 붇다라는 창조적 인간이 스스로 성취한 니르바나의 세계를 보인 교설이자, 니르바나에 머물 모습이 없으므로 세간에 돌아와 그 니르바나의 길을 세간에 전한 삶의 기록이다.

지혜로 성취한 니르바나에 머물 니르바나가 없기 때문에 고통받는 세간에 다시 돌아오는 것이 실상을 깨친 이의 자비행이다.

그러므로 사제설은 바로 보디의 완성자 고타마 붇다가 세간에 돌아와 크나큰 사랑을 실현하되, 세간을 대상화하지 않는 자비 자체의 세간 복귀운동의 과정을 보이고 있다.

이 뜻을 보살승(菩薩乘, bodhisattva-yāna)의 수행자들은 '보디사트바는 지혜가 있으므로 나고 죽음에 머물지 않고, 자비가 있으므로 니르바나에도 머물지 않는다'고 말하고 있다. 이는 사제의 교설이 니르바나에 돌아감과 세간에 돌아옴을 통일하는 가르침임을 온몸으로 받아들인 마하야나(mahā-yāna)의 실천적 수행자들이 여래의 길을 따라 행하려는 자기다짐이 되는 것이다.

이제 사제교설을 붇다의 생애와 연결지어 다시 살펴보자.

1) 고제와 집제

고제(苦諦)가 고통과 소외의 현실을 말한다면, 집제(集諦)란 삶의 소외를 일으키고 모으는 주·객관적 요인을 말한다. 붇다의 탄생에서 출가까지의 과정은 고제에 대한 인식의 과정이며, 고제의 원인에 대한 반성의 과정, 고제로부터 벗어나기 위한 자기결단의 과정이라 할 수 있다.

고타마 싣달타에게 고통이란 즐거움에 대한 괴로움이 아니다. 즐거움이 있고 괴로움이 있는 삶 전체, 있음과 없음, 나와 너, 자아와 세계가 대립하는 삶 전체가 괴로움이다.

그러므로 삶이 괴로움이라는 인식은 삶 전체를 즐거움과 괴로움이 대립하는 삶에서 그 대립이 끊어진 참된 안락의 삶으로 전환하기 위한 실천적 고민이다.

네 성문[四門]을 돌아보면서 병든 이를 만나고, 늙은이를 만나며, 죽은 시체를 보고, 서로 죽이고 빼앗는 중생의 생존 실태를 살펴보고 큰 충격을 받은 것은 고제에 대한 고타마 싣달타의 자기각성을 뜻한다.

인간의 고통과 소외를 근원적으로 통찰한 고타마에게 미래의 안락이 보장된 사회적 지위와 물질적 풍요는 문제해결의 길이 되지 못한다. 삶의 소외의 밑바탕에 중생의 무명(無明)과 탐욕(貪欲)이 자리 잡고 있다는 그의 인식은 바로 고제에 대한 집제의 깨달음이다.

집제의 뿌리를 뽑기 위해서는 탐욕의 뿌리를 더욱 북돋우는 왕궁의 생활을 버리고 떠나지 않으면 안 되고, 탐욕으로 물든 삶을 브라흐만의 신성에 대한 기도와 공양으로 속죄하려는 브라마나들의 세계관에서도 벗어나야 한다.

성(城)을 넘어 집을 나옴은 탐욕의 성을 넘어섬이고, 굳고 높은 브라마나의 초월주의적 세계관을 다시 뛰어넘음이다.

성을 넘어 고행의 숲에 들어가 몸의 장신구와 머리의 관을 마부 찬타카에게 주고 길을 떠나는 고타마의 모습은 탐욕에 젖은 기성의 삶에 대한 부정이며, 오랜 세월 인도사회의 지배철학이었던 브라마나의 세계관에 대한 거부이다.

고타마는 이제 카필라 성의 왕자가 아니라 가진 것 없이 떨어진 옷에 밀기울로 끼니를 때우는 사문이 된 것이다.

쾌락과 풍요의 부정은 사문 고타마에게 육 년 동안 아무것도 가진 것 없는 생활, 자기학대에 가까운 처절한 고행의 생활을 안겨준다.

2) 쾌락과 고행을 넘어선 중도의 도제

출가한 뒤 고타마는 몸에 대한 탐착이 고통의 근원이므로 몸을 괴롭힘으로써 정신의 자유를 얻을 수 있다는 고행주의자들을 따라 고행의 길을 걷는다. 그리고 물질과 모습의 세계[色界]에 대한 집착을 떠나 모습의 장애를 벗어나기 위해 신비선정의 길을 닦는다.

그러나 몸에 대한 집착이 삶의 한 극단이듯 몸에 대한 혐오감과 고행 또한 또 하나의 극단이다.

몸에 대한 두 극단의 태도는 있는 그대로의 몸의 진실에 대한 바른 견해가 아니다. 오히려 몸에 대한 탐착과 극단의 혐오감을 함께 벗어난 곳에서 몸은 바로 진리 실천의 토대가 되고 노동의 주체가 된다.

신비선정 또한 마찬가지다. 물질의 장애를 벗어나기 위해 관념적 신비선정을 닦아 그 속에서 일시적으로 장애를 벗어난 듯하다가도 거기에서 벗어나오면 새롭게 물질의 장애가 그의 삶을 물들인다. 오직 지혜를 통해 연기로 성취되어 있는 물질과 몸의 진실한 모습을 살펴, 물질과 몸의 공함을 체달할 때만 몸에 대한 탐착과 혐오, 물질의 장애를 참으로 건널 수 있다.

그래서 고타마는 물질의 장애를 벗어나 '있는 바 없는 곳의 선정'[無所有處定]을 가르치는 아라다 칼라마(Ārāḍa-kālāma)와 '생각 있음도 아니고 생각 없음도 아닌 곳의 선정[非想非非想處定]을 가르치는 우드라카 라마푸트라(Udraka-rāmaputra)에게 그 정신의 신비선정을 익히고서 그들을 떠나온다. 고행주의와 수정주의 그 어디서도 인간 문제의 완전한 해결은 찾아볼 수 없었다.

문제의 해결은 고통이 일어난 현실에 돌아가서 그 근원적 원인의 해소를 통해서만 달성된다. 발생의 원인을 우회해서 어떤 관념적 신비의 세계에 들어간다 해도 고통 문제의 원천적 해결은 없다.

고행으로 지칠 대로 지친 고타마는 이러한 실천적 반성을 통해 나이란자나(Nairañjanā) 강가에서 수자타(Sujāta)라는 아가씨가 바친 우유죽을 드시고 몸의 기운을 추스른다.

고타마는 나이란자나 강에서 몸을 씻고 그 물을 마시고, 근처 숲으로 들어가 아쓰밧타(aśvattha) 나무 아래 단정히 앉아 지금 바로 이 현재법[現法]의 나고 죽음과 나고 죽음을 있게 한 원인 그리고 나고 죽음에서 해탈하는 길을 사유한다.

이것이 보디 나무[菩提樹] 아래서의 십이연기(十二緣起)의 사유이다. 수자타의 죽을 드시고 보디 나무로 나아감이야말로 쾌락과 고행, 관념적 신비선정과 육체적 고행의 두 극단을 넘어 중도의 길을 가는 여래의 모습이다.

이제 출가를 통해 이루어진 고타마의 기성 삶에 대한 부정의 실천은, 새로운 부정의 부정을 창출함으로써 보디 나무 아래의 위대한 깨달음, 장엄한 니르바나의 세계를 향해 나아간 것이다.

3) 머물러야 할 고요함이 없는 니르바나의 멸제

고행과 유아론적 신비선정의 길을 버리고 보디 나무 아래 앉은 고타마의 깨달음은 다음과 같은 과정으로 기술된다.

수자타의 우유죽 공양을 받고 몸을 추스린 보디사트바는 나이란자나 강에 가 몸을 씻고 물을 마시고 보디 나무 아래로 나아간다.

나무 아래 풀자리를 깔고 두 발을 맺고 보디사트바는 십이연기를 차례를 따라 살피고 거슬러 살피며 한밤이 지나도록 깊이 살피다 지난 목숨을 아는 밝음[宿命明], 중생의 나고 죽음을 아는 하늘눈의 밝음[天眼明]을 얻고 나서, 새벽별을 바라보고 번뇌 다한 밝음[漏盡明]을 얻어 위없는 보디를 이루었다.

여기서 십이연기를 사유, 관찰한다 함은 무엇을 뜻하는가. 고통의 소멸은 고통이 일어나는 현실의 장을 살펴 그 원인을 없앰으로써만 가능하다. 그러므로 십이연기를 살피는 것은 관념적 신비선정의 길을 버리고 바로 고통을 일으키는 삶의 뿌리를 되살펴 그 원인을 없애는 실천활동이다.

붇다의 보디의 눈으로 보면 온갖 있음은 있되 있음 아닌 있음이고 생겨남은 생겨남에 생겨남이 없고 사라짐에 사라짐이 없다.

진실을 보지 못하는 근원적 미망 때문에 나고 죽음이 실로 있는 나고 죽음으로 규정되어 중생은 나고 죽음의 풀리지 않는 굴레 속에서 기나긴 밤길을 치달리며 살아간다.

그러나 십이연기설에서 삶의 근원적 미망인 무명(無明, avidya) 또한 원래 있는 것이 아니고, 나고 죽음을 실로 있는 나고 죽음이라고 잘못 보고 그 굴레에 갇힌 소외된 삶이 그 근원적 미망을 다시 일으킨다.

소외의 원인과 그 결과를 살피며, 결과를 살피고 그 원인을 살피면 고통의 결과는 원인이 일으킨 결과이지만, 원인은 다시 그 결과가 일으키는 원인이므로 원인과 결과가 모두 공하다.

십이연기를 살피다 샛별을 보고 깨친 그 찰나는, 바로 삶의 소외의 뿌리인 무명을 살펴 그 무명에 본래 뿌리가 없음을 깨달은 순간이다. 반복 순환하는 인과의 사슬이 본래 공한 줄 깨달았으면 윤회의 사슬은 원래 없는 것이다.

동터오는 밤하늘에 떠오르는 밝은 샛별을 보고 고타마가 깨달았다는 것은 무엇인가. 그것은 여래의 보디가 주체의 닫힌 내면 속에 있는 것도 아니며, 저 절대신성의 품속에 있는 것도 아님을 나타낸다. 주체[六根]가 세계[六境]를 바라봄[見, 六識] 속에서 깨달았다는 것은, 진리가 행위와 과정 속의 진리이고 관계 속의 진리임을 뜻한다.

여기 보는 나와 보여지는 저 별이 각기 고유한 자기 공간 속에 있다면 보디 나무 아래 앉아 계신 고타마가 어찌 저 샛별을 볼 수 있겠는가. 다시 브라흐만이라는 절대신성 안에 보는 자와 보여지는 것이

하나로 녹아 있다면 여기 있는 내가 어찌 나 아닌 저 세계를 볼 수 있을 것인가. 여래의 보디와 니르바나는 주·객의 관계 안에 갇혀 있지도 않고 관계성을 초월해 있지도 않다.

그리고 이처럼 여래의 니르바나가 과정운동 자체의 고요한 실상이며, 나와 너, 이것과 저것 사이 닫힘 없는 관계의 진실이라면 어찌 과정과 관계를 떠나 머물러야 할 니르바나가 따로 있겠는가.

『법화경』에서는 사카무니 붇다가 스스로 깨친 일승의 길[一佛乘道]에서 삼승의 방편[三乘方便]을 열어 중생을 위해 설법하길 결단하자 시방 삼세의 붇다들이 그를 향해 '거룩하십니다, 사카무니. 으뜸가는 이 세간의 인도자시여'라고 찬탄하는 기록이 나온다.

깨친 진리를 아직 못 깨친 중생에게 설법하길 결단하자 이미 깨친 과거의 붇다, 다른 곳의 붇다, 앞으로 올 붇다들이 찬탄했다는 이 구절 또한 여래의 보디와 니르바나가 과정 속의 진리이며 대화와 관계 속의 진리임을 나타낸다.

니르바나를 성취했지만, 과정과 관계를 떠나 머물러야 할 니르바나가 없기 때문에 여래는 다시 고통받는 세간 중생의 땅에 돌아와 중생을 위해 중생의 언어로 중생의 수준과 취향에 맞춰 가르침을 열어 그들을 보디와 니르바나에 이끌어 들인다.

이것이 곧 붇다가 보디 나무 밑 사마디(samādhi, 三昧)의 자리에서 일어나 저 카시의 사슴동산에 나아가 법의 북을 쳐서 다섯 비구를 건져줌이다.

붇다가 되신 고타마는, 고타마를 고행을 포기한 타락한 수행자라 비난하며, 고타마를 떠나 카시에 모여 있던 고행주의 다섯 수행자를 찾아간다. 불볕 같은 더위를 뚫고 맨발로 걸어 사슴동산의 언덕 위에 나타나신 붇다에게 다섯 수행자는 '그대 고타마'라 부르며 인사한다.

그들에게 붇다는 '여래를 옛날 이름 고타마라고 부르지 말라' 하시고, 스스로 '위없는 보디의 완성자' '온갖 것을 이긴 자' '붇다'임을 선언한다.

사제법과 중도법을 들은 다섯 수행자가 연기의 진리를 깨달아 아라한이 됨으로써, 붇다와 붇다의 가르침인 다르마(Dharma)와 가르침을 따르는 상가(Saṃgha) 공동체가 세간에 출현하게 되었고, 붇다의 깨달음은 대중 속에서 실천적 검증을 얻게 되었다.

나이 여든이 되도록 붇다는 길에서 길로 걸으며 쉬임없이 연기의 진리를 설파하고, 출신·계급·나이·남녀·인종의 차별을 두지 않고 널리 법을 설해 고통바다에 빠져 있는 뭇 삶들을 해탈의 저 언덕에 이끌고 니르바나의 저 언덕에 건네주었다.

경전의 기술에 의하면 진리의 가르침 법의 음성[法音]은 사람을 넘어, 사람 아닌 것 하늘·용·야크샤·간다르바·아수라의 무리에까지 전달되고 넓혀졌다.

이처럼 카시의 사슴동산에서 법의 북을 두드리고 법의 깃발을 세우신 뒤 마지막 니르바나 직전까지 여래는 설법과 교화행을 쉬지 않는다. 붇다는 니르바나에 드시기 전 라자그리하 성에서 길을 떠나 바아살리 성에서 수많은 대중을 교화하시고, 마지막 안거를 마친 뒤 북쪽으로 걸어 쿠시나가라 성 사라(sāla) 나무 사이에 머리를 북쪽으로 두도록 자리를 펴게 하신다.

니르바나의 밤, 세존을 찾아온 브라마나 수밧타라를 물리치지 않고 그의 법의 눈을 열어주신 뒤, 붇다는 인간 세상의 몸을 거두고 온전한 니르바나에 드신다.

그러나 붓다의 니르바나의 세계는 실체로 있던 몸을 버리고 허무적멸에 돌아감이거나, 나고 사라짐의 과정운동을 벗어나서 쉬는 고요함이 아니며, 니르바나의 공적함은 모습을 깨뜨리고 얻는 공적함이 아니다.

니르바나는 나고 사라지는 과정운동에 나고 사라짐의 운동 없는 고요함이고 모습에 모습 없는 고요함이다.

그러므로 보디의 완성자 여래는, 이미 온갖 존재운동과 온갖 모습 속에서 니르바나의 자리에 앉았고 니르바나의 자리에 누웠기 때문에, 다시 누울 니르바나의 자리가 없고 다시 들어갈 니르바나의 고요함이 없다.

나고 사라짐이 본래 고요한 니르바나인 줄 참으로 깨친 이는 니르바나를 떠나지 않고 나되 남이 없고 사라짐에 사라짐 없는 해탈의 활동을 펴는 것이다.

그리고 모습에 모습 없는 실상[無相實相]을 깨친 이는 공한 실상을 움직이지 않고 모습 없는 모습을 자재하게 굴려 쓰는 것이다.

그러므로 성도 이후 붓다의 쉬임 없는 전법행과 한량없는 설법행은 보디 나무 밑의 지혜와 니르바나를 떠남이 없이 일으키는 해탈의 행이니, 그 행은 함이 없되 하지 않음도 없는[無爲而無不爲] 삶활동일 뿐이다.

그것은 왜 그런가. 여래의 니르바나 곧 사제법의 멸제는 팔정도의 도제로 구현된 멸제이지만, 니르바나는 다시 팔정도의 해탈의 활동으로 발현되기 때문이다.

니르바나는 중생 고제의 공한 진실이니, 니르바나는 실로 고제를 끊고 얻는 멸제가 아니라 고제의 자기진실의 실현으로서의 멸제인 것이다. 그러므로 그 멸제는 행위밖에 어느 머무를 처소가 있는 멸제가 아니라, 물들고 닫힌 행위가 다시 치우침 없는 중도의 행[中道行] 머묾 없는 파라미타(pāramitā, 波羅密)의 행으로 발현되는 멸제인 것이다.

3. 바탕[本]과 자취[迹]로 본 붇다의 삶

동아시아 한문 불교권에서 사카무니 붇다가 이 인간 세상에 나투어 보인 거룩한 삶의 자취는 흔히 여덟 가지 모습[八相]으로 정식화된다. 그 가운데 특히 보디 나무 아래서 위없는 깨달음을 성취한 성도의 모습이 중심이 되므로 그 여덟 가지 모습은 팔상성도(八相成道)라고 표현된다.

여덟 가지 모습은 다음과 같다.

첫째, 투시타하늘에서 내려오는 모습[降兜率].

둘째, 어머니 마야 부인의 몸에 들어가는 모습[托胎].

셋째, 마야 부인의 오른쪽 옆구리에서 태어나 사방으로 일곱 걸음 걸으며 '하늘 위 하늘 아래 나 홀로 높다'[天上天下唯我獨尊]고 외치는 모습[出胎].

넷째, 흰 말을 타고 성을 넘어 출가하는 모습[出家].

다섯째, 육 년 고행하시고 보디 나무 아래서 마라를 항복받는 모습[降魔].

여섯째, 섣달 여드렛날 위없는 보디를 성취하시는 모습[成道].

일곱째, 사슴동산에서 처음 설법하여 중생을 제도하는 모습[轉

法論].

여덟째, 여든이 되시어 두 그루 사라 나무 사이에서 니르바나에
드는 모습[入滅]이다.

위의 여덟 가지 모습은 한국불교의 전통 염불의례문[釋門儀範]에
서 다시 다음 문장으로 재구성된다.

첫째, 투시타하늘에서 내려오시는 모습[兜率來儀相].
둘째, 룸비니 동산에서 태어나시는 모습[毘藍降生相].
셋째, 네 성문을 돌아보고 덧없음을 깨닫는 모습[四門遊觀相].
넷째, 성을 넘어 출가하는 모습[踰城出家相].
다섯째, 설산에서 도를 닦는 모습[雪山修道相].
여섯째, 보디 나무 아래서 마라를 항복받는 모습[樹下降魔相].
일곱째, 사슴동산에서 법바퀴 굴리시는 모습[鹿苑轉法相].
여덟째, 두 사라 나무 사이에서 니르바나에 드시는 모습[雙林涅
槃相].

중국불교의 여덟 가지 모습과 한국불교의 여덟 가지 모습은 붇다
의 생애에 대한 강조점에 따라 표현의 차이점이 있을지라도 그 기본
적인 흐름은 다르지 않다.
그러나 살펴보면 모든 자취[迹]는 자취를 나타내는 뿌리가 있다.
그림자가 나타나기 위해서는 그림자의 원 모습이 있어야 하고 햇빛
이 있어야 함과 같다.
이때 자취에 대한 바탕과 뿌리는 원인과 조건으로 인해 자취가 있

음을 표현하는 개념이지 실체적 뿌리를 말하지 않는다. 곧 어떤 것의 자취가 원인과 조건으로 있기 때문에 공하되 공도 공하여 늘 새로운 원인과 조건이 생성됨을 바탕이라 이름한 것이다.

자취가 공한 곳에 바탕의 뜻을 세우고, 바탕이 실체가 아니므로 자취의 뜻이 세워진다.

자취에서 보면 붇다 또한 우리 중생과 다름없이 인연으로 이 세간에 오신 분이다. 다만 붇다는 탐욕과 애착의 맹목적 의지로 세상에 오신 분이 아니라 스스로 깨달음을 구현하여 붇다의 지견을 세상에 펴기 위해 온 분이다.

『법화경』에 의하면 붇다는 무명의 힘에 이끌려 맹목적 의지를 따라 이 세간에 내던져지거나 그냥 내려온 것이 아니라, 붇다의 지견[佛知見]을 실현하기 위해 능동적이고 적극적인 의지로 이 고난의 세계에 나타나온 것이다.

『법화경』(「방편품」方便品)의 표현대로 하면, 한 큰일의 인연[一大事因緣]으로 이 세간에 나타난 것이다. 한 큰일의 인연이 공하되 공함도 공한 곳에서 보면, 지금 사카무니 붇다의 깨달음의 구현과 자비행의 자취는 이미 갖춰 있는 진리의 힘과 자비의 본원이 역사적으로 발현된 것이다.

곧 인연출세를 말하는 『법화경』의 뜻을 더 따라가면 붇다는 한 큰일의 인연으로 왔기 때문에 옴이 없고, 인연으로 갔기 때문에 감이 없다. 그가 세간에서 부모의 인연으로 받은 이 몸도 인연으로 있기 때문에 공하고 공하기 때문에 모습이 없다. 모습이 없기 때문에 다시 사라짐이 없다.

그러므로 사카무니 붇다의 태어나고 출가하고 성도하고 교화하고 니르바나에 든 여덟 가지 자취의 모습, 한량없는 교화의 모습은 실은 나고 사라짐 없고 모습 없는 본래의 땅[本地]에서 중생을 위해 자취를 나타내 보인 것[垂迹]이다.

그는 본래 모습 없음에서 모습 없는 모습을 나타내 보인 것이고, 본래 깨쳐 있음[本覺]에서 짐짓 새로 깨침[始覺]을 나타내 보인 것이며, 영원 전에 이미 이루어진 붇다[久遠實成佛]가 새로 붇다됨[始成正覺]을 나타내 보인 것이고, 본래 니르바나인 진리의 땅에서 짐짓 니르바나를 나타내 보인 것이다.

그러므로 그는 세상에 오기 전에 이미 니르바나의 땅에 있었기 때문에 이 세상을 떠난 뒤에도 사라짐이 없이 지금도 그리드라쿠타(Gṛdhrakūṭa, 靈鷲山) 산에서 늘 설법하고 있는 존재이다.

그러나 어찌 저 고타마 붇다만 그럴 것인가.

우리 중생도 지금 번뇌의 마음이 본래 남이 없는 줄 알아 번뇌를 돌이켜 지혜로 쓰고, 지금 이 모습이 공하되 공도 공한 줄 알면, 중생 스스로도 나고 사라짐이 없는 진리의 땅에서 옴이 없이 와서 이 세간을 살고 있는 것이다.

이와 같이 자취와 근본의 뜻을 알면 중생 또한 스스로 번뇌와 나고 죽음이 본래 공한 니르바나의 땅에서 고난의 세간에 와, 이 역사와 사회의 장에서 뭇 삶들을 위해 보디로 자각된 스스로의 몸과 뜻과 말을 적극적으로 나투는 존재가 될 수 있는 것이다.

진실에 대한 믿음과 깨달음이, 나고 죽음 속에 내던져진 존재를 일대사인연(一大事因緣)의 존재, 여래의 장엄으로 스스로를 장엄하는 존재로 세워준다. 그리고 모습에 갇히고 묶인 존재를 모습 없는 진리의 땅에서, 세간 모습의 땅에 모습 아닌 모습을 나투는 해탈의 존재로 돌이켜주는 것이다.

붇다의 여덟 가지 모습은 고타마 붇다의 거룩한 삶의 자취에 그치는 것이 아니다. 붇다의 여덟 가지 해탈의 모습은 우리 중생이 있음에서 있음을 떠나고 없음에서 다시 없음을 떠나 사르바즈냐나(sarvajñāna, 一切智)의 진리바다에 들어갈 때, 우리 스스로 다시 이 세간에 적극적으로 나타내고 굴려 쓰는 모습이 되는 것이다.

천태선사(天台禪師)의 『수습지관좌선법요』(修習止觀坐禪法要)는 중도의 지혜를 깨달을 때, 있음에 묶여 있고 번뇌에 물들어 있는 중생 스스로 여래의 여덟 가지 성도의 모습을 세간에 시현하는 해탈의 존재가 됨을 다음과 같이 기술한다.

인연법의 공함과 그 공함도 공함, 이 두 가지 공함을 살핌[二空觀]으로 인해 중도의 으뜸가는 진리 살핌[中道第一義觀]에 들어가게 되면, 속제와 진제를 같이 비추어 마음마음이 고요하여 저절로 사르바즈냐나의 바다에 들어가게 된다.

만약 보디사트바가 한 생각 가운데 온갖 붇다의 법을 갖추려면 반드시 '두 가지 치우친 분별 쉬어 그침'[息二邊分別止]을 닦고 '중도의 바른 살핌'[中道正觀]을 행해야 한다.

어떻게 바른 살핌을 닦는가. 만약 마음의 성품[心性]이 참으로 공함도 아니고 거짓 있음도 아님을 체달해 알아, 공함과 거짓 있음 헤아리는 마음[緣眞假之心]을 쉬면 이를 바름[正]이라 한다.

마음의 성품이 공함도 아니고 거짓 있음도 아니되 공함과 거짓 있음을 무너뜨리지 않음을 깊이 살펴서, 만약 이와 같이 살펴 볼 수 있으면 마음의 성품에서 중도를 통달하여[通達中道] 진제와 속제를 두렷이 비추게 된다[圓照二諦].

만약 스스로의 마음에서 중도인 두 진리[中道二諦]를 보면 곧 모든 법의 중도인 두 진리를 보되 또한 중도인 두 진리를 취하지 않으니, 결정된 성품을 얻을 수 없기 때문이다.

이것을 중도의 바른 살핌[中道正觀]이라 한다.

중론의 게[中論偈] 가운데 말함과 같다.

인연으로 생겨나는 법을
나는 곧 공하다 말한다.
또한 거짓 있음이라 하고
또한 중도의 뜻이라 한다.

因緣所生法　我說即是空
亦爲是假名　亦名中道義

이 게의 뜻을 깊이 찾으면 중도관의 모습[中觀之相]을 갖추어 분별할 뿐만 아니라 또한 앞의 두 가지 방편의 살피는 문[空觀, 假觀]의 뜻을 겸해 밝히게 된다.

반드시 중도의 바른 살핌을 알아야 하니, 곧 이것이 붇다의 눈[佛眼]인 일체종지(一切種智)이다.

만약 이 살핌에 머무르면 선정과 지혜의 힘이 평등해져 불성(佛性)을 밝게 보아 마하야나(mahāyāna, 大乘)에 편히 머물러 걸음걸이가 반듯하고 올발라 그 빠름이 바람과 같아서 저절로 사르바즈냐나의 바다에 흘러들어간다.

그리하여 여래의 행을 행하고 여래의 방에 들어가 여래의 옷을 입고 여래의 자리에 앉게 되니, 곧 여래의 장엄으로 스스로 꾸미어 여섯 가지 아는 뿌리가 청정하여 붇다의 경계에 들어감이다.

그러면 온갖 법에 물들어 집착하지 않고 온갖 붇다의 법이 모두 앞에 나타나 붇다 생각하는 사마디[念佛三昧]를 성취한다.

또한 수랑가마사마디(śūraṃgama-samādhi, 首楞嚴定)에 편히 머무르게 되니, 곧 이것이 널리 몸을 나타내는 사마디[普現色身三昧]이다.

그렇게 되면 널리 시방 붇다의 땅에 들어가 중생을 교화하여 온갖 붇다의 나라[一切佛刹]를 깨끗이 꾸미어 시방의 모든 붇다께 공양하고, 온갖 모든 붇다의 법을 받아 지니어 온갖 모든 행과 파라미타를 갖추어 큰 보디사트바의 지위에 들어가 사만타바드라[普賢]·만주쓰리[文殊] 보디사트바들과 평등한 벗[等侶]이 된다.

법성의 몸[法性身] 가운데 늘 머물러 모든 붇다가 칭찬하여 언약 주심[稱歎授記]을 받고서 투시타하늘을 장엄하고, 어머니의 태에 내려옴[降神母胎]을 보이고, 집을 나와[出家] 보디의 도량에 나아가고[詣道場], 마라와 원수를 항복받고[降魔怨], 바른 깨달음을 이루어[成正覺], 법바퀴를 굴리고[轉法輪], 니르바나에 들어감[入涅槃]을 나타내 보인다.

그리하여 시방의 국토에서 온갖 붇다의 일[佛事]을 마쳐 다하고 참된 몸과 응하는 두 몸[眞應二身]을 갖추게 되니, 이것이 처음 마음 낸 보디사트바[初發心菩薩]이다.

천태선사의 『수습지관좌선법요』에 의하면 지금 중생의 한 생각 속에 몸과 경계, 세계가 다 갖춰 있으므로 한 생각이 있되 있음 아니고 없되 없음 아님을 바로 보아 그 중도의 모습도 취하지 않으면, 세간의 온갖 법이 중도의 진실한 모습임을 깨닫게 된다.

곧 중생의 물들고 때묻은 현실이 공한 줄 깨닫고 그 공함마저 공한 줄 알면, 중생은 여래가 쓰는 보디의 힘을 온전히 역사 속에 쓰는 존재로 자신을 새롭게 자각하게 되고, 나날의 활동이 온전히 여래의 일을 함께 행하는 자가 되어, 그 스스로 출가하고 설법하고 니르바나에 드는 여래의 일을 일상에서 행하게 된다.

그리하여 이 중생의 몸 그대로 여래의 방과 여래의 집에 들어가고 여래의 장엄으로 스스로를 꾸미며, 온갖 중생의 행을 여래의 행으로 돌려쓰게 된다.

여래장인 중생의 실상을 바로 믿어 실상에 돌아가는 자, 그가 나의 삶의 모습 나의 나날의 생활을 여래의 팔상성도의 모습으로 쓰는 자이다.

그러나 이것이 어찌 높은 경지의 도인의 행이겠는가. 바로 지금 붇다께 귀의하고 가르침을 따라 보디의 마음을 낸 '첫걸음의 제자'가 바로 그 사람인 것이다.

여래의 팔상성도를 나의 삶 속에 쓰는 것이 '처음 마음 낸 보디사트바'의 일이라는 천태선사의 뜻이 어찌 헛된 말일 것인가.

4. 선종에서 본 붇다와 붇다의 현존

선종(禪宗)은 중국 종파불교에서 조사법의 전승을 통해 '붇다의 마음도장'[佛心印]을 전승했다고 주장하며, 가사와 발우로써 마음도장의 물질적 징표를 삼아 법을 전해간다고 주장하는 종파이다. 중국 당조(唐朝) 하택신회선사(荷澤神會禪師)의 육대전의설(六代傳衣

說)이 종파 성립의 이론적 근거가 된다.

불교 실천관에서 선정과 지혜[定慧], 선정과 지혜가 하나된 윤리적 실천[戒]은 서로 분리될 수 없다. 그러므로 선종의 선(禪)이 종파주의적 실천의 한계를 벗어나기 위해서는, 선이 계·정·혜를 모두거두고 선바라밀(禪波羅密, dhyāna-pāramitā)이 온갖 실천[一切波羅密]을 모두 거둔다고 그 종지를 풀이해야 한다.

우리불교 고려조 진각혜심선사(眞覺慧諶禪師)와 그 제자들이 편집한 『선문염송집』(禪門拈頌集)은, 선종의 법통을 중심으로 붇다와 역대 조사들의 가르침을 짤막한 이야기 형식으로 집성하고 그 이야기에 여러 선사들의 송(頌)과 염(拈) 등을 붙여 엮어놓은 선서(禪書)이다.

선종도 붇다가 뿌리이므로 『선문염송집』의 첫머리에 붇다의 생애와 관련된 여러 공안(公案)들이 모아져 있다. 선종에서 붇다의 언어적 가르침과 행위의 자취는 그 역사적 사실이나 문헌적 근거와 꼭 일치하지 않는다.

선종은 문헌적 근거보다는 붇다의 말씀과 조사의 가르침을 통해, 중생의 집착의 삶 한복판에 삶의 문제를 푸는 근원적 물음을 던지는데 관심을 기울인다.

선종에서 붇다의 삶의 자취에 던지는 나의 물음은, 자취를 자취이게 하는 근원에 대한 물음이 되며, 그 근원에 대한 물음은 다시 지금 나의 삶의 문제를 푸는 열쇠[公案]가 된다. 선종에서 붇다의 삶의 지평은 지금 나의 삶의 지평이 된다.

『선문염송집』의 붇다 생애에 관한 공안을 중심으로 우리불교 최초로 '붇다의 역사'를 쓴 분은 근대 한국불교 고승 용성진종선사(龍城

震鍾禪師)이다. 그의『석가사』(釋迦史)가 바로 '선(禪)의 시각으로 본 사카무니 붇다의 생애'라고 말할 수 있는 저술이다.

이제 본고에서도 용성선사의 뜻을 이어『선문염송집』가운데서 붇다 생애의 특징적 모습과 관계된 몇몇 공안을 통해 그 생애를 조망해보고자 한다.

기본 골격은 여래의 여덟 가지 성도의 모습[八相成道相]과 서로 겹친다.

1) 여래의 세간에 오심과 룸비니 탄생

경전의 기록으로는 사카무니 붇다의 앞의 몸이신 보디사트바는 투시타하늘에서 사바세계 중생구제의 인연과 날 때와 곳, 부모의 인연을 살피고서 카필라 국의 숫도다나 왕과 마야 부인의 인연을 빌려 이 세간에 태어날 결심을 한다.

그리고 보디사트바는 여섯 이의 흰 코끼리[六牙白象]를 타고 어머니의 태에 들어 이 인간 세상에 내려온다.

대승불교에서 흰 코끼리[白象]는 사만타바드라의 광대행(廣大行)을 상징한다. 광대한 행이란 자아와 세계의 장애가 끊어진 법계의 진리에서 현전하는 행이다. 그러므로 여섯 이의 코끼리를 타고 사바에 내려오는 보디사트바의 모습은 세간의 닫힌 모습이 공한 진리의 땅에서 여섯 가지 파라미타행을 일으켜, 옴이 없이 이 세간에 옴을 나타낸다.

보디사트바가 투시타하늘에서 이 사바에 내려왔다는 경전의 기록에 대해 선사(禪師)들은 다시 묻는다.

'저 보디사트바가 실로 투시타하늘에서 이 사바에 온 것인가.

그리고 일생 한량없는 교화의 행을 보였지만 자기 밖에 실체로 있는 대상으로서의 중생을 건진 것인가.'

지금 여기 이곳에서 다른 어떤 곳에 이르름이란 여기 이곳과 저곳이 서로 닫혀 있지 않으며 이미 이곳이 저곳에 통해 있기 때문에 그럴 수 있는 것이다. 그렇다면 종일 가되 실로 감이 없음을 알면, 가지 않되 가지 않는 것도 아님을 아는 것인가.

중생구제라 함도 실은 내가 저 대상으로서의 중생을 구제함이 아니라 나와 중생이 둘 아닌 실상을 스스로 실현하는 모습일 것이다. 그렇다면 중생에 대한 대상화의 관념이 사라지면, 아직 교화행을 일으키기 전에 저 중생에 대한 교화행이 지금 이곳 보디사트바의 마음속에 이미 있는 것이리라.

이런 물음들은 다음과 같은 공안으로 표현된다.

> 세존이 투시타하늘을 떠나지 않고
> 이미 카필라 왕궁에 내려왔으며
> 어머니의 태를 나오기 전에
> 사람 건네줌을 이미 마쳤다.

世尊 未離兜率 已降王宮 未出母胎 度人已畢

투시타하늘을 떠나지 않고 왕궁에 내려왔다는 이 말을 어떤 특별한 인격의 신비능력으로 이해하는가. 그렇지 않다.

그렇다면 투시타를 떠나지 않고 세존이 이미 사바에 왔다는 이 법문의 뜻은, 가되 실로 감[去]이 없고 가지 않되 실로 가지 않음[不去]이 없는, 감[去]과 가지 않음[不去]의 중도를 보인 것인가.

그리고 어머니 태에 있으면서 이미 중생구제를 마쳤다는 말은, 건지는 나와 건질 중생이 둘이 없는 세계의 실상을 보여주고 있는 것인가.

곤산원(崑山元)은 이렇게 노래한다.

> 투시타하늘 경계 떠나기 전에
> 이미 부왕의 궁전에 내려오셨고
> 비록 중생 건네줌을 다 마쳤지만
> 오히려 어머니 뱃속에 있네.
> 참으로 묘한 작용도 아니고
> 또한 신비한 능력도 아닌 것이니
> 깜냥대로 잣대를 세우지 말고
> 말을 따라 그 종지 알아야 한다.
>
> 未離兜率境　已降父王宮
> 雖度衆生畢　猶居母腹中
> 良由非妙用　亦不是神通
> 勿自立規矩　承言須會宗

그렇다면 이 공안을 통해 자아와 세계의 있는 모습이 철저히 공한 줄 알아야 막힘없고 걸림 없는 법계[無障碍法界]에 서서 여기 있되 만 가지 존재를 싸안을 수 있고, 뒤에 있되 이미 저 앞으로 가는 소식을 볼 수 있으리라.

걸어가며 물소 탈 줄 아는 사람이[步行騎水牛] 붇다가 세간 오신 소식에 함께할 수 있음인가.

원오근(圜悟勤) 선사는 다음과 같이 노래한다.

큰 모습은 본래 꼴이 없어서
지극히 비어 만 가지 것 싸안으니
맨 뒤가 이미 크게 앞서가고
남쪽을 향하여 북두를 보네.

大象本無形　至虛包萬有
末後已大過　面南看北斗

아버지의 왕궁과 저 투시타하늘
중생 건짐과 어머니의 태를 나오심
그 시작과 끝이 하나로 꿰뚫어져
처음부터 감이 없고 옴도 없도다.
자취 쓸어 없애고 뿌리까지 뽑으면
불 속에서 연꽃이 곳곳에서 피리라.

王宮兜率　度生出胎
始終一貫　初無去來
掃蹤滅迹除根蒂　火裏蓮花處處開

　원오근 선사의 뜻으로 보면, 붇다가 저 투시타하늘에서 사바에 가되 감이 없고 어머니의 태에 들되 옴이 없다면 한 티끌이라도 오고감이 있다는 생각, 중생을 위해 법을 설했다는 생각을 일으키지 않아야 모든 허물 벗어나 붇다의 뜻에 함께할 수 있으리라.

　그리고 오고감과 머묾에 집착하는 마음의 허물 모두 벗어나야 나그네 떠돌이 신세를 면하고 고향집에 돌아가 붇다가 세간 오신 큰 뜻에 늘 함께해 그 은혜를 받아쓰는 자가 될 것이다.

그렇다면 지금 억압된 문명, 오염된 역사의 강물 한복판에서 여래를 따라 '비단옷 입고 고향집으로 돌아갈 수 있는 자'[衣錦自還鄉]는 누구인가.

2) 태어나자 사방으로 일곱 걸음 걸으심

마야 부인은 흰 코끼리 탄 보디사트바가 품에 드는 꿈을 꾸고 달수가 차서 산달이 되자, 옛 풍습대로 친정인 데바다하 성에서 아이를 낳기 위해 길을 떠난다. 길을 가다 룸비니 동산에 이르러 갑자기 산통이 시작된다.

급히 천막을 두르고 무우수(無憂樹) 가지를 잡고 아이를 낳으니, 아이는 어머니의 옆구리로 나자마자 사방으로 일곱 걸음을 걷고 손가락으로 하늘 위와 하늘 아래를 가리키며 '하늘 위 하늘 아래 나 홀로 높다'고 말했다 한다.

이 기록을 어떻게 받아들여야 하는가.

어린이 속에 젊은이의 힘과 늙은이의 지혜가 이미 갖춰져 있음을 보이며, 보디의 도 이루는 모습 보이기 전에 이미 온갖 중생이 본래 깨쳐 있음[本覺]을 나타낸 것인가.

결과로서 위없는 보디를 이루어 중생을 위해 한량없는 교화의 행을 나투셨으니, 그는 날 때 깨달음의 큰일을 이루어 중생에게 줄 삶의 지혜로움과 복됨을 이미 가지고 나오셨음을 나타냄인가.

붇다의 깨달음은 존재의 진실을 새롭게 실현함이다. 그러므로 붇다의 깨침[能覺]과 깨친 바[所覺]가 공해 자취 없어서 '새로 깨달았다 말하는 것'[始成正覺]과 '한 큰일의 인연으로 세상에 왔다'[一大事因緣出世]고 함도 중생중생이 본래 진리의 주체인 면에서 보면 다 허물이 된다.

그래서 운문선사(雲門禪師)는 '세존이 나자마자 일곱 걸음 걸었다'는 이 말에 대해 '한 몽둥이로 때려잡겠다'고 핀잔하여 여래의 큰 뜻을 다시 보였던 것인가.

원오근 선사는 중생중생이 여래가 세상에 와서 열어줄 큰일의 인연을 이미 갖추고 있음을 다음과 같이 노래한다.

> 오른쪽 옆구리로 금빛 몸 낳으시니
> 아홉 용은 향기로운 물 품어주네.
> 의젓하게 사방으로 걸음 걸으니
> 두루 둘러 연꽃이 솟구치네.
> 끝에서 먼저 으뜸가는 기틀 베푸니
> 높은 가풍은 옛에 뻗치어
> 우뚝 드높이 솟구치도다.
> 그때 이 일을 아는 자 있었다면
> 날랜 도적 한가로이 잡아눌렀으리.
> 에잇!
>
> 右脇誕金軀　九龍噴香水
> 巍巍步四方　周匝蓮花起
> 末上先施第一機　高風亘古鎭巍巍
> 當時有箇承當得　等閑擒下白拈賊　咦

세존이 사방으로 일곱 걸음 걷는 것이 온갖 중생이 본래 쓰고 있는 소식을 내보인 것이며, '하늘 위 하늘 아래 홀로 높다'고 외치심이 뒤에 이룰 보디의 과덕을 미리 드러내 보인 것이다.

참으로 아는 이 있다면 맨땅에 바람 물결 일으킨 세존의 발걸음을 막아 눌렀어야 하리라.

그러나 중생이 비록 여래와 다름없는 지혜의 빛을 본래 갖추고 있지만, 중생 스스로 번뇌와 집착으로 캄캄하여 어두운 밤길에 헤매고 있으니, 여래가 중생의 미망의 세간과 혼돈의 역사 속에 출현하여 하늘 위 하늘 아래 높은 보디의 뜻을 보인 것이다.

여래의 출현은 아직 동트기 전 캄캄한 새벽에 길을 떠나는 사람의 모습과 같다.

그러나 여래의 뜻이 저 미망의 중생 속에 이미 있는 뜻이고 옛 붙다가 이미 검증한 뜻이라면, 먼저 길 가는 자라고 자랑해 내세울 것이 무엇 있는가.

백운병(白雲昺) 선사는 이렇게 노래한다.

근심 없는 나무 아래 금빛 몸 낳으시자
일곱 걸음 두루 걸은 그 일 매우 산뜻하다.
서로 만나 새벽에 일어났다 말하나
밤길 나선 사람 있음을 뉘라 알리오.

無憂樹下誕金身　七步周行事斬新
相見謂言侵早起　誰知更有夜行人

3) 새벽별을 보시고 위없는 보디를 이루심

수자타로부터 우유죽을 받아 드시고 보디 나무 아래로 나아가는 고타마의 모습은 곧 세속 쾌락의 삶과 치우친 수행자들의 고행의 삶을 넘어선 중도의 길에 나아감이다.

그리고 실천론적으로는 유아론적 신비선정[修定主義]과 영혼의 빛을 드러내기 위한 고행의 실천[苦行主義]을 넘어서 지혜를 통해서만 구현되는 선정, 연기론적 해탈의 길에 나섬이다.

『선문염송집』은 보리 나무 밑의 깨달음을 '밝은 별[明星]을 보고 도를 깨달았다[悟道]'라고 기술한다.

그러나 중생의 못 깨침과 미망의 근원인 무명 자체가 본래 생겨난 곳이 없다면, 여래의 깨달음에 주체의 깨침[能覺]과 깨친 진리[所覺]의 자취를 세우면 오히려 깨달음의 진실을 등지는 것이다.

붇다가 별을 보고 깨달았다는 구절을 살펴보자. 저 별이 나 밖에 실로 있는 별이라 해도 주체가 저 별을 볼 수 없고, 별이 별 아니라 해도 저 별을 볼 수 없다.

별을 볼 수 있다는 구절을 통해 보는 주체와 보여지는 사물의 실체성을 깨뜨릴 때만, '볼 수 있다'는 뜻을 '봄이 없이 본다'[不見而見]는 뜻으로 세울 수 있다.

고타마 붇다는 십이연기를 사유하다 별을 보는 그때 그 자리에서 볼 수 있는 마음[心]과 보여지는 사물[色]의 실체성을 한꺼번에 깨뜨려, 보되 봄이 없고 보지 않되 보지 않음이 없는 일체종지(一切種智)를 성취한 것이다.

『선문염송집』에는 다음과 같은 노래가 실려 있다.

별로 인해 도를 깨달으니
깨친 뒤에 별이 별이 아니다.
별을 보고 깨침이여!

사물을 좇는 것도 아니오.
하늘의 밝은 저 별이여!
뜻 없는 것도 아니로다.

因星見悟 悟罷非星
不逐於物 不是無情

위 게송이 보인 것처럼 여래는 분명 보디 나무 아래서 십이연기를
사유하다 동트는 새벽 밝은 별을 보고 무명의 끝을 다해 위없는 보디
를 성취했다. 그러나 저 여래의 보디 나무 밑의 깨달음도 중생의 무
명이 본래 일어난 곳이 없음을 깨침이고, 저 보여지는 별이 별 아닌
별의 본래 실상을 깨친 것이니, 한 티끌이라도 새로 깨쳤다는 생각을
일으키면 여래의 보디를 바로 보지 못한 것이다.

보디는 이미 중생과 세계 속에 드러나 있는 진실을 진실 그대로 드
러냄일 뿐이니, 어디에 깨침과 깨친 바의 자취가 있겠는가.

또 세존이 별을 보고 깨쳤다고 하지만, 깨치고 보면 별은 별이 아
니라 마음인 별이다. 그러니 별을 보고 깨침이 어찌 마음으로 사물을
좇음일 것이며, 저 별이 어찌 다만 뜻 없는 사물일 것인가.

보림본(寶林本) 선사는 다음과 같이 이 공안에 대해 들어보인다.

세존이 밝은 별을 보고 도를 깨쳤다고 말하니, 지금 이때 누가
이 뜻을 드러내 보일 것인가.

이에 대해 얼마나 많은 묘한 구절 그윽한 말들이 있었던가.

그러나 어떤 것이 말함과 말한 바인가.

世尊覩明星悟道云 當此之際 誰爲擧揚 有多少妙句玄言

那箇是能說所說

또 말한다.

저 큰 땅과 뭇 삶들이 더불어 같이 바른 깨침을 이루었으니, 이 늙은이는 제쳐두고 여러 사람들이 깨달음 이룬 것을 기억할 수 있는가.

잠자코[良久] 있다 말했다.

몇 줄기 푸른 물이 바위 앞을 지나는데
한 조각 흰 구름은 강 위에 오는구나.

幾條綠水巖前去 一片白雲江上來

4) 사슴동산에서 나이란자나 강까지 한 글자도 설한 바가 없으심

역사적으로 보면 붓다는 성도 후 붓다께 꿀을 바친 트라푸샤 (Trapuṣa)와 발리카(Bhallika) 두 상인에게 맨 처음 붓다[佛]와 법(法)에 대한 귀의를 가르치신다. 그 뒤 카시(Kāśi)로 가는 길 가운데 '우파카'라는 브라마나를 만나 스스로 여래임을 선언한 뒤, 사슴동산에서 다섯 수행자에게 사제의 법바퀴를 굴렸다.

처음 법바퀴를 굴리신 뒤 마지막 니르바나 드시기 바로 전까지 여래는 중생을 위해 자비의 교화를 멈추지 않으셨다. 니르바나의 마지막 밤 평상에 누워 계시면서도 법을 위해 찾아온 백이십 세의 늙은 수밧타라 브라마나의 물음까지 막지 않으시고 그 물음에 대답해주시고 친절하고 간절히 중생을 해탈의 길에 이끌었다.

사슴동산에서부터 사라 나무 사이 니르바나의 자리에 이르기까지

여래의 법바퀴 굴림은 멈추지 않았다.

그러나 여래의 말씀함 자체를 연기법의 진실대로 살피면, 여래는 비록 말하되 말함과 말할 것이 공한 곳에서 말함 없이 말한 분이니, 평생 한량없는 언어적 실천을 일으켰지만 말의 자취가 없는 것이다.

그러므로 여래는 니르바나에 드시기 얼마 전 극심한 병고를 이기고 마지막 안거를 끝낸 뒤에도 아난다에게 '여래에게는 비밀하게 감춘 법이 없고 남겨야 할 말이 없다'고 가르치셨다.

그리고 또 여래의 법은 실로 볼 것이 있고 얻을 것이 있는 법을 통달해서 전해주는 법이 아님을 말씀하고 있다.

여래께 실로 남겨놓은 말이 있다고 하면 그 말이 다시 장애가 되어 중생 스스로의 본래 밝은 지혜를 가릴 것이다.

『선문염송집』은 이런 뜻을 다음과 같은 공안으로 보인다.

세존이 니르바나에 드시려 할 때 대중에게 말씀하셨다.
"처음 카시의 사슴동산으로부터 마지막 나이란자나 강에 이르기까지 그 둘 사이에 일찍이 한 글자도 말하지 않았다."

始從鹿野苑 終至跋提河 於是二中間 未曾說一字

이처럼 『선문염송집』은 여래에게 한 글자도 설한 글자가 없고 한 말씀도 말한 바가 없다고 한다.

그러나 이 말은 붇다가 다만 말 없음으로 말하지 않음을 보인 것이 아니라, 비록 말하되 말 없음을 보인 것이니, 말이 있다 해도 여래의 뜻이 아니고 말이 없다 해도 여래의 뜻이 아니다.

만약 말이 없다 하면 지금 팔만장경 그 법의 은혜를 저버림이 될 것이고, 만약 말이 있다 하면 그 많고 많은 말의 장애를 어찌할 것인가.

또 여래에게 말이 없다 하면 미망의 세간에서 중생을 건질 자비의 방편을 부정하는 것이 되고, 어지러운 세간에 바른 언교(言敎)를 세울 수 없게 될 것이다.

그러나 말이 있다 하면 말을 붙들고 말에 가려 여래의 지혜의 땅에 돌아가지 못할 것이며, 언어가 실상인 언어인 줄 모르고 말과 뜻에 주저앉아 그릇 풀이한 뜻이나 자기의 자의적 견해를 가지고 이 세간을 속이는 거짓 선지식이 될 것이다.

그렇다면 여래의 다함없는 설법의 말씀은 그 무엇이라 해야 하는가. 여래의 말이여, 거북털 토끼뿔이 허공에 가득한 소식[龜毛兎角滿虛空]인가.

상방익(上方益) 선사는 여래에게 한마디 말이 없었다는 이 이야기에 대해 다음과 같이 보인다.

이미 한 글자도 일찍이 말하지 않았다면 수천여 권 경전은 어디서 얻을 것인가. 다음과 같이 말씀함을 보지 못했는가.

"다만 거짓 이름[假名]의 글자로 여러 중생을 이끌었을 뿐이다."

그러나 비록 이와 같으나 서너 집 마을에서 사슴을 가리켜 말[馬]이라 해도[指鹿爲馬] 그렇다고 함을 막을 것이 아니지만, 만약 네거리 길머리에서 양머리를 걸어놓고 개고기라 속여 파는 사람[懸羊頭賣狗肉]은 반드시 돌아보고 살펴야 옳다.

알겠는가. 사람 되는 이는 적고 사람 못쓰게 되는 이는 많다.

5) 니르바나에 드신 뒤 카샤파에게 관 밖으로 두 발을 보이심

선종에서 붇다의 마음도장[佛心印]을 전한 첫째 조사(祖師)는 마하카샤파 존자이다. 선종에서는 세 곳에서 붇다께서 카샤파 존자에게 마음법을 전했다[三處傳心]고 한다.

첫째, 세존이 그리드라쿠타(Gṛdhrakūṭa) 산에서 꽃을 들어보이자 카샤파가 빙그레 미소 지음이 마음 전한 것이다.

둘째, 대중에게 설법하시던 세존이 초라한 옷차림으로 뒤늦게 온 카샤파에게 자리의 절반을 내주신 일이다.

셋째, 니르바나에 드신 뒤 뒤늦게 도착한 마하카샤파에게 관 밖으로 두 발을 내보이신 일이다.

이 세 가지 일이 선종에서 말한바 '여래의 정법안장(正法眼藏)을 카샤파에게 세 곳에서 전한 일'이다.

그리드라쿠타 산에서 꽃을 들어보인 일 말고 다른 두 가지 일은 아함경에 그 기록이 나오고 자세한 정황 설명까지 되어 있다.

세존께서 쿠시나가라 성 나이란자나 강가 두 그루 사라 나무 사이에 오른쪽 옆구리로 누워 니르바나에 드실 때, 카샤파는 다른 곳에서 제자들과 함께 노닐어 다니고 있었다.

뒤늦게 다른 바깥길 수행자로부터 세존의 니르바나 소식을 듣고 카샤파는 서둘러 이레 만에 쿠시나가라 성으로 돌아왔다.

그때 세존의 몸은 다비를 치르기 위해 이미 온몸이 여러 겹의 베로 싸이고 다비의 불을 위해 많은 기름들이 마련되어 있었다.

카샤파가 세존의 몸을 세 바퀴 두르자 관 밖으로 여러 겹 싸맨 베를 들추고 맨발을 내보이셨으니, 이는 세존이 무엇을 말하기 위함인가.

육신은 사라져도 정신은 사라지지 않음을 보이기 위함인가.

그렇다면 끊어짐도 없고 항상함도 없는 연기의 실상에서 어떤 것은 끊어져 없어지고 어떤 것은 늘 있다는 말이니, 이는 세존의 뜻이 아니다.

　온갖 있음이 있음 아님을 보는 자가, 존재의 사라짐에 직면하여 상실과 두려움에서 벗어날 수 있음을 보이는 가르침인가.

　그렇다면 여래의 몸이 중생의 눈앞에 드러나 있을 때, 몸에 몸 없는 니르바나의 고요한 모습을 본 자가, 니르바나의 고요함 가운데서 고요함에 떨어짐이 없이 길이 다하지 않는 여래의 현존을 볼 수 있을 것이다.

　『화엄경』(「야마궁중게찬품」夜摩宮中偈讚品)은 이렇게 가르친다.

　　시방 세계 노닐어 다니지만
　　허공처럼 걸림이 없으시네.
　　한 몸이 곧 한량없는 몸이지만
　　그 모습 모두 얻을 수 없도다.

　　遊行十方界　如空無所礙
　　一身無量身　其相不可得

　　온갖 법은 실로 옴이 없으니
　　그러므로 남 있음이 없네.
　　남이 있지 않으므로
　　사라짐 또한 얻을 수 없네.

　　一切法無來　是故無有生
　　以生無有故　滅亦不可得

설봉료(雪峰了) 선사 또한 다음과 같이 깨우친다.

　세존이 말 내민 이 일을 알았으면 곧 쉬라.
　또 말했다.
　금빛 두타행자가 재빨리 눈빛[精彩]을 붙이지 않았다면 아주 크게 속임을 받았을 것이다.

　저 붇다를 보려는가.
　선상(禪床)을 두드리며 말했다.

　갈래갈래 부수어졌도다[百雜碎].

제1장

세간에 일찍이 없었던 법의 성취자 붇다의 삶을 모아 말함

"아난다여, 너는 여래로부터 다시 '일찍이 없었던 법'을
받아 지니라. 아난다여, 여래는 받아들이는 느낌[覺, vedanā]이
생기는 것을 알고 머무르는 것을 알며 사라짐을 아는데,
언제나 알아, 알지 못하는 때가 없다.
아난다여, 여래는 짓는 뜻[思想, cetanā]이 생기는 것을 알고
머무르는 것을 알며, 사라짐을 아는데, 언제나 알아,
알지 못하는 때가 없다. 그러므로 아난다여, 너는 여래로부터
다시 '일찍이 없었던 법'을 받아 지니라."

예전에 한 번도 경험해보지 못한 놀라운 광경을 보거나 우리 생각으로 미처 가늠할 길 없는 위대한 일이나 '뛰어난 사람의 아름다운 행'을 보면 우리는 그에 대해 어떤 태도를 갖게 될까. 아마 온갖 우리 자신의 판단을 중지한 채 그저 '아' 하는 놀라움의 찬사만을 바칠 것이다.

붇다 당시에 고타마의 태어남과 자라남, 집이 아닌 데로 집을 나옴, 목숨 버린 고행, 보디 나무 아래 나아가시어 위없는 보디를 이루심, 사슴동산에 나아가시어 진리의 북을 치시고 사제의 법바퀴를 굴리심을 몸소 본 이가 있다면, 그가 어찌 붇다의 거룩하고 빼어난 모습 앞에 말을 잃고 오직 놀라움과 경탄의 마음으로 그 앞에 서 있지 않을 수 있겠는가.

붇다를 모셨던 시자 아난다만 그럴 것인가.

붇다의 집 나감을 만류했던 어버이, 붇다와 다른 세계관·실천관을 가지고 다른 길을 걸었던 브라마나와 사문들이 어찌 그렇지 않겠는가.

어찌 사람만 그럴 것인가. 하늘신이 그러했을 것이고 땅의 신이 그러했을 것이며, 나무와 꽃, 우짖는 새들도 그러했을 것이다.

당시 붇다를 보았던 삶들만 그런 것이 아니고 이천 년 뒤 삼천 년 뒤 아득한 먼 뒷날까지 붇다의 행적을 접하고 가르침을 만난 누구나 그럴 것이다. 붇다 앞에서 느끼는 감탄과 놀라움을 억지로 말과 글로 나타내려 하므로 우리는 그것을 '일찍이 없었던 법'[未曾有法], '아직 겪어보지 못했던 일'이라고 표현하는 것이다.

인류역사에 일찍이 없었던 붇다의 출세와 인간의 사유로 가늠할

길 없는 붇다의 위대한 삶 앞에 오히려 사유와 관념을 내려놓고 말을 쉬고 잠자코 침묵해야 할 것이다.

그러나 붇다가 우리에게 보이신 가르침에 의하면 그 어떤 위대한 모습이라도 온갖 법의 진실한 모습[諸法實相]밖에는 그 어떤 것도 마라(māra, 魔)의 꿈과 같은 것이다.

그러므로 일찍이 없었던 붇다의 거룩한 모습을 접하는 우리는, 그 모습 앞의 침묵을 통해 붇다에 대한 우상화의 길을 걷는 것이 아니라 우리들 미망 속에 헤매는 중생 자신의 삶의 진실에 대한 물음으로 나아가야 할 것이다.

붇다 안에 이루어진 온갖 일은 중생 속에 이미 있는 중생의 자기 얼굴이다. 곧 중생의 자기실현에 붙인 거짓 이름이 붇다이니, 중생에 중생이 없고 붇다에 붇다가 없다. 저 붇다의 거룩한 모습과 더할 나위 없는 지혜와 자비의 걸림 없는 삶, 그것은 선택받은 특별한 인간의 신비능력이 아니라 존재의 실상을 온전히 사는 이의 해탈의 활동일 뿐이다.

그러므로 중생을 끊고 붇다를 구하는 자 그에게 도리어 미망의 중생이라는 거짓 이름을 붙이는 것이며, 중생의 진실을 살펴 보디(bodhi)에 나아가는 자 그에게는 여래의 공덕의 곳간[如來藏]인 중생 보디인 중생 곧 보디사트바(bodhisattva)의 이름을 붙이는 것이다.

아난다가 세존의 일찍이 없었던
위덕을 술회하고 찬탄함

나는 들었다, 이와 같이.

한때 붇다께서 슈라바스티 국에 노니실 적에 제타 숲 '외로운 이 돕는 장자의 동산'에 계셨다.

그때 존자 아난다는 해질 무렵 좌선에서 일어나, 붇다 계신 곳에 가서 머리를 대 발에 절하고 물러나 한쪽에 서서 말씀드렸다.

옛 붇다 때 이미 보디의 도 행해
투시타하늘에 머묾을 기리어 말함

"세존이시여, 저는 들었습니다. 세존께서는 카샤파 붇다[迦葉佛] 때에 처음으로 깨달음의 길에 원을 세워 범행(梵行)을 행하셨다고 합니다. 만약 세존께서 카샤파 붇다 때에 처음으로 깨달음의 길에 원을 세워 범행을 행하셨다면, 저는 이것을 세존의 '일찍이 없었던 법' [未曾有法]으로 받아 지니겠습니다.

세존께서는 카샤파 붇다 때에 처음으로 깨달음의 길에 원을 세워 범행을 행하고 투시타하늘에 나셨다고 저는 들었습니다.

만약 세존께서 카샤파 붇다 때에 처음으로 깨달음의 길에 원을 세워 범행을 행하고 투시타하늘에 나셨다 하면, 저는 이것을 세존의 '일찍이 없었던 법'으로 받아 지니겠습니다.

저는 들었습니다. 세존께서 카샤파 붇다 때에 처음으로 깨달음의 길에 원을 세워 범행을 행하고 투시타하늘에 나셨는데, 세존께서는 뒤에 나셨는데도 하늘의 목숨과 하늘의 빛깔, 하늘의 이름, 이 세 가지가 투시타하늘에 먼저 난 사람들보다 빼어나셨습니다.

그러므로 여러 투시타하늘 무리들은 기뻐 뛰면서 이렇게 찬탄했습니다.

'이 하늘사람은 매우 기이하고 매우 빼어나다. 큰 여의족(如意足)이 있고 큰 위덕이 있으며, 큰 복이 있고 큰 위신력이 있다. 왜 그런가. 그는 뒤에 태어났지만 하늘의 목숨과 하늘의 빛깔, 하늘의 이름, 이 세 가지가 투시타하늘에 먼저 난 사람들보다 빼어나기 때문이다.'

만약 세존께서 카샤파 붓다 때에 처음으로 깨달음의 길에 원을 세워 범행을 행하고 투시타하늘에 나셨는데, 세존께서는 뒤에 나셨으면서도 하늘의 목숨과 하늘의 빛깔, 하늘의 이름, 이 세 가지가 투시타하늘에 먼저 난 사람들보다 빼어났고, 그 때문에 모든 투시타하늘 무리들이 다 기뻐 뛰면서 다음과 같이 찬탄한다면 이는 일찍이 없었던 일입니다.

'이 하늘사람은 매우 기이하고 매우 빼어나다. 큰 여의족이 있고 큰 위덕이 있으며, 큰 복이 있고 큰 위신력이 있다. 왜 그런가. 그는 뒤에 태어났지만 하늘의 목숨과 하늘의 빛깔, 하늘의 이름, 이 세 가지가 투시타하늘에 먼저 난 사람들보다 빼어나기 때문이다.'

그렇다면 저는 이것을 세존의 '일찍이 없었던 법'으로 받아 지니겠습니다."

투시타하늘에서 목숨 마치고 어머니의 태에 깨끗이 머물다
오른쪽 옆구리를 의지해 태어남을 기리어 말함

"저는 들었습니다. 세존께서는 투시타하늘에 계시다가 거기서 목숨 마치신 뒤 어머님의 태에 들어가심을 아셨으니, 그때에 온갖 하늘땅이 떨려 움직이고, 크고 묘한 빛이 세간을 널리 비추시어 깊고 어두운 모든 곳까지도 막혀 가림이 없었습니다.

곧 저 해와 달은 큰 여의족이 있고 큰 위덕이 있으며, 큰 복이 있고 큰 위신력이 있었지만, 그 빛이 비치지 못하는 곳도 모두 세존의 빛을 다 받게 되었습니다.

저 중생들은 이 묘한 빛으로 말미암아 각기 이렇게 아는 마음을 내었습니다.

'기이하고 빼어난 중생이 태어날 것이다. 기이하고 빼어난 중생이 태어날 것이다.'

이렇듯 세존께서 투시타하늘에 계시다가 거기서 목숨 마치신 뒤에는 어머님의 태에 들어가심을 아셨는데, 그때 온갖 하늘땅이 떨려 움직이고, 크고 묘한 빛이 세간을 널리 비추시어 깊고 어두운 모든 곳까지도 막혀 가림이 없었습니다.

만약 저 해와 달은 큰 여의족이 있고 큰 위덕이 있으며, 큰 복이 있고 큰 위신력이 있지만, 그 빛이 비치지 못하는 그곳도 모두 세존의 빛을 다 받아 저 중생들은 이 묘한 빛으로 말미암아 각기 아는 마음을 내 '기이하고 빼어난 중생이 태어날 것이다. 기이하고 빼어난 중생이 태어날 것이다'라고 말했다면, 저는 이것을 세존의 '일찍이 없었던 법'으로 받아 지니겠습니다.

저는 들었습니다. 세존께서는 어머님의 태에 머물러 있음을 아시다가 오른쪽 옆구리를 의지하여 태어나셨다고 합니다.

만약 세존께서 어머님의 태에 머물러 있음을 아시다가 오른쪽 옆구리를 의지하여 태어나셨다면, 저는 이것을 세존의 '일찍이 없었던 법'으로 받아 지니겠습니다.

저는 들었습니다. 세존께서는 몸을 펴시고 어머님의 태에 계셨다고 합니다. 만약 세존께서 몸을 펴시고 어머님의 태에 계셨다면, 저는 이것을 세존의 '일찍이 없었던 법'으로 받아 지니겠습니다.

저는 들었습니다. 세존께서는 어머님의 태에 싸여 머물러 계시면서도 피에도 더럽혀지지 않고 또한 정기[精]와 여러 깨끗하지 못한 [不淨] 것들에 더럽혀지지 않으셨다고 합니다.

만약 세존께서 어머님의 태에 싸여 머물러 계시면서 피에도 더럽혀지지 않고 정기와 여러 깨끗하지 못한 것에도 더럽혀지지 않으셨다면, 저는 이것을 세존의 '일찍이 없었던 법'으로 받아 지니겠습니다.

저는 들었습니다. 세존께서는 어머님의 태에서 나오심을 아시자, 그때 온갖 하늘땅이 떨려 움직이고, 크고 묘한 빛이 세간을 비추어 깊고 어두운 모든 곳까지도 막혀 가림이 없었습니다. 곧 저 해와 달이 큰 여의족이 있고 큰 위덕이 있으며, 큰 복이 있고 큰 위신력이 있지만, 그 빛이 비추지 못하는 그곳까지 모두 세존의 빛을 다 받아, 저 중생들은 이 묘한 빛으로 말미암아 각기 이렇게 아는 마음을 내었습니다.

'기이하고 빼어난 중생이 태어났다. 기이하고 빼어난 중생이 태어났다.'

이렇듯 세존께서 어머님의 태에서 나오심을 아셨는데, 그때 온갖 하늘땅이 떨려 움직이고, 크고 묘한 빛이 세간을 널리 비추어 깊고 어두운 모든 곳까지도 막혀 가림이 없었습니다.

만약 저 해와 달은 큰 여의족이 있고 큰 위덕이 있으며, 큰 복이 있고 큰 위신력이 있지만, 그 빛이 비치지 못하는 그곳도 모두 세존의 빛을 다 받아 저 중생들은 이 묘한 빛으로 말미암아 각기 앎을 내어 '기이하고 빼어난 중생이 태어났다. 기이하고 빼어난 중생이 태어났다'라고 말했다면, 저는 이것을 세존의 '일찍이 없었던 법'으로 받아 지니겠습니다.

저는 들었습니다. 세존께서는 몸을 펴신 채 어머님의 태에서 나오셨다고 합니다. 만약 세존께서 몸을 펴신 채 어머님의 태에서 나오셨다면, 저는 이것을 세존의 '일찍이 없었던 법'으로 받아 지니겠습니다."

나시자 하늘아이들이 찬탄하고
사방으로 일곱 걸음 걸으셨음을 기리어 말함

"저는 들었습니다. 세존께서는 어머님의 태에 싸여 있다가 어머님의 태에서 나오시면서도 피에도 더럽혀지지 않고 정기와 여러 깨끗하지 못한 것에도 더럽혀지지 않으셨다고 합니다.

만약 세존께서 태에 싸여 있다가 어머님의 태에서 나오시면서도 피에도 더럽혀지지 않고, 정기와 여러 깨끗하지 못한 것에도 더럽혀지지 않으셨다면, 저는 이것을 세존의 '일찍이 없었던 법'으로 받아 지니겠습니다.

저는 들었습니다. 세존께서 처음 나셨을 때 네 하늘아이[天子]가 손에 아주 고운 옷을 가지고 어머님 앞에서 어머님을 기쁘게 하였고, 이렇게 찬탄했습니다.

'이 아이는 매우 기이하고 매우 빼어납니다. 큰 여의족이 있고 큰 위덕이 있으며, 큰 복이 있고 큰 위신력이 있습니다.'

만약 세존께서 처음 나셨을 때, 네 하늘아이가 손에 아주 고운 옷을 가지고 어머님 앞에서 어머님을 기쁘게 하였고, 하늘아이들이 '이 아이는 매우 기이하고 매우 빼어납니다. 큰 여의족이 있고 큰 위덕이 있으며, 큰 복이 있고 큰 위력이 있습니다'라고 찬탄했다면, 저는 이것을 세존의 '일찍이 없었던 법'으로 받아 지니겠습니다.

저는 들었습니다. 세존께서는 처음 태어나셨을 때 곧 일곱 걸음을 걸으시고, 두려워하지도 않고 또한 무서워 놀라지도 않으시며, 여러 방위를 살피셨다고 합니다.

만약 세존께서 처음 태어나셨을 때 곧 일곱 걸음을 걸으시고, 두려워하지도 않고 또한 무서워 놀라지도 않으시며, 여러 방위를 살피셨다면, 저는 이것을 세존의 '일찍이 없었던 법'으로 받아 지니겠습니다."

나시자 못이 생겨 어머니를 씻겨드리고
하늘의 비가 세존의 몸 씻겨드림을 기리어 말함

"저는 들었습니다. 세존께서 처음 태어나셨을 때 곧 그 어머님 앞에 큰 못이 생겼는데 그 못의 물이 언덕까지 차올라, 어머니가 이 물로 깨끗이 씻을 수 있도록 하셨다고 합니다.

만약 세존께서 처음 태어나셨을 때 곧 어머님 앞에 큰 못이 생겼고, 그 못의 물이 언덕까지 차올라 어머니가 이 물로 깨끗이 씻을 수 있도록 했다면, 저는 이것을 세존의 '일찍이 없었던 법'으로 받아 지니겠습니다.

저는 들었습니다. 세존께서는 처음 태어나셨을 때 허공에서 빗물이 쏟아져 내려왔는데, 한 번은 차고 한 번은 따뜻하여 세존의 몸을 씻었다고 합니다.

만약 세존께서 처음 태어나셨을 때 허공에서 빗물이 쏟아져 내려왔는데, 한 번은 차고 한 번은 따뜻하여 세존의 몸을 씻겼다면, 저는 이것을 세존의 '일찍이 없었던 법'으로 받아 지니겠습니다.

저는 들었습니다. 세존께서는 처음 태어나셨을 때 여러 하늘이 위에서 하늘음악을 연주하고, 하늘의 푸른 연꽃 · 분홍 연꽃 · 붉은 연꽃 · 흰 연꽃과 하늘의 만다라꽃과 가는 가루 찬다나 향을 세존 위에 뿌렸다고 합니다.

만약 세존께서 처음 태어나셨을 때 여러 하늘이 위에서 하늘음악을 연주하고, 하늘의 푸른 연꽃 · 분홍 연꽃 · 붉은 연꽃 · 흰 연꽃과 하늘의 만다라꽃과 가는 가루 찬다나 향을 세존 위에 뿌렸다면, 저는 이것을 세존의 '일찍이 없었던 법'으로 받아 지니겠습니다."

잠부 나무가 그림자 드리워줌을 기리어 말함

"저는 들었습니다. 한때 세존께서는 아버지 숫도다나 왕(Śuddhodana-rāja, 淨飯王)의 집에 계시면서 낮에 밭농사를 감독하시다가 잠부(jambu) 나무 밑에 앉으시어, 욕심[欲]을 떠나고 악하여 착하지 않은 법을 떠나, 또렷한 느낌[覺]도 있고 밝은 살핌[觀]도 있으며, 떠남에서 생기는 기쁨과 즐거움이 있는 첫째 선정[初禪]을 얻어 노니셨습니다.

그때는 한낮이 좀 지난 때라서 온갖 다른 나무들은 그림자를 다 옮겨갔으나 오직 잠부 나무만은 그림자를 옮기지 않고 세존의 몸에 그늘을 드리웠습니다. 그때 사카족 숫도다나 왕은 밭농사를 짓는 곳으로 가서 살펴보다가 농부에게 물었습니다.

'농부여, 아이는 어디 있느냐?'

농부가 대답했습니다.

'하늘의 아이[天童子]께선 지금 잠부 나무 밑에 계십니다.'

그러자 사카족 숫도다나 왕은 잠부 나무 밑으로 갔습니다. 그때 사카 왕 숫도다나는 한낮이 지나 온갖 다른 나무들은 그림자를 다 옮겨갔으나 오직 잠부 나무만은 그 그림자를 옮기지 않고 세존의 몸에 그늘을 드리운 것을 보고, 이렇게 생각했습니다.

'이제 이 아이는 매우 기이하고 매우 빼어나구나. 큰 여의족이 있고 큰 위덕이 있으며, 큰 복이 있고 큰 위신력이 있다. 왜냐하면 한낮이 지나 다른 나무는 그림자를 다 옮겨갔는데도 오직 잠부 나무만은 그림자를 옮기지 않고 아이의 몸에 그늘을 드리우기 때문이다.'

만약 세존께서 한낮이 지난 뒤에, 온갖 다른 나무들은 그림자를 다 옮겨갔으나 잠부 나무만은 그 그림자를 옮기지 않고 세존의 몸에 그늘을 드리웠다면, 저는 이것을 세존의 '일찍이 없었던 법'으로 받아 지니겠습니다."

숲의 나무가 그림자를 드리워주고
원숭이가 발우에 꿀 바쳐드림을 기리어 말함

"저는 들었습니다. 세존께서 한때 바이샬리(Vaiśāli) 국의 큰 숲[大林] 가운데 노니셨습니다. 그때 세존께서는 밤을 지내시고 이른 아침에 가사를 입고 발우를 가지고 바이샬리 성으로 들어가 밥을 빌러 다니셨습니다.

밥 빌기를 마치신 뒤에 가사와 발우를 거두시고, 손발을 씻고 니시다나를 어깨에 걸치고 숲속으로 들어가셨습니다. 그러고는 한 그루의 사라 나무 밑에 이르러 니시다나를 깔고 두 발을 맺고 앉으셨습니다.

이때 한낮이 지나 온갖 다른 나무들은 그림자를 옮겨갔으나 오직 사라 나무만은 그림자를 옮기지 않고 세존의 몸에 그늘을 드리웠습니다. 그때에 사카족 마하나마는 한낮이 훨씬 지난 때에 천천히 걸어 큰 숲속에 갔습니다.

그는 한낮이 지난 시간에 온갖 다른 나무들은 그림자를 다 옮겨갔는데 오직 사라 나무만은 그 그늘을 옮기지 않고 세존의 몸에 그늘 드리움을 보고, 이렇게 생각했습니다.

'사문 고타마는 매우 기이하고 매우 빼어나구나. 큰 여의족이 있고 큰 위덕이 있으며, 큰 복이 있고 큰 위신력이 있다. 왜 그런가. 한낮이 지나서 온갖 다른 나무들은 그림자를 다 옮겨갔는데도 오직 사라 나무만은 사문 고타마의 몸에 그늘을 드리우기 때문이다.'

만약 세존께서 한낮이 지난 뒤에, 온갖 다른 나무들은 그림자를 다 옮겨 갔는데도 오직 사라 나무만은 그 그림자를 옮겨가지 않고 세존의 몸에 그늘을 드리웠다면, 저는 이것을 세존의 '일찍이 없었던 법'으로 받아 지니겠습니다.

저는 들었습니다. 세존께서는 한때, 바이살리의 큰 숲 가운데 노니셨습니다. 그때 여러 비구들은 발우를 맨땅에 두었습니다. 마침 세존의 발우 또한 그 가운데 있었는데, 원숭이 한 마리가 붇다의 발우를 가지고 갔습니다. 비구들은 붇다의 발우를 깨뜨리지 않을까 걱정하며 꾸짖었으나, 붇다께서는 비구들에게 말씀하셨습니다.

'그만두라 그만두라, 꾸짖지 말라. 발우를 깨지 않을 것이다.'

그 원숭이는 붇다의 발우를 가지고 어떤 사라 나무로 가더니, 천천히 나무 위로 올라가 벌꿀을 따 발우에 가득 담은 다음 천천히 나무에서 내려와 붇다께 나아가 꿀이 담긴 발우를 세존께 바쳤습니다.

세존께서 받지 않으시자, 그때 그 원숭이는 한쪽에 물러나 앉아 젓가락으로 벌레를 집어낸 뒤에 다시 가져와 붇다께 바쳤습니다.

붇다께서 또 받지 않으시자 원숭이는 다시 한쪽에 물러나 앉아 물을 떠다가 꿀에 타서 다시 가져와 붇다께 바쳤습니다. 세존께서 곧 받으시자 원숭이는 붇다께서 꿀이 담긴 발우 받으시는 것을 보고, 기뻐하여 뛰면서 물러나 춤추고 한 바퀴 빙 돌아 떠났습니다.

만약 세존께서 그 원숭이로 하여금, 세존께서 꿀 발우 받으시는 것을 보고 기뻐하여 뛰고 물러나 춤추고는 빙 돌아 떠나가게 하셨다면, 저는 이것을 세존의 '일찍이 없었던 법'으로 받아 지니겠습니다."

큰비가 세존을 비껴 가고
사라 나무가 그늘 드리워줌을 기리어 말함

"저는 들었습니다. 세존께서는 한때 바이살리의 원숭이 못가의 높은 다락집에서 노니셨습니다. 그때 세존께서는 깔자리를 볕에 쪼여 말린 다음 먼지를 털어내셨습니다.

그때, 때아닌 큰 먹장구름이 허공을 뒤덮어 비가 내릴 것 같은데도 머물러 세존을 기다렸습니다. 세존께서는 볕에 쪼인 깔자리의 먼지를 털어 한 곳에 걸어두신 뒤에 빗자루를 거두어 지니시고 집의 바닥에 앉으셨습니다.

이에 큰 구름은 세존께서 깔자리를 다 거두신 뒤에야 큰비를 내려, 낮은 곳 높은 곳 할 것 없이 물에 다 잠겼습니다. 만약 세존께서 저 큰 구름으로 하여금, 세존께서 깔자리를 거두신 뒤에야 큰비를 내려 낮은 곳이나 높은 곳 할 것 없이 물에 다 잠기게 하셨다면, 저는 이것을 세존의 '일찍이 없었던 법'으로 받아 지니겠습니다.

저는 들었습니다. 세존께서 한때 브릿지 국 가운데 노니시면서, 온 천숲 가장 큰 사라 나무 밑에 앉아 계셨습니다. 그때는 한낮이 지난 때라서 온갖 다른 나무들은 그림자를 다 옮겨갔는데도 오직 사라 나무만은 그림자를 옮기지 않고 세존의 몸에 그늘을 드리웠습니다.

이때 라마 동산 주인은 동산을 둘러보다가, 한낮이 지난 때라서 온갖 다른 나무들은 그림자를 다 옮겨갔는데도 오직 사라 나무만은 그림자를 옮기지 않고 세존의 몸에 그늘 드리운 것을 보고, 이렇게 생각했습니다.

'사문 고타마는 매우 기이하고 매우 빼어나시다. 큰 여의족이 있고 큰 위덕이 있으며, 큰 복이 있고 큰 위신력이 있으신 분이다. 왜 그런가. 한낮이 지나 온갖 다른 나무들은 그림자를 다 옮겨갔는데 오직 사라 나무만은 세존의 몸에 그늘을 드리우기 때문이다.'

만약 세존께서 한낮이 지나 온갖 다른 나무들은 그림자를 다 옮겨갔는데도 오직 사라 나무만은 그림자를 옮기지 않고 세존의 몸에 그늘을 드리웠다면, 저는 이것을 세존의 '일찍이 없었던 법'으로 받아 지니겠습니다."

우렛소리 사람들의 떠드는 소리에도 그 소리 듣지 않고
선정에 든 여래를 기리어 말함

"저는 들었습니다. 세존께서는 한때 아부 마을의 신을 모신 방[阿

淨神室] 가운데 계셨습니다. 그때 세존께서는 밤이 지나고 이른 아침이 되자, 가사를 입고 발우를 지니시고, 아부 마을에 들어가 밥을 비셨습니다.

밥을 비신 뒤에 가사와 발우를 거두어 손발을 씻으시고, 니시다나를 어깨에 메고 신실에 들어가 고요히 좌선하셨습니다. 그때 하늘이 크게 우레를 치고 우박을 내려 소 네 마리와 농부 두 사람을 죽였습니다. 그들을 장사 지낼 때에 대중들이 시끄럽게 떠들어 그 소리가 높고 컸습니다.

이때 세존께서는 해질 무렵에 좌선에서 일어나, 신실에서 나와 한데[露地]서 거닐고 계셨습니다. 그때 그 대중들 가운데 어떤 사람이 세존께서 해질 무렵에 좌선에서 일어나, 신실에서 나와 한데서 거닐고 계시는 것을 뵙고, 곧 세존께 나아가 머리를 대 절하고 붇다를 따라 거닐었습니다. 세존께서는 돌아보시고 그에게 물으셨습니다.

'무슨 일로 대중들이 시끄럽게 떠들어 그 소리가 높고 크며 그 소리가 울려 퍼지는가?'

그가 말씀드렸습니다.

'세존이시여, 오늘 하늘이 크게 우레를 치고 우박을 내려 소 네 마리와 농부 두 사람을 죽였습니다. 그들을 장사지내느라고 대중들이 시끄럽게 떠들어 그 소리가 높고 크며 그 소리가 울려 퍼지는 것입니다. 세존께서는 아까 소리를 듣지 못하셨습니까?'

세존께서 대답하셨습니다.

'나는 소리를 듣지 못하였다.'

'세존께서는 아까 주무셨습니까?'

'아니다.'

'세존께서는 그때 깨어 있으면서도 이 큰 소리를 듣지 못하셨습니까?'

'그렇다.'

그때 그 사람은 이렇게 생각했습니다.

'여래, 집착이 없는 이[無所着], 바르게 깨치신 분[等正覺者]의 행하심은 매우 기이하고 매우 특별하며 지극히 고요하구나. 왜냐하면 깨어 있으면서도 그 큰 소리를 듣지 못하셨기 때문이다.'

만약 세존께서 깨어 있으면서 그 큰 소리를 듣지 못하셨다면, 저는 이것을 세존의 '일찍이 없었던 법'으로 받아 지니겠습니다."

큰비에도 발이 젖지 않고
마라의 왕에게 빈틈 주지 않는 여래를 기리어 말함

"저는 들었습니다. 세존께서는 한때 우루빌라 국의 나이란자나 (Nairañjanā) 강가에 있는 아사파라[阿闍和羅] 니그로다 나무 밑에 계시면서 처음으로 깨달음의 도를 얻었습니다.

그때 이레 동안 큰비가 와서 높은 데건 낮은 데건 가리지 않고 물이 가득 차서 넘쳐흘렀습니다. 그러나 세존께서는 맨땅 위를 거니셨는데, 거기서 먼지가 일어났습니다.

만약 세존께서 물이 가득 차서 넘쳐흘렀는데도 맨땅에서 거니시자, 거기서 먼지가 일어났다면, 저는 이것을 세존의 '일찍이 없었던 법'으로 받아 지니겠습니다.

저는 들었습니다. 마라의 왕 파피야스(Pāpīyas)가 여섯 해 동안 붇다를 쫓아다니면서 그 길고 짧음을 찾아 구했으나, 틈을 얻지 못하고 그만 싫증내 돌아갔다고 했습니다.

만약 세존께서 마라의 왕이 여섯 해 동안이나 쫓아다니면서 그 길고 짧음을 찾아 구했으나, 틈을 얻지 못하고 그만 싫증내 돌아가게 하셨다면, 저는 이것을 세존의 '일찍이 없었던 법'으로 받아 지니겠습니다.

저는 세존께서 일곱 해 동안 몸을 생각하되[念身], 그 항상한 생각이 끊이지 않으셨다고 들었습니다. 만약 세존께서 일곱 해 동안 몸을 생각하되, 그 항상한 생각이 끊이지 않으셨다면, 저는 이것을 세존의 '일찍이 없었던 법'으로 받아 지니겠습니다."

아난다에게 세존의 일찍이 없었던 법이 연기의 진실임을 가르치심

이에 세존께서는 말씀하셨다.

"아난다여, 너는 여래(如來)로부터 다시 '일찍이 없었던 법'을 받아 지니라. 아난다여, 여래는 받아들이는 느낌[覺, vedanā]이 생기는 것을 알고 머무르는 것을 알며 사라짐을 아는데, 언제나 알아, 알지 못하는 때가 없다.

아난다여, 여래는 짓는 뜻[思想, cetanā]이 생기는 것을 알고 머무르는 것을 알며, 사라짐을 아는데, 언제나 알아, 알지 못하는 때가 없다.

그러므로 아난다여, 너는 여래로부터 다시 '일찍이 없었던 법'을 받아 지니라."

붇다께서 이와 같이 말씀하시자, 존자 아난다와 여러 비구들은 붇다의 말씀을 듣고 기뻐하며 받들어 행하였다.

• 중아함 32 미증유법경(未曾有法經)

이 경은 시자 아난다가 붇다를 곁에서 모시면서 붇다의 공덕에 대해 전해들은 이야기와 몸소 보고 들은 내용으로 여래의 '일찍이 없었던 법'을 찬탄한 경이다.

여래는 지금 그 무엇으로 견줄 수도 없고 짝할 수 없는 위없는 지혜와 한없는 공덕의 몸을 성취하여 뭇 삶들을 위해 자비교화를 펼치고 있다. 지금 이렇게 더할 나위 없는 공덕의 삶을 이루신 붇다가 이 세간에 오시는데, 어찌 미망의 꿈과 탐욕에 싸인 채 이 세간에 오셨겠는가. 그는 이미 앞 붇다 앞에 큰 바람[大願]을 세우고, 이미 빛나는 하늘의 몸을 성취한 뒤 여기 오신 분이다.

어머니 태에 들고 태를 나오며 세간에 발걸음을 뗄 때, 어찌 스스로 어디로 가고 어디서 오는지, 무엇하러 걸어가는지를 모른 채, 오고 가고 걸었겠는가.

그는 갈 때 가는 줄 알고 감이 없이 갔고, 올 때 오는 줄 알고 옴이 없이 왔으며, 걸을 때 걷는 줄 알고 걸어감이 없이 걸어간 분이다.

하늘 땅을 비치는 해와 달의 빛은 그늘이 있고 가림이 있지만, 투시타하늘에서 옴이 없이 온 보디사트바의 지혜의 빛은, 알되 앎이 없으므로 알지못함이 없어서[知而無知 無所不知] 가림이 없고 마주함이 없는[無障無對] 빛이다.

보디사트바는 비록 아버지의 정(精)과 어머니의 피[血]를 빌고 어머니의 태를 빌었지만, 의지하는바 인연이 공한 줄 알아 정(精)과 피[血]에 물들지 않고, 비록 병들어 늙음이 있는 세간의 몸을 나투었지만 실로 병이 없고 늙음이 없다.

연꽃이 물듦 없듯 그는 물듦 없이 탐욕의 세간에 나서 탐욕의 세간을 정화한다. 고타마 보디사트바는 비록 아이지만 앞에 보디에 큰 원을 세운 아이 아닌 아이이다. 그러므로 선정에 든 아이의 모습을 보고 아버지 숫도다나 왕이 아들 앞에 절을 올리고, 잠부 나무가 보디사트바를 위해 그늘을 드리워준다.

위없고 바른 깨달음을 이루신 붇다께서 선정에 들어계시니 사라 나무도 붇다께 그늘을 드리우고, 하늘의 먹구름도 붇다를 비껴 비를 뿌리니 이를 없던 일이라 할까.

붇다 그 위없고 온전한 지혜의 빛은 안도 없고 밖도 없으니, 하늘의 먹구름인들 지혜 밖의 먹구름이겠는가.

저 원숭이가 여래 앞에 꿀을 바치고 기뻐 춤을 추니 이 또한 없던 일이라 할까. 붇다가 한 음성으로 법을 설하면 하늘은 하늘의 말로 알아듣고 신은 신의 말로 알아듣고 새는 새의 소리로 알아들으니, 원숭이가 어찌 여래의 음성을 듣지 못하겠는가.

하늘이 비를 내려 몸을 씻겨드리고 땅이 못을 만들어드리며, 하늘신이 음악을 울려드리고 하늘향을 뿌려드리며, 원숭이마저 공양을 바치니 세존을 삼계 중생의 크신 인도자 중생의 자애로운 어버이라 부르는 것이다.

천둥이 치고 번개가 치는 날, 밖의 소리를 듣지 않으신 여래의 선정은 어떤 선정일까.

붇다에게는 법계(法界)가 온전히 선정의 고요함이고 법계가 온전히 지혜의 밝음 자체인 선정이니, 그 선정은 생각 있음으로도 알 수 없고 생각 없음으로도 알 수 없고, 들음 있음도 알 수 없고 들음 없음도 알 수 없다.

이와 같이 한량없는 공덕과 신묘한 지혜의 모습을 나타내보였지만, 여래는 이 모든 '일찍이 없었던 법'이 연기의 진실 밖에 따로 없음을 가르치시니, 그 법은 무엇인가.

그 법은 느낌[受]과 지어감[想]이 나고 사라짐을 알아서, 알지 못하는 때가 없는 것이니, 이렇게 '느낌과 지어감의 일어나고 사라짐을 아는 것'이 참으로 일찍이 없었던 법이다.

어떻게 알지 못하는 때가 없는가. 느낌이 생겨남[生]으로 느낌의 머묾[住]이 있고, 머묾이 있으므로 달라짐[異]이 있고, 달라짐이 있으므로 사라짐[滅]이 있다. 다시 사라짐이 있기 때문에 남이 있으나 남[生]과 머묾[住]과 달라짐[異]과 사라짐[滅]이 서로 의지해 있으므로, 나되 남이 없음[無生]

을 알면 머물고 달라지며 사라짐 또한 없다.

이것을 깨달아 알아 느낌과 지어감을 받지 않는 것이 느낌과 지어감을 늘 아는 여래의 '일찍 없었던 법'이다.

이 연기를 살피는 지혜는 어떤 브라마나도 말하지 못한 법이고 어떤 사문도 말하지 못한 법이고, 오직 길고 먼 이 세간의 역사 속에서 위없는 깨달음의 완성자 붇다만이 깨달아 가르친 것이다.

여래께서 '아난다여, 너는 여래의 일찍이 없던 법을 받아지니라' 당부하시니, 가르침을 몸소 들은 시자 '아난다'(Ānanda)뿐 아니라 나고 죽음의 쳇바퀴에 갇혀 있는 자 누구나 윤회를 벗어나게 하는 '일찍이 없었던 이 법'[未曾有法]을 받아 지녀야 할 것이다.

『화엄경』(「야마궁중게찬품」) 또한 여래의 견줄 수 없는 위신력을 이렇게 찬탄한다.

여래는 같이할 자가 없으니
견줌을 구해도 얻을 수 없네.
법의 진실을 알지 못하면
여래를 볼 수 없으리.

如來無與等　求比不可得
不了法眞實　無有能得見

시자 아난다의 일찍이 없던 덕행을 들어
세존의 자재 공덕을 보임

나는 들었다, 이와 같이.

한때 붇다께서는 라자그리하 성에서 노니셨다. 그때에 많이 알려지고 덕망이 있는 높은 장로비구 큰 제자들이 가까이 함께 했으니, 그분들은 다음과 같다.

곧 존자 카운디냐(Kauṇḍinya), 존자 아쓰바짓(Aśvajit), 존자 사카족의 바드리카(Bhadrika), 존자 마하나마(Mahānāma), 존자 바스파(Vāṣpa), 존자 야사(Yaśa), 존자 푸르나(Pūrṇa), 존자 비말라, 존자 가밤파티(Gavāṃpati), 존자 수타야, 존자 사리푸트라(Śāriputra), 존자 아니룻다(Aniruddha), 존자 난디(Nandi), 존자 킴빌라(Kimbila), 존자 레바타(Revata), 존자 마하목갈라야나(Mahāmaudgalyāyana), 존자 마하카샤파(Mahākāśyapa), 존자 마하카우스틸라(Mahākauṣṭhila), 존자 마하춘다(Mahācunda), 존자 마하카타야나(Mahakatyayana), 존자 푸르나가토사 등, 대중을 거느리는 장로[行籌長老]들과 그밖에도 많이 알려진 덕망이 있고 높은 장로비구 큰 제자들 또한 라자그리하 성에서 노닐면서 다 붇다께서 머무시는 집 가까이 있었다.

여러 존자 장로들이 여래의 시자를 자청함

이때에 세존께서는 여러 비구들에게 말씀하셨다.

"나는 이제 늙어 몸은 갈수록 쇠약해지고 목숨은 지나 마치려 한다. 시자(侍者)를 써야 하겠다.

너희들은 나를 위해 한 시자를 천거하여, 내가 해야 할 일과 하지 않아야 할 일을 보살피고, 내가 말하는 바를 받아 그 뜻을 잃지 않게 하라."

이에 존자 카운디냐는 곧 자리에서 일어나 가사 한 자락을 벗어 메고 합장하고 붇다를 향해 여쭈었다.

"세존이시여, 제가 붇다를 모시고 하셔야 할 일과 하시지 않아야 할 일을 보살피고, 또 말씀하시는 바를 받아 그 뜻을 잃지 않게 하고 자 합니다."

"카운디냐여, 너 자신도 늙어 몸은 갈수록 쇠약하고 목숨은 지나 마치려 한다. 너 또한 보살피는 사람을 써야 할 것이다. 카운디냐야, 너는 물러가 앉으라."

이에 존자 카운디냐는 곧 붇다의 발에 절하고 물러가 제자리에 앉았다.

이렇게 존자 아쓰바짓, 존자 사카족의 바드리카, 존자 마하나마, 존자 바스파, 존자 야사, 존자 푸르나, 존자 비말라, 존자 가밤파티, 존자 수타야, 존자 사리푸트라, 존자 아니룻다, 존자 난디, 존자 킴빌라, 존자 레바타, 존자 마하목갈라야나, 존자 마하카샤파, 존자 마하카우스틸라, 존자 마하춘다, 존자 마하카타야나, 존자 푸르나가토사 등 대중을 거느리는 장로들도 곧 자리에서 일어나 가사 한 자락을 벗어 메고 합장하고 붇다를 향해 여쭈었다.

"세존이시여, 제가 붇다를 모시고 하셔야 할 일과 하시지 않아야 할 일을 보살피고, 또 말씀하신 바를 받아 그 뜻을 잃지 않게 하겠습 니다."

세존께서는 야사에게 말씀하셨다.

"야사야, 너 자신도 늙어 몸은 갈수록 쇠약하고 목숨은 지나 마치려 한다. 너 또한 보살피는 사람을 써야 할 것이다. 야사야, 너도 물러가 앉으라."

이에 존자 야사는 곧 붇다의 발에 절하고 물러가 제자리에 앉았다.

목갈라야나가 선정에 들어
아난다를 시자 삼으려는 여래의 뜻을 살핌

때에 마하목갈라야나는 대중 가운데 있다가 곧 이렇게 생각했다.

'세존께서는 누구를 시자로 삼으려 하시는가. 어느 비구에게 마음이 있어, 하셔야 할 일과 하시지 않아야 할 일을 보살피고, 또 말씀하시는 바를 받아 그 뜻을 잃지 않게 하려 하시는가.

나는 차라리 이제 '코끼리 같은 선정'[如其象定]에 들어 여러 비구의 마음을 살피리라.'

이에 존자 마하목갈라야나는 곧 '코끼리 같은 선정'에 들어 여러 비구들의 마음을 살펴보았다. 그는 곧 세존께서는 존자 아난다를 시자 삼고자 하심이 있으시고 뜻이 아난다에게 있으셔서, 하셔야 할 일과 하시지 않아야 할 일을 보살피게 하고 또 말씀하시는 바를 받아 그 뜻을 잃지 않게 하고자 하심을 알았다.

이에 존자 마하목갈라야나는 곧 선정에서 일어나 여러 비구들에게 말했다.

"여러 어진 이들은 알겠소. 세존께서는 아난다를 시자로 삼고자 하시오.

뜻이 아난다에게 있으셔서, 하셔야 할 일과 하시지 않아야 할 일을 보살피게 하고, 또 말씀하시는 바를 받아 그 뜻을 잃지 않게 하고자 하시오. 여러 어진 이들이여, 우리들은 이제 어진 이 아난다 있는 곳에 가서 그를 권해 세존의 시자가 되게 합시다."

아난다에게 시자 되기를 청하니
세 가지 원을 조건으로 받아들임

이에 존자 마하목갈라야나와 여러 비구들은 존자 아난다가 있는 곳에 가서 서로 문안하고 한쪽에 앉았다.

이때에 존자 마하목갈라야나가 앉은 뒤에 말했다.

"어진 이 아난다여, 그대는 지금 아시겠소. 붇다께서는 그대를 시자로 삼으려 하시오. 붇다는 뜻이 아난다에게 계시어 '내가 해야 할 일과 하지 않아야 할 일을 보살피게 하고, 내가 말한 바를 받아 그 뜻을 잃지 않게 하리라'라고 생각하시오.

마치 마을 밖 멀지 않은 곳에 다락집이 있어 동쪽을 향해 창을 열면 해가 떠서 빛을 비추어 서쪽 벽에 비치는 것과 같소.

어진 이 아난다여, 세존 또한 그와 같이 어진 아난다를 시자로 삼으려 하시오. 뜻이 아난다에게 계시어 '내가 해야 할 일과 하지 않아야 할 일을 보살피게 하고, 내가 말한 바를 받아 그 뜻을 잃지 않게 하리라'고 생각하시오.

어진 이 아난다여, 그대는 이제 세존의 시자가 되어야 하오."

존자 아난다는 말하였다.

"존자 마하목갈라야나시여, 저는 세존 받들어 모심을 감당할 수가 없습니다. 왜냐하면 모든 붇다는 어쩔 수 없이 모시지 않을 수 없을 때 시자를 두시니, 마치 왕의 큰 수코끼리가 나이 육십이 되어 교만이 생기고 힘이 왕성하며 어금니와 발과 몸이 갖추어져 어쩔 수 없이 가까이 살펴야 할 때 살펴보는 자[看視]를 두는 것과 같습니다.

존자 마하목갈라야나시여, 여래·집착 없으신 이·바르게 깨치신 분 또한 그와 같아서, 어쩔 수 없고 가까이 하기 어려울 때 시자를 두시는 것입니다. 그러므로, 저는 시자를 맡을 수가 없습니다.”

존자 마하목갈라야나가 다시 말했다.

“어진 이 아난다여, 내 말하는 비유를 들으시오. 지혜로운 사람은 비유로 곧 그 뜻을 압니다.

어진 이 아난다여, 마치 우트팔라 꽃이 때가 되어야 세상에 나는 것과 같이 여래·집착 없으신 이·바르게 깨치신 분께서도 또한 그와 같아서 때가 되어야 세상에 나오시오. 그대는 빨리 세존의 시자가 되는 것이 좋소. 고타마께서는 반드시 큰 결과를 얻으실 것이오.”

존자 아난다가 다시 말했다.

“존자 마하목갈라야나시여, 만약 세존께서 제 세 가지 소원을 들어주신다면 저는 곧 붇다의 시자가 될 것입니다. 그 세 가지란 다음과 같습니다.

첫째, 저는 붇다의 새 옷이나 헌 옷을 입지 않기를 바랍니다.

둘째, 따로 청한 붇다의 공양을 받지 않기를 바랍니다.

셋째, 뵈올 때가 아니면 붇다를 뵈옵지 않기를 바랍니다.

존자 마하목갈라야나시여, 만약 세존께서 이 세 가지 소원을 들어주신다면 저는 곧 붇다의 시자가 되겠습니다.”

이에 존자 마하목갈라야나는 아난다를 권해 시자로 만든 뒤에, 곧 자리에서 일어나 아난다를 돌고 난 뒤 붇다께 돌아가 붇다의 발에 머리를 대 절하고 물러나 한쪽에 앉아 말씀드렸다.

"세존이시여, 저는 이미 어진 이 아난다를 권해 붇다의 시자로 만들었습니다. 세존이시여, 어진 이 아난다는 붇다께 세 가지 소원을 요구하였습니다.

그 세 가지란 무엇이냐 하면 이와 같습니다.

'붇다의 새 옷이나 헌 옷을 입지 않고, 따로 청한 붇다의 공양을 받지 않으며, 뵈올 때가 아니면 붇다를 뵈옵지 않겠다'는 것입니다.

그는 '존자 마하목갈라야나시여, 이러한 세 가지 소원을 들어주신다면 저는 곧 붇다의 시자가 되겠습니다'라고 하였습니다."

세존께서 아난다의 '일찍이 없었던 법'을 찬탄하심

이에 세존께서 말씀하셨다.

"마하목갈라야나여, 아난다 비구는 총명하고 지혜로워 비방할 사람이 있을 것을 미리 안다. 때로 여러 범행자들은 이같이 말할 것이다.

'아난다 비구가 옷 때문에 세존을 모신다.'

만약 아난다가 총명하고 지혜로워 비방할 사람이 있을 것을 미리 알아, 때로 범행자들이 '아난다는 옷 때문에 세존을 모신다'고 말할 것을 미리 안다면, 이것을 아난다 비구의 '일찍이 없었던 법'이라 한다.

마하목갈라야나여, 아난다 비구는 총명하고 지혜로워 비방할 사람이 있을 것을 미리 안다. 때로 여러 범행자들은 이같이 말할 것이다.

'아난다 비구가 먹을 것 때문에 세존을 모신다.'

만약 아난다가 총명하고 지혜로워 반드시 비방할 사람이 있을 것을 미리 알아, 때로 여러 범행자들이 '아난다는 먹을 것 때문에 세존을 모신다'고 말할 것을 미리 안다면, 이것을 아난다 비구의 '일찍이 없었던 법'이라 한다.

마하목갈라야나여, 아난다는 때를 잘 알고 때를 잘 분별한다. 그리하여 이렇게 안다.

'지금은 내가 여래를 가 뵈올 때다. 지금은 내가 여래를 가 뵈올 때가 아니다.

지금은 비구·비구니들이 여래를 가 뵈올 때다. 지금은 비구·비구니들이 여래를 가 뵈올 때가 아니다.

지금은 우파사카·우파시카들이 여래를 가 뵈올 때다. 지금은 우파사카·우파시카들이 여래를 가 뵈올 때가 아니다.

지금은 많은 '배움 다른 사문'[異學沙門]이나 브라마나들이 여래를 가 뵈올 때다. 지금은 많은 '배움 다른 사문'이나 브라마나가 여래를 가 뵈올 때가 아니다.

이 많은 '배움 다른 사문'이나 브라마나들은 여래와 함께 이야기할 수 있다. 이 많은 '배움 다른 사문'이나 브라마나들은 여래와 함께 이야기할 수 없다.

이 음식은 잘 소화되어 이 음식을 씹고 삼켜 이 음식을 자신 뒤 여래께서는 안온하고 요익하게 된다. 이 음식을 씹고 삼켜 이 음식을 자신 뒤 여래께서는 안온하고 요익하지 못하신다. 이 음식을 씹고 삼켜 이 음식을 자신 뒤 여래께서는 변재로 설법하실 수 있다. 이 음식을 씹고 삼켜 이 음식을 자신 뒤 여래는 변재로 설법하실 수 없다.'

이와 같음을 알면 이것을 아난다 비구의 '일찍이 없었던 법'이라 한다.

마하목갈라야나여, 아난다는 비록 남의 마음을 아는 지혜[他心智]는 없으나, 여래가 해질녘 좌선에서 일어나실 것을 잘 알아 미리 남에게 이렇게 말해준다.

'오늘 여래의 행이 이와 같으셨으며 이와 같이 현재의 법에서 즐거이 머물러 그 머무르심이 말씀하심과 같아 전혀 다름이 없으셨소.'

이것을 아난다 비구의 '일찍이 없었던 법'이라 한다."

다른 수행자들이 존자 아난다의 일찍이 없었던 법을 들어보임

존자 아난다에 대해서는 다른 비구들 또한 이렇게 찬탄했다.

"존자 아난다는 이렇게 말했다.

'어진 이들이여, 나는 붇다를 모셔온 지 이십오 년이다. 그러나 이로써 마음에 뽐내거나 자랑하는 생각을 일으키지 않는다.'

만약 아난다가 이런 말을 했다면, 이것을 존자 아난다의 '일찍이 없었던 법'이라 한다.

존자 아난다는 다시 이렇게 말했다.

'어진 이들이여, 나는 붇다를 모셔온 지 이십오 년이다. 그러나 처음부터 때가 아닌 때에는 붇다를 뵈옵지 않았다.'

만약 아난다가 이런 말을 했다면, 이것을 존자 아난다의 '일찍이 없었던 법'이라 한다.

존자 아난다는 다시 이렇게 말했다.

'어진 이들이여, 나는 붇다를 모셔온 지 이십오 년이다. 그러나 일찍이 붇다께 한 가지 허물을 내놓고는 꾸지람을 들은 일이 없다. 그것 또한 다른 사람 때문이었다.'

만약 아난다가 이런 말을 했다면, 이것을 존자 아난다의 '일찍이 없었던 법'이라 한다.

존자 아난다는 다시 이렇게 말했다.

'어진 이들이여, 나는 여래에게서 팔만의 법문을 받아 지니어 잊

지 않는다. 그러나 이로써 뽐내거나 자랑하는 마음은 도무지 없다.'

만약 아난다가 이런 말을 했다면, 이것을 존자 아난다의 '일찍이 없었던 법'이라 한다.

존자 아난다는 다시 이렇게 말했다.

'어진 이들이여, 나는 여래에게서 팔만의 법문을 받았다. 그러나 처음부터 그 한 구절을 내놓고는 두 번 묻지 않았다. 그 한 구절도 또한 이와 같이 쉽지 않았다.'

만약 아난다가 이런 말을 했다면, 이것을 존자 아난다의 '일찍이 없었던 법'이라 한다.

존자 아난다는 다시 이렇게 말했다.

'어진 이들이여, 나는 여래에게서 팔만의 법문을 받아 지니어서, 처음부터 남에게 법을 받은 일이 없다.'

만약 그가 이런 말을 했다면, 이것을 존자 아난다의 '일찍이 없었던 법'이라 한다.

존자 아난다는 다시 이렇게 말했다.

'어진 이들이여, 나는 여래에게서 팔만의 법문을 받아 지니었다. 그러나 내가 이 법을 받은 것은 남에게 말을 가르치기 위함이라는 이런 마음이 처음부터 없었다. 어진 이들이여, 다만 스스로 다스리고 스스로 쉬며 스스로 온전한 니르바나를 이루고자 하기 때문이다.'

만약 아난다가 이런 말을 했다면, 이것을 존자 아난다의 '일찍이 없었던 법'이라 한다.

존자 아난다는 다시 이렇게 말했다.

'어진 이들이여, 이것은 매우 기이하고 매우 빼어나다. 곧 사부대중이 내가 있는 곳에 와서 법을 듣는데, 내가 이렇게 뽐내거나 자랑하는 생각을 일으키지 않으며, 묻는 이가 오면 이렇게 대답하리라고 미리 뜻을 짓지도 않는다.

여러 어진 이여, 다만 자리에 앉는 때 뜻을 따라 대답한다.'

만약 아난다가 이런 말을 했다면, 이것을 존자 아난다의 '일찍이 없었던 법'이라 한다.

존자 아난다는 다시 이렇게 말했다.

'어진 이들이여, 이것은 매우 기이하고 매우 빼어나다. 곧 배움 다른 많은 사문이나 브라마나들이 나에게 와서 일을 묻는데, 내가 이 때문에 두려워하거나 무서워하여 몸의 털이 곤두서는 이런 일은 없다. 또한 묻는 이가 오면 이렇게 대답하리라고 미리 뜻을 짓지도 않는다. 여러 어진 이들이여, 자리에 앉을 때 뜻을 따라 대답한다.'

만약 아난다가 이런 말을 했다면, 이것을 존자 아난다의 '일찍이 없었던 법'이라 한다."

시자로서 탐욕 없었던 아난다의 일찍이 없었던 법

"다시 한때에 사리푸트라, 마하목갈라야나, 아난다는 슈라바스티 국의 바라라 산 속에 있었다. 그때 존자 사리푸트라가 물었다.

'어진 이 아난다여, 그대는 붇다를 모셔온 지 이십오 년 동안에 때로 욕심을 일으킨 기억이 있소?'

존자 아난다가 대답했다.

'존자 사리푸트라여, 저는 아직 배우는 이라 욕심을 떠나지 못했습니다.'

존자 사리푸트라는 다시 물었다.

'어진 이 아난다여, 나는 그대에게 배울 것 있음[有學]과 배울 것

없음[無學]을 묻지 않았소. 다만 그대는 붇다를 모셔온 지 이십오 년 동안에 때로는 욕심을 일으킨 기억이 있는가 라고 물었을 뿐이오.'

이렇게 사리푸트라는 두 번 세 번 물었다.

'어진 이 아난다여, 그대는 붇다를 모셔온 지 이십오 년 동안에 때로는 욕심을 일으킨 기억이 있소?'

아난다 또한 두 번 세 번 대답하였다.

'존자 사리푸트라여, 나는 아직 배우는 이라 욕심을 떠나지 못했습니다.'

존자 사리푸트라가 다시 말했다.

'어진 이 아난다여, 나는 그대에게 배울 것 있음과 배울 것 없음을 묻지 않았소. 다만 그대가 붇다를 모셔온 지 이십오 년 동안에 때로는 욕심을 일으킨 기억이 있는가를 물었을 뿐이오.'

이러자 마하목갈라야나가 말했다.

'어진 이 아난다여, 빨리 대답하시오. 아난다여, 그대는 높은 장로의 뜻을 거스르지 마시오.'

이에 아난다는 대답했다.

'존자 사리푸트라여, 제가 붇다를 모셔온 지 이십오 년 동안 처음부터 욕심을 일으킨 기억이 없습니다. 왜냐하면 저는 늘 붇다를 향해 부끄러워하는 마음을 가지고 있었고, 또 여러 지혜로운 범행자에 대해서도 또한 그러했기 때문입니다.'

만약 아난다가 이런 말을 했다면, 이것을 존자 아난다의 '일찍이 없었던 법'이라 한다."

세존께서 사자를 비유로 비구의 눕는 법을 말해주니
가르침대로 행한 아난다의 일찍이 없었던 법

다시 한때에 세존께서는 라자그리하 성에서 노니시면서 바위산 속에 계시었다. 이때에 세존께서는 말씀하셨다.

"아난다여, 너는 누울 때에는 사자가 눕는 법과 같이 하라."

아난다는 여쭈었다.

"세존이시여, 짐승의 왕 사자의 눕는 법은 어떠합니까."

"아난다여, 짐승의 왕 사자는 낮에는 먹이를 위하여 다니고, 다니다가는 굴에 들어간다.

만약 자려 할 때에는 발을 서로 포개고, 꼬리는 펴서 뒤에 두며 오른 옆구리로 눕는다. 밤을 지내고 이른 아침에는 제 몸을 돌아본다. 만약 짐승의 왕 사자의 몸이 바르지 못한 것을 보면 곧 언짢아하고, 그 몸이 두루 바른 것을 보면 곧 기뻐한다.

그가 자리에서 일어나 굴을 나오면 여러 번 웅얼거리고, 웅얼거린 뒤에는 그 몸을 살펴보며, 스스로 몸을 살펴본 뒤에는 사방을 바라보고, 사방을 바라본 뒤에는 두세 번 외치며, 두세 번 외친 뒤에는 곧 먹이를 구하러 간다.

짐승의 왕 사자의 눕는 법은 이와 같다."

"세존이시여, 짐승의 왕 사자의 눕는 법이 그와 같다면, 비구의 눕는 법은 어떻게 해야 합니까."

세존이 답하셨다.

"아난다여, 만약 비구가 마을을 의지해 밥을 빌려면, 밤을 지내고 이른 아침에 가사를 입고 발우를 가지고 마을에 들어가 밥을 빌며, 몸을 잘 보살펴 지니고 모든 아는 뿌리[諸根]를 거두어 지키며, 바른 생각을 세운다.

그리고 마을에서 밥을 빈 뒤에는 가사와 발우를 거두어 들고, 손과 발을 씻고 니시다나(niṣīdana)를 어깨에 걸치고 '일 없는 곳'으로 간다.

나무 밑이나 빈집 속으로 가고, 거닐거나 좌선하여 마음속의 모든 장애되는 법을 깨끗이 버린다. 낮에는 거닐거나 좌선하여 마음속의 모든 장애되는 법을 깨끗이 버린 뒤에, 다시 초저녁에도 거닐거나 좌선하여 마음속의 모든 장애되는 법을 깨끗이 버린다. 초저녁에 거닐거나 좌선하여 마음속의 모든 장애되는 법을 깨끗이 버린 뒤, 한밤중에는 방에 들어가 눕는다.

웃타라상가(uttarāsaṅga)를 네 겹으로 접어 평상에 펴고, 상가티(saṃghāṭī)를 접어 베개를 만들어, 오른 옆구리로 누워 발을 서로 포개고, 뜻은 밝은 모습에 매고 생각을 바로 하고 지혜를 바로 하여 늘 일어날 것을 생각한다.

그는 새벽녘에는 빨리 자리에서 일어나, 거닐거나 좌선하여 마음속의 장애되는 법을 깨끗이 버린다.

이것이 비구가 사자처럼 눕는 법이다."

존자 아난다는 말하였다.

"세존이시여, 이렇게 함이 비구가 사자처럼 눕는 법입니다."

아난다는 다시 이렇게 말하였다.

'여러 어진 이들이여, 세존께서는 제게 사자의 비유로 눕는 법을 가르쳐 주셨습니다. 그 뒤로는 다시는 왼 옆구리로 눕지 않았습니다.'

만약 존자 아난다가 이런 말을 했다면, 이것을 존자 아난다의 '일찍이 없었던 법'이라 한다.

세존께서 마지막 니르바나에 드시며
아난다의 일찍이 없었던 법을 찬탄하심

다시 한때에 세존께서는 쿠시나가라(Kuśinagara) 성에 노니시면서 우파밧타나라는 힘센 장사의 사라(sāla) 숲속에 계셨다. 그때 세존은 맨뒤 '온전한 니르바나'에 드시려 할 때였다.

세존께서 말씀하셨다.

"아난다여, 너는 두 사라 나무 사이에 나를 위해 북쪽으로 머리를 두고 자리를 펴라. 나는 한밤중에 '온전한 니르바나'에 들 것이다."

존자 아난다는 여래의 분부대로 곧 두 그루 사라 나무 사이로 가서 두 나무 사이에다 여래를 위해 북쪽으로 머리를 두게 하시고 자리를 폈다.

자리를 편 뒤에 다시 붇다께 돌아와 붇다의 발에 머리를 대 절하고 물러나 한쪽에 서서 여쭈었다.

"세존이시여, 이미 여래를 위하여 두 나무 사이에다 북쪽으로 머리하게 하시고 자리를 폈습니다. 세존께서는 때를 아소서."

이에 세존께서는 존자 아난다를 데리고 두 나무 사이에 이르러 웃타라상가를 네 겹으로 접어 평상 위에 펴고, 상가티를 접어 베개로 만들고, 오른 옆구리로 누워 발을 서로 포개시었다.

맨 뒤 온전한 니르바나에 드시려 할 때, 아난다는 총채를 잡고 붇다 곁에 서서 손으로 눈물을 닦으면서 이렇게 생각했다.

'지금까지는 여러 곳의 비구들이 세존께 와서 뵈옵고 공양하고 절하고자 하면, 다 때를 따라 세존을 뵈옵고 공양하고 절할 수 있었다. 세존께서 온전한 니르바나에 드셨다는 말을 들은 뒤에는, 다시 와서 세존을 뵈옵고 공양하고 절할 수 없을 것이다.

나 또한 때를 따라 붇다를 뵈옵고 공양하고 절할 수 없을 것이다.'

이때 세존께서는 여러 비구들에게 물으시었다.

"아난다는 지금 어디 있느냐"

비구들은 여쭈었다.

"세존이시여, 존자 아난다는 총채를 잡고 붇다 곁에 서서 손으로 눈물을 닦으면서 이렇게 생각하고 있습니다.

'지금까지는 여러 곳의 비구들이 세존께 와서 뵈옵고 공양하고 절하고자 하면, 다 때를 따라 세존을 뵈옵고 공양하고 절할 수 있었다. 세존께서 온전한 니르바나에 드셨다는 말을 들은 뒤에는, 다시 와서 세존을 뵈옵고 공양하고 절할 수 없을 것이다.

나 또한 때를 따라 붇다를 뵈옵고 공양하고 절할 수 없을 것이다.'"

이에 세존께서는 말씀하셨다.

"아난다여, 너는 울지 말라. 또한 슬퍼하지도 말라. 왜냐하면 아난다여, 너는 나를 모시면서 몸의 행도 자애롭고 입과 뜻의 행도 자애로웠다. 처음부터 두 마음이 없어 편안하고 즐겁기 한량없고 끝이 없었다.

아난다여, 비록 과거의 모든 여래·집착 없는 이·바르게 깨친 이를 모신 사람이 있었지만 너보다 나은 사람은 없었다.

만약 미래의 모든 여래·집착 없는 이·바르게 깨친 이를 모실 사람이 있더라도 또한 너보다 낫지 못할 것이다.

아난다여, 지금 현재의 여래·집착 없는 이·바르게 깨친 이를 모시는 사람이 있더라도 또한 너보다 낫지는 못할 것이다.

왜냐하면 아난다여, 너는 때를 잘 알고 또한 잘 분별해서 이렇게 알기 때문이다.

'지금은 내가 여래를 가서 뵈올 때다. 지금은 내가 여래를 가서 뵈올 때가 아니다.

지금은 비구·비구니들이 여래를 가 뵈올 때다. 지금은 비구·비구니들이 여래를 가 뵈올 때가 아니다.

지금은 우파사카·우파시카들이 여래를 가 뵈올 때다. 지금은 우파사카·우파시카들이 여래를 가 뵈올 때가 아니다.

지금은 많은 '배움 다른 사문'이나 브라마나들이 여래를 가 뵈올 때다. 지금은 많은 '배움 다른 사문'이나 브라마나들이 여래를 가 뵈올 때가 아니다.

많은 '배움 다른 사문'이나 브라마나들은 여래와 함께 이야기할 수가 있다. 많은 '배움 다른 사문'이나 브라마나들은 여래와 함께 이야기할 수가 없다.

이 음식을 씹고 삼켜 이 음식을 자신 뒤 여래께서는 안온하고 요익하게 된다. 이 음식을 씹고 삼켜 이 음식을 자신 뒤 여래께서는 안온하고 요익하지 못하신다.

이 음식을 씹고 삼켜 이 음식을 자신 뒤 여래께서는 변재로 설법하실 수 있다. 이 음식을 씹고 삼켜 이 음식을 자신 뒤 여래께서는 변재로 설법하실 수 없다.'

또 아난다여, 너는 비록 '남의 마음을 아는 지혜'는 없으나, 여래가 해질녘 좌선에서 일어나실 것을 잘 알고 남에게 미리 이렇게 말해준다.

'오늘 여래의 행은 이와 같으셨고 이와 같이 현재의 법에서 즐거이 지내시어 말씀하심과 같아 전혀 다름이 없으셨소.'"

이에 세존께서는 아난다를 기쁘게 하시려고 여러 비구들에게 말씀하셨다.

"전륜왕은 네 가지 '일찍이 없었던 법'을 얻었다.

어떤 것이 네 가지인가. 크샤트리아의 무리들은 전륜왕을 가서 보고, 만약 말없이 잠자코 있을 때면 보고서 기뻐하고, 만약 말할 때면 듣고서 기뻐한다.

브라마나, 거사, 사문들도 전륜왕을 가서 보고, 만약 말없이 잠자코 있을 때면 보고서 기뻐하고, 만약 말하고 있을 때면 듣고서 기뻐한다.

아난다도 이와 같이 네 가지 '일찍이 없었던 법'을 얻었다.

어떤 것이 네 가지인가. 비구들이 가서 아난다를 보고, 만약 말없이 잠자코 있을 때면 보고서 기뻐하고, 말할 때면 듣고서 기뻐한다. 비구니, 우파사카, 우파시카들도 아난다를 보고, 만약 말없이 잠자코 있을 때면 보고서 기뻐하고, 말하고 있을 때면 듣고서 기뻐한다.

다시 아난다는 대중을 위하여 설법함에 있어서 네 가지 '일찍이 없었던 법'이 있다.

어떤 것이 네 가지인가. 아난다 비구는 비구들을 위하여 마음을 지극히 해 설법하고 함부로 하지 않는다. 그러면 저 비구들 또한 '존자 아난다가 늘 설법하여 그만두게 하지 않았으면 한다'고 생각한다.

저 비구의 무리들은 아난다의 설법을 듣고 언제나 싫증을 내지 않는다. 그렇지만 아난다 비구는 스스로 잠자코 머문다.

그는 비구니·우파사카·우파시카들을 위하여도 마음을 지극히 해 설법하고 함부로 하지 않는다. 그러면 우파사카들 또한 '존자 아난다는 늘 설법하여 그만두게 하지 않았으면 한다'고 생각한다.

우파시카들도 존자 아난다의 설법을 듣고 언제나 싫증을 내지 않는다. 그렇지만 아난다 비구는 스스로 잠자코 머문다."

붇다께서 이렇게 말씀하시니 여러 비구들은 붇다 말씀을 듣고 기뻐하며 받들어 행하였다.

바즈라푸트라의 설법 듣고 마음의 해탈을 이루고
아라한을 이룬 아난다의 일찍이 없었던 법

다시 한때 붇다께서 온전한 니르바나[parinirvāṇa]에 드신 지 오래지 않아 존자 아난다는 바즈라(Vajra, 金剛) 마을에 머물러 있었다. 이때에 그는 한량이 없는 백천 무리들에게 앞뒤로 둘러싸이어 설법하고 있었다. 존자 바즈라푸트라(Vajraputra, 金剛子)는 이때 대중 가운데 있으면서 가만히 이렇게 생각했다.

'이 존자 아난다는 원래 배워가는 사람으로 아직 탐욕을 떠나지 못했는가. 나는 이제 코끼리 같은 선정에 들어 코끼리 같은 선정으로 그의 마음을 살펴보리라.'

이에 존자 바즈라푸트라는 곧 코끼리 같은 선정에 들어, 코끼리 같은 선정으로 아난다의 마음을 살폈다.

바즈라푸트라는 곧 아난다가 원래 배워가는 사람으로 아직 탐욕을 떠나지 못한 것을 알았다.

이에 바즈라푸트라는 사마디에서 일어나 아난다를 향하여 게송으로 말했다.

산 숲속에서 고요히 사유하여
니르바나가 마음에 들도록 하라.
고타마의 선정엔 어지러움 없어

오래지 않아 자취 쉬어 깨달으리라.

이때에 존자 아난다는 바즈라푸트라의 가르침을 받고 무리를 떠나, 홀로 행하고 정진하여 어지러움이 없었다.

그가 무리를 떠나 홀로 행하며 정진하여 어지럽지 않게 되니, 이것은 좋은 종족의 사람들이 행하는 것으로 수염과 머리를 깎고 가사를 입고는 지극한 믿음으로 집을 버리어 집 없는 데서 도를 배워 오롯이 위없는 범행을 마침이었다.

그가 곧 현재의 법에서 스스로 알고, 스스로 깨닫고, 스스로 증득하여 성취해 노닐고, '태어남은 이미 다하고 범행은 이미 서고, 지을 바를 이미 지어 다시는 뒤의 있음 받지 않음'을 진실 그대로 알았다.

존자 아난다는 법을 안 뒤에 끝내 아라한이 되었다. 아난다는 말하였다.

"여러 어진 이들이여, 나는 평상 위에 앉아 머리를 숙여 아직 베개에 닿기 전에, 문득 온갖 흐름을 끊고 마음의 해탈을 얻었다."

만약 존자 아난다가 이런 말을 했다면, 이것을 존자 아난다의 '일찍이 없었던 법'이라 한다.

존자 아난다는 다시 이렇게 말했다.

"여러 어진 이들이여, 나는 이제 반드시 두 발을 맺고 앉아 온전한 니르바나에 들리라."

존자 아난다는 곧 두 발을 맺고 앉아 온전한 니르바나에 들었다.

이와 같이 두 발을 맺고 앉아 온전한 니르바나에 들었다면, 이것을 존자 아난다의 '일찍이 없었던 법'이라 한다.

• 중아함 33 시자경(侍者經)

•해설•

이 경은 아난다의 일찍이 없었던 법[未曾有法]을 찬탄하는 여러 내용의 이야기들이 하나의 경으로 묶어져 있다. 그 이야기들은 이야기되어진 때가 다르고 말하는 주체가 다르다.

이 경은 붇다께서 아난다를 늘 곁에 두고 일상에 수발드는 시자로서 쓸 무렵 아난다의 뛰어난 공덕을 크게 찬탄하고 격려하는 내용과 다시 마지막 니르바나에 드실 때 시자 아난다의 공덕을 말씀하신 내용을 기록한 것이 그 큰 뼈대를 이룬다.

상가의 다른 여러 장로들이 아난다의 행적에 대해 기억한 내용, 붇다께서 니르바나에 드신 뒤 아난다가 다시 발심하여 깨달음을 이루어 해탈한 내용 또한 한 묶음으로 엮어져 있다.

경이 바라보고 말하는 시선은 아난다에게 모아졌지만, 우리는 아난다를 말하는 이 경을 통해서 붇다의 삶을 읽으려 한다. 이 경을 보면, 붇다는 삶의 최후까지 자력생활(自力生活)을 하신 분임이 드러난다. 비록 정식 시자로서 아난다가 붇다를 모시기 전까지 이십오 년을 곁에서 늘 붇다의 가르침을 기억하고 다른 수행자에게 그 가르침을 전해주었지만, 그것은 요즘 말로 하면 총무비서 격의 역할을 수행한 듯하다.

붇다는 스스로 밥을 비시고 발우를 씻으며 니시다나를 펴고 앉으시며, 다시 좌선의 앉을자리를 거두어 들고 자리를 옮겨 길을 떠나고, 수레나 말을 타지 않고 머나먼 길을 맨발로 걸어 법을 전했다.

이제 마지막 거동조차 불편하실 때쯤 붇다는 몸 수발할 시자를 대중에 요청한다. 그러나 그 누구를 바로 지명하지 않고 대중의 뜻을 묻고 기다리며 시자가 될 아난다의 요구조건을 살펴서 시자가 되도록 한다.

붇다의 시자 요청에 붇다와 함께 늙어가는 나이 드신 장로비구들이 시자를 자청하는 모습과 그들의 요청을 만류하는 붇다의 모습은 얼마나 아름다운가. 고금에 이처럼 존경과 사랑에 가득 찬 스승과 제자의 모습이 어디 있는가.

그리고 붇다는 시자 아난다에게 짐승의 왕 사자처럼 일어나 사자처럼 몸을 살피고 사자처럼 바라보며 사자처럼 걸어가고 사자처럼 몸을 돌이키고 사자처럼 멈추며 사자처럼 오른 옆구리로 누워 쉬기를 가르치시니, 아난다는 가르침을 듣고 늘 사자처럼 오른 옆구리로 누워 쉬고 일어났으며, 그 행적은 아난다의 '일찍이 없었던 법'으로 기술된다.

이는 붇다 자신의 삶의 성취를 제자 아난다에게 전해준 것이니, 붇다는 일어서되 일어남이 없는 선정 속에서 일어나며, 걸어가되 걸어감이 없는 선정 속에서 걸어가며, 앉되 앉음 없는 선정 속에서 앉으시며, 누워 쉬시되 누워 잠듦 없는 선정 속에서 쉬신다.

사자왕의 앉고 누움은 조사선(祖師禪)에 오면, 몸을 움직이고 돌이킴은 코끼리와 같고[象王旋回] 고요한 선정은 용왕과 같다[那伽大定]고 표현된다. 다시 중국 조사선의 선사들은 선 수행자의 몸가짐을 '호랑이처럼 바라보고[虎視] 제비처럼 머물며[燕居] 소처럼 걷는다[牛行]'고 말한다.

여래의 누워 쉬시고 일어나 기지개 켜시며 사방을 둘러보심은 저 짐승의 왕 사자와 같고, 여래의 움직이고 걸어가며 몸을 돌이키심은 저 코끼리왕과 같으시며, 움직이되 움직임 없는 여래의 고요함은 저 용왕[Nāga]과 같다.

사자왕 같은 여래의 몸가짐과 용왕 같은 여래의 선정을 곁에서 늘 모시고 바라보며 그 말씀 한 마디도 기억해 빼뜨리지 않았던 아난다가 어찌 여래의 몸가짐과 여래의 고요함을 배우지 않겠는가.

아난다의 '일찍이 없었던 법'은 바로 여래의 이루 말할 수 없고 사유할 수 없는 삶의 그림자이다.

아난다 존자는 많이 들음[多聞]으로 으뜸가는 제자이지만, 여래 계실 때 늘 번뇌의 흐름[漏] 다하지 못하여 경책을 들었다. 하지만 붇다 니르바나 뒤 바즈라푸트라 존자의 가르침을 듣고 마음의 해탈을 이루고 온전한 니르바나에 들어간다.

그러나 여래의 니르바나의 평상에는 모습의 크고 작음, 때의 늦고 빠름이 끊어졌으니 아난다의 깨달음이 뒤늦었다 뉘라서 탓할 것인가.

이 경에서는 붇다의 니르바나 자리를 깔아드린 뒤 붇다의 뒤에서 슬피 울고 있는 아난다의 모습이 기록되어 있지만, 다른 경에서는 니르바나의 자리를 펴드리고 나서 세간에 남겨야 할 가르침의 첫머리를 어떻게 시작해야 하며, 상가의 화합 깨뜨리는 이를 다스리는 법과 이성과 상대하는 법을 묻는 아난다 존자의 모습이 기술되어 있다.

붇다는 니르바나의 마지막 순간 찾아온 저 수밧타라 브라마나를 들어오지 못하도록 막는 아난다를 만류하시고, 수밧타라 브라마나를 가까이 오게 해 최후의 비구로 받아들여 설법하고 그를 해탈케 한다.

그리고 오랜 세월 붇다를 곁에서 모시고 그 말씀을 받아지녀 한 마디도 빼뜨리지 않았던 제자 아난다의 공덕을 니르바나에 드실 최후의 순간 찬탄해주시니, 스승 붇다의 그 모습은 얼마나 장엄하고 거룩한가.

여래에게 무슨 두려워해야 할 죽음이 있고 애착해야 할 삶이 있는가. 삶 속에서 삶이 다하고 죽음 속에서 죽음이 다해 오직 하나인 니르바나의 고요한 모습이 드러나 있을 뿐[生滅滅已 寂滅現前]이다.

『화엄경』(「도솔궁중게찬품」兜率宮中偈讚品)은 다음과 같이 말한다.

여래께서는 세간에 나지 않으셨고
또한 니르바나에 드심도 없네.
본래의 크나큰 서원의 힘으로
자재한 힘을 나타내 보이셨네.

如來不出世 亦無有涅槃
以本大願力 示現自在法

만약 여래의 이와 같은
위신의 힘을 보았다면
가장 빼어나신 세존께
공양하여 의심내지 말라.

若有見如來　如是威神力
當於最勝尊　供養勿生疑

옛 선사[大慧] 또한 오되 옴이 없고 가되 감이 없는 사카무니 붇다의
삶의 모습을 다음 한 노래로 찬탄한다.

룸비니 동산에서 일찍이 나지 않았으니
사라숲 나무 아래서 어찌 일찍이 가셨으리.
그러나 나지 않고 사라지지 않음으로
고타마 붇다를 본다고 하면
눈 가운데 또 가루를 더하는 것이다.

毘藍園裏不曾生　雙林樹下何曾滅
不生不滅見瞿曇　眼中又是重添屑

제2장

지혜와 자비의 완성자,
붇다의 옴이 없는 옴과
진리 실현의 삶

"만물은 나면 죽음이 있고 일은 이루면 무너지며,
편안하면 위태로움이 있고 얻으면 곧 없어짐이 있어서
만물은 어지럽고 시끄러워 다 공(空)으로 돌아가오.
마음은 형상이 없되 날뛰고 흐리어 밝지 못하며,
마음의 지어감은 재앙에 이르나니, 다만 한 번만 받는 것이 아니오.
다만 탐냄과 애착으로 어리석음의 그물에 덮여 있으면
나고 죽음의 강물에 빠져 깨달아 벗어날 수 없기 때문에
나는 산에 들어가려 하오."

인도에서 대승불교가 일어나면서 여러 대승의 논사들 곧 『대승기신론』(大乘起信論)을 지은 아쓰바고샤(Aśvaghoṣa, 馬鳴), 『중론』(中論)을 지은 나가르주나(Nāgārjuna, 龍樹), 유식논서를 집필한 아상가(Asaṅga, 無着), 바수반두(Vasubandhu, 世親) 같은 보디사트바 논사[菩薩論師]들은, 논을 짓기 전에 삼보에 간절한 귀의의 글을 바친다.

동아시아 불교권에서도 천태(天台)나 원효(元曉) 같은 대성사(大聖師)들은 자신들의 불교관을 피력하기에 앞서 붇다에 대한 찬탄과 우러름의 말을 일으킨 뒤에 자신들의 말을 시작한다.

그렇듯 붇다의 삶의 기록과 거룩한 자취를 마주하고 우리들 또한 말을 잊고 '사유의 길이 끊어지고 말의 길이 끊어진 곳'[思議路絶處]에서 다만 '나무 붇다'(Namo Buddha)만을 되뇔 뿐이다.

한 인간이 세간에 육체적 생명을 받아 머무는 삶은 길지 않다. 백 년이 넘지 않는 이 기간에 자신이 처한 역사적 사회적 조건과 제약 속에서 한 인간이 해낼 수 있는 일은 그리 많지 않다.

그러나 고타마 싣달타는 인간으로서 이 세간에 몸을 받아, 이 짧은 기간에 어떻게 인류가 생존할 역사의 마지막까지를 관통할 이처럼 위대한 종교적 철학적 문화적 위업을 달성할 수 있었단 말인가.

붇다는 한생에 높고 높아 위가 없고, 깊고 깊어 바닥이 없는 지혜를 성취하고 스스로 위없는 보디의 완성자임을 선언하고, 하늘[天]과 마라[魔], 절대신성의 두려운 권능을 믿던 미망의 중생에게 깨달음의 길을 열어 위없는 보디의 완성자를 따라 해탈의 길에 돌아가게 하였다.

붇다에 의해 중생의 고통과 한이 만들어낸 미망과 환상의 믿음은 지혜인 믿음의 세계로 전환되었다.

붇다의 연기법(緣起法)은 초월적 신성의 세계관과 다원주의자들의 원자적 세계관을 모두 깨뜨려 주체적이되 보편 속에 개방된 삶의 자유를 열어주었다.

붇다의 연기법은 당시 브라마나의 일원론과 사문들의 다원주의를 모두 깨뜨렸지만, 그 두 사조를 함께 넘어서고 함께 살렸다. 붇다의 철학은 시대철학을 극복함으로써 시대를 넘어 존재론에서 관념론과 유물론을 넘어서고, 인식론에서 물질 앞에 정신을 내세우는 관념주의와 정신 앞에 물질을 내세우는 실재론을 한때에 타파하여 중도의 진실을 열어준다.

불교는 불교가 아니고 삶의 진실을 진실 그대로 아는 지혜[如實知]가 불교이다. 불교는 불교라는 관념의 틀마저 타파케 함으로써 인류 보편철학으로서 불교철학의 앞길을 스스로 예비한다.

붇다는 브라마나와 사문들, 기성철학자의 사유의 오류를 철저히 부정하되 그들을 자비로 이끌어 연기법 안에서 사유의 병을 치료해주신다. 그리고 국왕과 장자 등 힘을 가진 자들의 교만과 탐욕을 꾸짖되 그들에게 자비와 보시를 가르쳐 진리의 문 안에서 함께 해탈의 길을 가도록 이끄시었다.

그는 몸에 온통 똥물을 뒤집어쓰고 울고 있는 불가촉천민을 거룩한 물[聖水]이 흐르는 강가아(Gaṅgā) 강 언덕에 데리고 가서 그 물에 몸을 씻겨 제자로 삼았고, 살인마가 칼을 놓는 그 자리에서 해탈토록 하였으며, 눈먼 제자의 바늘귀에 실을 꿰어주고, 병들어 누워 있는 제자의 똥오줌을 받아주었다.

그야말로 세간 중생을 섬김으로써 세간 중생이 '공양해야 할 분'

[應供]이 되신 이이니, 그가 바로 지혜의 완성자이자 자비의 완성자이다.

인류역사에 누가 허상(虛像)의 그림자를 붙들고 울부짖는 환상의 믿음을 지혜의 세계로 되돌려주었는가. 붇다가 그 사람이다.

인류역사에 누가 일원론과 다원론, 관념론과 유물론의 치우친 세계관에서 우리를 해방하여 중도의 세계관을 열어주었는가. 붇다가 그 사람이다.

인류사회 인종적 계급적 질곡과 갈등 속에서 끝없이 싸우고 다투는 삶들에게 누가 참된 자비와 서로 도움의 길을 열어주었는가. 붇다가 그 사람이다.

그렇다면 붇다의 이와 같은 지혜 이와 같은 자비는 어떻게 해서 이루어졌으며, 붇다는 이와 같은 한량없는 위업들을 어떻게 짓게 되었는가. 지식을 확장하고 능력을 확장하고, 하고 있는 일들을 확장해서 그런 것인가. 그렇지 않다.

붇다는 오히려 자아의 실체성뿐만 아니라 저 무한우주의 실체성까지 깨뜨려, 마라와 하늘 절대신성을 넘어선 해탈의 길을 열어보였다. 또한 지금 보고 듣는 경험과 인간의 관념에서 보는 자와 보여짐이 공함을 깨달아 경험된 지식과 관념에서 자유로운 지혜의 길을 보이셨다.

그리하여 온갖 상대적인 주의와 주장, 견해 가운데서 주의와 주장, 견해의 치우침과 관념의 틀에 닫혀지지 않는 보디의 길을 열어보인 것이다.

붇다는 인연으로 성취된 모습이 모습 아님을 깨달으셨으므로 모습에 매인 탐욕과 탐욕의 좌절로 인한 분노를 돌이켜 자비와 온갖 삶들을 싸안는 크나큰 원[大願]의 삶을 사신 것이다.

붇다는 아는 것과 보는 것, 하는 것을 늘려서 많은 일을 지은 자가 아니라, 앎에서 앎을 떠나므로 알지 못함이 없고, 봄[見]에서 실로 보는 자와 보는 바를 떠나므로 온갖 견해를 뛰어넘으신 분이다.

또한 하는 일에서 함[爲]을 떠나 하되 함이 없으므로 하지 않음이 없고, 지음이 없으므로 짓지 않음이 없는 분이다.

그가 바로 나고 사라짐에서 나고 사라짐을 떠난 분이고, 물든 세간의 탐욕과 온갖 주의 주장 온갖 견해의 물든 흐름 속에서 진정한 청정을 성취한 분이며, 중생이 부르는 곳 중생이 아파하는 곳에서 그 부름을 따라 온갖 윤리적 당위를 성취한 분이다.

그러므로 경은 배울 것 없는 아라한의 삶의 모습을 다음과 같이 기술한다.

"나의 태어남은 이미 다하고 범행(梵行)은 이미 서고, 지을 바를 이미 지어 다시는 뒤의 존재를 받지 않는다."

붇다도 세상에 태어나 연기법의 세계관을 진리의 깃대로 세우고 출가상가라고 하는 자기조직을 가지고 살았으므로 반대파가 있고 붇다를 미워하는 이가 있고 그에게 돌을 던지고 흙을 뿌리며 욕하는 자들이 있었다.

그러나 붇다는 그들과 맞서 싸우지 않고 그들의 미움을 미움으로 돌려주지 않고 크나큰 사랑으로 감쌌다.

붇다를 욕하고 죽이려 했던 이들도 붇다에 의해 이끌려 저 언덕에 이르렀고 붇다의 제자가 되었다.

붇다를 기리고 우러르는 자는 그 우러름으로 붇다를 따라 보디의 길에 들어설 것이다. 그러나 붇다를 헐뜯고 미워하는 자도 그 비방하는 인연으로 끝내 저 보디의 길에 함께 따라 들어설 것이다.

왜인가. 그가 비방하는 붇다의 보디는 진실이고 그의 헐뜯음과 미워함은 거짓이기 때문이고 물거품이기 때문이다.

그렇다면 끝내 어떻게 해야 저 붇다의 삶을 바라보는 우리가 붇다와 함께 해탈의 저 언덕에 갈 것인가.

세간에 오신 붇다 또한 육체적 생명을 누린 분이지만, 그는 육체적 생명을 넘어 니르바나의 진리의 몸[法身] 지혜의 목숨[慧命]을 사신 분이다. 붇다는 또 연기법의 진실 그대로 온갖 지음과 함 가운데서 하되 함이 없는 함의 주체였으니, 그는 짓되 지음 없고 지음 없되 짓지 않음이 없는 분이었다.

그렇다면 우리 또한 앎에서 앎을 떠나고 함에서 함을 떠날 때만 저 잘 가신 이[善逝]를 따라 니르바나의 저 언덕에 잘 건너갈 것인가.

원효는 우리에게 이렇게 가르친다.

법계의 진리인 저 붇다의 몸 아닌 몸은
이루 사유할 수 없고 말할 수도 없으니
고요하여 함이 없되 하지 않음 또한 없네.
저 붇다의 몸과 마음 온전히 따르므로
우리 또한 반드시 붇다의 나라 나게 되리.

法界身相難思議　寂然無爲無不爲
以順彼佛身心故　必不獲已生彼國

『화엄경』(「도솔궁중게찬품」) 또한 붇다께 공경과 찬탄의 마음 바치고 붇다를 따라 보디의 길에 나아갈 때 여래의 현존과 함께함을, 다음과 같이 말한다.

> 만약 붇다를 우러러 공경하고
> 붇다의 은혜 갚을 것 생각하면
> 그 사람은 끝내 온갖 붇다
> 머무신 곳을 떠나지 않으리.

若有尊敬佛　念報於佛恩
彼人終不離　一切諸佛住

> 어떻게 지혜로운 사람이
> 붇다에 대해 보고 듣고도
> 청정한 원을 닦지 않고
> 붇다께서 행하신 거룩한 도
> 따라 밟지 않을 수 있으리.

何有智慧人　於佛得見聞
不修淸淨願　履佛所行道

1 투시타하늘에서 내려옴과 룸비니 동산 탄생설화의 실천적인 의미

• 이끄는 글 •

붇다의 세간출현을 그 무엇으로 비유할 것인가. 기나긴 밤 어두움 속에 묻혀 있는 만상은 찬란한 해가 뜰 때 그 모습을 온전히 드러낸다. 그렇듯 보디의 완성자 붇다의 지혜광명이 미망의 세간을 비추면 우주 만유의 연기적 실상이 온전히 밝혀지고, 중생 속 한량없는 공덕장이 온전히 드러난다.

지금 이 현재의 법에서 그 무엇으로도 견주어 말할 수 없는 지혜와 자재공덕의 성취자가 어찌 앞선 삶에서의 실천의 공덕이 없이 이 세간에 올 수 있겠는가. 그리고 붇다가 되리라 예언된 거룩한 몸의 서른두 가지 특징을 지니고 이 세간에 오시는 이가 어찌 선행하는 실천의 공덕 그 징표 없이 이 세간에 올 수 있겠는가.

투시타하늘에서 여섯 이의 코끼리를 타고 어머니의 태에 들어 세간에 오시는 보디사트바의 모습이 바로 그 공덕의 징표이며, 나자마자 사방으로 일곱 걸음 걸으며 사자처럼 외치는 모습이 그가 바로 탐욕으로 태어난 아이가 아니라, 구세의 크나큰 의지로 세간에 나타난 '보디사트바'임을 나타낸다.

붇다가 비록 사람의 몸으로 인간역사 속에 출현했지만, 보디의 몸 진리의 몸인 붇다의 몸은 하늘이 아니되 하늘 아님도 아니고, 땅이 아니되 땅 아님도 아니며, 사람이 아니되 사람 아님도 아니다.

그 위없는 보디의 몸을 이루신 보디사트바가 세간에 오는데, 하늘이 어찌 아름다운 음악을 울리지 않고 꽃비 내리지 않을 것이며 땅이 어찌 기쁨의 떨림을 보이지 않을 것인가.

하늘 땅이 그러는데 사람인들 어찌 그 태어남에 기쁨의 노래 부르지 않겠는가.

보디사트바가 저 투시타하늘에서 여섯 이가 난 흰 코끼리[六牙白象]을 타고 어머니의 태에 들어왔다는 것은 무엇을 나타내는가.

여섯 이는 보디사트바의 여섯 가지 파라미타행[六波羅密]이고, 흰 코끼리는 여섯 이의 바탕이니 파라미타가 일어나는 한마음의 법계[一心法界]이다.

여섯 이[六牙]의 흰 코끼리는 진리가 온전히 파라미타행으로 주어지는 진리임을 나타낸다. 보디사트바가 여섯 이의 흰 코끼리를 타고 어머니의 태에 오는 것은 보디사트바가 탐욕의 흐름을 떠나, 바로 파라미타행으로 주어지는 진리의 수레를 타고 이 세간에 오심을 뜻한다.

화엄(華嚴)에서 만주쓰리의 지혜[文殊智]는 푸른 사자[靑獅子]로 비유되고, 사만타바드라의 행[普賢行]은 흰 코끼리[白象王]로 비유된다. 다시 만주쓰리와 사만타바드라를 주·객의 뜻으로 살피면, 만주쓰리가 진리를 살피는 지혜[能觀智]이고 사만타바드라는 지혜가 살피는 진리[所觀理]를 나타낸다.

사만타바드라의 진리는 지혜의 소외된 대상, 관조의 대상이 아니라 지혜인 진리 행위인 진리이고, 만주쓰리의 지혜는 진리를 밖에서 관조하는 지혜가 아니라 진리인 지혜이니, 연기법에서 저 세계는 오직 마음의 활동에 내적인 세계이기 때문이다.

만주쓰리의 아는 지혜가 진리인 지혜이고 알려지는 진리는 모습에 모습 없어 실로 알 것이 없으므로 만주쓰리의 지혜 또한 알되 앎이 없다. 다시 사만타바드라의 진리는 지혜인 진리이므로 그 진리는 지금 행위 안에 살아 있는 진리 행위 자체인 진리이다.

이처럼 만주쓰리의 지혜가 사만타바드라의 진리인 지혜이고, 사만타바드라의 진리가 만주쓰리의 지혜인 진리이고 행위인 진리이므로, 그 행위로서의 진리를 사만타바드라의 광대행(廣大行)이라 한다. 이 진리인 지혜와 지혜인 진리가 끝내 둘이 없는 세계의 실상을 비로자나 법계(法界)라 한다.

비로자나 법계는 지금 어머니의 태에 들어 세상에 오는 보디사트바가 이루어야 할 진리의 세계이고 지혜의 세계이다.

그러나 결과로서 얻어야 할 진리의 세계는 세계 자체의 본래의 진실이며 지금 어머니의 태에 오고 있는 보디사트바와 미망의 중생 본래의 진실이다.

그렇다면 여섯 이의 흰코끼리를 타고 세간에 내려오는 보디사트바의 모습은 본래 갖춘 법계 진실의 땅에서, 미망의 세간 고통받는 중생을 위해 새롭게 보디를 이루어야 할 당위를 안고 세간에 오시는 이의 모습이다. 곧 고타마 보디사트바는 진리의 땅에서 진리실현과 중생구제를 위해 오심 없이 오신 것이니, 이를 화엄교의 뜻으로 살펴보자.

만주쓰리와 사만타바드라는 비로자나 법계의 아들이다. 그러나 만주쓰리의 지혜와 사만타바드라의 행을 통해서만 비로자나 법계는 중생의 구체적인 진리로 밝혀진다.

흰 코끼리를 타고 세간에 오시는 고타마 싣달타의 모습은 법계의 땅에서 법계인 실천의 수레를 타고 이 세간에 오는 보디사트바의 모습이다. 그러나 다시 보디사트바인 고타마 싣달타의 출가와 고행수도, 보디 나무 아래에서의 바른 깨달음과 교화행을 통해, 법계의 진리는 비로소 우리 중생의 자기진실로 밝혀지는 것이다.

이와 같이 본래 갖추어진 진리의 땅에서 새로 보디를 성취할 실천의 당위를 안고 옴이 없이 오는 보디사트바의 모습은 다만 저 고타마의 모습만이 아니다.

그것은 곧 진리바다[眞如海] 안에서 스스로 자기 진실을 등지고 살아가는 우리 중생이 미혹을 돌이켜 보디의 땅에 돌아가야 할 해탈의 도정을 나타낸다. 또한 이 혼돈과 갈등의 역사가 역사의 자기 진실인 진리의 왕국[法性土]을 세속의 역사 속에서 새롭게 구현해가야할 역사의 당위를 일러주고 있는 것이다.

여섯 이의 흰 코끼리 타고
어머니의 태에 들어 룸비니에서 태어나심

이때에 '어지신 이[能仁] 보디사트바'는 흰 코끼리를 변화해 타고
와서 어머니의 태(胎)에 들어왔다.

유월 여드렛날에 부인은 목욕하고서 향을 바르고 새 옷을 입은 뒤
에 조금 몸을 편안히 했는데, 꿈에 허공 가운데 어떤 이가 흰 코끼리
를 타고 밝은 빛으로 온 세상을 비추고 거문고를 타고 악기를 두드리
며 노래하고 꽃을 흩뿌리고 향을 사르며 몸 위에 와서는 갑자기 사라
져 나타나지 않음을 보았다.

부인이 놀라 깨어나자 왕이 물었다.

"무엇 때문에 놀라시오?"

부인은 말했다.

"조금 전 꿈속에서 흰 코끼리를 탄 이가 허공 가운데서 날아와, 거
문고를 타고 악기를 두드리며 꽃을 흩고 향을 사르며 저의 위로 와서
는 갑자기 사라져 다시 나타나지 않음을 보았습니다. 그래서 놀라 깨
났습니다."

왕의 마음이 두렵고 놀라 언짢아져서 곧 상 보는 이 수야카[隨若
耶]를 불러서 그 꿈을 점치게 하였다.

흰 코끼리의 태몽에 놀라 꿈을 점치게 함
상 보는 이는 말했다.

"이 꿈이야말로 왕에게 복되고 기쁜 일입니다. 거룩하고 신묘한 앎[聖神]이 태 안에 내려오셨기 때문에 이런 꿈을 꾸었습니다. 낳은 아들이 집에 있으면 큰 위력을 행하는 왕이 될 것이요, 집을 나와 도를 배우면 반드시 붇다가 되어 온 세상을 건져내실 것입니다."

왕은 기뻐하였으며, 이에 부인은 몸과 뜻이 편안하고 부드러워져게를 말하였다.

지금 내가 태에 품은 아이는
반드시 크고 높은 사람이라서
음욕과 삿됨 미움과 성냄 그치고
몸과 마음 깨끗하고 편안하여라.

마음은 늘 베풀어줌을 즐기고
계 지키고 욕됨 참아 정진하며
뜻 고요히 해 사마디에 들어가서
지혜로 널리 사람들을 건네주리.

지금 대왕의 몸을 살펴보오니
공경히 하심 아버지와 형과 같고
뭇 백성의 무리 불쌍히 보는 것은
또한 자기가 낳은 자식 같아라.

대왕이 아픈 사람 약으로 나아주고
주리고 추운 사람 옷과 밥을 주며

가난한 이 보살피고 어른 공경하니
즐거이 뭇 사람들의 나고 죽는
그 괴로움을 사라지게 하시리.

감옥에 갇혀 있는 여러 사람들
모진 괴로움과 근심 두려움에 떠니
대왕께서는 크나큰 사랑 베풀어
한꺼번에 죄와 허물 풀어주소서.

저는 이제 세간의 음악 소리를
다시 듣고 싶어하지 않으므로
산과 숲의 편안한 곳으로 가서
깨끗하고 고요하게 안정하오리.

이에 여러 흩어져 있는 작은 고을의 왕들이 대왕의 부인이 임신하였음을 듣고 모두 와서 축하하고, 저마다 금은의 값진 보배와 옷이며 꽃과 향을 한마음으로 받들어 올리고 기쁜 일을 한없이 찬탄했는데, 부인은 그들을 물리치며 번거롭게 하려 하지 않았다.

부인은 임신하고서부터 하늘이 여러 맛있는 것을 바쳐 몸의 기운을 보태 도왔으므로, 저절로 배가 불러 왕궁의 요리는 받지 않았다.

열 달이 되자 아소카 나무 아래서 태자를 낳으니
나자 일곱 걸음을 걸으며 외침

열 달이 다 차서 태자의 몸이 이루어지고, 사월 이렛날이 되자, 부인은 나가서 노닐며 가지가 땅으로 늘어진 아소카(asoka) 나무[無憂樹] 아래를 지나는데 뭇 꽃이 피어 있었다.

샛별이 나올 때에 나뭇가지를 붙잡았는데, 곧 오른쪽 옆구리로부터 태어났다.

땅에 내리자 일곱 걸음 걸어 손을 들고 말했다.

"하늘 위와 하늘 아래
오직 나만 홀로 높도다.
삼계가 모두 괴로우니
내가 편안케 해주리."

그때 하늘과 땅은 크게 움직이고 삼천대천세계는 크게 밝아지지 않음이 없었다.

인드라하늘과 브라흐마하늘왕이며 네 하늘왕과 그의 따르는 무리들인 여러 용·귀신·야크샤·간다르바·아수라 등이 함께 와서 모시고 보살폈으며, 용왕의 형제 가라와 울가라는 왼편에서 따뜻한 물을 비처럼 내리고 오른편에서 찬 물을 비처럼 내렸다.

인드라하늘과 브라흐마하늘왕은 하늘옷으로 감쌌고 하늘에서는 꽃과 향을 비처럼 내리며 거문고를 뜯고 악기를 울리며, 쪼이는 향·사르는 향·찧은 향·촉촉한 향이 허공을 꽉 메웠다.

부인은 태자를 안고 용수레를 타고 깃발 걸고 음악 울리며, 뭇 무리들을 이끌고 딸려 궁으로 돌아왔다.

왕은 태자가 태어났다는 말을 듣고 마음에 뛸 듯이 기쁨을 품고 곧 대중과 여러 관리·신하·여러 브라마나·거사·장자며 상 보는 이들과 함께 나가서 마중하였는데, 왕의 말이 발굽이 땅에 닿으면 오백이나 되는 보배들이 한꺼번에 튀어 나왔으므로 늘어선 행렬이 이익을 얻었다.

이때에 모인 브라마나로서 상 보는 이들은, '기쁨의 소리'를 널리 내면서 곧 태자의 이름을 '싯달타'라고 지었다.

왕은 인드라하늘·브라흐마하늘왕·네 하늘왕과 여러 하늘·용·신 등이 허공 가운데 가득 차 있음을 보고서 공경한 마음으로 고요해져 자기도 모르게 말에서 내려와 태자에게 절하였다.

태자가 아직 성문에 이르기 전에, 길옆에 나라에서 모시는 하늘신의 묘가 있는데, 브라마나로서 상 보는 이들이 모두 말했다.

"태자를 데리고 가서 하늘신의 상 앞에 절하도록 해야 맞습니다."

곧 태자를 안고 신의 묘에 들어갔더니 여러 신들의 형상이 모두 뒤집어졌다.

브라마나로서 상보는 이들과 온 대중들은 모두 말했다.

"태자야말로 참으로 신령하고 실로 미묘하다. 위덕에 감화하여 하늘신들이 귀명하는구나."

모두 태자를 '하늘 가운데 하늘'[devātideva]이라고 하였다.

하늘과 땅, 사람들에게 서른두 가지 상서가 응함

궁중으로 돌아오자 하늘에서 서른두 가지 상서가 응해 내렸으니 다음과 같다.

첫째, 땅이 크게 움직이면서 큰 언덕이 모두 평평해졌다.

둘째, 길과 거리가 저절로 깨끗해지고 더러운 냄새나는 곳이 향기로워졌다.

셋째, 나라 안의 마른 나무에서 모두 꽃과 잎이 돋아났다.

넷째, 동산에서 저절로 기이하고 달콤한 과일이 났다.

다섯째, 땅에서 연꽃이 나와 크기가 마치 수레바퀴만하였다.

여섯째, 땅 속에 묻혀 있던 보배 곳간이 저절로 솟아 열렸다.

일곱째, 곳간 안에 감춰진 보물이 열리면서 밝게 빛났다.

여덟째, 상자에 있던 옷가지들이 횃대에 걸렸다.

아홉째, 많은 시내의 만 갈래 흐름이 멈추면서 맑고 깨끗해졌다.

열째, 바람이 그치고 구름이 걷히면서 하늘이 깨끗하고 맑아졌다.

열한째, 하늘의 네 면에서 가랑비가 내려 향기롭게 적셨다.

열두째, 밝은 달이 구슬처럼 궁전 전각에 걸렸다.

열셋째, 허공 가운데 불과 촛불이 다시 쓸데가 없어졌다.

열넷째, 해와 달과 별자리가 모두 서서 가지 않았다.

열다섯째, 별똥별[沸星]이 아래에 나타나서 태자의 태어남을 모셨다.

열여섯째, 하늘의 맑은 보배 일산이 궁중 위를 두루 덮었다.

열일곱째, 여덟 곳의 신들이 보배를 받들고 와서 바쳤다.

열여덟째, 하늘의 온갖 맛있는 먹을거리가 저절로 앞에 나타나 있었다.

열아홉째, 보배 항아리의 입구마다 단이슬이 매달려 담겨 있었다.

스무째, 하늘신이 칠보로 꾸며진 수레를 끌고 왔다.

스물한째, 오백 마리의 큰 코끼리 새끼가 저절로 전각 앞에 늘어서 있었다.

스물둘째, 오백 마리의 흰 사자 새끼가 설산으로부터 나와서 성문에 늘어서 있었다.

스물셋째, 하늘의 아름다운 여인들이 궁녀들의 어깨 위에 나타나 있었다.

스물넷째, 여러 용왕의 딸들이 궁성을 빙 둘러 서 있었다.

스물다섯째, 하늘의 아름다운 만 명의 여인들이 공작새 털로 된 털이를 붙잡고 궁성 담 위에 나타나 있었다.

스물여섯째, 하늘의 여인들이 금병(金甁)에 향기로운 물을 담아 가지고 줄을 서서 공중에서 모셨다.

스물일곱째, 하늘의 악기가 모두 내려와서 한꺼번에 울렸다.

스물여덟째, 지옥이 모두 쉬고 모진 고통이 일어나지 않았다.

스물아홉째, 독벌레가 숨어 엎드리고 상서로운 새들이 날면서 지저귀었다.

서른째, 고기 잡고 사냥하는 모진 마음이 한꺼번에 사랑의 마음이 되었다.

서른한째, 나라 안에 아이 밴 부인들이 아이를 낳으면 모두가 반듯한 아이였고, 귀 먹은 이·눈먼 이·벙어리·등 굽은 이 등 온갖 질병이 모두 나았다.

서른둘째, 나무신이 사람으로 나타나서 머리 숙여 절하고 모셨다.

이때를 맞아 열여섯의 큰 나라가 맑고 아름답지 않음이 없게 되니, 일찍이 없던 일이라고 찬탄하였다.

나라의 스승 '아르야'가 찾아와 반드시 붇다가 될 것을 예언함

이에 향산(香山)에 살던 수행자 '아르야'(Āryā)는 한밤중에 하늘과 땅이 크게 움직임을 느껴, 밝은 빛이 환하여 예사롭지 않음을 보았다.

또 산속에 있던 우트팔라 꽃 가운데서 큰 사자가 저절로 생겨 땅에 떨어지자마자 곧 일곱 걸음을 걸어가서 머리를 들고 으르렁거림을 보았는데, 널리 사십 리 안의 날짐승·길짐승과 날아 기며 꿈틀거리는 동물들이 두려워하며 엎드리지 않음이 없었다.

'아르야'는 생각하였다.

'세간에 붇다가 계셔야 이런 상서로움이 나타나는 것이다. 지금의 세상은 흐려 악이 넘치는데 어째서 이런 좋은 상서가 나타날까?'

날이 밝자 카필라 국으로 날아가는데, 미처 성에 도착하기도 전에 사십 리 밖에서 갑자기 땅으로 떨어지니, 마음으로 매우 놀라면서도 기뻐 이렇게 생각했다.

'여기 반드시 붇다가 계시리라. 나는 의심할 것조차 없다.'

그러고는 걸어서 궁전 문에 나아갔다. 문지기가 왕에게 말씀드렸다.

"아르야가 문 앞에 와 계십니다."

왕은 놀라며 말했다.

"아르야는 언제나 날아다니는데 지금은 어찌하여 문에 있으면서 들겠다고 알릴까?"

왕은 곧 나가서 절하고 맞이하여 씻게 한 뒤에 새 옷가지를 주고서 문안하였다.

"오늘 이렇게 찾아와 주시니 높고 거룩함을 굽히시는 것이오."

아르야가 대답했다.

"대왕의 부인께서 태자를 낳으셨다고 들어서 일부러 살펴보러 왔습니다."

모시는 이에게 명하여 태자를 안고 나오게 하니 시녀가 말씀드렸다.

"태자가 피로해 이제사 편히 잠들었습니다."

아르야는 기뻐하면서 곧 게송으로 말하였다.

크신 영웅께선 늘 깨어 있으사
깨지 못한 이를 늘 깨워주시네.
오랜 겁토록 누워 자지 않는데
어찌 잠들어 주무시겠는가.

이에 시녀가 태자를 안고 나와서 태자가 '아르야'에게 절하도록
하려 하자, '아르야'는 문득 놀라며 일어나서 나아가 태자의 발에 절
하였다.

국왕과 여러 신하들은 나라의 스승되는 '아르야'가 태자에게 공경
히 절함을 보고 마음이 놀라 태자가 지극히 높으신 이인 줄 더욱 알
아 곧 땅에 엎드려 태자의 발에 절하였다.

'아르야'는 백 명의 장사들을 누를 수 있는 이다. 그런 그가 태자를
안으니 태자의 살과 뼈가 따라 움직여서 빼어나신 서른두 가지 몸매
와 여든 가지 좋은 모습을 드러냄에 그 몸은 금강과 같이 아주 미묘
하여 헤아리기 어려워서 모두 '예언서의 말'[秘識]과 같았다.

'이분은 반드시 붇다가 될 것이니 나는 전혀 의심 없다.'

이렇게 생각하고 눈물을 흘리며 목이 메어 슬퍼 말하지 못하였다.

이때에 왕은 놀라 물었다.

"태자에게 좋지 못한 일이 있습니까? 길흉을 어려워 말고 말해주
십시오."

아르야는 스스로 억누르며 곧 게송으로 말하였다.

이제 큰 성인이 태어나시사
세간 모든 재난 없애줄 텐데

내 스스로 복 없음 슬퍼하나니
이레 뒤면 나는 목숨 마치게 되네.

태자께서 신묘한 변화 나투어
법 설해 세간 적셔줌 보지 못하고
이제 곧 태자와 헤어지므로
저절로 슬퍼서 우는 것입니다.

이에 태자가 손을 들며 말하였다.

다섯 갈래 시방의 모든 사람들
나는 반드시 다 교화하여서
모두가 그 바른 법 얻게 하오리.

본래 나의 뜻에 바라는 바는
온갖 삶들 모두 건네주는 것이니
한 사람이라도 도를 얻지 못하면
나는 니르바나 들어가지 않으리.

이에 '아르야'는 기뻐하면서 거듭 태자의 발에 절하였다.

싯달타의 몸에 있는 서른두 가지 거룩한 모습을 말해줌
숫도다나 왕도 두려움을 그치고 기뻐 게송으로 말하였다.

태자에게 무슨 모습이 있으며
어떻게 세상을 다스리겠습니까.
모든 모습에 어떤 복이 있는가를
낱낱이 다 말씀해주시길 바라오.

이때에 '아르야'는 왕에게 답하였다.

지금 태자의 몸을 살펴보오니
금빛의 몸에 굳센 뜻이 있어서
위없는 금강의 절구공이로써
음욕의 산을 찧어 부수오리라.

큰 사람의 모습 원만히 갖추어
발밑은 평안하여 판판한 발이니
나라에 머물러서 왕이 되시면
언제나 공평하게 다스리시고
집 나오면 바르게 깨치시오리.

손과 발에 바퀴 모습 나타나 있고
그 좋은 모습에 천 개 바퀴살 있네.
그러므로 늘 법바퀴를 굴리시어
붇다 되고 삼계의 세존 되시리.

사슴의 장딴지에 용의 넓적다리며

말처럼 감추어진 남근의 모습
보는 이가 다 싫어함이 없으니
그러므로 그 법 맑아 깨끗하도다.

손과 팔 손가락은 가늘고 길며
부드러운 손바닥 깨끗하나니
그러므로 법은 오래가고 길어서
천 년토록 이 세간의 가르침 되리.

살갗과 털은 가늘고 부드러우며
오른쪽으로 돌아 티끌 받지 않으며
황금빛 뼈는 갈고리처럼 물려
바깥길 걷는 이들 항복하오리.

반듯한 몸에 사자의 가슴이라
휘돌아서 구르되 굽지 않으며
반듯이 서면 손이 무릎 지나니
그러므로 온갖 이들 절하오리라.

몸의 일곱 곳이 모두 원만하여서
천 사람의 힘으로 적에 맞서리.
보디사트바 예로부터 지은 행이라
원한과 미워함이 없으시도다.

입 안에는 마흔 개의 이가 있어서
반듯하고 희면서 가지런하여
단이슬의 법으로 대중 이끌리니
그러므로 일곱 보배 갖추시리라.

수레 같은 뺨은 마치 사자와 같고
네 어금니에 卍 자 모습 나타났으니
붇다의 덕 온 세상에 드러나게 되어
그러므로 삼세를 넉넉케 하리.

여러 맛을 차례로 다 맛보아야
먹는 것에 그 맛을 알게 되리니
그러므로 법의 맛을 잘 베푸시어
온갖 중생에게 그 맛 베풀어주리.

넓고 긴 혀는 마치 연꽃과 같아
입을 나오면 그 얼굴을 덮도다.
그러므로 갖가지 음성 내시면
받는 이는 단이슬과 같게 되오리.

말씀하면 그 소리 금빛 새와 같아
경 외우면 브라흐마하늘 지나네.
그러므로 법을 말씀하실 때는
몸은 편안하고 뜻은 안정되리라.

눈동자의 모양은 검푸른 빛인데
태어나는 그때마다 사랑의 마음
늘 살펴서 닦은 까닭이어라.
그러므로 하늘과 사람의 무리들이
붇다를 뵙기 싫증냄이 없으리.

정수리엔 살상투가 솟구쳤으며
머리털의 빛깔 짙은 유리 빛이니
온갖 중생을 건네주려 하므로
그 법은 더욱 더욱 융성하리라.

얼굴의 빛은 둥근 보름달 같고
얼굴 모습 갓 피어난 꽃과 같아라.
거기다가 눈썹 사이 돋은 털들은
희고 많아 마치 밝은 구슬 같아라.

갖가지 세간법의 방편으로 싣달타를 집에 묶어두려고 함

이에 왕은 그가 상을 잘 보는 줄 깊이 알았으므로 태자를 위하여
네 철의 궁전을 일으켜서 봄·가을·겨울·여름 동안에 각기 머무는
곳을 달리하게 하였다.

그 집 앞에는 단 과일나무를 줄지어 심고 나무들의 사이에는 일곱
보배 목욕하는 못이 있으며, 못 안의 기이한 꽃은 빛깔이 각기 달라
마치 하늘의 꽃과 같았다.

물에서 사는 새들은 수십 수백 가지며, 궁성은 굳세고 일곱 보배

누각에는 방울과 온갖 깃발을 달았으며, 문의 여닫는 소리는 사십 리까지 들렸다.

오백의 여인들을 뽑아 그 가운데 온화하고 맑고 예의와 몸가짐 갖추어진 이를 가려 태자를 공양하며 함께 놀고 기르도록 하였다.

태자가 나던 날에 나라 안의 많은 장자들이 아이를 낳되 모두가 모습 훤칠한 아이였고, 여러 마구간에서 말이 망아지를 낳았는데, 그 가운데 한 마리는 특이하여 털 빛깔이 뛰어나게 희고, 갈기에는 구슬이 꿰어 있었다. 그 때문에 이름을 '칸타카'(Kaṇthaka)라고 하였다.

마구간에서 또 흰 코끼리 여러 마리가 태어났는데, 그 가운데 한 마리 코끼리는 일곱 활개를 갖추었고 갈기 끝에 구슬이 달렸으며 입에 여섯 어금니가 있었기 때문에 이름을 '흰 코끼리 보배'라 하였으며, 흰말에 딸린 마부의 이름은 '찬다카'(Chandaka)였다.

태자가 난 지 이레 만에 그 어머니는 목숨을 마쳤는데, 하늘 스승을 태에 밴 공덕이 컸기 때문에 도리하늘에 나서 복을 스스로 받았다.

태자는 궁중에 있으면서 시끄러움을 좋아하지 아니하고 한가하고 고요히 지냄에 뜻을 두고 생각하였다.

왕은 시녀에게 물었다.

"태자가 즐거워하느냐?"

시녀가 말씀드렸다.

"공양과 음악은 때를 잃지 않는데도, 태자를 자세히 살펴보면, 기뻐하거나 즐기지 않으십니다."

왕은 걱정이 되어 곧 여러 신하들을 불러서 말했다.

"아르야가 상을 보며 말하기를, '반드시 붇다의 도를 이루리라' 하였는데, 무슨 방편을 써야 태자를 집에 머무르게 하며 도의 뜻이 없도록 하겠소?"

한 신하가 있다가 말했다.

"오직 글만을 가르치시면서 뜻을 매어 두어야 할 것입니다."

곧 모시는 무리 오백 인과 같이 스승의 문[師門]에 찾아가게 하였다.

그 스승이 태자 왔다는 말을 듣고 곧 나가서 절하고 맞이하니 태자
가 물었다.

"무엇 하는 분이십니까?"

신하는 말하였다.

"바로 나라에서 글을 가르치는 스승이십니다."

태자는 물었다.

"잠부드비파(Jambu-dvīpa, 閻浮提)의 글은 무릇 예순네 가지가 있
습니다."

그러고는 곧 그 글들의 이름을 세고서는 물었다.

"이제 어느 글로써 나를 가르치겠습니까?"

브라마나가 놀라 태자에게 대답하였다.

"예순네 가지라 하시는데, 저는 아직 들어본 일이 없습니다. 다만
두 가지의 글만을 가지고 사람들을 가르쳤습니다."

곧 귀명하면서, '미치지 못했음을 용서하십시오'라고 말했다.

• 수행본기경 2 보살강신품(菩薩降神品)

• 해설 •

보디사트바가 탐욕과 번뇌 없는 깨끗한 뜻과 세상 건질 큰 의지로 어머니
의 태에 드니, 어머니의 몸과 마음이 편안하고 아버지는 춥고 가난한 이들을
위해 좋은 정치를 펴고 백성들은 기쁨의 노래 부른다.

본래 그러한 진실 그대로의 실천의 수레를 타고[乘如實道] 이 세간에 옴이 없이 왔으므로 스스로 앞으로 붇다 되어 세간 건질 것을 예언하고 스스로 깨달아 그 예언을 증험하였다.

법계 실천의 수레인 여섯 이의 흰 코끼리를 타고 세간에 오시고 서른두 가지 거룩한 이의 특징을 지니고 있으므로, 상을 보는 예언가뿐만 아니고 보는 이들마다 그가 붇다 되어 세간 건질 이라 예언하고 그들은 그 예언을 몸소 눈으로 증험하게 되는 것이다.

보디사트바가 앞 생에 머물렀다는 투시타하늘[Tuṣita-deva]은 욕계 여섯 하늘[欲界六天] 가운데 넷째 하늘로서 사카무니가 그 하늘에 머물다 세간에 내려오는 것처럼 마이트레야 보디사트바(Maitreya-bodhisattva, 彌勒菩薩)도 그 하늘에 머물다 다시 세간에 내려온다[彌勒下生]고 말한다.

이 투시타하늘의 하루는 인간의 사백 년에 해당되고 그 하늘의 목숨은 하늘의 수명으로 사천 년이라 말한다.

그러나 그 하늘도 중생의 업(業)과 보디사트바의 원(願)의 힘으로 성취된[業力所成 願力成就] 하늘이므로 있되 실로 있지 않은 하늘이다. 투시타하늘이 있되 있지 않은 줄 알면, 투시타하늘이 바로 사바세계를 떠나지 않는 법계진리의 하늘이 된다.

사카무니 보디사트바가 투시타하늘에서 어머니의 태에 들어 룸비니 동산에 태어나자 아이는 곧 사방으로 걸어 세간 중생 건질 큰 의지를 표명한다.

아이가 어찌 나자 사방으로 걸을 수 있는가. 아직 보디를 완성하지 못한 보디사트바가 실은 이미 완성된 보디의 땅에서 오심을 나타냄인가. 어린이 속에 이미 젊은이가 있고 늙은이의 지혜가 있다.

그러나 가르침 받는 중생의 편에서 보면, 중생이 이미 저 보디사트바가 이루어야 할 보디의 땅에 본래 서있는데, 저 보디사트바가 보디를 이루어 중생 건진다 함도 도리어 티끌을 이루고 허물을 이루는 것은 아닌가.

어떻게 해야 흰 코끼리 타고 이 세간에 오신 저 보디사트바의 중생 위한 수고로움의 은혜를 갚을 수 있는가.

우리 중생이 이미 붇다 되어 있음을 스스로 인정하고 펄펄 끓는 지옥 속에 지옥 중생을 위해 뛰어 들어갈 수 있어야 하는가.

대혜종고선사(大慧宗杲禪師)는 다음과 같이 말한다.

늙은이가 태어나자 바쁘게 굴어
사방으로 일곱 걸음 두루 걸으니
그 모습 마치 뒤집혀 미친 듯하여
끝도 없는 어리석은 남녀 속이니
차라리 이 두 눈 뜨고 당당하게
펄펄 끓는 저 지옥 속에 들어가리라.

老漢纔生便着忙　周行七步似顚狂
賺他無限癡男女　開眼堂堂入鑊湯

해가 뜨면 사람들이 모두 나가
밭일하고 새가 지저귀듯

이와 같이 들었다.

한때 붇다께서는 슈라바스티 국 제타 숲 '외로운 이 돕는 장자의 동산'에 계셨다.

그때 세존께서 모든 비구들에게 말씀하셨다.

"해가 처음 뜰 때에는 사람들은 모두 밭일을 같이 하고 여러 새들은 지저귀며 어린아이들은 슬피 부르짖는다.

내가 지금 말한 것을 비구들이여, 알아야 한다. 이 말은 비유이니, 뜻을 반드시 알아야 한다.

그 뜻을 어떻게 알아야 하는가? 해가 처음 뜨는 때라는 것은 여래께서 세상에 출현하시는 것을 비유한 것이다.

사람들이 모두 밭일을 같이한다는 것은 다나파티(dāna-pati, 施主)가 입을 옷가지와 먹을 것, 앉을 자리와 잠자리, 아플 때 의약 등을 때에 따라 대주는 것을 비유한 것이다.

여러 새가 지저귄다는 것은 덕이 높은 법사(法師)가 사부대중에게 미묘한 법 연설하는 것을 비유한 것이다.

어린아이가 슬피 부르짖는다는 것은, 나쁜 마라[弊魔] 파피야스를 비유한 것이다.

그러므로 모든 비구들이여, 해가 처음 뜰 때처럼 여래께서 세상에 출현하시면 어두움을 없애어 밝게 비추지 않는 곳이 없다.

이와 같이 여러 비구들이여, 반드시 이와 같이 배워야 한다."

그때 여러 비구들은 붇다의 말씀을 듣고 기뻐하며 받들어 행하였다.

• 증일아함 27 등취사제품(等趣四諦品) 四

• 해설 •

붇다가 세간에 출현하여 연기의 진리를 설하자 그 소리를 여러 제자들이 받아 듣고서 세간의 뭇 사람들에게 다시 설법하고 그 법을 들은 대중이 몰려와 세간의 복밭에 공양하는 모습이 붇다의 눈에 어떻게 비쳤을까. 해가 비쳐 어두운 밤이 사라지자 온갖 새가 지저귀고 농부가 밭과 들로 나가 일하는 모습과 같았을 것이다.

그러나 붇다가 세간에 오시자 근심하고 슬퍼해 어린아이처럼 보채며 울어대는 저 마라의 모습은 무엇일까.

그것은 붇다가 출현하자 그 권위와 신성의 절대성이 부정된 이들, '신묘한 것' '하나인 것'을 내세워 자신의 사상적 권위를 지켜갔던 기성 종교세력들이 자기 권위와 자기 자리를 잃을까 걱정하는 모습이 마라의 모습으로 표현된 것이 아닐까.

그러나 무엇을 시름하고 근심할 것인가. 하늘을 믿던 이들에게 붇다는 '하늘이 공한 진리의 하늘[性天]'을 주고, 브라흐만의 보편성을 믿던 이들에게 주체의 있되 공한 보편성을 열어주며, 세간의 모습을 탐착하는 이들에게 세간이 공하되 공하지 않은 법의 곳간을 열어주었으니.

붇다는 삿됨을 주장하는 이들에게 그 삿됨에 맞서는 바름을 주장하지 않고, 주의와 견해를 주장하는 사상가들에게 그 주의와 견해에 맞서는 또 다른 주장을 세우지 않았다.

오히려 붇다는 삿됨이 삿됨이 아니고 바름이 바름이 아닌 곳에서 삿됨에 떨어진 이들을 바름에 이끄는 크나큰 긍정의 길을 주었고, 견해가 끊어진 보디의 길로 이끌어 온갖 주의 주장 견해의 병을 낫게 해주셨다.

여래의 지혜는 견해에서 견해를 뛰어넘어 세간의 모습이 모습 아닌 모습임을 밝히셨으니, 『화엄경』(「야마궁중게찬품」)은 이렇게 말한다.

모든 법은 차별이 없어서
알 수 있는 사람이 없네.
오직 붇다와 붇다라야 아시니
지혜가 마쳐 다했기 때문이네.

諸法無差別　無有能知者
唯佛與佛知　智慧究竟故

마치 금과 금의 빛깔이
그 성품 차별이 없음과 같이
법과 법 아님 또한 그러해
바탕의 성품 다름이 없네.

如金與金色　其性無差別
法非法亦然　體性無有異

어떤 것이 세간이고
어떤 것이 세간 아닌가.
세간과 세간 아님은
다만 이름의 차별이네.

云何爲世間　云何非世間
世間非世間　但是名差別

이처럼 모든 그것이 그것 아닌 그것임을 밝힌 여래의 세계관에서, 붇다의 그렇다 함은 그렇지 않되 크게 그러함[不然之大然]이다.

그러므로 붇다는 갖가지 주장이 넘치는 세간에서 그 세간이 여래와 싸울

지언정 여래는 세간과 싸우지 않는다. 붇다는 삿됨과 바름, 옳고 그름을 모두 쓰지 않는 곳[正邪俱不用 是非不穿鑿]에서 온갖 삿됨과 그름을 바름으로 이끄는 분이다.

옳고 그름이 굽이치고 삿됨과 바름이 뒤엉켜 싸우는 이 세간 바다에 세간을 잘 아시는 이[Loka-vid, 世間解], 세간의 승리자[Jīna]가 오시어 세간을 이끄시는 모습은 어떠한가.

죽암규(竹庵珪) 선사는 그 모습을 이렇게 노래한다.

옳고 그름의 바닷속에 몸을 뉘어 들어가고
표범 떼들 그 가운데 자재하게 다니네.
옳음과 그름으로 나를 가리려 하지 말라.
평생 뚫어온 일과 서로 관계 없도다.

是非海裡橫身入　豹虎群中自在行
莫把是非來辨我　平生穿鑿不相關

2 집을 나와 고행으로 해탈의 길을 찾으심

• 이끄는 글 •

태어남과 죽음과 같은 인간의 실존적 고통이든 가짐과 갖지 못함이 서로 다투는 사회적 고통의 문제이든, 문제를 문제로서 느끼고 문제가 있는 상황에 물음을 던지지 않는 한 문제해결의 길은 열리지 않는다.

간화선(看話禪)에서 화두의 한 생각[話頭一念]을 지어감도, 문제의 한복판에서 근원적 물음을 던져 스스로 그 문제를 능동적으로 풀어가는 주체의 사유활동 실천활동에 다름 아니다.

물음의 주체가 해답의 주체로 서는 곳에 문제해결의 길이 있고 공안타파(公案打破)의 길이 있다. 고타마는 온갖 중생의 문제를 짊어지고 삶의 한복판에 근원적인 물음을 던진 분이고, 그 물음의 해답을 찾아 다시 중생에게 그 해답의 길을 열어준 분이다.

고타마는 네 성문을 돌아다니며 생명은 누구나 태어나면 반드시 죽어야 하고, 살아 있는 자 늙고 병듦을 겪어야 함을 보았다. 그리고 중생의 현실이 살아남기 위해 서로 죽여야 하고 서로 다른 것을 이겨야 하는 피어린 싸움의 현장임을 보았다.

깊이 살피면 이렇지 않은 생명의 자기유지가 어디 있는가. 태어남이 있으면 변해 달라짐이 있고, 변해 달라지면 사라지게 되고, 이것과 저것이 대립하는 삶 속에서 있음을 실로 있다 하면 그 있음은 없음과 대립한다.

있음과 없음이 모순으로 주어지는 현실에서는 가진 것을 계속 가지려는 자와 못 가진 것을 채우려는 자의 싸움이 그칠 길이 없다.

그리고 '의식과 존재가 대립하는 곳'[五取蘊 五受陰]에서 물질이 물질이라는 생각이 그치지 않으면 물질[色, rūpa]에 의한 마음[名, nāma]의 물듦과 물든 마음의 물질에 대한 새로운 물들임과 뒤틀린 지향은 다하지 않는다.

이처럼 고타마는 네 성문을 다니며 바로 중생의 고제(苦諦)를 고제로서 인식하였다.

있음[有]을 있음으로 보존하고 취하려는 왜곡된 생명의지가 고통의 근원이라 생각한 고타마는 집이 아닌 데[非家]로 탐욕의 집을 나와[出家], 이미 가진 것, 기성의 관념, 기성의 세계관을 모두 버리고 새로운 길을 찾아 고행의 길을 걷는다.

그리하여 고타마에게 중생의 탐욕의 삶에 대한 극단의 부정의 실천[苦行]이 육 년간 고행숲에서 시작된다.

곧 고타마는 중생의 탐욕의 삶과 중생의 고통을 모두 짊어지고, 탐욕과 쾌락의 삶을 고통으로 정화하기 위해 극단의 고행과 신비선정의 길에 나아가 중생의 고통의 짐을 내려놓으려 한다.

그러나 하나의 극단을 새로운 극단으로 대체하는 곳에 삶의 문제의 근원적 해결이 있는가.

고타마의 화두(話頭)는 고행주의자와 신비선정주의자가 제시하는 길의 마지막 끝, 막다른 골목에 이르러 새로운 화두로 전환된다.

세간의 주어진 법에 대한 맹목적 탐착, 고행과 신비선정을 통해 현실 밖에 새로운 현실을 추구하는 삶, 이 두 극단을 넘어선 새로운 길은 무엇인가.

보여지고 들려지고 느껴지는 것에 매몰된 삶과 보이고 들리는 것을 넘어 볼 수 없고 들을 수 없는 초월적 실재를 향해 나아가는 삶, 이 두 치우친 갓[二邊]을 떠난 중도의 길[中道]은 무엇인가. 주어진 것에 대한 취함과 버림을 동시에 넘어설 때 그 치우침 없는 해탈의 길이 현전하는가.

이 어떤 실천의 걸음걸이인가[是甚麼行步]!

네 성문을 돌아보며 중생의
네 가지 생존의 괴로움을 깨닫다

이에 왕은 태자에게 말했다.

"나가 다니면서 노닐어 살펴보라."

태자는 이렇게 생각했다.

'오랫동안 깊은 궁전에 있으면서 나가 노닐어보려 생각했으니, 바라던 바를 이루었다.'

왕은 나라에 명했다.

"태자가 나가게 되니 길거리를 깨끗이 정돈해 물 뿌려 쓸고 향을 사르며 비단 깃발과 일산을 달아 아주 산뜻하고 깨끗하게 하라."

동쪽 성문을 나와 늙은이를 만나 늙음의 괴로움을 깨달음

수많은 수레와 말들이 태자를 이끌고 따르며 비로소 동쪽 성문을 나왔다.

이때에 슈다아바사하늘(śuddha-āvāsa, 淨居天)의 난티파라[難提和羅]는 태자를 빨리 출가시켜 시방을 구제하여 삼독(三毒)의 타는 불에 법의 비를 내려 독의 불을 끄게 하려고 늙은이로 변화해 길 옆에 쭈그리고 앉아 있었다.

늙은이는 머리가 희고 이는 빠졌으며 살갗은 늘어지고 얼굴은 주름지고, 살도 없고 등은 앞으로 구부러졌으며, 뼈마디는 시들어서 굽고, 눈물과 콧물과 침은 뒤섞여 흐르며 기가 위로 올라 어깨로 숨을 쉬었다. 몸의 빛깔은 검으며, 머리와 손은 절레절레 흔들고 몸은 벌벌 떨며 더러운 오줌물이 저절로 흐르는데, 그 위에서 앉았다 누웠다 하였다.

태자가 물었다.

"이 사람은 누구인가?"

하늘신이 모셔 따르는 이[侍從]를 깨우쳐 주었으므로 모셔 따르는 이가 말했다.

"늙은이입니다."

"무엇을 늙음이라 하는가?"

모셔 따르는 이가 대답했다.

"늙음이란 나이가 들어, 몸의 아는 뿌리가 너무 삭아 모양이 변하고 빛깔이 시들고 기운이 약해지고 힘이 다한 모습입니다.

먹은 것은 삭히지 못하고 뼈마디는 끊어지려 하며, 앉고 일어남에 남의 도움이 필요하며, 눈은 멀어지고 귀가 먹으며, 문득 돌아서면 곧 말을 잊어버리고 갑자기 슬퍼지며, 남은 목숨이 얼마 되지 않는 것을 늙음이라 합니다."

태자는 탄식하며 말했다.

"사람이 세상에 사는 데 늙음이라는 근심이 있었구나. 어리석은 사람이야 탐내고 사랑하겠지마는 어찌 즐거워할 수가 있겠느냐?

만물이 봄에 나서 가을과 겨울이면 시들고 마르며, 늙음이 번개처럼 닥쳐오는데 몸을 어찌 믿겠는가?"

곧 게송으로 말하였다.

늙어지면 곧 몸이 시들어지고

병이 들면 빛과 윤기 없어져서
살갗은 늘어지고 살이 쭈그러들며
죽음이 목숨 가까이 닥치누나.

늙게 되면 모습이 변해버려서
마치 오래된 수레와 같게 되도다.
법은 괴로움을 없앨 수 있으니
반드시 힘써서 배워야 하리.

목숨은 밤낮으로 다하려 하여
그때가 이제 미치려 하니
부지런히 힘써 닦아야 하리.
세간의 법들은 덧없는 것이니
헤매어 어두움 속 떨어지지 말라.

마음 등불 켜기를 배워야 하니
스스로 익히면서 지혜를 구하며
때를 떠나 더러움에 물들지 말고
등불 잡고 진리의 땅 살펴야 하리.

  이에 태자는 곧 수레를 돌려 돌아왔는데, 온갖 중생에게 이런 큰
걱정거리가 있음을 슬피 여기며 근심하고 즐겁지 않게 생각했다.
  왕은 모셔 따르는 이에게 물었다.
  "태자가 나가 노닐다가 무엇 때문에 빨리 돌아왔느냐?"

모셔 따르는 이가 대답했다.

"길에서 늙은이를 만나 슬퍼하고 언짢아하더니, 궁중에 돌아와서도 근심스럽게 생각하십니다."

남쪽 성문을 나와 병든 사람을 만나 병의 괴로움을 깨달음

몇 해가 지나 조금 나아져서 다시 나가 노닐려 하므로, 왕은 나라 안에 명했다.

"태자가 나가게 되니 여러 더러운 것을 금하여 길옆에 두지 못하게 하라."

이에 태자는 수레를 타고 성의 남쪽 문으로 나갔는데, 하늘사람이 변화로 병든 사람이 되어 길옆에 있으니, 몸은 시들어 마르고 배는 부풀고 몸은 샛노랗게 되었으며 기침하고 구역질하였다. 몸의 온갖 마디는 몹시 쑤시고 아홉 구멍에서는 썩은 물이 새며, 더러운 것들이 저절로 흘러 빠지며, 눈으로는 빛깔을 보지 못하며, 귀로는 소리를 듣지 못하고 끙끙 앓으며 숨을 쉬고, 손발은 허공을 더듬고 아버지 어머니를 불러 찾으며 아내와 아들을 애달프게 그리워하였다.

태자가 물었다.

"저 사람은 어떤 사람이냐?"

모셔 따르는 이가 대답했다.

"병든 사람입니다."

"어떻게 병이 되는가?"

모셔 따르는 이가 대답했다.

"사람에게는 네 가지 큰 요소[四大]인 땅[地]·물[水]·불[火]·바람[風]이 있어서 하나의 요소에 백한 가지 병이 있으며, 펼쳐 구르고 서로 뚫어 사백네 가지 병이 한꺼번에 이루어집니다.

이 사람은 반드시 아주 춥거나 아주 덥고, 아주 배고프거나 아주 배부르며, 아주 너무 많이 마시거나 아주 목마르는 등, 때와 철에 마땅한 곳을 잃고, 눕고 일어나는 데 법도가 없기 때문에 이런 병이 걸리게 되었습니다."

태자는 탄식하며 말했다.

"나는 부귀한 곳에서 살고 세상에서 가장 값진 음식으로 입을 시원케 하고 마음을 놓아 제멋대로 하며 다섯 가지 탐욕에 빠져 살면서도 스스로 깨닫지 못하고 있으니 또한 병이 있게 될 것이다.

저 사람과 무엇이 다르겠느냐?"

곧 게송으로 말하였다.

이 몸은 참으로 위태롭구나.
언제나 네 큰 요소와 함께하고
아홉 구멍에 더러운 것 흐르며
늙음 있고 병의 걱정거리 있도다.

하늘에 가서 난다고 한들 다 덧없고
사람 세상 늙음과 병듦의 근심 있도다.
몸을 살핌에 비의 거품 같나니
세간에서 무엇을 즐길 수 있으리.

이에 태자는 수레를 돌려 궁중으로 돌아와 온갖 중생에게 이런 큰 걱정거리가 있음을 생각하였다.

왕은 모셔 따르는 이에게 물었다.

"태자가 나가서 노닐었는데, 이번에는 어떻더냐?"

모셔 따르는 이는 대답했다.

"병든 사람을 만나보고서 이를 언짢아합니다."

서쪽 성문을 나와 죽은 시체를 보고 죽음의 괴로움을 깨달음

해가 바뀌자 조금 나아져서 다시 나가 노닐고자 하므로, 왕은 나라 안에 명했다.

"태자가 나가게 되니 평탄하게 길을 고치고 냄새나는 것을 길 가까이에 두지 말도록 하라."

서쪽 성문으로 나가자, 하늘사람이 죽은 사람이 되어 상여를 붙들어 성을 나가니, 집안사람들이 수레를 따르면서 하늘에 대고 울부짖어 말했다.

'어째서 우리를 버리고, 길이 헤어져 떠난단 말이오.'

태자가 물었다.

"이 사람은 어떤 사람인가?"

모셔 따르는 이가 말했다.

"죽은 사람입니다."

"어떤 것을 죽음이라 하는가?"

모셔 따르는 이가 대답했다.

"죽음이란 다함이요, 정신이 떠나가는 것입니다. 네 가지 요소가 흩어지려 하면서 넋이 편안하지 못하며, 바람 기운이 떠나가서 숨이 끊어지고 불기운이 스러져서 몸이 차가워지니, 바람이 먼저 불이 그 다음으로 나간 뒤, 혼령(魂靈)이 떠나갑니다.

몸은 뻣뻣해지고 다시는 아는 바가 없어지며 열흘 동안이면 살이 무너지고 피가 흐르며, 띵띵 부풀고 문드러져 냄새나며, 취할 만한 것은 하나도 없고 몸속에 있던 벌레가 도리어 그 살을 뜯어먹습니다.

힘줄과 맥은 문드러져 다하고 뼈마디는 흩어져서 해골은 제자리를 달리하며, 허리뼈·옆구리·어깨·팔·넓적다리·정강이와 발이며 손발가락은 저마다 있던 곳을 달리하며, 날짐승·길짐승은 다투어 와서 뜯어먹습니다.

하늘과 용·귀신·제왕·인민 등, 가난하거나 부자거나 귀하거나 천하거나 간에 이 걱정거리만은 면할 수가 없습니다."

태자는 길게 탄식하면서 게송으로 말하였다.

늙음과 병듦·죽음을 살펴보고
나는 마음으로 길게 탄식하노라.
사람의 삶에는 덧없음이 있어
나의 몸 또한 반드시 그러하네.

이 몸이 바로 죽은 물건이 되면
정신은 비록 모습 없는 법이나
가령 죽은 것을 다시 살린다 해도
죄와 복은 없어지지 아니하도다.

끝나고 비롯함 한세상만이 아니니
늘 어리석음을 따라 일어나는
애욕은 참으로 오래고 길도다.

이로부터 괴로움과 즐거움 받아
몸 죽어도 정신은 없어지지 않네.

죽음 없는 곳 아무리 찾고 찾아도
허공도 아니고 바닷속도 아니며
산과 돌 사이 피해 들어갈 수 없으니
죽음 그치고 벗어나 받지 않는 곳
세상 그 어느 곳에도 있지 않도다.

이에 태자는 수레를 돌려 궁중으로 돌아와 중생들에게 늙고 병들고 죽는 괴로움과 큰 근심거리가 있음을 가엾이 여겨, 근심해 생각하여 밥도 먹지 못하였다.

왕은 모셔 따르는 이에게 물었다.

"태자가 나가 노닐면서 오히려 즐거워하던가?"

모셔 따르는 이가 곧 왕에게 대답하였다.

"죽은 사람을 만나고서 언짢아하고 있습니다."

북쪽 성문을 나와 수행하는 사문을 만나 벗어남의 길을 생각함

해가 바뀌어 조금 나아져서 다시 노닐어보고자 하여 수레를 꾸미어 차리고 북쪽 성문으로 나섰다. 하늘사람은 다시 사문(沙門, śramaṇa)으로 변화하여 법복을 입고 발우를 가졌는데, 걸음걸이는 편안하고 눈은 앞을 보아 떠나지 않았다.

태자가 물었다.

"저 사람은 어떤 사람인가?"

그 모셔 따르는 이가 대답하였다.

"사문입니다."

"어떤 이를 사문이라 하느냐?"

모셔 따르는 이가 대답하였다.

"듣기에 사문이란 도를 행합니다. 집과 처자를 버리고 애욕을 버리며 여섯 뜻을 끊고 계율을 지켜 함이 없이 한 마음[一心]을 얻는 자이니, 곧 만 가지 삿됨이 사라집니다.

한 마음의 도[一心之道]는 아라한(Arhat)이라 하고, 아라한이란 참된 사람[眞人]입니다. 그는 소리와 빛깔이 더럽힐 수 없고 영화스런 지위가 굽힐 수가 없으며, 움직이기 어려움이 마치 땅과 같고 이미 근심과 괴로움을 면하였으며, 살고 죽음이 자재합니다."

태자가 말하였다.

"참 좋도다. 이것만이 시원한 것이로구나."

이어서 게송으로 말하였다.

안타깝다. 이런 괴로움 있음이여
나고 늙고 병들어 죽는 걱정거리로
정신은 도로 죄에 들어가게 돼
여러 고통들을 겪어 지나는구나.

이제 반드시 모든 괴로움 없애고
나고 늙고 병들어 죽음을 없애며
다시는 애욕과 만나지 않아
길이 니르바나 얻도록 하리라.

이에 태자는 곧 수레를 돌려 돌아와서 근심하며 먹지도 않았다.

왕은 모셔 따르는 이에게 물었다.

"태자가 또 나가서는 그 마음이 어찌 즐거워하더냐?"

모셔 따르는 이가 대답하였다.

"가다가 사문을 보고서 더욱 근심하며, 음식조차 먹으려 하지 않습니다."

왕은 듣고 크게 화를 내며 손을 들어 내리치면서 말했다.

"지난번에 길을 잘 닦으라 명령하였는데, 또 태자에게 상서롭지 못함을 보게 하였구나. 죄는 죽여 마땅하도다."

곧 신하들을 불러 각자 건의토록 하였다.

"어떠한 방법을 써야 태자가 나가서 도를 배우지 않도록 하겠소?"

한 신하가 말했다.

"태자에게 농사짓는 데 씨앗 뿌리고 키우는 것을 감독하게 하여, 농사일에 깊이 뜻을 두어 도를 생각하지 않게 해야 합니다."

곧 농사짓는 기구인 쟁기와 소, 젊거나 나이 든 여러 심부름꾼 부리는 이들을 서로 딸려 밭에 올라가서 감독하는 일을 맡겼다.

**농사일을 보러 나가 서로 죽이고 먹히는 중생을 보고
나무 아래서 선정에 드니 부왕이 선정에 든 싣달타에게 절함**

태자는 잠부 나무 아래 앉아서 밭갈이하는 것을 보았는데, 간 땅에서 벌레가 나왔다.

하늘사람이 또 변화로 소가 목으로 흙덩이를 비비어 일으키게 하면, 벌레가 아래로 뚝뚝 떨어져 까마귀가 따르면서 쪼아 먹었다.

또 개구리를 변화시켜 꿈틀거리며 쫓아가서 지렁이를 잡아먹게

하면, 뱀이 구멍으로부터 나와 개구리를 잡아먹고, 공작이 날아 내려와서 그 뱀을 쪼아 먹고, 매가 있다가 내려와서 공작을 쳐서 잡고, 독수리가 다시 와서 매를 움켜쥐며 잡아먹었다.

보디사트바는 이 중생들이 펼쳐 구르며 서로 잡아먹음을 보고서 사랑의 마음으로 가엾이 여기면서 나무 아래서 첫째 선정[第一禪]을 얻었다.

햇빛이 뜨겁게 쨍쨍 비치니, 나무가 그를 위하여 가지를 굽혀 그 몸을 따르면서 그늘이 지게 하였다.

왕은 생각하였다.

'태자가 언제나 궁중에 있으면서 일찍이 고생한 일이 없었다.'

곧 그의 따르는 이에게 물었다.

"태자는 어떻더냐?"

따르는 이가 대답하였다.

"지금 잠부 나무 아래 있으면서 한마음으로 선정에 드셨습니다."

왕은 말하였다.

"나는 농사 감독을 시키면서 그의 뜻을 어지럽히려 한 것인데, 그런데도 선정을 한다면 집에 있음과 무엇이 다르겠느냐?"

왕은 명을 내려 수레를 차려 꾸미고 마중하러 가다가 멀리서 태자를 보았는데, 나뭇가지가 구부러져 그늘지게 하고 신령스럽게 빛남이 보통 일이 아니었으므로 모르는 사이 말에서 내려 그에게 절하였다.

이때에 곧 함께 돌아오는데, 아직 성문에 미치기 전에 셀 수 없는 사람들이 꽃과 향을 받들며 마중하고, 얼굴의 상을 보는 온갖 이들[相師一切]이 다 일컬어 말했다.

'목숨이 한량없게 되십시오.'

왕이 무슨 일인가 하고 물으니 브라마나는 대답하였다.

"내일 아침에 해가 돋으면 일곱 보배가 이르게 됩니다."

'태자가 반드시 전륜왕이 되겠구나.'

왕은 이렇게 생각하고 크게 기뻐하였다.

• 수행본기경 4 유관품(遊觀品)

• 해설 •

고타마가 네 성문을 돌아다니며 삶의 고통의 문제를 자각하는 과정도, 하늘신이 고타마의 출가를 빨리 이루어주기 위해 짐짓 늙은이를 보이고 병든 이를 보이고 죽은 시체를 보인 과정으로 기술된다.

고타마는 어머니의 태에서 처음 나올 때 이미 앞으로 이룰 위없는 보디를 스스로 언약하고 사방으로 일곱 걸음을 걸으신 보디사트바로 기술되어 있는데, 그 보디사트바가 네 성문에서 고제를 깨달음이 어찌 미리 언약된 것으로 말하지 않을 수 있겠는가.

원인 없는 결과 없고 결과 없는 원인 없다. 붇다가 나고 죽음 없는 삶의 실상을 깨달아 나고 죽음 없는 지혜와 해탈의 길을 가르치고, 너와 내가 없는 세계의 진실을 깨달아 다툼없는 사마디와 자비의 길을 가르쳤다면, 그가 어찌 나고 죽음의 삶과 다툼과 죽임의 역사에 크나큰 물음 던지지 않았겠는가. 자기 물음의 실천을 통해 해탈의 과덕을 이루고 해탈의 길을 가르쳤다면, 자기 물음의 그때 어찌 해탈의 과덕이 물음 밖에 따로 있었겠는가.

곧 인과의 차제에서 보면 네 성문을 돌아보며 태자가 이룬 고제(苦諦)의 깨달음이 출가와 고행, 선정 닦음과 보디 나무 아래 깨달음의 바탕이 되고 원인이 되었다.

그러나 원인을 통해 성취된 붇다의 위없는 과덕의 땅에서 보면 네 성문에서 고제의 자각과 성을 넘은 출가와 고행, 보디 나무 아래서의 십이연기의 사유와 관찰이 모두 본래 갖추어진 과덕의 땅[本覺]에서 일어나 새롭게 과덕을 이루는 진리의 씨앗인 것이다.

아버지 숫도다나 왕이 밭갈이 감독을 하다 선정에 들어 있는 아들을 보고 자신도 모르게 절을 올렸으니, 아들이 아들이 아니라 보디사트바인 아들이고, 붇다 세존 여래(女來)로 이미 언약된 분이기 때문이다.

하늘신이 네 성문에서 싣달타를 보디의 길에 나아가도록 하듯, 화엄회상 '고요한 소리바다 밤의 신'[主夜神]의 선지식은 선재 어린이에게 다음과 같이 크나큰 서원의 길을 가르친다.

온갖 악한 삶의 길에
한량없이 쓰라린 고통
나고 늙고 병들어 죽음 등
나는 모두 반드시 없애리.

一切諸惡趣 無量楚毒苦
生老病死等 我當悉除滅

바라오니 미래겁이 다하도록
널리 뭇 삶들 위하여
나고 죽음의 괴로움 없애
붇다의 마쳐 다한 즐거움
반드시 이루어 얻으리.

願盡未來劫 普爲諸群生
滅除生死苦 得佛究竟樂

성을 넘어 출가하여 고행하시다

이때 태자는 궁중으로 돌아와서 생각하였다.

'도를 생각하여 깨끗하려면 집에 있는 것이 맞지 않다. 반드시 산과 숲에 머물며 깊이 살펴 선정을 행해야 하리라.'

나이 열아홉 살 이월 이렛날[二月七日]이 되자 출가하려 다짐하였는데, 한밤중이 넘어 샛별이 돋을 때 여러 하늘사람들이 허공을 꽉 메우고서 태자가 떠날 것을 권하였다.

이때에 태자비 고피(Gopī)는 '다섯 가지의 꿈'[五夢]을 꾸고서 갑자기 놀라며 깨어나니, 태자가 물었다.

"무엇 때문에 놀라 깨었소?"

고피가 대답하였다.

"조금 전 꿈속에서 수메루 산이 무너지고, 달의 밝은 빛이 땅에 떨어지며, 구슬의 빛이 갑자기 사라지고, 머리의 상투가 땅에 떨어지며, 사람들이 나의 일산을 빼앗아 갔습니다.

그 때문에 놀라 깨어났습니다."

보디사트바는 생각했다.

'다섯 가지 꿈이야말로 나의 몸일 따름이다.'

집 나갈 것을 생각하면서 고피에게 말했다.

"수메루 산은 무너지지 않았고, 달의 밝은 빛도 이어서 비치고 있소. 구슬의 빛도 없어지지 않았고, 머리의 상투도 떨어지지 않았으며, 일산도 지금 그대로 있소.

그러니 편안히 주무시고 일산 잃을 것을 근심하지 마시오."

태자의 출가의 꿈을 꾼 고피를 안심시키고
찬다카를 이끌고 성을 넘어 출가하심

이에 여러 하늘사람들은 말했다.

"태자여, 떠나가셔야 합니다."

그러고는 태자가 머물러 있을까 두려워하여 잠들게 하는 신 '우스만'(wūsū, 烏蘇慢, 厭神)을 불러 궁중으로 들어오게 하여 나라 안이 잠에 빠져 있게 하였다.

이때에 난티파라는 여러 궁전을 변화하여 모두 무덤을 만들고, '고피'와 궁녀들은 모두 죽은 사람이 되게 하여, 뼈마디가 흩어지고 해골이 뿔뿔이 나뉘어지고 살이 불어 문드러져 냄새나고 푸르뎅뎅한 피고름이 줄줄 뒤섞여서 흐르게 하였다.

태자가 궁전을 살펴보자 모두가 무덤이요, 올빼미·수리부엉이·여우·살쾡이·승냥이와 이리 등 새와 짐승들이 그 사이를 날고 뛰고 하였다. 태자는 이렇게 살펴보았다.

'온갖 있는 바가 마치 허깨비 같고 꿈과 같고 메아리와 같아 모두가 공(空)으로 돌아가는데, 어리석은 이들은 지키려고 하는구나.'

곧 찬다카를 불러 급히 말에 멍에를 메우게 하였다.

찬다카가 말했다.

"날이 아직 새지도 않았사온데 말에 멍에를 메워 어디로 가시렵니까?"

태자는 찬다카를 위하여 게송으로 말하였다.

이제 나는 세상을 즐기려 않나니
찬다카여, 머뭇거리지 말아라.
나의 본래 서원을 이루게 하면
너의 삼세 괴로움 없애 주리라.

이에 찬다카는 곧 말에 멍에 메우러 갔더니 말이 갑자기 날뛰는지라 가까이할 수가 없었다. 돌아와서 태자에게 말씀드렸다.

"말에 멍에를 메울 수가 없습니다."

보디사트바가 몸소 가서 말의 등을 어루만지며 두드리면서 이어 게송을 말하였다.

나고 죽음에 오래도록 있다가
수레 타는 것을 오늘에야 끊는다.
칸타카여, 나를 내보내 다오.
도를 얻으면 너를 잊지 않으리.

이에 말을 메우고 나자 칸타카는 생각하였다.

'이제 발로써 땅을 밟으면 안팎의 사람들이 알아채리라.'

네 하늘왕이 발을 들어서 다리가 땅에 닿지 않게 하였다. 말이 그때 다시 울어서 소리가 멀고 가까운 데에 들리게 하려 하니, 하늘신들이 말의 소리를 흩어서 모두 허공으로 들어가게 하였다.

태자는 곧 말에 올라 성문을 나아가는데 여러 하늘과 용·신·인드라하늘·브라흐마하늘왕·네 하늘왕들이 모두 즐거워하며 이끌고 따르면서 허공을 덮었다.

이때에 성문의 신[城門神]이 사람으로 나타나서 머리를 대 절하며 말했다.

"카필라 국은 온 세상의 가장 가운데라 풍성하고 즐거우며 인민들이 편안한데, 왜 버리고 떠나십니까?"

태자는 게송으로 대답하였다.

나고 죽음이 오래고 길어서
내 마음은 다섯 길을 거쳤나니
나의 본래 서원을 이룰 수 있게
니르바나의 문을 열어야 하리.

이에 성문은 저절로 열렸으므로 문을 나가 날아서 떠나갔는데, 날이 새기까지 사백팔십 리를 가서 아나바마(Anavamā)에 이르렀다.

몸의 보배 옷과 목걸이를 찬다카에게 주고 왕궁으로 돌려보내니, 왕이 다섯 시자를 뽑아 싯달타와 같이 수행토록 함

태자는 말에서 내려 몸의 보배 옷과 목걸이, 보배 관을 벗어서 모두 찬다카에게 주며 말하였다.

"너는 말을 끌고 돌아가서 위로 대왕과 신하들에게 말씀드려 알려라."

찬다카가 말했다.

"이제 태자를 따르면서 필요하신 것을 마련해드리겠으니, 혼자는 돌아가지 않겠습니다. 말이나 놓아서 떠나가게 하십시오.

산속에는 독한 벌레, 범과 이리 사자들이 많이 있는데 누가 먹을 것과 물과 마실 국, 앉을 자리, 잠자리를 공양하며, 어디서 그것들을 얻겠습니까? 반드시 따르면서 몸과 목숨을 같이 하겠습니다."

칸타카는 무릎을 꿇고 눈물을 흘리면서 발을 핥고, 물을 보면서도 먹지 않고 풀이 있어도 먹지 않고서 울면서, 이리저리 돌아다니면서 떠나가지 않았다.

태자는 다시 게송으로 말하였다.

> 몸이 건강해도 병이 들면 꺾이고
> 기운이 왕성해도 늙으면 시들며
> 죽으면 살아서 서로 헤어지는데
> 어떻게 세간을 즐기겠느냐?

이에 찬다카는 슬피 울며 발에 절하고 말을 끌며 하직하고서 돌아가는데, 아직 성에 닿기도 전 사십 리 밖에서 흰 말이 슬피 울자 그 소리는 나라 안에 사무쳤다.

나라 안에서 모두가 말했다.

"태자가 돌아오는구나."

온 나라 사람들이 끊이지 않고 마중을 나왔는데, 찬다카 홀로 빈 말을 끌고 돌아오는 것을 보았다. 고피는 이를 보고서 스스로 궁전 아래로 몸을 던지듯 나아가 말의 목을 끌어안고 눈물을 줄줄 흘렸다.

왕은 고피의 우는 것을 보고서 오장이 모두 끊어지는 듯 하였지만 스스로 억누르며 말했다.

"나의 아들의 배움은 본래 그러했다."

나라 안의 신하와 백성들은 왕과 고피가 흐느끼며 슬피 우는 것을 보고서 마음 아파하지 않는 이가 없었다.

고피가 밤낮으로 생각하므로 왕은 곧 여러 신하들을 불러서 말했다.

"나에게 태자가 하나 있다가 나를 버리고 산으로 들어갔소. 그대들은 지금 꼭 다섯 사람을 뽑아 태자를 같이 따르며 모시게 하오.

부디 중도에서 돌아오지 않게 하시오."

머리 깎고 마가다에 들어가 빔비사라 왕을 만남

태자는 세속을 떠나게 되었으므로 뛸듯이 기뻐하며 편안하게 천천히 걸어가서 성으로 들어갔는데, 나라 사람들은 태자를 보고서 싫어함이 없었다.

태자는 은혜와 사랑을 떠나서 모든 괴로움의 근본을 멀리하였으므로 머리칼을 깎으려고 생각하였지마는 갑자기 도구가 없었다.

인드라하늘이 칼을 가지고 왔으며 하늘신들이 머리칼을 받아주고 떠나갔다. 드디어 다시 앞으로 가니, 나라의 백성들이 따르면서 구경하였다.

이 나라를 벗어나서 조금 더 앞으로 가서 마가다 국에 이르러, 오른쪽 문으로 들어가서 왼쪽 문으로 나오는데, 나라 안의 백성들 남자여자, 아이나 어른 모두가 태자를 보고서, 어떤 이는, '하늘사람'이라 말하기도 하고, 어떤 이는 '인드라하늘이나 브라흐마하늘왕이거나 하늘신이나 용왕이다'라고 하기도 하며, 기뻐서 뛰며 말했다.

"어떤 신이신 줄 모르겠구나."

태자는 그들의 생각들을 알아채고 곧 길을 내려가 나무 아래 앉았는데, 여러 사람들이 에워싸고 기뻐하면서 살펴보았다.

이때에 국왕 빔비사라는 곧 신하들에게 물었다.

"나라 안이 어찌 이리도 고요하고 잠잠하냐? 전혀 소리가 들리지 않는구나."

신하들이 대답하였다.

"아침에 어떤 수행자가 나라를 지나갔는데, 빛나는 모습과 몸가짐이 이 세상에 있던 바가 아니었습니다. 그래서 나라의 사람들 모두 따라가서 구경을 하느라 지금까지 돌아오지 않았습니다."

이에 왕과 신하들은 수행자를 찾아가 멀리서 보니 태자의 빛나는 모습과 몸가짐이 빼어나 미묘했다. 곧 태자에게 물었다.

"어느 신이시오?"

태자는 대답했다.

"나는 신이 아닙니다."

"만약 신이 아니시라면 어느 나라에서 오셨으며 어느 족성이시오?"

태자는 대답했다.

"태어난 곳은 향산(香山)의 동쪽 설산(雪山)의 북쪽인 카필라 국이며, 아버지는 숫도다나 왕이요, 어머니는 마야입니다."

빔비사라 왕이 물었다.

"싣달타가 아니시오?"

태자가 이에 대답했다.

"그렇습니다."

그러자 놀라 일어나서 발에 절하고 말했다.

"태자의 태어남에 여러 기이한 모습이 많았고 빛나는 일이 드러났소. 장차 네 천하의 임금으로 전륜왕이 되시며, 네 바다가 공경하고 신묘한 보배가 이를 것인데, 어째서 하늘의 지위를 버리고 스스로 산과 숲에 몸을 던지셨소?

반드시 뛰어난 견해가 있을 것이니 그 뜻을 들려주오."

태자는 대답했다.

"내 생각에는 하늘과 땅 사이 사람과 물건은 나면 죽음이 있고, 매우 심한 고통이 세 가지가 있습니다.

그것은 늙고 병들고 죽는 고통인데 떠날 수가 없습니다. 몸은 괴로움의 그릇이라 근심과 두려움이 한량없습니다. 만약 높은 지위로 남의 사랑 받으면 교만과 방자함이 있고, 탐욕으로 시원한 뜻을 구하려 하면 천하가 걱정을 입을 것입니다. 나는 이것을 싫어하였기 때문에 산에 들어오고자 한 것입니다."

여러 장로(長老)들이 말하였다.

"대개 늙고 병들고 죽음이란, 예로부터 세상의 늘 있는 일이오. 어찌하여 혼자만 미리 걱정하신단 말씀입니까?

아름다운 이름을 버리고 숨어 살며 그 몸을 괴롭히는 것은 또한 어렵지 않겠습니까?"

마가다의 왕과 장로들에게 출가의 뜻을 보이심

태자는 곧 게송으로 말하였다.

사람이 태에 있어도 더러워지지 않게 하고
깨끗함에 있을 때도 더러워지지 않게 하며
괴로움이 셀 수 없이 많아지지 않게 해
이럴 수만 있다면 누가 세간 즐기지 않으리.

사람 늙어도 그 모습 조금도 변하지 않게 하고

선한 행 하는 이가 악을 짓지 않게 하며
사랑한 이와 헤어져도 괴롭지 않게 해
이럴 수만 있다면 누가 세간 즐기지 않으리.

병들어도 다시 큰 두려움이 없게 하고
뒷세상에 여러 악과 마주하지 않게 하며
지옥에 떨어져도 아무 괴로움 없게 해
이럴 수만 있다면 누가 세간 즐기지 않으리.

젊은 때의 모습 변해 무너지지 않게 하고
옳지 않은 것에 집착하지 않게 하며
죽음이 이르러도 뭇 두려움 없게 해
이럴 수만 있다면 누가 세간 즐기지 않으리.

어리석음이 더욱더 어두워지지 않게 하고
성냄이 강해져 원수집 되지 않게 하며
다섯 즐거운 마음 악에 물들지 않게 해
이럴 수만 있다면 누가 세간 즐기지 않으리.

여러 어리석은 이들과 함께 살지 않게 하고
뭇 어리석음 스스로 사람 멀리 떠나게 하며
여러 어리석은 이들 그런 생각 없게 해
이럴 수만 있다면 누가 세간 즐기지 않으리.

여러 악한 씨앗 함께 무리 짓지 않도록 하고
모든 악이 사라져 스스로 사람을 떠나게 하며
모든 악한 생각들에 그런 생각 없도록 해
이럴 수만 있다면 누가 세간 즐기지 않으리.

세간의 악들 가장 두려운 것으로 살펴져서
그 악한 행들이 없어져서 다시는 생기지 않게 하며
여러 악한 행이 사라져 실다움이 없게 해
이럴 수만 있다면 누가 세간 즐기지 않으리.

여러 하늘의 음식과 복 늘 움직이지 않게 하고
세상 사람의 목숨 늘 있도록 할 수 있으며
여러 곳으로 돌아다니지 않도록 해
이럴 수만 있다면 누가 세간 즐기지 않으리.

모든 쌓임과 덮음이 원수가 되지 않고
여섯 가지 모든 들임 괴로움이 없게 하며
온갖 세간 뭇 삶들이 괴롭지 않도록 하여
이럴 수만 있다면 누가 세간 즐기지 않으리.

이에 태자는 말하였다.

"여러분의 말씀과 같이 미리 근심하지 말아야 한다고 합시다. 그렇게 해 나를 왕이 되게 해 늙음이 이르고 병이 생기며 죽는 때를 맞아 내가 받는 이 액난을 어찌 대신할 자가 있겠소.

만약 대신할 이가 없다면 어찌 근심하지 않을 수 있겠소?

세상에 사랑스런 아버지와 효성스런 자식이 있어서 사랑이 뼛골에 사무쳤다 하더라도 죽을 때를 맞아서는 서로가 대신할 수 없소.

만약 이 거짓된 몸에 괴로움이 닥쳐오는 날이면 비록 높은 지위에 있고 친척이 곁에 있다 하더라도, 마치 눈먼 이에게 등불을 켜줌과 같거니 눈 없는 이에게 무슨 이익이 되겠소?

내가 뭇 행을 보니 온갖 것은 덧없고 모두 변해 참됨이 아니요. 영화는 적고 괴로움이 많으며, 몸은 자기 것이 아니요, 세간은 헛되어 오래 머물러 둘 수 없소.

만물은 나면 죽음이 있고 일은 이루면 무너지며, 편안하면 위태로움이 있고 얻으면 곧 없어짐이 있어서 만물은 어지럽고 시끄러워 다 공(空)으로 돌아가오.

마음은 형상이 없되 날뛰고 흐리어 밝지 못하며, 마음의 지어감은 재앙에 이르나니, 다만 한 번만 받는 것이 아니오. 다만 탐냄과 애착으로 어리석음의 그물에 덮여 있으면 나고 죽음의 강물에 빠져 깨달아 벗어날 수 없기 때문에 나는 산에 들어가려 하오.

한마음으로 '네 가지 공하여 깨끗한 선정'[四空淨]을 생각해 물질[色]을 건너고 성냄을 없애며, 구함을 끊고 공(空)을 생각하여, 맞지 않음이 없게 할 것이오.

이렇게 해야 그 근원에 돌이키고[反其原] 바탕에 돌아가[歸其本] 비로소 그 뿌리를 뽑게 될 것이니, 나의 서원[我願]과 같아야 비로소 크게 편안할 수 있을 것이오."

성도 후 맨 먼저 제도해주길 바라는 빔비사라 왕의 요청을 받고 산에 들어가 사냥꾼의 가사와 보배 옷을 바꿔 입으심

빔비사라 왕과 여러 장로들은 기뻐하며 뜻을 알고선 말했다.

"태자의 뜻은 미묘하여 세간에는 있기 어렵습니다. 반드시 깨달음의 도를 얻으시리니, 먼저 저를 건네주시길 바랍니다."

태자는 잠자코 있다 떠나갔다.

또 집 나오기 전을 생각하고 말했다.

"지금 나는 산에 들어왔는데, 보배 옷이 쓸 데 있겠는가. 세간의 어리석은 사람들은 모두 재물 때문에 위태롭게 된다."

문득 내달리는 사냥꾼을 보았는데 사냥을 하는 이가 법의(法衣)를 입었으므로 태자는 기뻐하면서 속으로 말했다.

'이것이야말로 참사람의 옷[眞人衣]이요, 세상을 건지는 자비의 옷[慈悲服]이다. 사냥꾼은 무엇 때문에 입었을까?'

속으로 생각했다.

'맞바꾸자고 하면 내가 뜻해 바라는 것을 이룰 수 있겠다.'

곧 지니고 있는 금실로 짠 옷을 가지고 가서 법복과 바꾸자고 하자, 사냥꾼도 속으로 기뻐하였고 보디사트바 또한 그러하였다. 태자가 법복을 입어보았더니 부드럽고 또한 곱고 깨끗했으며, 상가티(saṃghāṭī)를 돌아보니 과거의 붇다와 차별이 없었다.

이에 드디어 산으로 들어갔으며, 보디사트바는 법복을 얻고 기뻐하니 그 빛은 산과 숲에 비쳤다.

아라다 칼라마와 우드라카 라마푸트라의 선정법이
마지막 해탈이 아님을 알고 떠나심

그 산에 머물던 여러 수행자 가운데 '아라다 칼라마'(Ārāḍa-kālāma)라고 하는 이와 '우드라카 라마푸트라'(Udraka-ramaputra)라는 이는 오랜 세월을 배워, 네 선정[四禪]을 갖추고 다섯 가지 신통[五道]을 얻은 자였는데, 밝은 빛을 보고 놀라 두려워하면서 이렇게 생각했다.

'이것이 무슨 상서의 응함일까.'

곧 함께 나가서 자세히 살펴보다가 멀리서 태자를 보고서야 이렇게 알았다.

'이분이 싣달타로구나, 이제 출가하였구나.'

그러면서 말했다.

"잘 오셨소, 싣달타여, 이 앉는 자리에 앉으셔서 이제 시원한 물과 맛있는 과일을 드십시오."

그러고는 게송으로 말하였다.

해가 처음 돋아 오를 때에
산꼭대기 위에 있게 되나니
그 때문에 지혜로운 밝은 빛이
온갖 모든 중생 비춰주리라.

만약 그 얼굴 모습 살펴본다면
끝내 싫증낼 줄 알지 못할 것이네.
그러므로 그 도덕이 으뜸이 되어

짝이 없고 견줄 이 없으시도다.

이때에 보디사트바는 게송으로 말하였다.

　　비록 네 선정을 닦는다지만
　　위없는 지혜를 알지 못하네.
　　도의 마음은 바름이 바탕이 되니
　　삿된 귀신 섬기는 데 있지 않다오.

　　속된 법 행하면서 진리라 하며
　　긴 밤에 브라흐마하늘 구하네.
　　그러므로 바른 도를 알지 못하고
　　바퀴 돌아 나고 죽음 떨어지도다.

네 가지 한량없는 마음과 드나드는 숨 살핌을 통해 바른 선정법을 닦아 성취하고 고행을 계속하심

　이에 보디사트바는 오롯이 사랑의 마음[慈心]을 행하고 일으켜, 중생들이 늙도록 어리석어 병과 죽어 없어짐의 아픔 벗어나지 못함을 널리 생각하였다. 그러고는 그 중생 해탈시키고자 그 뜻을 오롯이 하여 가엾이 여기는 마음[悲心]을 일으켰다.

　온갖 중생에게 다 굶주림과 목마름과 추위와 더위와 얼음과 잃음, 죄의 허물이 있고, 힘들고 어려움의 걱정거리가 있음을 불쌍히 여기고는 안온하게 하고자 그 뜻을 오롯이 하였으며, 기뻐하는 마음[喜心]을 일으켰다.

또 모든 세간에 근심과 괴로움이 있고 두려운 일과 만나는 걱정거리가 있음을 생각하고는 맑고 깨끗하게 하고자 그 뜻을 오롯이 하여 평등히 보살피는 마음[護心]을 일으켰다.

다섯 갈랫길 여덟 가지 어려움을 건네주려 하여도 중생들이 어리석고 어두워 바른 도를 보지 못하니, 그들을 모두 건져 함이 없음[無爲]을 얻게 하고자 그 뜻을 오롯이 하였다.

착함을 얻어서도 기뻐하지 아니하고 악함을 만나서도 근심하지 아니하며, 세상의 여덟 가지 일인 이로움과 해로움·헐뜯음과 기림·칭찬과 비방·괴로움과 즐거움을 버리고, 몸을 기울여 움직이지 않고 둘째 선정의 행[二禪行]을 이루었다.

다시 나아가서 '세나의 냇물'에 이르렀는데 그 냇물은 평평하고 발라, 여러 과일나무가 많았고, 곳곳에 모두 흐르는 샘과 목욕하는 못이 있으며 그 가운데는 깨끗하여 벌레와 벌과 모기와 등에와 파리가 없었다.

그 내 가운데는 수행자 세나(Sena)라는 이가 제자들 오백 인을 가르치며 그의 가르치는 법을 닦게 하고 있었다.

이에 보디사트바는 사라 나무 아래 앉아서 온갖 중생 위하여 위없이 바르고 참된 도를 구하고 있었으니, 여러 하늘들이 단이슬의 맛을 바쳤지만 보디사트바는 하나도 받으려 하지 않고 스스로 다짐해 하루에 한 톨의 깨[一麻]와 한 톨의 쌀[一米]만 먹으면서 정신과 기운을 잇고 있었다.

여섯 해를 단정하게 앉으니 몸은 마르고 살갗과 뼈는 서로가 맞붙었다. 마음을 그윽이 하고 고요히 해 고요한 한 마음으로 안으로 '들고 나는 숨'[ānāpāna, 出入息]을 생각하였다.

곧 첫 번째는 숨을 세고 헤아리며[數], 두 번째는 숨을 따르며[隨], 세 번째는 생각을 그치고[止], 네 번째는 살펴 드러내며[觀], 다섯 번째는 고요함에 돌이키며[還], 여섯 번째는 깨끗하게 됨[淨]이다.

뜻을 네 가지 뜻의 그침[四意止]과 네 가지 바른 끊음[四意斷]과 네 가지 신통[四神足]의 세 법에 노닐면서, 열두 가지 문[十二門]을 내, 마음이 나뉘어 흐트러지지 않게 하였다.

그러므로 신통이 미묘하게 통달하고 욕심과 악한 법을 버리며, 다시는 다섯 덮음[五蓋]이 없어지고 다섯 탐욕[五欲]을 받지 아니하며 여러 나쁜 행이 저절로 사라졌다.

그리하여 생각과 헤아림이 분명해지며, 생각과 봄이 함이 없어서 [無爲] 마치 건장한 사람이 원수를 이기게 된 것과 같아, 뜻이 깨끗해져 셋째 선정의 행[三禪行]을 이루게 되었다.

• 수행본기경 5 출가품(出家品) 앞부분

• 해설 •

경은 고타마가 왕궁의 번뇌의 집을 나와 산숲에 들어감이 과거에 본래 세운 서원[本願, pūrva-praṇidhāna]의 실현이며 단순히 지금의 힘이 아니고 본원의 힘[本願力]이 이루어냄이라 말한다.

인간의 소원이 본원(本願)의 이름으로 불려지기 위해서는 그 바람이 미망과 탐욕에 바탕을 둔 이기적인 바람이 되어서는 안 되고, 바라되 탐욕의 물듦이 사라진 바람 없는[無願] 바람이 되어야 하고, 진리 그대로의 크고 넓은 서원[如法界願]이 되어야 한다.

그러므로 본원은 나[我]에 나 없고[無我] 모습[相]에 모습 없는[無相] 존재의 진실 그대로, 스스로 번뇌를 돌이켜 진리의 몸 이루려는 서원[攝法身願]이 되어야 하고, 뭇 삶들을 위해 중생의 삶의 터전을 깨끗이 하려는 서원

[攝淨土願]이 되어야 하고, 고통받는 중생을 해탈의 저 언덕에 이끌려는 서원[攝衆生願]이 되어야 한다.

이 본원이 진리 그대로의 원이라면, 그 원은 하늘을 덮고 땅을 덮으며 과거에 사무치고 현재에 사무치며 미래에 사무치니, 어찌 본원을 이루려는 고타마의 뜻을 하늘신이 돕지 않고 땅의 신이 돕지 않으며, 말[馬]이 돕지 않고 성문(城門)의 신이 돕지 않으며 지나가는 사냥꾼이 돕지 않겠는가.

연기의 진리는 멈추어 있는 실체성의 진리가 아니라 다함없는 관계의 진리이고 생성의 진리이고 대화의 진리이다. 그러므로 진리 그대로의 본원은 옛 붇다[古佛]와의 약속이고 세간에 대한 다짐이자 생명의 깊은 근저에서 내가 나에게 한 약속이다.

그리고 그 약속은 과거의 내가 미래의 나에게 한 약속이며, 내가 진리의 바다에 던진 생명의 물결이며, 내가 보이지 않는 뭇 삶들에게 다짐한 해탈의 약속이다.

위없는 보디의 성취를 위한 출가의 길이 이미 스스로와 세간과 진리에 다짐한 약속된 삶의 길인데, 고타마 보디사트바가 어찌 저 범비사라 왕과 대신들의 권유를 따라 다시 세속의 미망의 굴레로 돌아올 것인가.

본원은 진리 그대로의 지혜[如實知]이고 진리 그대로의 사마디[法界定]이고 진리 그대로의 삶의 의지[如法界願]이다.

본원의 뜻으로 해탈의 길에 나아가는 보디사트바는 물질에도 머물지 않고 마음에도 머물지 않으며, 세간의 시끄러움에도 머물지 않고 선정의 고요함에도 머물지 않는다.

선정의 고요한 장에도 머물지 않으므로 물질의 장애를 떠났지만, 선정 자체에 머묾이 있는 '아라다 칼라마'의 '있는 바 없는 곳의 선정'[無所有處]에도 떨어지지 않고, '생각 있음도 아니고 생각 없음도 아니라는 관념의 자취'가 있는 '우드라카 라마푸트라'의 신비선정[非想非非想處定]에도 떨어지지 않는다.

진리 그대로의 보디를 지향하는 고타마의 본원은 세속의 탐욕에 대한 부정의 새로운 부정의 길을 재촉한다.

그 길은 내면주의적 선정과 초월주의적 선정을 넘어 십이연기의 진실을 살피기 위해 나이란자나 강가 보디 나무를 향해 가는 길인 것이다.

여래의 위없는 보디가 온갖 고난과 갖가지 시행착오를 거치며 그것을 넘어서서 이루어진 길임을 『화엄경』(「세주묘엄품」世主妙嚴品)은 이렇게 말한다.

> 그대는 여래의 정진의 힘이
> 넓고 큰 억겁의 긴 세월에
> 사의할 수 없음을 살펴보라.
> 중생의 이익 위해 세간에 오시사
> 세간의 어두움과 막힘 모두 없애셨네.
>
> 汝觀如來精進力 廣大億劫不思議
> 爲利衆生現世間 所有暗障皆令滅
>
> 억겁에 닦아 이룸 사유할 수 없으니
> 그 끝을 구하여도 얻을 수 없어라.
> 법의 실상 연설해 기쁘게 하시니
> 다함없는 빛의 신이 살펴보는 것이네.
>
> 億劫修成不可思 求其邊際莫能知
> 演法實相令歡喜 無盡光神所觀見

3 여래의 위없는 깨침

• 이끄는 글 •

　고행으로 살갗과 뼈가 붙은 보디사트바 고타마가 이제 '나이란자나 강가'에 내려와 몸을 씻고 수자타 아가씨가 바친 우유죽을 받아 드신 것은 무엇인가. 보디사트바는 먼저 탐욕에 젖은 중생의 삶을 여섯 해의 고행으로 조복했지만, 다시 여섯 해 고행이 바른 보디의 행에 새로운 때[垢]가 되므로 저 나이란자나 강물에 가 그 고행의 때를 씻어낸다.

　그리고 보디사트바는 우유죽을 드시고 몸의 기력을 찾은 뒤 이 몸을 버릴 것도 없고 취할 것도 없는 중도의 길에 들어간 것이다.

　고행은 탐욕을 조복하기 위한 방편으로서의 의미가 없지 않다. 그러므로 어떤 때 붇다도 쾌락의 삶을 그리워하는 이들에게 '괴로움으로 즐거움에 이르는 것이고 즐거움으로 즐거움에 이르지 않는다'고 말씀한다.

　그러므로 어떤 원인도 결과의 성취를 통해 결과의 원인이라는 이름을 얻게 된다. 고행이 정당한 고행이 되기 위해서는 그 고행이 해탈의 원인이 되어 해탈의 과덕을 이룰 때 해탈의 과덕을 이루는 해탈의 원인으로서 고행이 되는 것이다. 존재의 진실에 맞지 않는 실천,

고행 자체를 목적으로 하는 수행은 바른 실천의 길이 될 수 없다.

고행과 보디, 고행과 해탈에는 인과의 직접적 연결성이 없다.

보디와 해탈은 세계의 연기적 진실을 바로 보는 지혜와 지혜인 선정, 지혜와 선정이 하나된 중도행으로 성취된다.

그러나 보디의 원인인 계·정·혜가 지금 있고 그 뒤에 보디가 있는 것이 아니라 계·정·혜가 지음 없는 계·정·혜가 될 때 보디가 현전하고, 보디일 때 계·정·혜와 바른 삶의 길이 현전한다.

위없는 보디는 초월자의 품에도 내적 영혼에도 있지 않다. 오직 지금 미망의 삶 자체를 돌이켜, 미망과 번뇌의 묶음이 좇아 온 곳이 없음을 사무쳐 깨달을 때 삶 전체가 보디로 현전하는 것이다.

십이연기(十二緣起)는 존재의 진실을 등지고 중생의 번뇌의 고통과 번뇌가 어떻게 일어나며, 존재의 진실에 돌아가 고통과 번뇌가 어떻게 사라지는가를 가르치는 연기법의 기본 교설이다.

십이연기는 세속의 쾌락주의와 고행주의를 넘어 붇다가 삶의 진실을 반성하여 보디를 성취한 실천의 언어적 기록이다. 중생과 세계의 자기진실밖에 보디는 없다. 그러므로 십이연기로 표현된 중생 미망의 삶이 지혜의 출발처이고 보디의 완성처이다.

나와 내 것, 의식과 존재를 실체화시키는 근원적인 무명으로 인해 삶의 물듦과 닫혀짐이 일어나 나고 죽음의 굴레가 있는 것이다. 그러나 나되 남이 없는[生而無生] 곳에서 실로 남[生]을 보는 것이 무명이므로 나고 죽음이 본래 없음을 보게 되면 무명은 끝내 다할 것이 없는 것이다. 중생 미망과 고통의 굴레인 십이연기를 돌이켜보면, 중생의 십이연기가 보디사트바의 파라미타행이 되고 삼세 모든 붇다의 위없는 깨달음이 되는 것이다.

나이란자나 강가에서 몸을 씻고
수자타의 우유죽을 공양 받으시다

보디사트바가 살갗과 뼈가 서로 붙는 고행으로 셋째 선정을 이루자 인드라하늘왕이 속으로 이렇게 생각했다.

'보디사트바가 나무 아래 앉아 계신 지 여섯 해가 다 찼고 몸이 아주 말랐다. 이제는 세간 사람들로 하여금 전륜왕의 음식을 바치게 하여 여섯 해 동안의 굶주림을 도와주도록 해야겠다.'

세나(Sena)의 두 딸에게 감응하게 하여 꿈속에서 다음과 같은 모습을 보도록 하였다.

'온 세상이 다 물이 되면서 그 속에 한 송이 꽃이 있어 일곱 보배의 빛깔이었는데, 잠깐 사이에 시들면서 본래 빛을 잃었다.

어떤 사람이 물을 그 위에 뿌리자 다시 살아나면서 예전과 같이 되었고 물속에서는 여러 꽃들이 비로소 싹이 생기며 물 위로 솟아나왔다.'

보디사트바의 고행에 관한 꿈을 하늘신이 풀이해줌

두 딸은 꿈에서 깨어나며 일찍이 없었던 일을 이상하게 여겨 곧 아버지에게 말하였으나, 그 아버지도 알지 못하여 나이 늦으신 어른들께 물었지만 모두가 풀이하지 못하였다.

인드라하늘왕은 다시 내려와 변화로 브라마나가 되어 딸들에게 꿈을 풀이하면서 말하였다.

"너희들이 보았던 온 세상의 물 가운데 한 송이의 꽃이 피어난 것은 바로 숫도다나 왕의 태자가 처음 태어나실 때요, 지금 나무 아래서 여섯 해 동안 계시면서 몸이 마르고 야위었는데 이것은 꽃이 시들어진 때다.

한 사람이 물을 뿌리자 다시 살아남을 본 것은 바로 먹을 것을 바치게 되는 것이요, 작은 꽃들의 싹이 나오려 한 것은 바로 다섯 갈래[五道]에서 나고 죽는 사람들이다."

인드라하늘왕이 고행으로 몸이 시들고 여윈 보디사트바에게 먹을거리를 공양토록 함

이때 인드라하늘왕은 곧 게송으로 말하였다.

여섯 해 동안 기울거나 기대지 않고
또한 배고픔과 추위 생각지 않고
힘써 나아가 집착한 바 없어서
몸이 말라 뼈와 가죽이 맞붙었다.

너희들은 공경하는 뜻을 닦아서
보디사트바에게 드실 것 올려야 하니
현세에서 크나큰 복을 얻을 것이며
뒤 세상에 좋은 과보 받게 되리라.

세나의 딸들이 말하였다.
"음식을 드리는 그 법은 어떻게 합니까?"

브라마나가 대답하였다.

"오백 마리 소에서 소젖을 짜다가 다시 서로 더욱 이어 마시게 해, 한 마리의 소에 이르게 하고, 그 한 마리 소에서 짠 젖을 가져다 죽을 쑤라.

우유죽이 끓어올라 높이 일곱 길을 솟으면서 왼편에서 올라와 오른편으로 내려가고 오른편에서 올라와 왼편으로 내려가면 죽을 발우에 넣고 솥과 주걱을 깨끗이 하라."

브라마나가 가르친 법대로 보디사트바에게 죽을 올림

두 딸들이 공손하고 엄숙하게 바치니, 보디사트바는 속으로 '먼저 목욕한 뒤에 죽을 받으리라'고 생각했다.

그러고는 흐르는 물로 나아가 몸을 씻고 씻은 뒤에 물을 나오려 하니, 하늘신이 나뭇가지를 당겨주었고, 두 딸들이 젖죽을 바치면서 이렇게 말했다.

"몸의 기와 힘이 가득하소서."

보디사트바는 '복이 한량없기'를 바라고 딸들이 진리에 귀의하도록 하였다.

다 먹은 뒤에 손을 씻고 양치질하고 발우를 씻은 뒤에 도로 물 가운데 던지자, 거슬러 흘러가서 아직 칠 리(里)에 닿기 전에 하늘신이 금시조(金翅鳥)로 변화하여 날아와, 발우와 머리털을 받들고 가서 한 군데에 스투파(stūpa, 塔)를 일으켜 공양하였다.

- 수행본기경 5 출가품 중간 부분

나는 지금 고행에서 잘 벗어났다

이와 같이 내가 들었다.

한때 붇다께서는 우루빌라 마을에 흐르는 나이란자나 강가에 있는 보디의 나무[菩提樹] 밑에서 처음으로 바른 깨달음을 이루셨다.

그때 세존께서는 홀로 한 고요한 곳에서 마음을 오롯이 해 선정에 계시며 이렇게 생각하셨다.

'나는 이제 고행에서 벗어났다. 참 잘한 일이다. 나는 지금 고행에서 잘 벗어났다. 앞에서도 바른 원[正願]을 닦았었는데 지금 이미 위없는 보디[無上菩提]를 증득하였다.'

그때 악한 마라 파피야스는 이렇게 생각하였다.

'사문 고타마가 지금 우루빌라 마을의 나이란자나 강가에 있는데, 보디의 나무 밑에서 처음으로 바른 깨달음을 이루었다. 내가 지금 그곳에 가서 그에게 어려움을 끼쳐주리라.'

그러고는 젊은 사람으로 변화해 붇다 앞에 머물러 게송을 말했다.

크게 고행하는 곳 닦아서
깨끗함을 얻으려고 하다가
지금 도리어 고행 버리고
여기서 그 무엇 구하는가.
여기서 깨끗함 구하려 하면

깨끗함 또한 얻을 길 없네.

고행 권하는 마라에게 계·정·혜가 보디의 길임을 보이심

그때 세존께서는 이렇게 생각하셨다.

'이것은 악한 마라 파피야스가 시끄럽게 흔들려 함이다.'

그리고 곧 게송으로 말씀하셨다.

여러 가지로 고행 닦는 것이
진리의 뜻과 함께하지 않음 알았으니
고행으로 끝내 이익 얻지 못함
맨 활 튕겨 소리냄과 같아라.

계행과 선정, 들음과 지혜의 길
나는 이미 모두다 닦아 익혀서
으뜸가는 청정을 다 얻었나니
그 깨끗함은 그보다 높음 없어라.

그러자 악한 마라 파피야스는 이렇게 생각했다.

'사문 고타마가 이미 내 마음을 알았구나.'

그러고는 마음속에 근심과 시름을 품고 이내 사라져 나타나지 않았다.

• 잡아함 1094 고행경(苦行經)

두 나이 어린 여인이 고행에 지쳐 쓰러진 고타마 수행자에게 오백 마리 소의 우유죽을 끓여 바치니, 두 여인이 공양을 올렸을 뿐 아니라 오백 마리 소가 공양을 올렸고 죽을 끓이는 나무가 공양을 올렸고 끓어오르며 닿은 하늘의 기운 땅기운이 함께 공양 올렸다.

공양 드시기 전 고행으로 찌든 몸을 저 강물에 씻자 하늘신이 나뭇가지를 당겨주고 땅이 받쳐주니, 공양 드시는 보디사트바에게 하늘도 경배하고 땅도 경배하고 강물과 나무도 경배한다.

이 지극한 공양과 경배를 받고 보디사트바가 어찌 고행의 때를 벗고 몸의 기와 힘을 채우지 못하겠는가.

몸의 기와 힘을 채우고 보디의 나무 밑으로 나아가 길상의 풀자리에 앉으니, 이 자리가 쾌락과 고행을 떠난 중도의 안락한 자리이며, 있음을 뛰어넘고 없음을 뛰어넘는 실상의 자리이고, 마라(māra, 魔)를 건지고 데바(deva, 天)를 건질 큰 자비의 자리이다.

쾌락의 삶도 버리고 고행의 부질없음도 버리고 위없는 보디를 성취하셨지만, 붇다라고 어찌 여섯 해 고행의 기간을 잠시 되돌아보지 않았겠는가. 그 고행했던 여섯 해의 제한적 의미를 사유함이 세존의 내면에 마라의 출현으로 표현된 것이 아닐까 한다.

지혜로써 연기의 진실을 깨닫지 못하면 억겁을 고행한들 보디와는 아무 관련이 없다.

그러나 쾌락이든 고행이든 행위의 연기성을 통찰한 보디사트바라면 탐욕 속에서도 선정을 행하는데[在欲行禪], 고행인들 그의 보디에 무슨 장애가 되겠는가.

보디의 완성자에게는 오직 보디의 씨앗인 갖가지 행이 있으며, 오직 보디의 발현인 세계의 참모습과 해탈의 행이 있을 뿐이다.

위없는 보디 이루신 뒤
십이연기의 법을 다시 보이시니

이와 같이 내가 들었다.

한때 붇다께서는 우루빌라의 나이란자나 강가 큰 보디의 나무가 있는 곳에서 머무시다가 오래지 않아 바른 깨달음을 이루셨다.

붇다께서 보디의 나무 아래로 가시어 풀을 깔아 자리로 삼고, 두 발을 맺고 앉아 몸을 바르게 하고 생각을 바르게 하여 한 번 앉으신 채로 이레 동안 십이연기를 거슬러서 살피고 따라서 살피셨다.

'이것이 있기 때문에 저것이 있고, 이것이 일어나기 때문에 저것이 일어난다.

무명(無明) 때문에 지어감[行]이 있고, 지어감 때문에 앎[識]이 있고, 나아가 태어남 때문에 늙음과 죽음이 있으며, 또 순전한 괴로움의 큰 무더기가 일어난다.

무명이 사라지므로 지어감이 사라지고, 지어감이 사라지므로 앎이 사라지고, 나아가 태어남이 사라지므로 늙음과 죽음이 사라지고 순전한 괴로움의 큰 무더기가 사라진다.'

연기의 법을 바로 보는 것이 해탈의 길임을 노래하심

그리고 붇다께서는 바르게 앉아 이레를 보내신 뒤 사마디에서 깨어나 이 게송을 말씀하셨다.

이와 같이 모든 법은 생겨나나니
브라마나 고요한 생각 힘써 행하면
여러 의심과 미혹을 길이 떠나서
원인과 조건으로 법이 생김 알리라.

원인으로 생기는 괴로움 알고
모든 느낌 사라져 다함을 알아
인연으로 나는 법 다함을 알면
모든 번뇌 다함을 알게 되리라.

이와 같이 모든 법은 생겨나나니
브라마나 고요한 생각 힘써 행하면
여러 의심과 미혹을 길이 떠나서
원인이 있어 괴로움 냄 알게 되리라.

이와 같이 모든 법은 생겨나나니
브라마나 고요한 생각 힘써 행하면
여러 의심과 미혹을 길이 떠나서
모든 느낌 사라져 다함 알게 되리라.

이와 같이 모든 법은 생겨나나니
브라마나 고요한 생각 힘써 행하면
여러 의심과 미혹을 길이 떠나서
원인과 조건의 법 다함 알게 되리라.

이와 같이 모든 법은 생겨나나니
브라마나 고요한 생각 힘써 행하면
여러 의심과 미혹을 길이 떠나서
모든 번뇌 다함을 알게 되리라.

이와 같이 모든 법은 생겨나나니
브라마나 고요한 생각 힘써 행하면
널리 모든 세간을 널리 비추며
마치 해가 허공에 머묾과 같이
모든 마라의 군대를 부수어 깨며
모든 묶임 깨달아 벗어나리라.

붇다께서 이 경을 말씀하시자, 여러 비구들은 붇다의 말씀을 듣고 기뻐하며 받들어 행하였다.

• 잡아함 370 십이인연경(十二因緣經)

• 해설 •

고행을 버리신 보디사트바는 수자타가 올린 우유죽을 들고 나서 나이란 자나 강으로 가시어 그 물에 몸을 씻고 그 물을 마신 뒤, 강가 보디의 나무 아래 가시어 풀자리를 만들어 그 위에서 십이연기를 사유한다.

이 경은 십이연기를 사유하여 보디의 도를 이루신 뒤, 이레 동안의 사마디에서 일어나 바로 깨달음의 진리를 노래하신 내용이다.

경은 본래 사카무니 붇다께서 보디를 이루신 뒤 이 경을 설한 주체를 옛 붇다인 비파신(Vipaśyin) 붇다로 설정해서 말씀한 경이다.

그러나 이 경 바로 뒤에 이어지는 경의 내용을 살펴서 사카무니 붇다를 주어로 삼아 이 경을 수록하였다.

자신의 깨달음을 옛 붇다의 이야기로 보인 세존의 뜻은 무엇인가.

이 연기의 진리가 과거의 붇다도 깨친 법이고, 지금 나 사카무니가 깨친 것도 이 법이며, 미래에 오실 모든 붇다가 깨칠 것도 이 법이라는 뜻을 보이심이다.

또 붇다를 '브라마나'라고 지칭하고 있는 것도 브라마나 지배의 기성 사상계를 향해 붇다야말로 브라마나로 보면 가장 위대한 브라마나임을 보이기 위함이리라.

십이연기설은 존재의 속박과 나고 죽음의 굴레 그 원인과 조건을 낱낱이 밝히고 있다. 그러나 이 연기설의 언어구조는 무명(無明)과 지어감[行], 앎[識] 등 열두 가지 인과의 고리 그 낱낱의 법이 있음[有]을 밝히기 위함이 아니고, 서로가 다른 법을 의지해 있기 때문에 실로 있지 않음[非有]을 밝히기 위함이니, 게송은 그 뜻을 '고요한 생각 힘써 행하면 의심과 미혹 떠나 원인과 조건의 법이 다함 알게 된다'고 표현한다.

십이연기설은 이처럼 윤회의 굴레가 연기임을 밝혀 중생이 본래 청정함[本來淸淨]을 밝힌 교설이고, 중생이 본래 해탈되어 있음[本自解脫]을 밝힌 교설이다.

십이연기가 있되 공한 줄 알면 중생 십이연기의 현장이 붇다의 보디의 완성처이고 해탈의 불사를 짓는 곳이니, 과거의 붇다가 이밖에 어찌 다른 법을 설했을 것이며, 미래의 붇다가 이밖에 다른 법을 어찌 설할 것인가.

'무명의 진실한 모습이 불성이고 허깨비 같은 빈 몸이 법신이다'[無明實性卽佛性 幻化空身卽法身]라고 한 영가선사(永嘉禪師) 「증도가」(證道歌)의 한 구절을 깊이 생각해볼 일이다.

또한 보디 나무 아래서의 이 깨달음의 때는 지금 이곳의 한때이지만, 그 한때는 역사적 사건이 일어난 때에 갇힌 한때가 아니라 온갖 때에 열린 한때이다.

그러므로 이 한때는 바로 십이연기가 공하되 그 공함도 공한 연기의 진실이 온전히 실현된 한때이고, 고타마 붇다의 과거 모든 행위가 지금 깨달음의 과덕에 실천적 원인으로 발현되는 한때이다.

이 뜻을 『화엄경』(「여래현상품」如來現相品)은 다음과 같이 노래한다.

> 한량없는 겁에 행의 바다 닦아서
> 바다 같은 시방 붇다께 공양하고
> 바다 같은 시방 중생 건네주고서
> 지금 묘한 보디의 빛 널리 비추는
> 이 세간의 세존을 이루시었네.
>
> 無量劫中修行海　供養十方諸佛海
> 化度一切衆生海　今成妙覺遍照尊

> 마니의 묘한 보배 보디의 나무
> 갖가지 꾸밈새들 모두 빼어나니
> 붇다께선 그 아래서 보디 이루사
> 크게 밝은 빛 놓아 널리 빛나네.
>
> 摩尼妙寶菩提樹　種種莊嚴悉殊特
> 佛於其下成正覺　放大光明普威耀

「세주묘엄품」 또한, 여래의 보디의 성취가 세간법의 진실을 온전히 열어 보임이며 중생 속에 이미 있는 공덕의 실현임을 이렇게 노래한다.

> 시방의 경계는 다함이 없어
> 같음 없고 끝이 없이 각기 차별되나
> 붇다의 걸림 없는 힘 큰 빛 놓으면
> 온갖 국토가 다 밝게 드러나도다.
>
> 十方境界無有盡　無等無邊各差別

佛無礙力發大光　一切國土皆明顯

도량에서 온갖 묘한 음성을 내면
그 소리 넓고 커 시방에 두루하네.
만약 중생이 법을 받을 수 있으면
조복하여 청정케 하지 못함이 없네.

道場一切出妙音　其音廣大遍十方
若有衆生堪受法　莫不調伏令淸淨

4 바라나시에 나아가 다섯 비구를 만드시다

붇다의 삶에서 보디의 성취는 인류역사에 아직 없었던 새로운 것의 실현이고, 기성의 낡은 것 어두운 것에 대한 혁명적인 자기전환이며, 고타마 싣달타의 여래(如來)·위없는 스승으로의 극적인 자기비약이다.

번뇌와 탐욕의 집을 나와 숲에 들어감이 그러했고, 숲에 들어가 살가죽과 뼈가 서로 닿도록 고행하던 삶이 그러했고, 고행의 자리를 털고 강물에 몸을 씻고 우유죽을 드심이 그러했고, 우유죽을 드시고 몸의 기와 힘을 차리어 보디 나무에 길상의 풀을 깔고 앉음이 그러했고, 보디 나무 아래서 위없는 보디를 이루심이 그러했다.

다시 니르바나의 자리에서 오래도록 사마디에 들어 계시다, 니르바나의 자리를 떠나지 않고 그 자리에서 몸을 일으켜 법의 북을 치시려 다섯 수행자가 있는 카시의 사슴동산에 나아감이 그러했다.

붇다의 삶은 기성의 환상과 거짓의 삶, 나고 죽음의 굴레에 갇힌 윤회의 삶에 대한 혁명적인 부정의 삶이었다.

그러나 붇다의 낡은 것에 대한 부정의 삶은 다만 부정에 그치지 않고, 새로운 깨달음의 땅 보디의 나라에 모든 것을 버림이 없이 거두어 싸안는 자비의 삶 크나큰 긍정의 삶이었다.

붇다는 모든 '그렇다 함'에서 '그렇지 않다 함'[不然]을 말하되 모든 그러함을 '그렇지 않은 그러함'[不然之然]으로 세워주는 '크게 그러함'[大然]의 길을 열어주었다.

크게 그러함의 길에서는 '마라'[魔]와 '하늘'[天]도 법계(法界)의 모습이 되고 사문·브라마나·국왕·장자·귀족과 천민이 다 붇다의 제자가 되고 진리 집안의 가족이 된다.

법의 북을 치기 위해 카시로 가기 전 두 장자 상인을 만나 붇다와 법에 대한 귀의를 가르치고, 브라마나를 만나 스스로 '스승 없는 지혜'[無師智] 얻은 여래임을 선언하니, 붇다의 교화는 집을 나와 머리 깎은 비구[出家比丘]를 만들기 전에, 집에 머물며 흰옷 입은[在家白衣] 우파사카로부터 출발한다.

다섯 수행자를 만나 쾌락과 고행을 넘어선 중도의 길과 사제의 가르침을 전하나, 기성의 관념과 기성 사상가들의 교리에 깊이 빠져 있던 이들이 어찌 쉽게 그 마음의 의혹이 풀리겠는가.

둘이 밥을 빌러 가면 셋을 가르치고, 셋이 밥을 빌러 가면 둘을 가르쳐 붇다의 교화와 깨우쳐주심이 쉼이 없으셨지만, 단이슬의 문에 쉽게 들어오지 못한다.

그들에게 붇다께서 지난 세상 서로 맺은 진리의 약속을 말해주니, 홀연히 의혹을 끊고 죽음이 없는 단이슬의 문에 들어섰다.

기나긴 밤 오래고 오랜 어두움도 하나의 촛불에 그 어두움이 바로 물러나는 것이니, 단이슬의 문을 연 카운다냐가 그러했을 것이다.

땅속에 감추인 씨앗이 따뜻한 햇빛을 받고 물을 머금다 싹이 나올 때는 홀연히 나오는 것이니, 오래된 약속의 씨앗이 싹이 트는 것도 그러했을 것이다.

한 법의 등불[法燈]이 이어져 다섯 아라한이 되니 이 세간에 삼보가 출현하였고, 붇다에게는 머리 깎고 누더기 옷 입은 출가제자와 머리 길고 흰옷 입은 재가제자가 모두 갖추어졌다.

『법화경』(「방편품」方便品)은 말할 수 없고 사유할 수 없는 법의 실상을 방편의 문을 열어 다섯 비구에게 설함으로써 세간에 붇다와 다르마와 상가가 갖춰지게 됨을, 다음과 같이 노래한다.

> 모든 법의 고요한 모습은
> 말로써 펴 보일 수 없으나
> 방편의 힘 때문에
> 다섯 비구 위해 설했도다.
>
> 諸法寂滅相　不可以言宣
> 以方便力故　爲五比丘說
>
> 이를 법바퀴 굴림이라 하니
> 곧 니르바나라는 말과
> 아라한과 법과 상가
> 차별된 이름 있게 되었네.
>
> 是名轉法輪　便有涅槃音
> 及以阿羅漢　法僧差別名

사슴동산으로 처음 다섯 수행자를 찾아가서

옛날 붇다로부터 이와 같이 들었다.

한때 붇다께서 마가다 땅의 아주 빼어난 도량, 보디의 나무 아래에 계셨다. 위덕의 힘으로 마라를 항복 받고 깨달은 지혜가 신묘하고 고요해 세 지혜를 통달해 걸림이 없으셨다.

처음 장사하는 사람인 트라푸샤(Trapuṣa)와 발리카(Bhallika) 등을 제도하여 스스로 삼보에 귀의하는 계를 주고, 다음 다섯 가지 계율을 허락하시어 우파사카를 만드신 뒤에 이렇게 생각하셨다.

'옛날 먼저의 붇다이신 정광붇다[定光佛]께서 나에게 붇다의 이름을 주시면서 이렇게 언약하셨다.

〈그대는 오는 세상 아혼한 겁 만에 붇다가 될 것이니, 이름은 사카무니이며 여래·지극히 참된 이·바르게 깨친 분·지혜와 행 갖춘 이·잘 가신 이·세간을 잘 아시는 분·위없는 스승·법에 이끄시는 이·하늘과 사람의 스승·세존이라 이름할 것이다. 그리고 사람들 건네주기를 지금의 나처럼 할 것이다.〉

나는 이로부터 오면서 본마음을 닦아 여섯 가지 파라미타로 공덕을 쌓고 행을 쌓으면서 네 가지 한량없는 마음에 게으르지 않고, 높은 행이 빼어나고 괴로움을 참음이 한량없었고, 공덕의 과보에 남김이 없이 크나큰 원의 결과가 이루어졌다.'

과거의 본 서원을 생각하고 법 설해줄 옛 스승들을 돌이켜 봄

세존께서는 이렇게 생각하셨다.

'내가 본래 보디의 마음을 낸 것은 중생을 건네기 위함이었다. 브라흐마하늘왕과 인드라가 법을 청하니 단이슬[甘露]의 문을 열어주어야겠다.

누가 먼저 듣기에 알맞을까. 옛날 내가 출가하여 길을 갈 적에 브라마나 아라다 칼라마가 나를 아주 공손히 맞아주었으니, 그 사람을 먼저 건네줌이 마땅하리라.'

그러자 하늘신이 거룩한 뜻을 받들어서 허공 가운데서 말씀드렸다.

"그 사람은 죽은 지 이레가 되었습니다."

붇다께서는 말씀하셨다.

"안타깝다, 아라다 칼라마여. 단이슬의 법을 열려 하는데 그대는 어찌 듣지를 못하는가."

붇다께서는 또 생각하셨다.

'단이슬의 법을 열려 하는데 누가 그다음으로 듣기에 알맞을까, 우드라카 라마푸트라가 다음에 들을 수 있으리라.'

그러고는 일어나서 가려고 하는데, 하늘이 또 말씀드렸다.

"그 사람은 어제 저녁에 목숨을 마쳤습니다."

붇다께서는 말씀하셨다.

"그 사람은 오래도록 시들어 지내겠구나. 단이슬의 법을 열려는데 받아 듣지 못하였으니, 나고 죽음에 오가면서 어떻게 쉴 수 있겠는가. 다섯 갈랫길[五道]에 돌아 구를 터인데 그 아픔을 어떻게 할까."

붇다께서는 또 생각하셨다.

'단이슬의 법북[甘露法鼓]은 삼천대천세계에 들릴 터인데, 누가

들을 수 있는가.

부왕께서 옛날 다섯 사람을 보내셨으니, 첫째의 이름이 아즈냐타 카운디냐(Ājñāta Kauṇḍinya)요, 둘째의 이름이 아쓰바짓(Aśvajit)이요, 셋째의 이름이 바드리카(Bhadrika)요, 넷째의 이름이 다사바라 카샤파(Dasabala Kāśyapa)요, 다섯째의 이름이 마하나마 쿨리카(Mahānāma Kulika)였다.

깨와 쌀을 공급하며 시중하기에 고생하였다. 그 공덕을 갚아주어야겠구나.'

이때에 다섯 사람들은 모두 바라나시 국에 있었다. 그때에 여래께서는 비로소 나무 아래서 일어나시니, 상호와 위엄있는 몸가짐이 세상을 밝게 빛내고, 위신력이 떨쳐 움직이니 보는 이마다 기뻐하였다.

곧장 바라나시 국에 나아가시다가 아직 이르기 전 중간의 길에서 '우파카'(Upaka)라는 브라마나를 만났다.

우파카는 세존의 거룩하고 묘한 모습을 우러러보고 놀라움과 기쁨이 겹쳐 길 옆으로 내려와 소리 높여 찬탄했다.

"신령하고 거룩하시어 사람을 감동시키며, 우아한 자태는 우뚝 빼어나십니다. 본래 어떠한 스승을 모셨기에 이런 모습을 얻으셨습니까?"

브라마나 우파카를 만나 성취하신 도가
스승 없는 지혜임을 선언하심

붇다께서는 우파카를 위하여 게송으로 말씀하셨다.

여덟 가지 바른 길로 깨쳐 스스로 얻어

다시 떠남 없고 물들 것이 없어서
애욕 다해 탐욕의 그물 부수고
스스로 그러한 지혜를 깨달아
다른 스승에게서 받음 없도다.

나의 행은 스승의 보살핌 없고
지혜의 뜻 홀로 드러나 짝 없으며
하나인 행을 쌓아 붇다가 되어
이로써 성인의 도를 통하였도다.

우파카는 붇다께 여쭈었다.

"고타마께서는 어디로 가십니까?"

붇다께서는 브라마나에게 말씀하셨다.

"나는 바라나시 국에 나아가서 단이슬의 법북을 쳐서 위없는 법바퀴를 굴리려 하오.

삼계의 뭇 성인들도 일찍이 없었던 법바퀴를 굴려 사람을 니르바나에 들어가게 하셨으니, 지금의 나도 그러하오."

우파카는 크게 기뻐하면서 말하였다.

"아주 좋은 일이고 참으로 기쁜 소식입니다.

고타마의 말씀과 같습니다. 단이슬의 문을 여시어 마땅하게 법을 설해주시길 바랍니다."

다섯 수행자에게 자신이 여래이며 위없는 붇다임을 선언하심

이때에 여래께서는 곧 바라나시 국의 옛 선인들의 머무는 곳인 사숲동산의 나무 아래로 가시어 저 다섯 사람에게 나아가셨다.

다섯 사람들은 멀리서 붇다께서 오시는 것을 보고 함께 의논하였다.

"우리들은 힘들게 고생했다. 집을 떠나 산을 오르고 구역을 넘어 아주 심한 괴로움으로 지칠 대로 지쳤다. 이 사람이 좌선하도록 깨와 쌀을 대주었다. 그가 이 고행을 견뎌낼 수 없으리라 생각할 때 마라가 와서 싸움을 걸므로 그는 움츠러들어 숨어버렸다.

그런데 이제 일부러 다시 오는구나. 한 알의 깨나 한 톨의 쌀이라도 우리는 줄 수 없다. 이제 일어나서 음식을 구한들 어떻게 마련할 수 있겠는가.

다만 자리만은 베풀어 주고 저마다 무릎 꿇거나 일어나거나 말을 하거나 문안을 하거나 하지는 말자. 여기에서 언짢아지면 반드시 저절로 떠나가리라."

이때 세존께서는 그 다섯 사람들을 위하여 신통[神足]을 나타내니, 다섯 사람의 몸이 솟구쳐 모르는 사이에 절하고 모시기를 예전과 같이 했다.

붇다께서는 다섯 사람들에게 말씀하셨다.

"함께 의논하여 일어나지 말자 하더니, 이제 절까지 하는 것은 왜인가?"

다섯 사람들은 모두 대답하였다.

"우리는 신달타가 앉아 수행하도록 아주 심한 고생을 겪었소.

숫도다나 왕은 사납고도 모질며 도에 어긋나고 지나치오. 이 모두가 그대 때문이오."

붇다께서는 다섯 사람들에게 말씀하셨다.

"너희들은 위없고 바른 참된 여래, 바르게 깨친 이를 '그대'라고 부르지 말라. 위없이 바르게 깨달았으므로 나고 죽음의 뜻으로 상대할 수 없다. 그런데 어찌 나의 얼굴을 마주하며 아버지 숫도다나 왕의 이름을 일컬을 수 있겠느냐."

다섯 수행자에게 탐욕과 고행의 두 길이 바른 진리의 길이 아님을 깨우치시고, 물질이 공함 깨달아 해탈하는 길을 보이심

또 다섯 사람들에게 말씀하셨다.

"너희들이 나의 몸을 살펴보면 어찌 나무 아래서 고행할 때와 같겠는가?"

다섯 사람은 붇다께 대답하였다.

"그때는 지치고 시달려 말랐는데 이제는 다시 빛이 나오. 그때 나무에 있을 때 눈을 감고 단정히 앉아, 하루에 깨와 쌀을 먹을 때도 오히려 도가 아니라고 말했는데, 하물며 사람들 사이에 들어가서 몸과 입을 제멋대로 하면서 어찌 도를 행한다고 하겠소?"

붇다께서는 다섯 사람들에게 말씀하셨다.

"세상에서는 두 가지 일이 있어서 스스로 해치고 속인다. 무엇이 두 가지 일인가.

하나는 산목숨 죽이고 음욕을 행하며 힘을 믿어 탐욕함이고, 또 하나는 몸을 아주 괴롭혀 안으로 도의 자취가 없음이다.

이 탐욕과 고행 두 가지 일이 없으면 바로 참된 수행자가 아니겠느냐. 아흔여섯 가지 방술에 대해서 또한 버리거나 멀리할 것도 없으니, 이것이 중도(中道)를 지니어 두 끝의 치우침이 없는 것이다.

무엇이 중도를 지님인가. 지혜의 행을 깨달아 뭇 지혜를 통달하고, 여섯 신통을 다 깨달아 여덟 가지 바른 행을 갖추면 이것을 중도를 지니어 니르바나에 그치어 쉼이라 한다.”

붇다께서 이 법을 말씀하셔도 다섯 사람은 아직 이해하지 못하였다.

세 사람이 마을에 나누어 들어가 밥을 빌면 두 사람은 공양하였다. 그들을 위해 물질의 괴로움을 말씀하셨다.

“온갖 뭇 재앙은 다 물질에 대한 탐욕으로 말미암는다. 여러 좋은 것들은 다 덧없으며, 사람 또한 머무름이 없다.

비유하면 환술쟁이가 뜻을 내어 변화로 지으면 어리석은 사람은 사랑하고 그리워하여 탐내 싫어함이 없는 것과 같다.

환술쟁이는 변화를 살펴 물듦이 없고 집착이 없다. 왜냐하면 그것은 거짓이요, 참이 아니기 때문이다.”

붇다께서는 두 사람을 위하여 게송을 말씀했다.

뜻이 방탕함은 탐욕의 행에 있으니
탐욕을 즐기면 그 뿌리 더욱 늘려 심네.
물질을 탐내면 원한과 재앙 길어지고
탐욕 떠나면 곧 걱정거리 없어지네.

세 사람이 공양하고 두 사람이 마을에 나가 밥 빌기를 하자, 그들을 위하여 탐냄의 괴로움을 말씀하셨다.

“이익을 좋아하고 영화를 구하는 것은 헤매어 어리석은 이가 오롯이 행하는 것이니, 바른 행을 해치고 덕을 허문다.

한결같이 탐냄으로 말미암아 얻고 잃음에 기뻐하고 화를 내 탐욕하는 자는 싫증냄이 없다. 이 이익이란 위태로운 것으로, 마치 구름이 뜰을 지나쳐 감과 같다.

늙음과 병듦과 죽음이 닥치면 나뉘어 흩어지지 않음이 없으니, 마치 사람이 꿈을 꾸다가 깨면 볼 수 없는 것과 같다. 슬기롭게 탐욕을 버릴 수 있어야 비로소 크게 편안함을 얻을 것이다."

붇다께서는 세 사람들을 위하여 게송을 말씀했다.

탐욕하는 뜻은 밭이 되고
싫증냄 없는 마음 씨앗 된다.
탐욕 끊고 이익 구함 버리면
다시 가고 오는 근심 없으리.

• 중본기경 1 전법륜품(轉法輪品) 전반부

• 해설 •

붇다의 생애를 기록한 『본기경』(本紀經)은 지금 이생의 보디 나무 아래서 붇다의 깨달음이 아득한 먼 옛날 앞 붇다이신 정광붇다에 의해 언약되어진 깨달음이고, 지금 붇다의 이름도 그때 받은 이름이라 한다.

이 말을 어떻게 이해할 수 있을까.

모든 중생의 나[我]는 나 없는 나[無我之我]이다.

그러므로 중생이 보디의 마음을 일으켜 나의 나 없음[無我]에 돌아가면, 나는 나의 번뇌의 뜻과 탐욕의 몸 업에 묶인 존재의 이름을 버리고 삼세 붇다의 진여(眞如)에 돌아감이 된다. 그러나 나 없되 나 없음도 없음을 알아, 나 없는 나로 이 세간의 땅에 되돌아오면, 나는 업에 묶인 존재의 모습과 이름을 버리고 보디의 땅에서 새로운 몸 새로운 마음 새로운 이름을 받아 이 세간에 돌아오게 되는 것이다.

그렇다면 저 사카무니 붇다가 보디의 마음을 내 출가하고 고행할 때가 바로 과거의 붇다 앞에서 앞으로 붇다 될 것을 스스로 다짐함이고, 과거의 붇다가 그 다짐을 증명해 붇다 될 것을 언약해줌이다.

보디 나무 아래 위없는 깨달음을 이룬 그때가 바로 과거의 다짐과 언약을 온전히 이루는 때이니, 과거 붇다의 언약을 어찌 허망하다 할 것인가.

우리도 지금 한 생각을 돌이켜 생각의 생각 없음[無念]에 돌아가면 저 사카무니 붇다로부터 보디의 언약을 받고 우리 스스로 그 언약을 이룰 것이다.

보디 나무 아래서의 붇다의 깨달음은 십이연기가 공하되 공도 공한 법계의 실상이니, 여래의 보디는 삼세의 시간을 떠나되 삼세의 시간을 버리지 않으며, 세간의 인연을 떠나되 인연을 버리지 않는다.

그러므로 여래의 깨달음은 사마디의 자리에서 일어나 다시 중생과 역사에 법 설함의 언어적 실천으로 회향되는 깨달음이다.

이것이 화엄 바이로차나(Vairocana)의 법계처, 말없는 해인삼매(海印三昧)의 처소에서 사슴동산으로 걸어가신 여래의 발걸음이다.

사마디의 자리에서 일어나 옛 스승들의 죽음을 살피고 두 상인에게 법을 설한 뒤 '브라마나 우파카'에게 여래의 성도를 알리고서 사슴동산에 나아가사, 고행을 지지하던 다섯 수행자들에게 붇다는 고행과 쾌락이 삶의 두 극단임을 가르친다.

쾌락의 삶이 몸과 모습에 대한 범부의 탐착의 삶이라면, 고행은 몸과 물질세계를 버리고 정신의 신비를 찾는 길이다. 여래의 중도는 물질에 대한 탐착과 몸과 물질에 대한 극단의 부정적 삶의 태도를 모두 부정한다.

중도의 눈으로 보면 고행 자체도 몸과 물질에 대한 집착의 또 다른 측면인 것이니, 물질에 집착하고 물질에 탐욕함이 쾌락을 낳고 다시 고행을 낳는다.

왜 그런가. 물질을 탐욕함은 물질이 실로 있다는 견해에 바탕하고, 물질을 버리고 물질을 미워함도 물질이 실로 있다는 견해에 바탕하기 때문이다. 물질이 실로 있다는 생각을 떠나면, 실로 있지 않기 때문에 그 물질에 탐욕할 것이 없고, 물질을 미워하거나 버릴 것이 없다.

탐욕의 대상인 몸과 물질이 허깨비의 변화 같은 줄 알면 그 몸과 물질을 버리거나 무너뜨릴 것이 없으니, 몸과 물질을 버리고 정신의 신비를 찾는 고행 또한 부질없는 것이다.

저 세간법의 있음이 실로 있지 않으므로 취할 것이 없고, 저 세간법의 있음이 있음 아닌 있음이므로 버릴 것이 없으니, 취하고 버림 없는 삶이 중도의 삶이고 니르바나의 삶이고 해탈의 길이다.

사제의 법바퀴를 굴리어 다섯 수행자를 건네주시는 여래의 모습이 『화엄경』(「입법계품」入法界品)에서는 다음과 같이 기술된다.

여래는 위없는 도에 머무시어
열 가지 힘 네 두려움 없음 성취하시고
지혜 갖추심 걸림이 없으시사
열두 가지 행의 법바퀴 굴리시네.

如來住於無上道 成就十力四無畏
具足智慧無所礙 轉於十二行法輪

여래는 넓고 크신 음성 널리 연설하사
근기와 하고자 함 따라 다 알게 하여
마음을 내 미혹의 때 없애게 하나
붇다께선 마음의 생각 내심이 없네.

如來普演廣大音 隨其根欲皆令解
悉使發心除惑垢 而佛未始生心念

잘 왔도다, 비구들이여

이에 세존께서 널리 법을 말씀하시고자 분별해 풀이해줌을 그만
두지 않으시자, 다섯 사람은 곧 뜻이 풀리어 깨닫고 제자되기를 원하
였다.

붇다께서는 말씀하셨다.

"잘 왔도다, 비구들이여."

그러자 모두가 사문이 되었다.

다섯 수행자를 비구가 되게 하고 사제의 법을 설하시어
남이 없는 니르바나의 법을 열어줌

붇다께서는 비구들에게 말씀하셨다.

"행함에 두 가지 일이 있어 치우친 끝[邊際]에 떨어지게 된다.

첫째는 생각이 물질에 대한 탐욕에 있음이니 청정한 뜻이 없다.

둘째는 애욕을 늘리고 탐욕에 집착함이니 뜻과 행을 맑게 할 수
없다.

이 두 가지 일로 도로 치우친 행에 떨어져, 태어나도 붇다를 만나
지 못하고 참된 도를 어기고 멀리하게 된다.

만약 탐욕을 잘 끊고 정진하여 밝음을 닦으면 니르바나를 얻을 수
있다.

무엇을 니르바나라 하는가. 먼저 네 가지 진리[四諦]를 알아야 한

다. 무엇이 네 가지 진리인가.

첫째 괴로움[苦]이요, 둘째 괴로움을 모아냄[習]이요, 셋째 괴로움의 사라짐[盡]이요, 넷째 괴로움 없애는 길에 들어감[入道]이다.

이와 같으니 비구들이여, 다음에는 깨달음의 지혜를 지니어 한마음으로 선정을 생각하면, 진리의 공덕을 받아 법의 눈[法眼]이 깨끗하여지고, 저 네 가지 진리를 알면 차츰 도의 자취에 들어간다.

무엇을 괴로움이라 하는가. 남의 괴로움[生苦]·늙음의 괴로움[老苦]·병듦의 괴로움[病苦]·죽음의 괴로움[死苦]·근심하고 슬퍼하고 시달리는 괴로움[憂悲惱苦]·사랑하는 이와 헤어지는 괴로움[恩愛別苦]·원수와 미운 이를 만나는 괴로움[怨憎會苦]·구해서 얻지 못하는 괴로움[所求失苦]과 다섯 쌓임이 치성한 괴로움[五陰盛苦]이다.

무엇을 괴로움을 익혀 모아냄이라 하는가. 애착한 것을 익히고 애착하지 않는 것 또한 익힘이다.

무엇을 괴로움의 사라짐이라 하는가. 지니고 있는 애착에 사라짐[滅]이 있음을 깨달아 알아서, 사랑하거나 생각하지 않고 깨달아 모두다함이다.

무엇을 괴로움 없애는 길에 들어감이라 하는가.

여덟 가지 바름이 참된 길이 되는 것이니, 첫째 바른 견해[正見], 둘째 바른 말[正語], 셋째 바른 생각[正念], 넷째 바른 생활[正命], 다섯째 바른 선정[正定], 여섯째 바른 뜻[正思惟], 일곱째 바른 행위[正業], 여덟째 바른 정진[正精進]이다.

이것이 괴로움과 괴로움을 익히어 모아냄이고 괴로움을 다함과 도에 들어감이다.

참된 법[眞諦]은 남이 없음[無生]이다.

남이 없으면 늙음이 없고, 늙음이 없으면 병도 없고, 병이 없으면 죽음이 없고, 죽음이 없으면 괴로움이 없고, 괴로움이 없으면 위없는 상서로움으로 니르바나로 향한다."

이때에 여래께서 게송으로 말씀하셨다.

　　지극한 도는 가고 옴이 없고
　　그윽히 미묘함 맑고 참되어
　　죽지도 않고 또 나지도 않으니
　　이곳이 바로 니르바나이네.

　　이 법은 고요하여 위가 없어서
　　옛을 다하고 새 있음 짓지 않네.
　　비록 하늘에 좋은 곳이 있더라도
　　모두 니르바나와 같지 않도다.

이 법을 말씀하여 마치자 카운디냐 등 다섯 사람은 법의 눈[法眼]을 얻었다.

붇다께서는 카운디냐에게 말씀하셨다.

"알았느냐?"

카운디냐는 자리에서 물러나며 대답하였다.

"아직 깨닫지 못하였습니다. 세존이시여."

법의 눈을 열었지만 아직 과거 인연의 일에
미혹한 카운디냐에게 옛 본사(本事)를 말해 다시 깨우침

또 카운디냐에게 말씀하셨다.

"지난 세상 오래고 먼 때에 '악을 내는 이'라는 왕[惡生王]이 있었다. 여러 기녀들을 데리고 산에 들어가 재미있게 노닐면서, 왕은 권속들을 산 아래 머물러 있게 하고 기녀들만 따르도록 하여 걸어서 산 꼭대기까지 갔다.

왕은 매우 지쳐 누워서 잠들었다.

여러 기녀들은 왕을 떠나서 꽃을 따다가, 한 수행자가 나무 아래 단정히 앉아 있음을 보고 마음으로 기뻐하면서 모두 나아가 절하였다. 그 수행자는 좋은 원으로 축복하고는 말했다.

'여러 누이들은 어디서 왔소?'

그리고 자리에 앉게 하고 그들을 위하여 경전의 법을 말하고 있었다.

왕은 깨어서 기녀들을 찾다가 저기 그 수행자의 앞에 앉아 있음을 보고서, 왕은 성품에 시새움으로 해치려는 뜻이 생기고 나쁜 마음이 일어나 곧 그 수행자에게 물었다.

'무엇 때문에 남의 기녀들을 꾀어다가 앉혔소. 그대는 무엇 하는 사람이오?'

그 수행자는 왕의 뜻이 반드시 사납게 해칠 것을 미리 알고 대답했다.

'바로 욕됨을 참는 사람입니다.'

왕은 차고 있던 칼을 빼서 그의 양쪽 팔을 베어 버리면서 물었다.

'무엇하는 사람이오?'

그 수행자가 대답했다.

'참으로 욕됨을 참는 사람입니다.'

또 그의 귀와 코를 끊어 버렸으나 마음이 굳건하여 움직이지 않고 오히려 '욕됨을 참는 사람입니다'라고 말하므로, 왕은 수행자의 얼굴빛이 바뀌지 않음을 보고 곧 앞에 가서 허물을 뉘우치자 그 수행자는 왕에게 말하였다.

'그대는 이제 여인의 아름다운 모습 때문에 칼로써 나의 몸을 끊었지만, 나의 참음은 땅과 같았으니, 반드시 평등하고 바른 깨달음을 얻어서 온갖 것 아는 큰 지혜로써 그대의 나고 죽음을 끊어주겠소.'

왕은 죄가 깊어서 반드시 무거운 재앙을 얻게 될 것을 생각하여, 땅에 머리를 찧으면서 가엾이 여겨 용서해주길 바랐다.

수행자가 왕에게 말했다.

'내가 참으로 욕됨을 참는 이라면, 피는 젖[乳]이 될 것이며 끊어졌던 데가 평소대로 회복되리라.'

조금 전에 말한 대로 젖이 나오면서 몸이 회복되므로 왕은 참는 행의 증거를 보고 반드시 온전히 건져주길 바라며 간절한 뜻으로 말했다.

'만약 참된 도가 이루어지시면 먼저 저를 건네주시기 바랍니다.'

수행자가 '그렇게 하겠습니다'라고 대답하자, 왕은 마음이 풀리고 미혹이 그치어 하직하고 궁으로 돌아갔다."

붇다께서는 카운디냐에게 말씀하셨다.

"그때 욕됨을 참는 수행자는 바로 지금의 나의 몸이요, 악을 내는 왕은 바로 카운디냐 너이다. 알겠느냐, 카운디냐여."

카운디냐는 자리에서 물러나며 붇다께 말씀드렸다.

"깊이 풀렸습니다, 세존이시여."

카운디냐 등이 아라한을 이루고 여러 하늘들도 기쁘게 받아 행함

이 법을 말씀하실 때, 카운디냐 등 다섯 사람은 번뇌의 흐름이 다하고 뜻이 풀려 모두 아라한(Arhat)이 되었다. 나아가 위의 여러 하늘신들 팔만이 법의 눈[法眼]을 얻었으며, 삼천세계가 크게 떨려 움직였다.

이것이 여래께서 처음 바라나시 국에서 위없는 법의 바퀴로 아직 구르지 않은 것을 굴리어 크게 온갖 중생 건네준 것이니, 온갖 중생이 즐거이 받아 행하지 않음이 없었다.

• 중본기경 1 전법륜품 후반부

• 해설 •

이미 보디에 마음 낸 자리[發心處]가 집을 나온 자리이고, 생각이 생각 없음에 돌아가는 자리가 붇다의 진리의 집에 들어간 자리이며, 생각이 생각 없되 생각 아님도 아님으로 되돌아 나온 자리가 붇다의 법의 아들로 다시 태어난 곳이다.

그곳에 무슨 번거로운 절차와 의례가 필요할 것인가.

스승이 '잘 왔다'고 한 마디 하는 곳에서 '비구'가 되고 출가의 계가 이루어졌다. 저 대상을 미워하거나 사랑함이, 실은 대상이 대상으로 있기 때문이다. 몸과 세계가 인연이라 곧 공한 줄 알면, 몸에 탐착함과 몸을 괴롭히는 두 극단을 떠나 중도의 바른 행이 현전할 것이다.

진제(眞諦)의 길은 있음이 있음 아님을 바로 깨닫는 길이다. 그 길은 남[生]이 남이 아니므로 죽음에 죽음이 없는 길이니, 그 뜻을 여래는 참된 법[眞諦]은 남이 없음[無生]이라 가르친다.

비록 가르침을 듣고 법의 눈[法眼]을 열었지만 카운디냐가 아직 의심의 그림자가 다하지 못해 문밖에 서성거리니, 여래는 옛날 함께 맺은 약속의 일[本事]을 보여 바로 진리의 문 안에 이끌어 들인다.

그러나 과거에 맺은 진리의 약속을 아득히 먼 곳에서 구하지 말아야 하니, 어제 맺은 약속이 오늘의 본사(本事)가 되고, 오늘 우리가 일으키는 보디에 향해 가려는 다짐과 약속이 미래의 본사(本事)가 된다.

한번 깊이 심은 진리의 씨앗이 어찌 허망하게 사라질 것인가. 안의 보디의 씨앗[因]과 선지식의 가르침의 조건[緣]이 함께 하면 홀연히 싹이 트고 잎이 피고 열매[果] 맺는 것이다.

옛 조사[弘忍禪師]는 이 뜻을 이렇게 노래한다.

뜻이 있는 이가 와 씨앗 뿌리면
땅을 인해 열매가 다시 난다.
뜻이 없으면 이미 씨앗이 없으니
성품도 없고 또한 남도 없도다.

有情來下種　因地果還生
無情旣無種　無性亦無生

여래장의 땅에 담긴 씨앗이 법의 조건을 만나면 싹이 터서 꽃이 피고 보디의 열매가 맺지만, 깨치고 나면 씨앗도 공하고 땅도 공해 닦음도 없고 얻음도 없어서 성품도 없고 남도 없다[無生]고 했는가.

끝내 이 뜻은 무엇인가.

5 야사스와 그 벗들, 카샤파 삼형제를 제도하고 산자야 교단을 흡수, 상가의 기본 축을 꾸리다

• 이끄는 글 •

여래가 보이신 법은 존재의 진실 자체라, 법계의 온갖 법[一切法]에 온전히 현전해 있으므로 그 언어적 가르침[言敎] 또한 누구나 와서 듣고 받아 지닐 수 있다.

그러므로 경전에는 사람만이 그 법을 듣는 것이 아니라 하늘신·용·야크샤·간다르바·마후라가·사람 아닌 것들이 다 와서 법을 듣고 받아 기뻐했다고 한다.

또한 여래의 법은 온갖 존재의 실체와 모습을 떠나되 온갖 모습을 거두므로, 경은 그 뜻을 '여래가 법을 설할 때 뜻이 있는 삶의 무리[有情]뿐 아니라 큰 땅이 흔들려 움직이고 나무도 가지를 드리워 공경하고 바람도 꽃을 떨어뜨려 공양했다'고 표현하고 있다. 이처럼 여래의 설법은 때와 곳의 닫힌 틀을 넘어선다.

그러나 구체적 역사 현장 속에서 여래의 설법에 함께 모인 출가한 성문제자 대중으로 가장 큰 수는 경전에 '천이백오십 명의 큰 비구 대중'으로 나타난다.

이 수는 당시 인구로 보면 작은 도시의 인구일 수도 있다. 스스로 밥을 빌어 생활하고 맨발로 걸어다니며 사람들을 가르쳤던 한 진리의 교사의 강설에, 가사 걸친 출가제자만 천이백오십 사람이 함께했다고 생각해보자. 그 얼마나 장엄한 광경일 것인가.

그렇다면 그 천이백오십 명이나 되는 제자 대중이 상가 구성원으로 갖춰진 때는 언제일까.

'해와 철, 날과 때'를 아주 정확히 기록하는 중국인들과 달리, 모든 때를 한때[一時]라고 말하는 불교경전의 기술 방법상 천이백오십 대중이 갖춰진 시점을 확실히 산정할 수는 없다.

붇다는 성도 후 얼마쯤의 침묵과 홀로만의 사마디(samādhi)에 머무신 뒤 카시의 사슴동산에 가시어 다섯 수행자를 비구로 받아들이고 그들을 아라한으로 성취시킨 뒤 각기 길을 떠나 전법하도록 당부한다.

두 사람이 한길로 같이 감이 없이 전법의 길을 떠나게 하신 뒤, 여래 스스로도 우루빌라 숲으로 전법의 길을 떠나신다.

다섯 제자를 전법의 길에 내보낸 뒤 여래는 홀몸으로 곧장 당시 불을 섬기던 브라마나의 가장 높은 스승 우루빌라 카샤파의 대중이 모인 곳에 가시어 독룡이 사는 굴에 며칠 밤을 주무시며 카샤파 삼형제를 교화하신다.

그 뒤 카샤파 삼형제를 따르던 천 명의 비구제자를 거느리고 가야산 위에서 그 유명한 '불의 설법'을 펴신 뒤, 마가다 국 빔비사라 왕을 만나고 빔비사라 왕이 여래의 교화를 받아 대숲정사[竹林精舍]를 지어 바친다.

대숲정사가 완성되어 인도의 가장 강성한 나라 마가다 국의 수도에 전법의 근거지를 만든 뒤, 대숲정사로 세존을 찾아 돌아온 초기 전법 제자들에 의해 산자야 교단의 '사리푸트라'와 '목갈라야나'가 붇다께 귀의하고 산자야 교단이 붇다의 상가에 통합된다.

그렇다면 그 시점은 붇다 성도 후 이 년 삼 년이 되지 않은 아주 가까운 시점이었을 것이다.

붇다는 다섯 비구로 출가상가의 단초를 만드신 뒤 얼마 안 돼 같이 놀던 여인들을 찾아 헤매던 야사스와 그 벗들 오십사 명을 출가시키신다.

그 뒤 바로 브라마나 교단의 가장 큰 장로였던 우루빌라 카샤파와 두 형제, 그들을 따르던 천 명의 대중을 한꺼번에 출가상가에 받아들이고, 당대 사문집단의 한 유력한 세력이었던 산자야 교단을 흡수하니, 이것은 당시 인도사회에 엄청난 충격을 안겨주는 일대 사건이 아닐 수 없다.

붇다는 사문의 한 사람으로서 사문의 일반적 사고대로 브라흐만(Brahman)의 신성과 베다(Veda)의 거룩한 말씀[聖語, vāc]으로서의 권위를 인정하지 않는다. 이런 붇다와는 정반대의 입장을 가지고 불로 브라흐만을 섬기던 우루빌라 카샤파와 그 제자 집단 천 명이 붇다와 상가에 귀의한 일이야말로 인도 천하를 놀라게 한 큰 사건임과 아울러 세계 사상사에 유례를 찾아볼 수 없는 거대한 사변이라 할 수 있다.

철학은 철학으로 독립되어 있지 않다. 철학은 그것을 말하는 이들의 사회적·정치적 입장과 함께하고 물질적 기반과 함께한다.

그런데도 저 천 명이 넘는 브라마나 철학집단이 기성의 사회정치적 기득권을 일시에 포기하고 붇다께 집단으로 귀의한 일이야말로 붇다의 교설과 상가가 짧은 기간에 인도사회 전체에 널리 지지되고 불교가 세계종교로 펼쳐나갈 기반을 이루는 데 한 받침돌이 되었다고 할 수 있다.

카샤파 삼형제와 그 교단의 귀의가 인도사회에 알려짐으로써 빔비사라 왕과 그 대신들의 귀의가 이어지고, 그 소문이 널리 퍼짐으로써 산자야 교단의 통합도 쉽게 이루어졌으리라 생각된다.

불을 뿜는 독룡(毒龍)을 '불꽃 사마디'로 누르고 불로 하늘에 제사 지내던 브라마나들을 '불의 비유'로 교화하시며, 신통으로 인도사회에 군림하고 있던 카샤파 브라마나를 신통으로 눌러 제자를 삼으니, 붇다의 위덕과 자재와 자비의 힘을 무엇으로 비유해 말할 수 있을까.

입을 열어 몇 마디 말을 해보려 함이여, 바이샬리에서 입을 닫은 마하사트바 비말라키르티께 큰 부끄러움이 되리라. 옛 선사의 다음 말을 듣지 못했는가.

피가 흐르도록 울어도 쓸 데 없으니
입 다물고 남은 봄을 지냄만 못하리라.

啼得血流無用處 不如緘口過殘春

젊은이여, 잘 와서 깨달았구나

이때에 바라나시 성 가운데 아구리(阿具利)라는 장자에게 한 아들이 있었다. 이름은 야사스였으며, 나이는 스물네 살이었다.

야사스는 태어날 적에 기묘하여 유리신을 발에 신고 태어났으므로 부모가 귀하게 여겨 '보배로운 이'[寶稱]라고 이름을 지었다.

따로 집을 지어 주었으므로 추위와 더위에 처소를 바꾸며 기녀와 재미있게 즐기고 밤낮으로 그치지 않았다.

야사스가 갑자기 탐욕의 세계에 덧없음을 느껴
세존을 찾아 법을 듣고 사문이 됨

야사스는 한밤중에 갑자기 깨어서 여러 기녀들을 보았는데, 모두 죽어 있는 모습과 같아서 피고름이 넘쳐흐르고 네 활개마디가 끊어져 무너졌으며 집 안의 뭇 도구들은 모두 무덤과 같았다.

놀라 문으로 달려가자 문이 저절로 열리며 하늘과 땅이 크게 어두운데 조그마한 빛이 보여 동쪽 성문으로 나아가자 문 또 저절로 열리면서 밝은 빛이 사슴동산을 비추고 있었다.

그 빛을 찾아 붇다에게 나아가 상호를 쳐다보니 높고 우뚝하고 환히 밝아, 두려움이 쉬고 헤매임이 풀리어 소리 높여 찬탄하였다.

"오랫동안 은혜와 사랑의 감옥에 있으면서, 마음[名]과 물질[色]의 형틀에 묶였습니다. 이제야 붇다께 달려 나왔는데 어찌 해탈할 수 있겠습니까?"

붇다께서는 말씀하셨다.

"젊은이여, 잘 와서 깨달았구나. 이곳은 근심이 없어 뭇 지어감[衆行]이 마쳐 다했다."

야사스가 앞에 나가 발아래 절하고 물러나 한쪽에 서자, 붇다께서 그를 위하여 법을 말씀하시니 '때 없는 법의 눈'[無垢法眼]을 얻었다.

자리에서 물러나 붇다께 말씀드렸다.

"제자가 되길 바랍니다."

붇다께서는 말씀하셨다.

"잘 왔구나, 비구여."

곧 사문이 되었다.

야사스를 찾아 발자취를 따라갔던 장자가
세존을 뵙고 애착의 마음을 쉼

다음 날 아침에 뭇 여인들은 야사스가 보이지 않으므로 놀라 두루 찾으면서 탄식하며 울었다. 주인이 놀라서 이상하게 여겨 그 진상을 물었다.

"야사스께서 지금 어디 있는 줄을 모르겠습니다."

장자는 두렵고 가슴이 두근거려 곧 사람을 말에 태워 보내 사방에 나아가 찾게 하고, 아버지는 아들의 수레를 타고 서둘러 나가서 찾았다.

길이 한 물[一水]을 지났는데, 그 물은 '바라나'였다.

물을 건너서 아들의 보배 신이 언덕 가에 벗어져 놓여 있음을 보고, 곧 발자국을 찾아서 사슴동산에 곧장 나아가게 되었다.

붇다께서는 방편을 써서 그 아버지와 아들이 서로 보이지 않게 하였다. 그러므로 장자는 붇다의 높은 몸가짐과 상호를 뵙고 기쁨과 두려움이 엇갈려서 인사드리는 것도 잊어버리고 붇다께 여쭈었다.

"저의 아들 야사스의 발자국이 여기까지 나 있는데 고타마께서는 보셨습니까?"

붇다께서는 장자에게 말씀하셨다.

"그대의 아들이 여기에 있다면 어찌 보이지 않음을 걱정하는가?"

그러고는 붇다께서는 그를 위하여 법을 말씀하셨다.

"나고 죽음은 어리석음 때문이다. 은혜와 사랑에는 헤어짐이 있는 것이니, 한량없는 악을 깨뜨려 버리면 스로타판나(srotāpanna)에 들어가게 된다."

야사스는 마음의 얽매임이 풀리어 곧 아라한이 되었고, 아버지와 아들이 서로 보았지만 은혜와 사랑이 엷어졌으므로 장자는 기뻐하면서 물러나 앉아 붇다께 말씀드렸다.

"오늘 마음이 기쁘오니 뜻에 두 가지의 기쁨이 있습니다.

첫째는 붇다를 뵙고 얽매인 마음이 풀리어 기쁘고, 둘째는 사랑을 여의어서 시원하고 기쁩니다."

야사스의 친한 벗 넷이 야사스를 따라 세존께 귀의하여 출가함

이때에 야사스의 친한 벗 네 사람은 첫째의 이름은 푸루[富褥]요, 둘째의 이름은 위마라[惟摩羅]요, 셋째의 이름은 지얀발[憍炎鉢]이며, 넷째의 이름은 수타(須陀)인데, 야사스가 이미 사문이 되었음을 듣고 놀라고 기뻐 털이 곤두서서 이렇게 말하였다.

"그 사람은 덕이 높고 밝은 지혜가 온 나라에 떨쳤었다. 우리들도 함께 귀의하여 이제 사문이 되자. 그분의 도는 반드시 참되므로 그 사람으로 하여금 갑자기 영화와 이익을 버리게 하였으리라.

함께 나가 붇다를 뵙고 아울러 야사스를 살펴보자."

곧 함께 가서 붇다의 환한 모습을 보자 본원의 행[本願行]으로 말미암아 마음이 기쁘고 바로 얽힘이 풀려 땅에 엎드려 절하고 나아가 세존에게 말씀드렸다.

"진리의 교화를 굶주리듯 목말라 바라옵니다. 마음을 비운 지가 오래되었습니다. 못났다 마시고 제자로 삼아주시길 바랍니다."

붇다께서는 말씀하셨다.

"잘 왔구나, 비구들이여."

그리하여 모두가 사문이 되었으며, 그들을 위하여 마음의 본 뜻[本旨]을 말씀하시자 뜻이 풀리어 깨끗해지고 뜻을 듣고 마음이 환해져서 곧 아라한이 되었다.

다른 고을의 쉰 명 젊은이들이 야사스 등의 소식을 듣고 따라 출가하여 아라한을 이룸

이때 바라나시 곁의 투우[荼]라는 고을에 쉰 명의 사람들이 있어서 그 나라에 나아갔다가, 야사스와 푸루 등이 모두 사문이 되었다 함을 듣고 또 저마다 생각하였다.

'여러 장자의 아들들은 교만하게 제멋대로 즐기고 재주가 세상에 높았다. 그런데도 모두가 그분의 도의 가르침에 감화되었으니, 고타마야말로 반드시 신묘하여 귀족들이 다시는 세속 영화를 돌아보지 않게 하는구나.'

각기 생각을 내어 붇다에게 나아가고 싶었으므로 곧 같이 나가서 사슴동산에 이르렀는데, 본래의 서원[本願]으로 벗어나 건널 수 있게 되어, 붇다를 뵙자마자 문득 뜻이 풀리어 제자 되기를 원하였다.

붇다께서는 말씀하셨다.

"잘 왔구나, 비구들이여."

그리하여 모두 사문이 되었는데, 본래의 뜻을 따라 빨리 법의 요점[法要]을 이루어서 때[垢]가 없어지고 묶임이 풀리며 모두 아라한이 되었다.

춤추던 여인을 좇던 무리들이 여인을 찾다
사문이 되어 아라한을 이룸

이때에 사슴동산 가운데 큰 무리들의 모임이 있어 마시고 먹고 노래하고 춤을 추었다. 이때에 단정하고 비범한 한 여자가 모임 가운데서 춤을 추자 무리들이 모두 기뻐하는 뜻이 매우 한량없었는데, 여인이 춤이 끝나기도 전에 갑자기 사라졌다.

무리들은 슬퍼하고 낙망하였다. 다시 저기 백 걸음쯤에서 모습을 나타내므로 무리들이 달려 나가자 여인은 이끌어 붇다에게 나아가서는 갑자기 숨어버리니, 여러 사람들은 붇다께 여쭈었다.

"조금 전 한 여인이 같이 춤을 추다가 여기에 왔습니다. 고타마께서는 보셨습니까?"

붇다께서는 여러 사람들에게 말씀하셨다.

"스스로 몸을 살펴라[觀身]. 남을 찾아서 무엇 하려느냐?

이성에 대한 탐욕[色欲]은 덧없고 만나면 헤어짐이 있다.

물거품과 같은 것을 어리석은 이들은 그리워하고 집착하는데, 재앙이 여기서 생긴다. 몸이 괴로움의 그릇이니 중생이 다 그러하다."

그러자 대중들은 마음이 해탈하여 사문이 되기를 원하였으므로, 붇다께서는 모두에게 계율을 주시고 바른 진리를 말씀으로 보여주니 모두가 아라한이 되었다.

널리 세간에 나가 법을 설해 중생 건네주기를 당부하심

붇다께서는 비구들에게 말씀하였다.

"너희들은 각기 가서 널리 중생을 건네주라. 스스로 본 법을 따라 건네줄 다리[橋梁]를 보여 이끌어, 널리 법의 눈[法眼]을 베풀어서 삼보를 드날리며, 애욕을 뽑고 존재[有]의 집착을 없애며 니르바나에 들게 하라.

나는 지금 홀로 가서 우루빌라 마을로 나아가리라."

여러 비구들은 가르침을 받고 땅에 엎드려 발아래 절하고 붇다를 세 번 두루고 이에 따로따로 떠나갔다.

• 중본기경 2 현변품(現變品)

• 해설 •

야사스와 그 벗들의 출가에 관한 이 경은 두 개의 이야기가 결합되어 있다. 앞의 이야기는 붇다의 출가 이야기와 비슷하게, 같이 놀고 지내던 여인들의 잠든 모습의 추한 꼴을 보고 집을 나와 붇다를 만나 귀의했다는 내용으로 되어 있다. 뒤의 내용은 여인을 데리고 노래하고 춤추던 젊은이들이 달아난 여인을 찾아 돌아다니다 붇다를 만났다는 이야기이다.

다른 어떤 경에도 우루빌라 카샤파 천 명 대중의 귀의 전에, 서로 다른 두 무리의 젊은이들이 출가했다는 기록은 없다. 아마도 달아난 여인을 찾다 세존으로부터 여인을 찾지 말고 '스스로 몸을 살피라'는 한 마디에 출가한 젊은이들의 이야기가, 초기 출가 아라한에 대한 존중심으로 뒤에 가서 앞의 이야기로 미화된 것이 아닌가 한다.

야사스가 출가하고 나서 그를 찾아온 부모가 귀의하고 친한 벗 네 명이 출가하였다. 다시 야사스와 그 벗들의 출가 소문을 들은 가까운 마을 쉰 명의 젊은이가 출가하여 붇다의 상가는 예순 명의 성문제자(聲聞弟子)가 모인 상당히 큰 집단이 되었고, 우파사카와 우파시카의 재가신도가 갖춰진 상가가 되었다.

야사스와 그 벗들의 출가 이후 붇다는 본격적으로 세간을 향한 전법의 큰 결심을 하신 것 같다.

제자들에게 세간에 나가 세간을 위해 법의 '다리'[橋]를 보여주고 법의 눈[法眼]을 베풀도록 당부하고, 존재의 집착을 없애 미혹의 강물에 빠져 있는 세간 중생을 니르바나의 저 언덕에 이끌게 하신다.

그리고 붇다 스스로도 아무런 따르는 이 없이, 홀로 저 천 명의 브라마나들이 불로 하늘에 제사 지내며 수행하고 있던 우루빌라의 마을로 가신다.

불을 섬기던 카샤파 삼형제를 제도하다

여러 제자들을 전법의 길에 떠나보내신 뒤 여래께서는 도로 마가다 국의 구역에 나아가서 우루빌라 마을에 이르셨는데, 날이 저물어 브라마나 사나의 동산에서 주무셨다.

다음 날 아침에 발우를 가지고 사나의 집 문[斯奈門]에 나아가셨다. 붇다께서 금빛을 나타내어 그 집 위를 비추자 브라마나의 맏딸인 '난타'와 둘째 딸인 '난타바라'는 밝은 빛을 보고 기뻐하며 곧 붇다에게 나아가 절하고 붇다를 청하였다.

여래께서는 집에 오르시어 두 딸을 가르쳐서 삼보에 귀명하게 하고 오계(五戒)를 주신 뒤에 말씀하셨다.

"몸은 자기의 소유가 아니며, 만 가지 것은 다 공함으로 돌아간다."

그러자 두 여인은 마음이 해탈하여 이어 받들어 행하였다.

브라마나의 두 딸을 교화하시고
불을 섬기는 카샤파 삼형제 건네주길 생각하심

세존께서 생각하셨다.

'내가 본래 배움을 일으킨 것은 중생들을 건네주려 함이다. 그리하여 욕계 마라(māra)의 왕마저 진리의 교화에 귀의해 엎드렸다.

가까운 나이란자나 강 물가에 카샤파라는 브라마나가 있는데 이름은 우루빌라이다. 나이가 백이십 세에 이름이 높아 멀리 들리며,

세상 사람들이 받들어 우러르는데, 불을 섬기어 제사 지내되 밤낮을 게으르지 않으며 배움을 좋아하는 제자 오백 명을 두었다.

카샤파의 두 아우는 그 형을 스승으로 섬기면서[宗師] 도를 얻었다 말하고 저마다 제자를 두고 모두 물 아래쪽에 살고 있다.'

그 무렵 카샤파는 이렇게 생각하고 있었다.

'나의 이름은 날로 높아서 나라 안이 다 마음 기울여 우러른다. 그러나 도술이 얕으면 쉽게 다하고 다하면 이름이 무너진다. 반드시 좋은 계책을 세워서 온 나라가 크게 우러러 바라보게 하리라.'

곧 가서 용을 구하여 술법으로 다스려서 조용한 방을 짓고 용을 기르면서 말하였다.

"만약 가벼이 조용한 방에 마구 뛰어 들어가는 이가 있으면, 불을 뱉고 독을 내어서 들어온 이를 없애 버리라."

용은 철마다 열리는 모임에 이르러서 불을 놓지 않음이 없었으므로 멀리서나 가까이서 모두 말했다.

"큰 스승의 도야말로 신령스럽다."

카샤파는 이로 말미암아 공과 이름이 날로 높아졌다.

세존께서 생각하셨다.

'내가 옛날 집을 나올 때 길에서 빔비사라 왕을 만났는데 왕이 이렇게 말했다.

〈도를 이루시면 먼저 나를 건네 벗어나게 해주시길 바랍니다.〉

나는 온갖 중생을 위하므로 〈곧 그렇게 하겠습니다〉라고 하였다. 이제 사람들의 마음을 살펴보니 널리 카샤파에게 쏠려 있어서 갑자기 돌이킬 수 없다. 마치 열매는 좋은데 나무가 높아서 따먹을 수가 없으면 오직 나무 뿌리를 베고 가지를 쓰러뜨려야 먹고 싶은 대로 열매를 딸 수 있는 것과 같다.

　모든 사람이 꺼리는 바는 다 용에게 있으니, 나는 먼저 용을 항복 받으리라. 카샤파가 와서 따르면 비로소 큰 도의 교화하는 바가 끝이 없을 것이다.'

　여래께서 말씀했다.

　"해가 세상을 비추는 데에 그 덕이 셋이 있다.

　첫째, 햇빛이 빛나서 어두움을 없애면 또렷이 밝지 않음이 없다.

　둘째, 다섯 가지 빛깔 뒤섞인 것들이 그 모습을 널리 나타낸다.

　셋째, 싹을 트게 하여 만물이 피어나게 된다.

　여래가 세상에 나오면 또한 세 가지 덕이 있다.

　첫째, 온갖 큰 지혜[大智]로써 어리석음의 어두움을 비추어 없앤다.

　둘째, 다섯 길[五道]로 나누어 말과 행을 나타내 따라 들어간다.

　셋째, 방편의 지혜[權慧]로써 건져서 이롭게 하여 편안토록 한다."

카샤파를 찾아가 독한 용의 방에서 하룻밤 쉬길 청하심

　세존께서는 생각하여 마치시고, 곧 사나의 동산에서 걸어서 저녁 때에야 카샤파에게 가셨다. 아직 거기에 이르기 전에 문득 금빛을 나무와 흙과 돌들에게 나타내니 그 빛깔은 마치 금과 같았다.

　카샤파의 제자가 병을 가지고 물을 뜨다가 변화를 보고 마음이 움직여서, 기이하게 여겨 돌아보고 멀리서 세존을 보았는데 온 세상을 밝게 빛나게 했다.

　어떤 미묘한 것인 줄도 모르고 달려와서 스승에게 아뢰어 스승과 제자들은 모두 나왔다. 세존의 위신력과 밝은 몸가짐이 눈부시게 환하여, 카샤파는 가슴이 두근거리며 아득하여 이렇게 생각했다.

'해일까, 내 눈에 보이는 것이 하늘사람인가.'

그 눈을 다시 껌벅이다가 뒤에 생각이 나서 알아차리고 말했다.

"이분은 슛도다나 왕의 아들 싯달타가 아닐까. 우리의 예언서에도 '슛도다나 왕의 아들은 복이 전륜왕에 맞지만 영화스런 지위를 좋아하지 않고 붇다가 되리라' 하였다. 옛날 그가 집 나옴을 들었는데 그가 도를 이룬 것인가."

여래께서 갑자기 이르자 카샤파는 크게 기뻐하면서 말했다.

"잘 오셨습니다. 고타마시여, 지내시기는 늘 편안하십니까?"

붇다께서는 카샤파를 위하여 게송으로 말씀하셨다.

계율을 지니면 끝내 늙도록 편안하고

믿음이 바르면 머무는 곳 좋으며

지혜는 몸을 가장 편안하게 하나니

뭇 악이 그 안온함 침범하지 못하리.

카샤파는 붇다께 말씀드렸다.

"부디 견디어 거친 먹을 것이나마 잡수어 보십시오."

붇다께서는 카샤파에게 대답하셨다.

"옛부터 붇다의 도의 법에는 한낮이 지나면 밥을 먹지 않소. 또 지극한 마음으로 한 가지 일을 부탁하려 하는데 아끼지 말기를 바라오."

카샤파가 대답하였다.

"미리 갖추지 못해서 안타깝습니다. 덕을 공경해 잘 받아들이겠습니다."

붇다께서는 카샤파에게 말씀하셨다.

"하룻밤 묵고자 하는데 받아주겠소?"

카샤파가 붇다께 말씀드렸다.

"우리 브라마나들의 법에는 잠을 자는 데 방을 같이하지 않습니다. 아껴서가 아니니 용서하십시오. 분부를 거스르니 어쩌겠습니까."

그러자 붇다께서는 조용한 방을 가리키면서 말하였다.

"이곳은 무슨 방이오?"

카샤파가 대답하였다.

"그 가운데는 신령한 용이 있는데, 성질이 급하고 사나워서 방에 들어가는 이가 있으면 매번 불을 뱉어 사람을 태워 해칩니다."

붇다께서는 카샤파에게 말씀하셨다.

"여기를 나에게 빌려주시오."

카샤파는 대답하였다.

"참으로 아껴서 그런 것은 아닙니다. 용이 해칠까 걱정해서입니다."

오백의 제자들은 두려워하여 숨을 죽이고서 스승이 붇다께 허락할까 겁을 내고 있었다. 거듭 빌릴 것을 세 번이나 청하자 카샤파는 의심을 품으면서도 어김없이 반드시 재앙이 있으리라 여기며 두려워하였다.

붇다께서는 카샤파에게 말씀하셨다.

"삼계 탐욕의 불을 나는 이미 꺼버렸으므로 용이 나를 해치지는 못하오."

카샤파가 대답하였다.

"고타마는 덕이 높은 분이므로 계실 수 있을 것이니 뜻대로 하십시오."

용을 항복하여 용이 귀명하자 카샤파의 오백 제자가 크게 우러름

그러자 곧 위신력을 다잡으시고 그 방으로 들어가니, 오백의 제자들은 용이 해치리라 믿고 눈물 흘리지 않음이 없었다. 그리고 말하였다.

"안타깝다. 높으신 분이 용의 해를 입겠구나."

붇다께서 앉으시자, 잠깐 만에 용은 굴에서 나오면서 독을 뱉어 붇다를 에워쌌다. 여래께서는 독을 변화시켜 모두 꽃이 되게 하셨다.

용은 그 독이 꽃이 되어 붇다를 둘러싸는 것을 보고 화가 더욱 치솟았다. 불을 뱉으며 해를 입으리라 여겼는데, 더운 기운이 용에게 돌아오므로 답답해 죽으려 하면서 머리를 들고 붇다를 보다가 모습을 보고 거룩한 분인 줄 알아차렸다.

그러자 시원한 바람이 용에게로 오므로 시원함을 찾아서 붇다께로 나아가니 불은 꺼지고 독이 없어지자 귀명하여 발우에 들어갔다.

이에 여래께서 곧 불빛을 나타내며 환하게 하늘에 비추자, 카샤파 제자들은 바로 일어나서 조짐을 살펴보다가 붇다의 밝은 빛을 보고 그것을 용의 불이라 여기어 소리 높여 슬피 울부짖었다.

"안타깝다. 참된 분이시여, 끝내 용의 재앙을 입었구나."

카샤파 스승의 무리들은 놀라서 같이 내달아 나왔는데, 오백의 제자들은 소리를 같이하여 스승을 꾸짖었다.

"하늘과 땅이 생겨서부터 아직 고타마와 같은 아름다운 사람을 보지 못하였습니다. 높이 모시고 귀하게 받들 분인데 눈여겨 자세히 보지 못했던 것이 안타까울 뿐입니다. 어떻게 다시 뵙겠습니까?"

눈물을 흘리고 눈을 씻으면서 게송으로 말하였다.

　　얼굴은 자마금빛으로 빛나시고

낯은 두렷하고 머리칼은 검푸르며
거룩하신 분의 백 가지 복덕은
신묘하게 거룩한 책의 말 그대로요.

반듯한 몸은 서면 한 길 여섯 자요
맵시는 좋으셔서 여든 가지 무늬며
정수리의 밝은 빛 어두운 곳 밝혔는데
어찌 그리도 빨리 덧없이 떠나셨소.

뒤에 왔던 제자들도 불이 붙다를 해쳤다고 하며 슬피 울부짖고 가
슴 아파하며 말했다.

"고타마께서 해를 입으셨는데 우리가 산들 무엇 하겠느냐."

그러고는 몸을 솟구쳐 불에 들어갔는데 맑고 시원하며 부드러우
므로 돌아보며 스승에게 말씀드렸다.

"고타마께서도 해를 입지 않으셨습니다. 본래는 용의 불이라 생각
했더니 틀림없이 이는 붙다의 빛입니다."

그러면서 스승과 제자들은 떠들어대며 숨을 죽이다가 날을 밝혔다.

다음 날 맑은 아침 여래께서 발우를 가지고 고요한 방에서 나가시
자, 카샤파는 크게 기뻐하면서 말하였다.

"크신 분께서는 아직 살아 계셨습니까. 그릇 속의 것은 무엇입니
까?"

붙다께서는 카샤파에게 말씀하셨다.

"독한 용이 이미 항복하고 법을 받았소."

오백 제자들은 모두다 말하였다.

"붇다께서는 참으로 신령하시다."

카샤파는 속으로는 숙였지만, 명성을 아까워해 오롯이 이렇게 높은 체했다.

"큰 사문께서는 참으로 신령하기는 하다. 비록 그렇다 하더라도 아직 내가 이미 얻은 아라한만 같지는 못하다."

매번 네 곳의 진기한 과일을 가지고
카샤파보다 먼저 돌아와 공양하심

카샤파는 붇다께 말씀드렸다.

"큰 사문께서 머무시길 바랍니다. 서로 공양하고 싶습니다."

다음 날 아침에 밥 때가 되자 스스로 가서 붇다를 청하니, 붇다께서는 말씀하셨다.

"곧 가시오. 이제 뒤를 따라서 가겠소."

카샤파가 돌아가자 붇다께서는 사람이 팔을 폈다 구부릴 사이 동쪽 푸르바비데하(Pūrva-videha)의 수천억 리를 가서서 잔부[閣逼]라는 나무 열매를 따서 발우에 가득히 채워서 돌아와 카샤파가 아직 도착하기 전에 그 상에 앉아 계시자, 카샤파는 붇다께 여쭈었다.

"큰 사문께서는 어느 길을 따라서 오셨습니까?"

붇다께서는 말씀하셨다.

"그대가 떠나간 뒤에 나는 동쪽의 푸르바비데하에 가서 이 얀비라는 과일을 따왔소. 향기롭고 맛이 있어 먹을 만하오."

붇다께서 공양하시고 떠나가자 카샤파는 생각했다.

'큰 사문이 비록 신령하다 하더라도 우리 도의 참됨만은 못하리라.'

다음 날 밥 때에 다시 가서 붇다를 청하자, 붇다께서는 말씀하셨다.

"곧 떠나가시오. 이제 뒤따라서 가겠소."

카샤파가 돌아가자 붇다께서는 남쪽의 끝 잠부드비파(Jambu-dvīpa)에 가서 하리드루(haridru) 과일을 따서 발우에 가득히 담아 돌아와서는 카샤파가 아직 이르기 전에 벌써 그 상에 앉아 계시자, 카샤파는 붇다께 여쭈었다.

"어떻게 해서 먼저 오셨습니까?"

붇다께서는 말씀하셨다.

"남쪽으로 가서 이 맛있는 과일을 가져왔는데 쓰면 병이 낫소."

붇다께서 공양하시고 떠나가자, 카샤파는 생각하였다.

'이 큰 사문이 참으로 신령하고 참으로 미묘하구나.'

다음 날 카샤파가 다시 가서 붇다를 청하자, 붇다께서 말씀하셨다.

"이제 뒤를 따라가겠소."

붇다께서는 서쪽 아파라고다니야(Apara-godānīya)에 가서 암라 (āmra) 열매를 따서 발우에 가득히 채워 돌아와서는 카샤파가 아직 이르기 전에 벌써 그 상에 앉아 계시자, 카샤파는 붇다께 여쭈었다.

"또 어느 쪽으로 오셨습니까?"

대답하셨다.

"서쪽 아파라고다니야에 가서 암라 열매를 가져 왔으니, 그대도 드시오."

붇다께서 공양하시고 떠나가시자, 카샤파는 또 생각하였다.

'이 큰 사문의 하는 일이야말로 참으로 신령하구나.'

다음 날 카샤파가 다시 가서 붇다께 청하자, 붇다께서는 말씀하셨다.

"이제 뒤를 따라가겠소."

카샤파가 돌아서자 갑자기 붇다께서는 보이시지 않더니, 붇다께서는 벌써 북쪽의 웃타라쿠루(Uttara-kuru)에 가서 저절로 된 맵쌀을 가져와서는 카샤파가 아직 이르기 전에 이미 그 상에 앉아 계셨다. 카샤파가 붇다께 여쭈었다.

"또 어디를 따라서 오셨습니까?"

붇다께서는 대답하셨다.

"북쪽 웃타라쿠루에서 이 맵쌀을 가져 왔으니, 그대도 드시오."

붇다께서 공양하시고 떠나가신 뒤에 카샤파는 혼자 생각하였다.

'이 큰 사문은 신령하고 미묘함이 그러하시구나.'

하늘왕들이 세존께 못을 만들어드리고 설법 들음을 보고 카샤파가 속으로 깊이 우러름

다음 날 밥때에 붇다께서는 발우를 가지고 스스로 그 집에 이르셔서 밥을 가지고 돌아와 잡수신 뒤에 손을 씻고 양치질을 하려는데 물이 없었다.

하늘왕 인드라가 내려와서 손으로 땅을 가리키자 저절로 못이 되었다.

카샤파가 해질녘 이리저리 돌아다니다가 못을 보고 괴이하게 여겨 붇다께 여쭈었다.

"어떻게 해서 이런 것이 있습니까?"

붇다께서는 카샤파에게 말씀하셨다.

"아침에 그대에게서 밥을 얻어먹고 양치질을 하려는데 물이 없자, 하늘 인드라가 땅을 가리켜서 못을 만들어 주었으니, 이 못을 '땅을 가리킨 못'[指地池]이라 이름해야 하오."

카샤파는 생각하였다.

'큰 사문께서는 신령하고 미묘하여 공덕이 한량없다.'

뒷날 세존께서 카샤파의 가까이로 옮겨 한 나무 아래 앉아 계셨는데, 밤에 네 하늘왕[四天王]이 같이 내려와서 붇다의 설법을 듣자 네 하늘왕의 빛과 그림자가 마치 훨훨 타는 불의 밝음과 같았다.

카샤파가 밤에 일어나서 붇다의 앞에 네 개의 불이 있는 것을 보고, 다음 날 맑은 아침에 붇다께 여쭈었다.

"큰 사문께서도 또한 불을 섬기십니까?"

붇다께서는 말씀하셨다.

"아니오. 어젯밤에 네 하늘왕이 와서 설법을 들었는데 바로 그 빛일 따름이오."

카샤파는 또 생각하였다.

'이 큰 사문은 지극히 신령하여서 그것이 이런 하늘에까지 이르는구나. 비록 그렇다 하더라도 내 도의 참됨 같지는 못하리라.'

다음 날 두 번째 하늘인드라가 밤에 와서 법을 들었는데 인드라의 밝은 빛은 네 하늘왕보다 곱절이었다. 카샤파는 밤에 일어나서 붇다 앞의 빛을 보고 뜻으로 혼자 생각하였다.

'붇다도 본디 불을 섬겼나?'

맑은 아침에 붇다께 여쭈었다.

"불을 섬기지 않았습니까? 밝기가 어젯밤엔 곱절이었습니다."

붇다께서 말씀하셨다.

"인드라가 내려와서 법을 들었었는데 바로 그 빛이었소."

그 뒤 밤에는 일곱째 브라흐마하늘이 또 내려와 법을 들었는데 브라흐마하늘의 빛과 모습은 인드라보다 곱절이었다.

카샤파는 빛을 보고 붇다가 불을 섬긴 것이라고 의심하면서 이른 아침에 붇다께 말씀드렸다.

"큰 사문께서는 틀림없이 불을 섬기십니다."

붇다께서는 카샤파에게 말씀하셨다.

"일곱째 브라흐마하늘이 어젯밤에 법을 들었는데 바로 그 빛이오."

카샤파는 생각하였다.

'이 큰 사문의 거룩함에 감동되어 브라흐마하늘이 내려왔구나.'

제사를 위해 불을 지피고 장작 패는 데 신통을 보여 깨우침

카샤파의 오백 제자들은 사람마다 세 가지 불을 섬겼으니, 무릇 천오백의 불인데 다음 날 아침에 피우는데도 불이 끝내 타지 않았다. 이를 괴이하게 여기며 스승에게 아뢰자 스승은 말하였다.

"반드시 이는 붇다께서 한 일일 것이다."

그리고 달려 나가서 붇다께 말씀드렸다.

"저희 오백 제자들이 지금 아침에 불 피우는데도 끝내 타지 않습니다. 이는 붇다께서 한 일이지요?"

붇다께서는 카샤파에게 말씀하셨다.

"타게 하고 싶소?"

묻기를 세 번까지 하시자 대답하였다.

"타게 하고 싶습니다."

붇다께서는 말씀하셨다.

"가보오. 불이 탈 것이오."

그 소리에 맞춰서 모두 타니, 카샤파는 또 생각하였다.

'이 큰 사문의 지극히 신령함이 그러하구나.'

카샤파 자신도 세 가지 불을 섬기므로, 다음 날 아침에 피웠는데 또 끌 수가 없었다. 오백의 제자와 섬기고 있는 이들이 도와서 불을 끄려 했지만 끝내 끌 수가 없었다. 붇다께서 한 일이라고 의심하여 곧 가서 붇다께 말씀드렸다.

"제가 세 가지 불을 섬기는데 끌 수가 없습니다."

붇다께서는 말씀하셨다.

"꺼지게 하고 싶소?"

말하였다.

"참으로 꺼지게 하고 싶습니다."

붇다께서는 말씀하셨다.

"불이 꺼질 것이오."

그러자 그 소리에 맞춰서 바로 꺼졌으므로 카샤파는 생각하였다.

'큰 사문께서는 지극히 신령하고 미묘하시어 하시는 일이 모두 잘 되는구나.'

뒷날에 카샤파의 오백 제자들은 마침 함께 장작을 패는데, 저마다 도끼를 올리기만 하면 모두가 내릴 수가 없었다. 부끄러워하며 가서 스승에게 아뢰자 스승은 말하였다.

"이는 큰 사문이 하는 일일 것이다."

곧 가서 붇다에게 말씀드렸다.

"저의 여러 제자들이 아까 함께 장작을 쪼갰는데, 도끼를 들어 올리면 내릴 수가 없습니다."

붇다께서는 말씀하셨다.

"가보시오. 도끼는 내려질 것이오."

그러자 바로 내려져서 쓸 수 있었다. 카샤파는 생각하였다.

'이 큰 사문이 신령하기는 신령하다.'

여래의 빨래를 인드라하늘이 널고
나무신이 여래의 목욕 도우심을 보고 카샤파가 크게 감동함

뒷날 붇다께서 나무 아래로 돌아가서 버려진 헌옷을 보시고 씻으려고 생각하시자, 하늘왕 인드라가 붇다의 거룩한 뜻을 이어받아 파나산(頗那山) 위에 가서 네모진 돌 하나와 여섯 모 나는 돌 하나를 가져오니 돌을 써서 빨래하고서는 햇볕에 말렸다.

카샤파가 노닐면서 구경하다가 못가의 두 개의 돌을 보고 괴이하게 여기며 붇다께 여쭈었다.

"지금 이 못가에 두 개의 돌이 아름답고 고운데 이것은 어디서 났습니까?"

붇다께서는 말씀하셨다.

"내가 빨래해서 옷을 햇볕에 말리려 했더니 하늘 인드라가 돌을 보내 내가 쓰도록 했소."

카샤파는 또 생각하였다.

'고타마의 신령한 덕은 감동되지 않음이 없구나.'

붇다께서는 뒤에 '땅을 가리킨 못'에 들어가 목욕을 하신 뒤 나오는 데에 붙잡고 오를 것이 없자, 못 위에 있던 가파[迦和]라는 아주 크고 아름다운 나무가 굽어 내려가서 못을 나오셨다.

카샤파는 나무가 굽어 내려가는 것을 보고 괴이하게 여겨 또 붇다께 여쭈었다. 붇다께서는 카샤파에게 말씀하셨다.

"내가 아침에 못에 들어갔다가 물에서 나오려 하는데 나무의 신이 가지를 드리워서 나를 이끌어 나오게 하였소."

카샤파는 생각하였다.

'이 큰 사문의 지극한 덕이야말로 감동한 바가 많아서 큰 나무가 아래로 드리워졌구나.'

물속에서 물에 젖지 않음을 보이고
카샤파의 뜻을 다 아시는 지혜로 다시 교화함

붇다께서는 카샤파가 반드시 항복하도록 하려고 해, 곧 나이란자나 강의 물이 깊고 빠른 데에 들어갔다. 붇다께서는 신묘한 힘으로 물을 끊어 서게 하여, 높이 사람의 머리 위를 지나가게 하고는 바닥에서는 먼지가 일게 하여 그 가운데를 걸어갔었다.

카샤파는 붇다께서 물에 들어감을 보고 빠졌는가 걱정하여 곧 제자들을 거느리고 배를 타고 붇다를 구하려 하다가, 물이 높이 일어난 그 아래에 먼지가 이는 것이 보이고 붇다가 보이자 크게 기뻐하면서 말하였다.

"큰 사문께서는 아직 살아 계십니까?"

또 물었다.

"배에 오르고 싶습니까?"

붇다께서 말씀하셨다.

"배에 오르겠소."

그리고 붇다께서는 '배 밑을 꿰뚫고 들어가야겠다' 생각하시면서 새는 자국조차 없게 하셨다. 카샤파가 크게 놀라면서 말했다.

"이 큰 사문의 미묘한 변화는 무어라 말할 수 없다."

이때에 마가다 국의 왕과 백성들은 해마다 모여 절하면서 카샤파에게 나아가 서로 즐기기를 이레 동안 하는데, 카샤파는 생각하였다.

'붇다의 덕 그 거룩한 밝음을 뭇 사람들이 보기만 하면 반드시 모두가 나를 버릴 터이니, 그 이레 동안 그가 나타나지 않도록 하면 좋겠구나.'

붇다께서는 그의 뜻을 알고 이레 동안 숨어 계시다가 여드렛날 아침이 되었는데, 카샤파가 또 생각하였다.

'이제 남은 음식이 있는데 붇다께 공양하면 좋겠구나.'

그 생각에 맞춰서 붇다께서 갑자기 이르시자 카샤파는 크게 기뻐하면서 말했다.

"마침 생각에 함께 공양하셨으면 했는데, 오셨으니 어찌 그리 반갑소. 그동안 어디 가셨다가 지금 어디서 오십니까?"

붇다께서는 카샤파에게 말씀하셨다.

"그대는 이렇게 생각했소.

'붇다의 덕 그 거룩한 밝음을 뭇 사람들이 보면 반드시 모두가 나를 버릴 터이니, 그 이레 동안 그가 나타나지 않도록 하면 좋겠구나.

그 때문에 숨었을 뿐이며, 그대가 지금은 나를 생각해서 그 때문에 다시 왔소."

카샤파는 생각하였다.

'붇다께서는 참으로 지극히 신령하다. 진실로 남의 생각까지 아는구나.'

카샤파와 오백 제자가 귀의하여 사문이 됨

붇다께서는 카샤파의 마음이 이미 항복하였음을 알아차리고 문득 카샤파에게 말씀하셨다.

"그대는 아라한이 아니오. 참된 도를 모르면서 무엇 때문에 쓸데 없이 스스로 귀하다고 하오."

이에 카샤파는 마음으로 놀라며 털이 곤두서서, 스스로 도가 없는 줄을 알고는 바로 머리를 숙이고 말하였다.

"큰 사문께서는 참으로 거룩하셔서 사람의 생각까지 아십니다. 어떻게 큰 사문을 따라서 신묘한 변화를 얻고 경전과 계율을 받아 사문이 될 수 있겠습니까?"

붇다께서는 말씀하셨다.

"아주 좋은 일이오. 그대의 제자들에게 알리시오. 그대는 바로 나라의 스승인데 이제 법복을 입는다 하여 어찌 혼자 알아 할 수 있겠소."

카샤파는 가르침을 받고 제자들을 돌아보며 말하였다.

"너희는 그 동안 나와 같이 신묘한 변화를 보았다. 나는 비로소 믿고 알아 사문이 되려는데 너희들은 어디로 가겠느냐?"

오백 제자들은 소리를 같이하여 대답하였다.

"저희들의 아는 것은 모두 큰 스승의 은혜입니다. 스승께서 높이고 믿는 바이니 모두가 따라가길 바랍니다."

곧 스승과 제자들이 모두 함께 붇다께 나아가 머리를 숙이고 말씀드렸다.

"저희들 모두가 믿음의 뜻을 지녔습니다. 제자가 되고자 합니다."

붇다께서는 말씀하셨다.

"잘 왔구나, 비구들이여."

이렇게 모두가 사문이 되었다.

카샤파의 두 아우와 그 제자들이 따라 귀의하여 사문이 됨

카샤파는 가지고 있던 굵고 짧은 모포옷이며 물병·지팡이·신 등 여러 불을 섬기는 도구를 모두 물속에 버렸다.

이때 카샤파의 두 아우가 있었는데, 둘째가 나디 카샤파(Nadī-kāśyapa)요, 막내가 가야 카샤파(Gayā-kāśyapa)였다.

저마다 이백오십 명의 제자를 두고 오두막집들을 물가에 벌여서 살고 있다가, 여러 브라마나들의 옷가지와 집물이며 불을 섬기는 도구들이 흐름을 따라 떠내려 옴을 보고 놀라며 형과 여러 제자들이 남에게 해를 입은 줄 두려워하였다.

곧 문도(門徒)들을 데리고 강을 따라 올라가다가 형과 그의 제자들이 모두 사문이 되어 있는 것을 보고 괴이하게 여기며 물었다.

"큰 형님께서는 나이도 많고 지혜가 밝고 멀어서 국왕과 신민들이 함께 섬기는 바요, 저희들 뜻도 형님은 아라한이 되었으리라 여겼는데 도리어 브라마나의 도를 버리고서 사문의 법을 배우시니, 이것은 작은 일이 아닙니다. 붇다의 도만이 어찌 높고 덕이 홀로 높겠습니까."

카샤파는 대답하였다.

"붇다의 도는 가장 뛰어나서 그 법이 한량이 없다. 비록 내가 세상에서 배웠으나 도 얻음과 신묘한 지혜가 붇다와 같은 이는 일찍이 없었다."

두 아우는 이것을 듣고 저마다 제자에게 말하였다.

"나는 형님을 따르려 하는데, 너희들은 어디로 나아가겠느냐?"

오백의 제자들은 모두가 소리를 내어 말하였다.

"큰 스승과 같이하길 바랍니다."

모두 머리를 대 절하고 사문되기를 구하였다.

붇다께서는 말씀하셨다.

"잘 왔구나, 비구들이여."

그리하여 모두 사문이 되었다.

가야 산에서 천 명의 제자에게 신통의 교화를 보이시고
여래에게 세 가지 교화가 있음을 보이심

이때에 여래께서는 천 명의 비구대중과 함께 '가야' 산에 가서 모두 크게 우거진 나무 아래 앉아 사마디에 들어갔다.

그러다가 여래께서 홀연히 나타나지 않더니 동쪽에서 와서는 나무 아래에서 사라지고 사방에서 또한 그렇게 하였다. 솟구쳐 허공에 머물어도 떨어지지도 않고 몸에서 물과 불을 내고 오르내리기를 자유롭게 하셨으므로, 비구들은 머리를 우러러 기뻐하고 있는데, 어느새 여래께서 돌아와 본래 자리에 앉으셨는데도 깨닫는 이가 없었다.

비구들은 기뻐하며 나아가 붇다의 발에 절하고 자리에서 물러나 붇다께 말씀드렸다.

"이렇게 나타내 보이신 것은 무엇이라 합니까?"

붇다께서는 비구들에게 말씀하셨다.

"이것은 '신통으로 보여 나타냄'[神足示現]이라 한다.

또 '가르쳐줌으로 보여 나타냄'[敎授示現]이 있다. 비구들이여, 자세히 들으라. '마음과 뜻과 앎의 지어감'[心意識行]은 인연으로 물들어 집착하는 것이다. 그러므로 반드시 바로 분별해주니 이를 '가르쳐줌으로 보여 나타냄'이라 한다.

또 '법 설함으로 보여 나타냄'[說法示現]이 있다. 비구들이여, 자세히 들으라. 스스로 빛깔을 사랑함도 시들고, 여섯 뜻[六情]으로 사랑한 것들도 시든다. 시듦이 그치지 않으면 곧 괴로움이 생긴다.

무엇을 괴로움이 생기는 것이라 하는가. 탐냄과 성냄 어리석음의 불이 일어나서 곧 아프고 쓰라리니 늙음·병듦·죽음의 두려움이다.

이렇게 보임을 '법 설함으로 보여 나타냄'이라 한다."

천 명의 대중이 번뇌의 흐름을 다하니 여래께서 찬탄하심

붇다께서 법을 세 번 굴려 말씀하시니, 이때에 천 명의 비구들은 흐름이 다하고, 구해 바람[望]이 끊어져서 모두 아라한을 얻었다.

붇다께서는 비구들을 위하여 게송으로 말씀하셨다.

　　지금 여기 천 명 비구대중과
　　장로들에게는 높은 덕이 있다.
　　삿됨을 고쳐서 바른 견해 닦으니
　　모습 취함 없이 선정의 지혜에 들리.

이 법을 말씀하실 때에 하늘·용·귀신들이 즐거이 듣지 않음이 없었다.

　• 중본기경 3 화가섭품(化迦葉品)

　• 해설 •

당대 마가다 국의 가장 높은 장로 브라마나 우루빌라 카샤파 삼형제가 머물러 살고 있고, 천 명이 되는 문도 브라마나들이 그 가르침을 받고 있는 우루빌라 숲에, 따르는 이도 없이 홀로 그 한복판에 들어가시는 붇다의 모습을 생각해보라. 그 누가 그렇게 할 수 있겠는가.

삶에 아무런 두려움과 거리낌이 없어서 사람들에게 '두려움 없는 마음의 보시'[無畏施]를 행할 수 있는 사람만이 그렇게 할 수 있다.

저 사나운 독룡의 방에 들어가 용이 품는 독을 녹이고 용의 사나운 마음을 쉬게 할 수 있는 사람이 누구인가. 자비 사마디[慈悲三昧]의 불로 세간의 온갖 독을 녹일 수 있는 이가 그렇게 할 수 있다.

칼을 쥔 살인마와 칼과 몽둥이를 쥔 원수와 도적이 몰려와 목숨을 겁박해도 한 번 바라보아 죽임의 칼을 내려놓게 할 수 있는 사람이 누구인가.

다툼 없는 사마디[無諍三昧]로 싸움과 죽임의 기운을 햇빛이 아침 서리 녹이듯 녹이는 이가 그렇게 할 수 있다.

누가 그 사람인가. 고타마 붓다가 바로 그이다.

신통의 힘으로 당대에 으뜸가는 이를 신통으로 교화하니 우루빌라를 이긴 붓다의 신통의 힘은 무엇인가. 저 우루빌라 카샤파의 신통은 남다른 신비 능력을 더욱 확장해서 얻은 신통이라면, 붓다의 신통은 있되 공한 법계의 진리 그대로의 해탈의 작용으로서 신통이다.

그러므로 붓다의 신통은 짓되 지음 없고 쓰되 씀이 없으니, 씀이 있는 신통이 어찌 쓰되 씀이 없는 신통을 이길 수 있겠는가.

불에 들어가도 타지 않고 물에 들어가도 젖지 않는 신통을 보여 저 우루빌라 카샤파를 교화하니, '진흙 소가 바다 밑을 가는 소식'[泥牛海低行]을 보이심인가.

하늘에 불을 피워 하늘신 섬기던 이들이, 섬기던 하늘신들이 도리어 인간 고타마 붓다를 우러르고 붓다께 귀의함을 보았는데, 그들이 어떻게 저 고타마 붓다께 따라 귀의하지 않겠는가.

불로 제사 지내며 하늘 섬기던 이들이 붓다의 신통의 교화에 감동하여 비구가 되자, 붓다는 그들을 데리고 가야 산의 맨 꼭대기에 오르신다. 붓다를 둘러싸고 앉은 천 명의 대중에게 신통으로 보여 나타내시고[神足示現] 다시 연기법의 진실을 언교로써 나타내 보이시니, 이 설법이 저 유명한 가야 산 위에서의 불의 설법이다.

붇다는 가야 산 위에서 불을 섬기던 성문제자들에게 온갖 세간이 불타고 있음을 깨우쳐주신다.

중생은 무엇 때문에 번뇌의 불에 타게 되고 삼계는 불에 타는 고통의 집[三界火宅]이 되는가.

존재의 연기적 진실을 알지 못하기 때문이다. 무엇이 존재의 진실인가. 저 갈대가 세 개가 의지해야 서 있듯, 아는 자아와 앎활동인 행위와 알려지는 세계는 서로 의지해 서 있다. 세 가지는 모두 있되 실로 있지 않고 없되 실로 없지 않다.

실로 있지 않은 곳에서 실로 있는 대상을 세우고, 실로 볼 것이 없는 데서 실로 볼 것을 세워 끝없이 달려나가 구하므로 번뇌의 불이 일어나고, 번뇌의 불이 일어나므로 저 세계는 번뇌의 불을 일으키는 세계가 되며, 자아는 번뇌의 불에 타면서 다시 번뇌를 일으키게 된다.

그러므로 눈이 불타고 눈의 앎이 불타고 빛깔이 불탄다. 이와 같이 뜻의 뿌리가 불타고 뜻의 앎이 불타고 뜻에 알려지는 법이 불탄다. 그러나 자아 · 행위 · 세계가 원래 있되 공한 줄 알면 저 번뇌의 불도 곧 없는 것이니, 이것이 여래가 언교(言敎)를 세워 보여 나타내심이요 설법으로 가르침[說法示現]이다.

무엇이 가르쳐줌을 보여 나타냄[敎授示現]이고, 깨우침[訓誨]으로 교화하심인가. 구함이 있고 집착이 있으면 탐욕의 불이 태우니, 구하지 말고 집착하지 말라 타일러 주심이다. 그러므로 언교의 가르치심이 존재의 진실을 보이는 것이라면, 깨우쳐 가르치심은 당위적 행을 보이심이니, '언교로 보임'과 '가르쳐 줌으로 보임'은 실천적 인과를 이룬다.

불을 품는 용을 불꽃 사마디로 눌러 교화하고, 불을 섬기는 브라마나들은 불에 타지 않고 물에 젖지 않는 신통으로 교화하며, 불을 신성시했던 천 명의 비구들에게는 가야 산 정상에 올라 불의 비유로 언교의 가르치심을 내려 주시니, 여래는 참으로 병 따라 약을 써서 다시는 그 병이 도지지 않게 하는 삼계의 큰 의왕[大醫王]이시다.

이제껏 베다를 외우며 불을 섬기던 무리들이 불을 섬기던 도구를 물에 던지고 여래의 길을 따르니, 천 명의 브라마나가 이제 비로소 법왕(法王)의 궁전 법왕의 아들들이 되었다.

법왕과 법왕의 아들들 그 장엄한 걸음걸이, 그 모습을 어떻다고 말할 수 있을까.

영가선사(永嘉禪師)의 「증도가」(證道歌) 한 구절로 대답해보리라.

전단나무 숲에는 다른 나무 없나니
빽빽하고 깊은 숲 사자가 머물도다.
머무는 곳 고요하고 우거진 숲 한가해
사자왕만이 홀로 노닐어 다니나니
길짐승 날짐승들 모두 멀리 달아나네.

栴檀林 無雜樹　鬱密深深獅子住
境靜林閑獨自遊　走獸飛禽皆遠去

사자새끼 무리지어 어미 뒤를 따름이여
세 살이면 곧 크게 울부짖을 수 있도다.
만약 저 들여우가 법왕을 흉내낸다면
백 년 묵은 요망한 것 헛되이 입 벌림이리.

獅子兒 衆隨後　三歲便能大哮吼
若是野干逐法王　百年妖怪虛開口

6 연기의 가르침을 널리 열어 보이시다

• 이끄는 글 •

스스로 바른 법을 깨달아 해탈을 성취한 이만이 중생에게 법을 설해 해탈의 길에 이끌 수 있는 것이다. 바른 법을 깨닫지 못하여 환상의 법을 말하는 이의 말은 법을 설한다고 일컫지 못한다.

붇다는 그러한 뜻을 번뇌의 빗장과 자물쇠가 모두 없고, 깊은 도랑을 고루고 험난한 곳을 건너, '거룩한 깃대를 세운 이'가 법을 설한다고 가르친다.

법의 깃발 세운 이는 왜 법을 설하는가. 법을 깨친 지혜의 세계에서는 저 중생과 내가 둘이 아니기 때문이며, 번뇌를 끊고 성취한 니르바나에 머물러야 할 니르바나의 모습이 없기 때문이다.

니르바나는 중생의 현실 밖에 있는 초월적 세계가 아니다. 중생의 현실 자체의 참모습이 있되 공하고 나되 남이 없는 세계이므로 중생스스로 중도의 진실을 바르게 보면, 나고 사라지는 현실의 장이 나고 사라짐이 없는 고요함의 처소이고 안온처이다.

중생의 다섯 쌓임이 나 없고 덧없는 실상임을 깨달아, 나되 남이 없고 사라지되 사라짐이 없어서 모든 빗장과 깊은 구덩이를 뛰어넘은 이, 그가 끝없이 자비의 마음으로 중생을 위해 법을 설하는 이다.

여래는 처음 보디를 이루시고 저 다섯 비구 가르칠 때, 두 사람이 밥을 빌면 세 사람을 가르치고 세 사람이 밥을 빌면 두 사람을 가르쳐, 그들이 알아듣고 법의 눈을 열 때까지 쉬지 않고 가르쳐, 그들을 배울 것 없는 이[無學, Arhat]가 되게 하고 세간의 복밭[福田]이 되게 하였다.

그러므로 붇다를 세상의 교사 가운데 가장 빼어난 교사, 스승 가운데 위없는 스승 '아누타라'(Anuttara, 無上師)라 말한다.

아누타라는 자비의 마음으로 끝없이 설법하여 중생을 구제하되 실로 법을 설함이 없고 실로 중생을 건진 바가 없다.

구제할 중생이 내 밖에 실체로 있고 구제한다는 마음이 있으면, 그는 참된 지혜의 성취자가 아니고 자비의 성취자가 아닌 것이니, 붇다는 허깨비 같은 사마디[如幻三昧]로 허깨비 같은 중생[如幻衆生]을 건짐 없이 건지시는 것이다.

곧 여래는 사마디의 땅에 편히 앉아 움직임 없이 움직이고 설함 없이 법을 설해 중생을 해탈에 이르게 하니, 『화엄경』(「여래출현품」如來出現品)은 여래의 설법행을 이렇게 말한다.

붇다의 사마디 마쳐 다함이라 하니
이 선정 드시사 법을 설해주시네.
온갖 중생은 한량없고 끝이 없으니
널리 그 음성 내서 깨닫게 하네.

佛有三昧名究竟　入此定已乃説法
一切衆生無有邊　普出其音令悟解

낱낱 소리 가운데서 다시 연설해
한량없는 그 음성 각기 차별되나
세간에 자재하사 분별이 없이
중생의 하고자 함과 좋아함 따라
널리 그 중생이 모두 듣도록 하네.

一一音中復更演　無量言音各差別
於世自在無分別　隨其欲樂普使聞

　그러나 여래의 설법은 중생 자신의 실상을 열어보일 뿐 교조적으로 내려주고 말해주는 법이 없으니, 「승야마천궁품」(昇夜摩天宮品)은 다시 말한다.

모든 붓다께는 법이 없으니
붓다께서 무엇으로 설함 있겠나.
다만 중생 스스로의 마음 따라서
이와 같은 법 설한다고 하네.

諸佛無有法　佛於何有說
但隨其自心　謂說如是法

거룩한 진리의 깃대 세워야 어진 사람이니

이와 같이 내가 들었다.

한때 붇다께서는 바라나시의 선인이 살던 사슴동산에 계셨다.

그때 세존께서 여러 비구들에게 말씀하셨다.

"네 가지 거룩한 진리가 있다. 어떤 것이 그 네 가지인가?

곧 괴로움의 거룩한 진리·괴로움 모아냄의 거룩한 진리·괴로움 사라짐의 거룩한 진리·괴로움을 없애는 길의 거룩한 진리이다.

만약 비구가 괴로움의 거룩한 진리를 이미 알고 이미 이해하며, 괴로움 모아냄의 거룩한 진리를 이미 알고 이미 끊었으며, 괴로움 사라짐의 거룩한 진리를 이미 알고 이미 증득하였으며, 괴로움 없애는 길의 거룩한 진리를 이미 알고 이미 닦았다 하자.

이와 같은 비구는 빗장과 자물쇠가 없고, 성의 깊은 도랑[城塹]을 편편하게 고르며, 모든 험난한 곳을 건넌 것이니, 그를 어질고 거룩한 이라 하고 '거룩한 깃대[聖幢]를 세웠다'고 한다."

사제법 깨친 공덕을 풀어 말씀함

"비구들이여, 어떤 것이 '빗장과 자물쇠가 없다'고 하는 것인가? 곧 '다섯 가지 낮은 곳의 묶음'[五下分結]을 이미 끊고 이미 안 것이니, 이것을 '빗장과 자물쇠가 없다'고 하는 것이다.

어떤 것이 '성의 깊은 도랑[城塹]을 편편하게 골랐다'고 하는 것인가? 무명(無明)을 깊은 도랑이라 하니, 그가 그것을 끊고 알 수 있으면 이것을 '성의 깊은 도랑을 편편하게 골랐다'고 하는 것이다.

어떤 것이 '험난한 곳을 건넜다'고 하는 것인가? 곧 끝이 없는 나고 죽음이 괴로움의 끝을 다한 것이니, 이것을 '모든 험난한 곳을 건넜다'고 하는 것이다.

어떤 것이 '묶음에서 벗어났다'고 하는 것인가? 곧 애욕을 이미 끊고 이미 안 것이다.

어떤 것이 '거룩한 깃대를 세웠다'고 하는 것인가? 곧 나라는 교만을 이미 끊고 이미 안 것이니, 이것을 '거룩한 깃대를 세웠다'고 하는 것이다."

붇다께서 이 경을 말씀하시자, 여러 비구들은 붇다의 말씀을 듣고 기뻐하며 받들어 행하였다.

• 잡아함 387 현성경(賢聖經)②

• 해설 •

무엇이 거룩한 깃대를 세움인가. 스스로 괴로움의 현실을 알고 그 원인인 다섯 가지 낮은 곳의 묶음과 무명을 알아 원인을 다하며, 니르바나의 길을 알아 모든 험난한 곳을 건너 니르바나의 저 언덕에 이르러서 다시는 나에 나라는 교만을 두지 않음이다.

나에 나가 없으면 저 세계에 세계 또한 없음이니, 나와 세계에 자기성품 없음[無自性]을 깨달아 알면, 스스로 삶의 진실에 돌아가 다시 밖으로 비출 바 진리가 없다. 앎에서 앎을 떠나면 바로 뿌리에 돌아가 뜻을 얻지만, 아는 마음을 세워 밖으로 비출 바 있는 진리가 있으면 진리의 깃대를 잃고 붇다의 바른 종지를 잃게 된다.

여래의 설법은 세간의 견해에 견해를 더하는 것이 아니라 인연으로 있는 온갖 법이 자기성품 없음을 깨우쳐 해탈의 문에 들도록 함이니, 『화엄경』(「승야마천궁품」)은 이렇게 가르친다.

모든 법은 남이 없으므로
자기성품 있지 않도다.
이와 같이 분별해 알면
이 사람은 여래가 설하신
깊은 뜻 통달함이네.

諸法無生故　自性無所有
如是分別知　此人達深義

옛 선사[僧粲禪師] 또한 다음 같이 말한다.

뿌리에 돌아가면 뜻을 얻고
비춤을 따르면 종지를 잃나니
잠깐 사이 돌이켜 비추면
앞의 공함보다 빼어나리라.

歸根得旨　隨照失宗
須臾返照　勝却前空

브라마나여, 위없는 청정은 바른 행위로 성취되오

이와 같이 내가 들었다.

한때 붇다께서는 슈라바스티 국 제타 숲 '외로운 이 돕는 장자의 동산'에 계셨다.

그때 황금 일산[金蓋]을 가지고 짧은 속옷을 입은 이들이 앞에서 이끌고 뒤를 따르며, 어떤 브라마나가 붇다 계신 곳에 찾아와서 서로 문안 인사하고 위로한 뒤에 한쪽에 물러나 앉아서 게송으로 말하였다.

브라마나가 행한 일은
청정하지 않음이 없는데
크샤트리아는 고행 닦아도
고요함에는 다시 어긋나네.

세 베다 통한 브라마나가
곧바로 청정함이 되니
이와 같이 청정한 자는
다른 중생에게는 있지 않네.

여덟 가지 바른 삶의 길이 위없는 청정의 길임을 보이심

그때 세존께서 게송으로 대답하였다.

　　참으로 청정한 길 알지 못하고
　　위없는 여러 깨끗함을 모르고서
　　다른 데서 고요함 구하는 자는
　　끝내 깨끗하게 되는 때가 없으리.

브라마나가 붇다께 여쭈었다.

"고타마께서 지금 청정한 길과 위없는 청정을 말씀하셨습니까?
어떤 것이 청정한 길이며, 어떤 것이 위없는 청정입니까?"

붇다께서 브라마나에게 말씀하셨다.

"바른 견해가 청정한 길이니, 바른 견해를 닦아 익히고 더욱 많이
닦아 익히면, 탐욕을 끊고 성냄을 끊으며 어리석음을 끊게 되오.

만약 브라마나로서 탐욕을 길이 끊어버리고 성냄을 길이 끊으며,
어리석음을 길이 끊고 온갖 번뇌를 다 끊으면, 이것을 위없는 청정이
라고 하오.

바른 뜻·바른 말·바른 행위·바른 생활·바른 방편·바른 생각·
바른 선정, 이러한 것들을 청정한 길이라고 하오.

그러니 바른 선정을 닦아 익히고 많이 닦아 익히면, 탐욕을 끊고
성냄을 끊으며 어리석음을 끊게 되오.

만약 브라마나로서 탐욕을 길이 끊어버리고, 성냄을 길이 끊으며,
어리석음을 길이 끊고 온갖 번뇌까지 다 끊으면, 이것을 위없는 청정
이라고 하오."

브라마나가 붇다께 말씀드렸다.

"고타마께서는 청정한 길과 위없는 청정을 말씀하셨습니다.

고타마시여, 세간의 일에 일거리가 많아 이제 그만 하직하고 돌아가겠습니다."

붇다께서 브라마나에게 말씀하셨다.

"때를 알아 그리 하도록 하오."

꽃 일산을 가지고 짧은 속옷 입은 이들이 앞에서 이끌고 뒤를 따르던 브라마나는 붇다의 말씀을 듣고 기뻐하고 따라 기뻐하면서 자리에서 일어나 떠났다.

• 잡아함 1160 청정경(淸淨經)

• 해설 •

진리의 거룩한 깃발을 새롭게 내세우며 법의 북을 두드리는 여래 앞에는 늘 기성의 종교세력, 배움 다른[異學] 수행자들의 저항과 논쟁과 따짐이 기다리고 있다.

붇다는 저 배움 다른 브라마나 우루빌라 카샤파의 천 명 대중이 머무는 곳에도 아무런 따르는 이 없이 홀로 가서 그들을 교화하고 자비의 사마디로 거두어들여 브라마나의 길을 버리고 상가의 비구가 되게 하였다.

지금 붇다를 찾아온 브라마나는 붇다의 걸음걸이와는 정반대이다.

수많은 제자들과 따르는 이들이 황금 일산을 들고 자기 교단의 제복인 짧은 속옷을 걸치고, 앞에서 스승의 수레를 이끌고 뒤에서 따르며 붇다 앞에 떼거리로 몰려와서 붇다께 따진다. 그들은 말한다.

"베다를 외우지 않고 브라흐만에 찬송의 노래 바치지 않는 이가 어찌 삶의 청정 이룰 수 있는가."

붇다는 도리어 가르치신다.

'참으로 위없는 삶의 청정을 모르고 생활 밖에서 고요함을 구하면 결코 스스로를 깨끗하게 할 수 없으리라.'

그리하여 붇다는 '바른 견해로 삶의 본래 깨끗한 실상을 깨달아 번뇌 다함이 위없는 청정'이라고 가르치시며, 이밖에 다른 청정함을 구하여 세 가지 베다를 외워 통달하고 고행을 닦는다 해도 끝내 깨끗함을 이룰 수 없다고 답변하신다.

여래의 뜻으로 보면 물듦과 묶여 있음을 돌이켜보아 중생의 진실을 보는 자가 삶의 청정에 이르는 자이다.

물듦을 버리고 따로 청정함을 구하면 청정함에 때 묻은 자이고, 묶임을 버리고 해탈을 구하면 해탈 구하는 마음에 묶임이 된다.

바른 견해로 나에 나 없는 삶의 본래 청정한 실상을 깨닫고, 지혜 그대로의 선정으로 번뇌의 흐름을 다하고, 나고 사라짐의 저 언덕에 잘 건너간 이가 위없는 청정을 이룬 자이다.

그리고 물든 세간 속에서 위없는 청정을 이룬 자만이 거룩한 진리의 깃대 세울 수 있고, 이 법의 깃발 바르게 세운 이[建法幢]만이, 저 물든 세간의 티끌을 떠남이 없이 온갖 티끌과 진흙밭 깊은 구덩이 속에서도 스스로 때가 묻거나 넘어짐이 없다. 법의 깃발 세운 이, 그가 오탁(五濁)의 세간 속에서 한량없는 언어적 실천을 일으켜 연기의 가르침을 세간에 펼치고, 여래의 종지를 중생의 마음 밭에 세울 수 있으리라[立宗旨].

저 중생 가엾이 여기므로,
잘 가신 이 그 중생 위해 법을 설하니

이와 같이 내가 들었다.

한때 붇다께서는 슈라바스티 국 제타 숲 '외로운 이 돕는 장자의 동산'에 계셨다.

때에 어떤 하늘사람이 얼굴 모습이 아주 묘했는데, 그는 새벽녘 붇다 계신 곳에 와서 붇다의 발에 머리를 대 절하고 한쪽에 물러앉았다. 그러자 그 몸의 여러 밝은 빛이 제타 숲 '외로운 이 돕는 장자의 동산'을 두루 비추었다.

때에 그 하늘사람은 다시 게송으로 말하였다.

온갖 갈구리와 쇠사슬 끊어
무니는 애착의 집이 없는데
사문은 그 교화를 집착하나니
나는 그것 옳다고 말하지 않네.

중생 교화가 자비심의 발현임을 보이심

그때에 세존께서는 게송으로 대답하시었다.

온갖 중생의 무리들은
같이 서로 얽매었으니

지혜로운 사람이라면
그 누가 가엾이 여겨
마음 아파하지 않으리.

잘 가신 이 슬피 여기므로
늘 중생들 가르쳐주니
중생들 가엾이 여기는 것은
이 법에 바로 맞는 일이네.

때에 그 하늘사람은 다시 게송으로 말하였다.

오래도록 브라마나 보아왔더니
온전한 니르바나 얻으셨어라.
온갖 두려움을 모두 이미 벗어나
길이 세간 은혜 애착 뛰어나셨네.

때에 그 하늘사람은 붇다의 말씀을 듣고 기뻐하고 따라 기뻐하면
서 붇다의 발에 머리를 대 절하고 곧 사라져 나타나지 않았다.

• 잡아함 577 구소경(鉤銷經)

• 해설 •

여래가 깨친 지혜에는 머물러야 할 니르바나의 고요함이 따로 없으므로
그 지혜는 늘 해탈의 행으로 주어진다.
여래의 자비란 억지로 짓는 행이 아니라 나와 저 중생이 하나도 아니고

다름도 아닌 법의 실상 그대로의 삶을 말한다.

연기의 진실을 모르고 미망에 허덕이는 중생을 보고, 진리의 깃발 세운 이가 어찌 말을 일으켜 연기법의 진실을 열어주지 않고 탐욕의 불에 타는 이들에게 탐욕의 일 쉬도록 일깨우지 않겠는가.

설법행은 자비행이고 자비행은 지혜의 자기모습이다. 그러니 위없는 지혜의 완성자인 여래는 스스로의 고요한 사마디에 안주하지 않고, 설법의 자비행을 일으켜 중생을 건네주고 이 미망의 세간을 선정과 지혜로 장엄하는 것이다.

그러나 여래의 지혜에는 끝내 나와 중생의 모습이 공하니, 여래의 마음 어디에 말하는 나와 말함과 말해주는 대상의 모습이 남아 있겠는가.

사람 사이에 노닐어 다니며 날이 다하도록 자비의 교화를 펼치되 말함이 없고 일함이 없으며, 말함이 없고 일함이 없되 법계의 고요함을 떠나지 않고 영겁토록 일 없는 일을 일으켜 중생을 진리의 땅에 이끄는 것이 붇다의 일[佛事]이고 보디사트바의 행[菩薩行]이다.

설법의 행으로 고통바다 빠진 중생 건지시는 여래의 행을, 『화엄경』(「광명각품」光明覺品)은 다음과 같이 찬탄한다.

중생이 미혹하여 바른 길 잃고
삿된 길에 늘 다녀 어두운 집 드니
그를 위해 바른 법의 등불 크게 밝혀
밝은 비춤 길이 짓는 것이 여래행이네.

衆生迷惑失正道　常行邪徑入闇宅
爲彼大然正法燈　永作照明是其行

중생이 모든 존재의 바다에 빠져
걱정과 온갖 어려움 끝이 없어서
편히 머물러 있을 곳이 없으므로

그를 위해 큰 법의 배를 만들어
모두 건너게 함이 여래행이네.

衆生漂溺諸有海　憂難無涯不可處
爲彼興造大法船　皆令得度是其行

중생이 바른 앎 없어 바탕 못 보고
미혹하고 어리석어 미쳐 날뛰며
험하고 어려운 길 속에 헤매니
붇다께서 그 중생 가엾이 여겨
어려움 건널 법의 다리 세워서
바른 생각으로 오르도록 해주시니
이와 같이 오르게 함 여래행이네.

衆生無知不見本　迷惑癡狂險難中
佛哀愍彼建法橋　正念令昇是其行

7 고향땅 카필라로 돌아오시어 여러 친족들을 출가시키고 비구니상가를 허락하시다

• 이끄는 글 •

붇다 성도의 땅은 마가다 국의 구역이다.

성도 이후 얼마간 혼자만의 선정의 사유를 거친 뒤 코살라 국의 세력권인 카시 국의 사슴동산에서 다섯 비구를 만들어 소그룹의 상가를 형성하신 뒤, 우루빌라 카샤파를 교화하여 천 명의 대중을 거두어 큰 상가 교단을 형성한 곳이 다시 마가다 국의 땅 우루빌라 숲이다.

우루빌라 카샤파 교화 이후 찾아온 빔비사라 왕을 교화하여 왕의 귀의와 대숲정사의 건립으로 붇다의 상가는 일약 마가다 국의 큰 교단이 된다.

원래 칼란다카 장자는 니르그란타 교단의 신자였다. 『중본기경』(中本起經)에 보면 붇다의 설법을 듣다 니르그란타 교단에 기증했던 동산을 다시 돌려받아 붇다 상가에 기증하였다고 한다.

이 동산에 빔비사라 왕이 정사를 지어 칼란다카의 대숲[Veṇuvana, 竹林]정사가 붇다 초기 상가의 전법과 수행의 근거지가 되었다. 또 이 정사가 있음으로 해서 맨 마지막 니르바나에 드시기 전 그리드라쿠타 산에서의 설법과 대중의 안거가 가능했으리라 생각된다.

이 대숲정사가 건립된 뒤 사슴동산의 다섯 비구가 전법의 나들이에서 돌아와 이 정사에 머물면서 아쓰바짓(Aśvajit, 馬勝) 비구의 인도로 산자야 교단의 사리푸트라와 목갈라야나가 귀의하고, 그 교단의 주된 구성원인 이백오십 명의 사문들이 붇다의 상가에 귀의함으로써 마가다 국의 사상계는 크게 재편된다.

브라마나로서 최고 존경받던 우루빌라 카샤파 삼형제의 교단이 통째로 붇다의 상가에 귀의하고, '여섯 바깥 길의 스승'[六師] 가운데 한 축이었던 산자야 교단이 흡수됨으로써, 붇다의 상가는 마가다의 가장 강력한 사문집단이 된다.

이 무렵 마하카샤파(Mahākāśyapa)가 마가다 국 라자그리하 성 근처 다자탑(多子塔, Bahuputraka-caitya) 앞에서 붇다를 만났다.

우루빌라 카샤파가 붇다를 만날 때 이미 백이십 세였다는 기록을 보더라도 사문이 된 이후 카샤파 삼형제들의 재세 기간이 길지 않았으리라 생각된다. 그러므로 수적으로는 우루빌라 카샤파 집단이 가장 많지만, 교단의 주도적 역할을 담당했던 장로비구는 사리푸트라와 목갈라야나이다.

경전의 여러 곳에 사리푸트라의 지혜를 찬탄하는 구절이 많이 등장하고, 사리푸트라와 목갈라야나에 대한 여래의 언급이 가장 많은 것을 보더라도 두 장로비구가 세존보다 먼저 니르바나에 들기 전까지 교단은 그 두 분 중심으로 통솔되어진 것 같다.

붇다가 마하카샤파의 두타행과 집착 없는 행을 찬탄하고, 설법하시던 여래의 자리 반을 나누어 앉게 하시고, 출가할 무렵 여래의 상가티를 내리고 카샤파의 무명옷을 받아 입으신 기록을 보더라도 붇다의 카샤파에 대한 신임이 남다른 것은 분명하다.

그러나 사리푸트라 생존시에는 지혜와 선정으로 가장 높은 제자가 사리푸트라임을, 경전을 접하는 이는 누구나 알 수 있다.

마가다 국에서 고향인 카필라 국에의 복귀는 상가교단의 발전과 변화의 중요한 전기가 된다. 사카족 젊은 청년들의 집단적 출가와 비구니상가의 출범이 그것이다.

제자들에게 설법을 마치고 고향땅이 있는 북쪽을 향해 돌아앉아 계시는 스승을 보고 제자들이 '세존께서 고향 카필라 국으로 돌아가고 싶어하시는 것'이라고 알아차렸듯이, 붇다는 성도 이후 고향 복귀를 계획하고 그때를 기다리신 듯하다.

경에도 '여래가 세간에 나와 행하는 다섯 가지 일 가운데 첫째 법바퀴[法輪]를 굴리고 둘째 부모를 제도한다'고 말하고 있듯, 부모에게 설법하여 건네주는 것을 세간 교화의 으뜸으로 강조하고 있다.

이 세간에 몸을 받아 날 때 부모의 인연으로 나왔는데, 교화의 첫째 인연으로 부모와 친족을 내놓고 어찌 대중 인연을 앞세울 수 있겠는가. 세존을 만나 가르침을 듣고 아들 고타마를 붇다인 세존으로 받아들인 아버지 숫도다나 왕은, 칙령으로 아들 두 사람 있는 집에서는 반드시 한 사람이 출가하도록 명령한다.

카필라 국의 여러 젊은이들이 세존의 가르침에 귀의해 출가하니, 붇다 교단은 사카족 청년들의 출가로 그 시대 인도사회 가장 높은 지식계층을 상가에 받아들이게 된다.

두타행에 으뜸인 마하카샤파와 많이 들음에 으뜸인 아난다 두 제자를 중심축으로 하여 붇다 니르바나 이후의 교단이 전승되는 토대가 세존의 카필라 국 복귀를 통해 마련된다.

카필라 국에서 출가한 사카족의 대표적인 제자로는 사촌동생 아난다, 이복동생 난다, 데바닫타(Devadatta), 드로노다나(Droṇodana) 왕의 아들 아니룻다와 아들 라훌라, 궁중 이발사 우팔리 등이다.

프라자파티 고타미(Prajāpatī-gautamī)는 이모이자 고타마를 실제로 길러 키운 어머니이다. 프라자파티의 출가 요청에 처음 붇다는 여성 출가를 허락하지 않으시고 집에서 범행 닦도록 만류한다. 프라자파티의 눈물 젖은 간청과 아난다의 진언을 받아들이면서 붇다는 여덟 가지 공경법[八敬法]을 여성 출가의 조건으로 제시하신다.

이 공경법은 여성의 집단적 출가에 대한 당시의 사회적 통념과, 이성끼리 독신 상가 내부에 함께 머물러야 하는[共住] 현실적 여건 등을 감안한 붇다의 타협안적인 성격이 짙다.

프라자파티 고타미의 출가 이후 프라자파티에 대한 여래의 존중심은 각별했다. 경을 보면 늘 비구니상가에 충고를 하시고 싶어도 프라자파티가 떠난 뒤에 남은 비구니대중에게 간곡히 타이르는 방식으로 여래는 여성 출가자 대중을 대했다.

프라자파티가 니르바나에 들자, 붇다는 혈족들인 라훌라와 난다 아난다를 불러 상여의 네 다리를 같이 드시고 마지막 다비장으로 그 몸을 실어 다비해드린다.

그 모습을 상상해보라. 여래가 세상에 출현하면 첫째 행할 일이 부모를 제도함이라 한 가르침 그대로, 마하프라자파티 비구니를 제자이지만 어머니의 예법으로 받들어 몸소 상여를 들고 다비해드렸다.

그리하여 도리하늘의 마야 부인과 프라자파티를 모두 어머니로 모시어 부모 구제의 원을 이루신 것이다.

카필라는 붇다의 육신의 고향이다. 그리고 붇다의 육신을 낳아준 고향땅 젊은 청년들이 출가하여 다시 붇다의 법의 아들과 딸이 되어 붇다의 법을 미래 만대에 전승시켜간 것이다.

여래의 교화는 한량없고 차별이 없지만 가까운 인연을 따라 갖가지 방편의 문을 세워 그들을 해탈의 땅에 이끄시니, 『화엄경』(「입법계품」)은 다음과 같이 말한다.

여래의 걸림 없는 지혜로 보는 바
그 가운데 온갖 모든 중생들을
모두 끝없는 방편의 문으로써
갖가지로 교화하여 성숙케 하네.

如來無礙智所見 其中一切諸衆生
悉以無邊方便門 種種敎化令成熟

비유하면 환술쟁이가 환술을 잘해
갖가지 모든 허깨비일을 나타내듯
붇다께서 중생 교화하심 또한 이같아
그들 위해 갖가지 몸 나타내 보이시네.

譬如幻師善幻術 現作種種諸幻事
佛化衆生亦如是 爲其示現種種身

대왕이시여, 세존께서는 이레 뒤면
이 카필라에 오실 것입니다

이때 여래께서는 카필라 국에 돌아오려 하면서 큰 비구대중들과 함께 계셨다.

모두가 아라한으로서 마음이 고요하고 미묘함에 통달하여 삼세 중생들의 지어감의 근원을 분명히 알았으니, 어진 이 사리푸트라와 마하목갈라야나, 우루빌라 카샤파·나디 카샤파·가야 카샤파 등 천이백오십 사람이었다.

이때 카필라 국 숫도다나 왕은 브라마나 우다인(Udāyin)을 보내 대 숲정사에 나아가서 붇다를 청하여 카필라 국에 돌아오도록 하였다.

세존의 옛 벗 우다인이 숫도다나 왕의 사신으로 왔다 출가함

그때 우다인은 붇다의 상호가 하늘땅을 환히 비침을 보고, 다섯 뜻 [五情]이 참으로 기뻐져서 머리를 발에 대 절하고 물러나 한쪽에 섰다가 마음을 가다듬고 길게 꿇어앉아 붇다께 말씀드렸다.

"부왕께서 멀리서 싣달타께 이렇게 인사드렸습니다.

'태자의 도가 이루어져서 다시 온갖 중생을 제도한다고 들었는데, 나 혼자만 본래의 언약을 얻지 못하였으니 돌아와주오.'

이렇게 말씀 전하고 이제 일부러 저를 사신으로 보냈습니다."

붇다께서는 우다인에게 말씀하셨다.

"부왕의 지내심이 편안하시오?"

우다인이 붇다께 말씀드렸다.

"대왕은 편안하시옵고 오직 세존만을 생각하십니다."

붇다께서는 우다인에게 말씀하셨다.

"이 도를 즐거워하시오?"

우다인은 대답하였다.

"매우 좋아하십니다, 세존이시여."

붇다께서는 우다인을 사문이 되게 하고 그에게 법의 계[法戒]를 주셨다.

우다인은 생각하였다.

'이제 제자가 되었으니 다시 돌아갈 까닭이 없다. 왕은 반드시 소식을 기다릴 터인데 누구를 통해 알려드릴까.'

그러자 붇다께서는 우다인의 생각을 아시고 말씀하셨다.

"돌아가고 싶은가. 우다인이여, 세상일을 가까이하려거나 옛집을 그리워해 집착하지 말라."

우다인이 붇다께 말씀드렸다.

"붇다께서는 카필라 국에 돌아가시려 하십니까?"

붇다께서 말씀하셨다.

"돌아가겠다."

우다인은 뜻을 받자 물러나 꿇어앉아 붇다께 여쭈었다.

"언제 카필라 국에 이르시겠습니까?"

붇다께서는 우다인에게 말씀하셨다.

"이레 뒤에 반드시 카필라 국에 닿을 것이다."

우다인은 기뻐하면서 붇다께 절하고 떠나갔다.

우다인이 다시 고향에 돌아가시려는
세존의 뜻을 전하기 위해 숫도다나 왕을 만남

이에 우다인은 카필라 국에 돌아와 궁에 가 세존의 뜻 전해주기를 청하였다.

문지기가 말했다.

"우다인 사신이 돌아와 문에 있으면서 뵈오려 합니다."

그러자 왕은 다시 묻도록 했다.

"나는 우다인을 마치 목마를 때 물 마시고 싶듯 바라고 있었는데, 무엇 때문에 머뭇거려 늦게 왔는가?"

왕에게 만나 뵐 뜻을 전하고, 되물음을 세 번이나 되풀이한 뒤에 비로소 나아가자, 왕은 우다인이 이미 가사를 입고 있음을 보고서 우다인에게 물었다.

"그대도 사문이 되었소?"

우다인은 대답하였다.

"이미 붇다의 법을 따랐습니다."

왕은 우다인에게 물었다.

"싣달타가 궁중에 있을 적에 그대하고만 친하여서 드나들고 돌아다니되 문에서 아뢰는 바가 없었는데, 이제 심부름 갔다 돌아와서는 무엇 때문에 밖의 문에 나아가서 만나보기를 청하였소?"

우다인은 왕에게 대답하였다.

"붇다께서 비구에게 이렇게 가르치셨기 때문입니다.

'흰옷의 세간 사람 가까이하지 말고 집을 그리워하고 집착하지 말라.'

왜냐하면 붇다의 길이 세속의 삶과 다르기 때문입니다."

세존의 일상의 몸가짐과 생활에 대해 묻고 답함

왕은 우다인에게 물었다.

"나의 아들이 궁중에 있을 때에는 의복이 아주 좋았는데, 지금 도를 행하면서 무슨 옷을 입었소?"

그러자 우다인은 옷을 가리키면서 말했다.

"입으신 것은 이와 같습니다"

왕은 곧 눈물을 떨구면서 말하였다.

"신달타가 집에 있을 적에 나는 궁전을 지어서 칠보로 새겼는데 아주 세상에서는 진기하고 미묘하였소. 지금의 집은 어떻게 내가 인정할 만하오?"

우다인은 왕에게 대답하였다.

"늘 나무 아래 머무시니 모든 붇다 세존의 도의 법[道法]이 다 그렇습니다."

왕은 우다인에게 물었다.

"나의 아들이 궁중에 있을 적에 자리는 분홍빛 아름다운 베로 비단에 수를 놓아 가늘고 부드러웠는데, 지금 앉은 자리는 모두 어떤 것이 있소?"

우다인은 왕에게 대답하였다.

"풀로써 앉는 자리를 하여, 맑고 깨끗하여 탐욕을 없앴습니다."

왕은 우다인에게 물었다.

"신달타가 집에 있을 적에 나는 주방을 지어 달고 기름지고 맛있는 것들을 먹였는데, 지금 먹는 것들은 또 어떤 것들이 있소?"

우다인은 대답하였다.

"때가 되면 발우를 가지고 복 지어줄 중생들에게 가시며, 자심은 거칠어 부드러움이 없고, 보시하는 집에 축원해주십니다."

왕은 이 말을 듣고 또 눈물을 흘리면서 우다인에게 물었다.

"신달타가 잠을 잘 때에 나는 깨우려고 거문고를 타 노래를 연주하면 그 뒤에 깼는데, 지금은 깊은 산에 있으면서 어떻게 깨우오?"

우다인은 왕에게 대답하였다.

"여래의 사마디[如來三昧]는 밤낮이 없습니다."

왕은 우다인에게 물었다.

"나의 아들이 궁중에 있을 적에는 목욕을 하는 데는 여덟 가지 향기로운 물이었는데, 지금 목욕을 하는 데는 다 어떤 물건이 있소?"

우다인은 왕에게 대답하였다.

"여덟 해탈[八解脫]의 바른 물[正水]로 마음의 때를 씻습니다."

왕은 우다인에게 물었다.

"신달타가 나라에 있을 적에는 찬다나 향과 소합의 향[蘇合香]으로 아들의 몸에 발랐는데, 이제 도를 행하면서는 어떤 물건이 있소?"

우다인은 왕에게 대답하였다.

"계와 선정, 지혜의 향으로 '여덟 가지 세간의 어려움'[八難]에 그 냄새 끼쳐줍니다."

왕은 우다인에게 물었다.

"신달타가 집에 있을 적에 나는 평상을 네 가지 좋은 보배로 만들었는데, 지금 앉는 것은 무슨 물건으로 만들었소?"

우다인은 대답하였다.

"네 가지 선정[四禪]으로 평상을 삼아 마음 쉬어 욕심이 없습니다."

왕은 우다인에게 물었다.

"나의 아들이 궁중에 있을 적에는 신하들이 보살펴 모셨는데, 지금의 모시고 따르는 이는 또 어떤 이들이 있소?”

우다인은 왕에게 대답하였다.

“도 배우는 제자를 비구상가라 하는데 곁에서 세존을 따라 모십니다. 천이백오십 사람이나 함께 있습니다.”

왕은 우다인에게 물었다.

“싣달타가 집에 있을 적에 만약 나가 노닐게 되면 소·양·코끼리·말이 끄는 네 수레가 있어 탈 것을 넉넉하게 하였는데, 지금 나가 노니심에는 무엇을 타시오?”

우다인은 왕에게 대답하였다.

“네 가지 진리[四諦]와 네 가지 자재한 선정[四神足]을 타시고 자유롭게 노닐어 다니십니다.”

왕은 우다인에게 물었다.

“나의 아들이 다니며 둘러볼 때는 깃발과 깃촉으로 빛나게 꾸몄었는데, 지금의 깃발에는 또 어떤 것들이 있소?”

우다인은 대답하였다.

“네 가지 은혜로움[四恩]과 자비(慈悲)로 널리 뭇 삶들을 꾸미십니다.”

왕은 우다인에게 물었다.

“싣달타가 매양 나갈 적에는 종을 치고 북을 울려 보는 이들이 길을 메웠는데, 이제 노닐고 멈춤에는 어떤 소리 울림이 있소?”

우다인은 왕에게 대답하였다.

“붇다께서 처음 도를 얻으시고, 바라나시 국에 나아가셔서 단이슬의 법북[甘露法鼓]을 치시니, 아즈냐타 카운디냐 등 다섯 사람이 아라한이 되었고, 팔만의 하늘들이 모두 도의 자취에 따라 들었으며,

아흔여섯 가지 무리들이 기뻐하여 숙이지 않음이 없었고, 위없는 법의 음성[無上法音]은 온 삼천대천세계에 들렸습니다."

왕은 우다인에게 물었다.

"싯달타가 지금 어떤 나라를 거느리려 하오?"

우다인은 왕에게 대답하였다.

"세존께서 거느리는 바는 이루 헤아려 말할 수 없습니다. 중생들을 가르쳐주어 건네줌 받지 않는 이가 없고, 평등한 마음으로 널리 건지시니 따로 가시는 곳이 없으십니다[無所適處]."

왕은 우다인에게 물었다.

"나의 아들이 나라에 있을 적에는 바른 다스림을 생각하여 말하고, 나를 도와서 백성을 편안케 하였으며, 예절에 따라 움직여, 좋은 풍속을 받아 잇지 않음이 없었소. 지금 홀로 있는 곳에서는 무엇을 생각하오?"

우다인은 왕에게 대답하였다.

"세존께는 온갖 법이 공함[空]이어서 괴로움과 즐거움은 참된 것이 아니고, 있는 것은 다함에 돌아가니, 오직 그것만을 생각하시므로 마음이 고요하여 함이 없으십니다."

왕은 이 말을 듣고 말하였다.

"큰일났구나, 싯달타여. 온갖 것이 다 있는데 그대는 어째서 없다고 말하는가. 거꾸로 되었다. 싯달타여, 사람들과 원수가 되겠구나."

세존이 카필라 국에 돌아올 소식을 전하니
숫도다나 왕이 환영 준비를 시킴

그러자 우다인은 왕에게 말하였다.

"바로 지혜로운 사람들을 온 세상에 가득히 채우고 사람마다 백 개의 머리가 있게 하며, 머리마다 백 개의 혀가 있게 하고서, 혀로 백 가지 뜻을 풀이하게 하여 이 사람의 수를 합쳐 여래를 칭찬해도, 겁이 다할 때까지 그 덕을 널리 다 말하지 못합니다.

그런데 하물며 제가 말하는 것이겠습니까.

억의 하나에도 미치지 못합니다. 오직 붇다와 붇다들이라사 그 덕을 비로소 드러내십니다."

왕은 말하였다.

"참 좋은 말이오. 붇다께서 오신다 하셨소? 어느 날쯤 다다를 수 있소?"

우다인은 왕에게 말하였다.

"이레 뒤면 오실 것입니다."

그러자 왕은 크게 기뻐하며 곧 신하들에게 명하였다.

"내가 붇다를 맞이하겠다. 이끌고 따르며 움직이는 것은 한결같이 전륜왕이 드나드는 법에 따르라."

편편하게 길을 닦고, 향기로운 물을 땅에 뿌리며, 성 가운데 길과 집에 다 깃발을 세우고, 그 닦아 다스리는 것도 빛이 나게 꾸미니, 수레와 말과 따르는 사람들이 사십 리까지 늘어섰다.

• 중본기경 6 환지부국품(還至父國品) 전반부

• 해설 •

붇다의 보디의 세계에서는 여기 이곳이 온갖 곳에 통하고 오고 감이 법계를 떠나지 않으니, 그 어느 곳인들 고향이 아니겠는가.

그러나 붇다도 세간의 인연을 따라 이와 같이 몸을 받아 나시고 이와 같이 집을 나와 고행하고 위없는 도를 이루셨으니, 위없는 도를 이루신 세존이 어찌 그 세간의 인연을 저버리시겠는가.

떠남은 크게 돌아옴을 위함이고 버림은 크게 싸안음을 위함이니, '세간 건지시는 크게 자비로운 이'의 크고 넓은 자비가 어찌 부모와 친족 건네줌을 깊이 생각하지 않겠는가.

세간의 인연을 따르되 해탈의 법을 지켜야 하므로[隨緣守法], 부왕의 사자로 왔던 출가한 옛 벗 우다인에게 '세상일 가까이하거나 옛 집을 그리워 말라'고 당부하신다.

그러나 법을 지키되 세간의 인연을 잘 따라야 하므로[守法隨緣], 우다인을 부왕께 보내며 '붇다가 이레 뒤면 카필라 국에 이른다'고 전하게 한다.

붇다가 카필라 국에 돌아온다는 말에 숫도다나 왕의 마음이 기쁨으로 차올랐지만, 세간의 복락을 버리고 떨어진 옷에 밥을 빌며, 인연으로 온갖 법이 있기 때문에 법이 공함을 가르친다는 아들의 소식에 부왕의 가슴은 근심과 걱정으로 가득하다.

'온갖 것이 있다'고 생각하는 왕 앞에, 세존이 '온갖 것이 공함'을 가르치며 '있는 것이 끝내 다함'을 가르친다는 소식이 얼마나 놀랍고 근심스럽겠는가.

그러나 공하기 때문에 만상이 있는 것이니, 여래의 공하다는 말씀이 세간의 궁핍을 다스릴 큰 풍요의 가르침이며 세간의 죽음의 병을 낫게 해줄 불사(不死)의 가르침인 것이다.

아들 고타마를 '붇다'(Buddha)라 부르는 우다인의 한 마디에 아버지 숫도다나 왕이 큰 기쁨에 넘쳐 온 나라에 붇다를 맞이할 차비를 시키니, 육신의 아버지가 아들 고타마의 법의 아들[法子]이 될 시절 인연이 도래한 것이리라.

부왕이시여, 세상을 가엾이 여기므로
발우에 밥 빌어 중생을 복되게 합니다

그날 세존께서는 대숲정사에서 일어나시어 비구대중 천이백오십 사람과 함께 계셨다.

그 거룩한 위신력에 감동하여 여러 하늘들이 모시고 따르니 카필라 국에 들어가시기 시작하셨다.

가시는 길에 아루나라는 물을 거치게 되어 있는데, 물을 건너고 언덕을 오르며 신통으로 비추어 살펴, 데바닫타가 나쁜 마음을 속에서 일으키므로 반드시 교화하기 어려울 것을 깊이 아셨다. 그래서 반드시 신통을 나타내어 그가 믿어 항복하게 하리라 생각하셨다.

그리하여 곧 허공을 올라가시어 땅에서 일곱 길을 떨어졌는데도 발이 마치 땅을 밟듯 하셨는데 실제로는 허공에 계셨다.

카필라 국으로 돌아오시며 신통의 교화를 보이시니
숫도다나 왕이 절하고 찬탄함

붇다께서는 비구들에게 말씀하셨다.

"저기 수레와 말이며 다섯 빛깔로 꾸며진 고운 것을 보라. 바로 인드라하늘이 노닐어 다닐 때와 비슷하구나."

그때 뭇 사람들이 붇다와 상가대중을 보니, 발은 그 땅을 밟는데도 그 발자국을 우러러보면 허공 가운데 있었다. 위에서 차츰 내려오시사, 바로 마중 나온 행렬에 이르자 사람들의 머리와 가지런해졌다.

이에 억세서 누를 수 없는 이들도 귀명하였지만 오직 데바닫타만은 홀로 이렇게 나쁜 생각을 일으켰다.

'태자가 도를 배운다 하면서 다만 환술만을 부려서 사람들을 이렇게 미혹시키는구나. 나도 환술을 부려서 널리 뭇 사람들을 교화하겠다.'

이에 부왕은 멀리서 붇다가 오시는 것을 보고 사랑과 공경이 뒤섞였는데, 첫째는 도를 공경함이요, 둘째는 아들을 사랑함이 그것이었다.

곧 코끼리 수레에서 내리며 칼을 풀고 일산을 물리치고는 눈물을 흘리면서 붇다께 나아가 머리를 발에 대고 절하며 게송으로 찬탄하였다.

> 태어날 때 빼어난 복덕으로 말미암아
> 상서로운 감응 서른두 모습일 때와
> 나무마저 기울어 공경히 머리 숙인 때와
> 보디를 이룬 지금 세 번째 절하노라.

법의 맛[法味]·선정의 기쁨[禪悅]·법의 재물[法財]로 살아가는 삶을 보이심

이에 부왕은 게송으로 붇다께 물었다.

> 태자는 본래 나의 집에 있을 적엔
> 보배 수레라는 코끼리를 탔는데
> 이제는 발로써 땅을 밟으니
> 이 괴로움 어떻게 견디겠는가.

그때 세존께서는 게송으로 대답하셨다.

　수레와 말은 나고 죽음의 탈 것
　위험한데 어찌 오래갈 수 있으리.
　다섯 가지 신통을 타고 달리면
　이르는 곳 끝없고 걸림 없다오.

이에 부왕은 게송으로 붇다께 물었다.

　본래 칠보로 된 좋은 옷을 입어
　진기하고 묘해 아주 아름다웠는데
　머리 깎고 누더기 옷을 입고 있으니
　어떻게 부끄럽다 하지 않으리.

그때 세존께서는 게송으로 대답하셨다.

　뉘우침으로 입을 옷을 삼으니
　세속 옷은 티끌과 때만 더한다오.
　법의 옷이야말로 참 사람의 옷이며
　마음 쉰 사람을 여래라 이름하오.

이에 부왕은 게송으로 붇다께 물었다.

　본래는 금과 은의 그릇을 썼으므로

여러 맛이 매우 향기롭고 좋았는데
지금은 다니면서 밥을 빈다니
거칠고 나쁜 먹을 것 어찌 삼키리.

그때 세존께서는 게송으로 대답하셨다.

법의 맛이 도의 먹을거리가 되니
주림과 목마름은 이제 없어졌네.
세상을 슬피 여겨 짐짓 밥을 비니
발우 지니고 중생 복되게 하오.

이에 부왕은 게송으로 붇다게 물었다.

본래 따로 있는 궁 가운데 지내며
뭇 궁중 여인들이 모시고 지켰는데
홀로 산속 나무 사이에 있으면서
어떻게 두려웁지 아니하겠나.

그때 세존께서는 게송으로 대답하셨다.

나고 죽음의 두려움을 없애고
지금 이미 본래 공함에 들어가
근심 없고 기쁨의 생각 없으니
머무는 곳 도량이라 이름한다오.

이에 부왕은 게송으로 붇다께 물었다.

  본래 나의 집에 있을 때에는
  몸 씻는 물마저 향물이었는데
  산숲 나무들 사이에 살면서는
  무엇으로 몸의 때를 씻고 있는가.

그때 세존께서는 게송으로 대답하셨다.

  보디의 곳간 몸 씻는 못물 삼으니
  선정의 물이 그 못 가득 채우네.
  씻고 나면 세 가지 독 모두다하니
  세 밝음 시원하여 짝이 없다오.

• 중본기경 6 환지부국품 중반부

• 해설 •

아버지 숫도다나 왕은 아들 고타마에게 세 번 절했으니, 처음 태어날 때 서른두 가지의 거룩한 모습을 보고 갓난아이에게 절했고, 두 번째 농사일 감독 나간 고타마가 선정에 들어 있을 때 나무가 그늘 드리운 것을 보고 절했으며, 세 번째 보디를 이루시고 돌아온 붇다의 모습을 보고 절했다.

고금의 역사에 아버지가 아들에게 공경히 절하고 낳아준 아버지가 아들의 법의 자식이 된 예가 어디에 있을 것인가. 숫도다나 왕과 고타마의 예밖에는 없다.

이 세간에 그 누가 육신의 몸을 낳아준 아버지의 절함을 받을 수 있는가. 나라는 교만의 깃발을 꺾어버리고 늘 온갖 중생을 어버이처럼 섬기고 친자식처럼 사랑하는 이만이 그럴 수 있다. 세간의 뭇 삶들을 법의 은덕으로 베풀고 자비로 거둠으로써 세간의 공양을 받을 수 있는 이, 아라한 가운데 아라한, 지극히 참된 이만이 그럴 수 있다.

아버지 숫도다나 왕과 붇다의 문답 속에 나고 죽음이 다하지 못한 세간의 복된 업과 나고 죽음이 다한 참사람의 해탈의 삶, 그 차이점이 극명하게 드러난다.

탐욕의 불꽃이 다하지 못한 삶의 많이 가짐과 많이 누림은 더 많은 가짐에 대한 탐욕 때문에 참으로 안온한 곳의 풍요가 되지 못한다. 가진 것이 공함을 알아 탐욕을 쉰 이는 오히려 다함없는 법의 재물[法財]을 얻어 쓰고 써도 그 재물은 줄어들지 않는다.

범부의 다섯 가지 욕망의 공덕[五欲功德]과, 참사람의 선정으로 기쁨 삼고[禪悅] 법의 맛[法味]으로 먹을거리 삼는 진리의 먹음[道食], 이 애착의 몸으로 주체를 삼는 범부의 삶과 몸이 몸 아닌 법의 몸[法身]을 통달한 아라한의 지혜의 목숨[慧命], 이 두 가지 삶의 길은 확연히 다르다.

그러나 이 두 가지 삶의 길은 다르면서 결코 다르지 않다.

왜인가. 저 번뇌와 탐욕, 탐욕이 구하는 오욕의 공덕에 남이 없음[無生]을 아는 곳이, 번뇌의 삶이 지혜의 목숨[慧命]이 되는 때이고, 육신의 허깨비 몸[幻化空身]이 법의 몸[法身]이 되는 때이며, 세간의 온갖 가짐이 줄어듦이 없는 보디의 곳간[道藏] 속 다함없는 법의 재물[法財]이 되는 때이기 때문이다.

그 누군들 붇다가 아버지 숫도다나 왕으로부터 절 받는 모습을 보고 고타마를 예의를 모르는 아들이라 말하고 붇다를 교만한 사람이라 말하겠는가.

고타마가 숫도다나 왕의 절을 받을 때, 아버지의 절 받음으로 세존이 도리어 세간의 온갖 아버지에게 절하는 소식이 있으니, 이 뜻 알아야 걸음걸음 시방 붇다께 절하고 걸음걸음 온갖 중생 섬기는 자라 할 수 있을 것이다.

절하고 절 받음에 관해 중국 선불교에서도 다음과 같은 이야기가 있다.

중국 당대 현사사비선사(玄沙師備禪師)는 새로 찾아온 제자가 절하는 것을 보고 말했다.

"절 받는 나로 인해 그대에게 절하게 되었다"[因我得禮你].

현사선사의 위 말에 대해 죽암규선사(竹庵珪禪師)는 이렇게 노래했다.

> 날카로운 칼로 목숨 뿌리 끊으니
> 풀에 붙고 나무에 의지해 사는
> 헛된 얼과 넋이 되지 않고자 함이네.
> 한 법이라도 남에게 줌이 있다면
> 혀를 빼는 지옥에 길이 들리라.
>
> 利刀斷命根　不要依草附木
> 若有一法與人　永入拔舌地獄

게송의 뜻으로 보면 절하고 절 받음이 있는 것은 나에 나가 없고 너에 네가 없기 때문이니, 절 받는 나가 있다 하면 이는 풀에 붙은 도깨비의 넋이다. 이 뜻을 알면 절 받음이 곧 절함이 되며, 절 받음으로 온갖 교만의 때를 없애는 것이다.

'그대에게 절 받는 나로 인해 내가 그대에게 절한다'는 현사의 뜻이 이와 같으니, 이 현사의 뜻이 아버지에게 절 받는 고타마 붓다의 뜻과 같은가 다른가. 한번 눈을 대고 살펴보자.

카필라 국의 단정한 이들을 골라
상가의 수를 채워주라

이에 부왕은 붇다와 상가대중을 청하여 왕의 동산에 나아가게 하고, 길이 정사가 되게 하였다. 그러므로 붇다께서는 왕의 뜻을 받아들여 곧 정사에 들어가서 니그로다 나무 아래 앉아 널리 교법을 말씀하시어 이레 동안 게으르지 않으셨다.

듣는 이들은 다 기뻐하며 그 가운데는 마하야나(Mahāyāna, 大乘)의 뜻을 내는 이도 있고, 프라테카붇다(Pratyeka-buddha, 獨覺)의 행을 좋아하는 이도 있으며, 아라한(Arhat, 應供)의 뜻을 내는 이도 있고, 사문이 되는 이도 있어서 저마다 내는 마음을 따라서 행하는 대로 얻었다.

여인들에게도 널리 법을 설해 비구니상가의 문을 여심

성안의 여인들이 각기 착한 생각을 내어 슬피 울면서 스스로를 꾸짖었다.

"남자된 복덕으로 그들만 붇다를 뵈올 수 있는데, 우리들은 죄의 가림으로 법의 맛을 먹지 못하니 어찌 이렇게 괴로운가?"

붇다께서는 여인들의 온갖 생각들을 아시고 찬탄하셨다.

"참으로 옳은 말이다. 좋은 마음을 내어 법을 듣고 싶어하니, 참으로 괴로움을 건널 수 있으리라."

붇다께서는 곧 왕에게 말씀하셨다.

"법이 일어남도 만나기 어렵고 도의 가르침도 얻기 어려우니, 나라 안의 여러 여인들로서 법을 듣고 싶어하는 이는 나와서 듣고 받을 수 있도록 명하셔야겠습니다."

그러자 왕은 곧 널리 명령해 붇다를 보고 싶어하는 이들이 와서 듣게 하였더니, 성안의 여인네들은 모두 기뻐하며 함께 나와서 붇다께 나아가 절하고서 물러나 머물러 섰다.

이에 세존께서는 알맞게 법을 말씀하셨으므로 저마다 깨달아 알고서 법의 눈을 얻었고, 왕과 신하와 백성들은 기뻐하면서 붇다께 절하고 물러갔다.

부자의 정에 가려 있는 숫도다나 왕을
목갈라야나의 신통 교화로 다시 깨우쳐주심

이때 비구들은 붇다께 여쭈었다.

"카필라 성안에서는 남자나 여인으로 어른이거나 어린이거나 붇다의 설법을 듣고 마음에 생각하는 대로 저마다 그 해탈의 언약을 얻었사온데, 부왕께서는 함께 듣고서도 언약을 얻지 못했습니까?"

붇다께서는 비구들에게 말씀하셨다.

"부왕의 은혜와 사랑이 아직 쉬지 못하여 아버지와 아들로서만 서로 마주하니 공경하는 마음이 아직 온전하지 못하시다. 그 때문에 얻지 못한 것이다."

다음 날 아침에 여래께서는 오직 목갈라야나만을 데리고 왕궁에 나아가 전각에 올라 앉으셨다. 붇다께서 목갈라야나에게 명하셨다.

"그대의 신통력을 나타내보라."

목갈라야나는 분부를 받고 허공으로 날아올라서 나왔다가 없어지기를 일곱 번하고, 몸에서 물과 불을 내며, 위로부터 내려오면서 나아가 붇다의 발에 절하고 물러나 왼쪽에서 모셨다.

부왕은 신통 변화를 보고 마음과 뜻이 풀리고 기뻐지며, 은혜와 사랑이 끊어지고 없어져서 공경하는 마음이 안에서 나니, 붇다 앞에 나아가 절하고는 말하였다.

"매우 거룩하십니다, 세존이시여. 제자의 공덕이 오히려 그러한데, 여래의 거룩한 덕이야 헤아릴 수 없습니다."

그리고 곧 위없고 바르고 참된 보디의 뜻을 내었다.

부왕이 나라에 칙령을 내려 사카족들의 출가를 명함

이때 부왕은 붇다의 처소에 나아갈 때마다 카샤파 등 천 명의 모습이 매우 초라한 것을 보고 매양 마음이 편치 못하였으므로 이렇게 생각했다.

'이들 비구들이 비록 마음은 깨끗하다 하더라도 겉의 잘난 모습이 없다. 반드시 왕실에서 함이 없음[無爲]을 즐기는 이들을 권하여 사문이 되게 하되, 단정한 이들을 고르리라.'

곧 명령하여 사카족들에게 다음 날 전각에 모이게 하자 명령을 받고 이르렀으므로, 왕은 왕족들에게 말하였다.

"아르야가 태자의 상을 보고 이렇게 말했다.

'붇다께서 출가하지 않으시면 거룩한 전륜왕이 되어 네 천하의 임금이 되고, 좌우의 따르는 이들로는 단정한 이들을 거느릴 것이다.'

그런데 지금 여러 제자들의 무리들은 볼 만한 모습이 없으니, 이제 도를 행할 몸가짐과 얼굴 모습이 잘 갖춰진 이를 예로써 맞아 상가의 수를 채워 세존을 빛내주려 한다."

그러자 모두가 말하였다.

"아주 좋습니다."

명령을 듣고 기뻐하면서 물러났다가, 잘 갖추어 차리고 이레가 되자 출가하러 갔다.

데바닫타는 곧 가는 이들에게 말하였다.

"우리들 왕족의 자제들이 이제 세상의 영화를 버리고 집을 떠나 도에서 머물려고 옷가지와 꾸밈새를 번듯이 하니, 세상에서 가장 미묘하도다. 코끼리와 말과 탈 것의 값은 만큼 어치구나."

그러고는 그날에 꾸밈새를 차리고 나오자 보는 이들이 길을 메웠는데, 데바닫타의 갓과 머리싸개가 저절로 땅에 떨어지고, 쿠후리[衢和離]가 타고 있던 코끼리는 네 다리를 땅에 대고 새의 울음을 울었다.

서로가 점을 치며 말하였다.

"다른 이들은 모두 보디를 얻겠지만, 두 사람은 좋지 못할 것이다."

다같이 붇다에게 나아가 모두 사문이 되었는데, 억센 이도 항복하여 가르침을 즐겁게 받지 않음이 없었다.

• 중본기경 6 환지부국품 후반부

• **해설** •

고타마 붇다는 고향 카필라 국에 돌아오시어 몇 가지 큰 일을 행하셨다.

그 첫째는 아버지와 아들의 정에 가려 애착의 마음을 놓지 못하는 부왕 숫도다나를 목갈라야나의 신통을 통해 교화하시고, 길러주신 어머니 프라자파티 고타미를 법에 귀의케 하고 끝내 그 출가를 허락하시어 제도하심이다.

이로써 붇다가 세간에 나와 해야 할 일 가운데 부모를 제도하는 일이 성취되었다.

다음 남성중심 사회에서 집안에 갇혀 있던 여인들이 붇다의 법회에 함께 참석할 수 있도록 해 모두 바른 법을 받아 행할 수 있도록 했으니, 법바퀴를 치우침 없이 굴리심이다.

여인의 귀의와 법회 참석이 자유로워짐으로 비구니상가 형성의 문이 열린 것이다.

그다음 큰일의 성취란 아버지 숫도다나 왕의 귀의로 나라에 칙령을 내려 국가적 정책으로 출가를 권장한 것이니, 이 칙령으로 기성 수행자 교단 출신의 붇다의 상가에 몸가짐이 단정하고 지적으로 세련된 새로운 청년 집단이 충원되었다.

마가다 국에서의 우루빌라 카샤파 삼형제의 천 명 제자들과 산자야 교단 사문들의 귀의, 빔비사라 왕의 귀의로 붇다의 상가는 육십 명 정도의 소그룹 수행자 집단에서 천이삼백 명의 대규모 집단으로 비약적 발전을 이룬다.

그 뒤 카필라 국에 돌아오시어 카필라 국의 신진 청년들의 출가와 비구니 상가의 출범으로, 붇다의 상가는 비로소 사부대중을 갖춘 개방되고 자유로우며 서로 존경심으로 가득한 수행자 교단이 되어 인도사회에 우뚝 서게 되었다.

위 『본기경』에서는 데바닫타가 출가하기 전부터 교단 분열의 원죄(原罪)와 악의 씨앗을 안고 있는 사람으로 기술된다.

데바닫타는 어릴 적 고타마 싣달타와 같이 자랐기 때문에 세간의 법왕이 되신 고타마에 대해 경쟁적 심리를 가졌을 수는 있다. 그러나 데바닫타도 출가하러 떠나는 사카족 젊은이들의 장엄한 행렬에 감동하고 있는 것을 보면, 그도 처음 발심은 순수했던 것으로 보아야 할 것이다.

나중 정치세력과 결합되고 자기 견해를 추종하는 무리들이 생기면서 상가 교단의 분열과 붇다에 대한 무거운 죄를 짓게 된 것으로 보아야 할 것이다. 그가 처음부터 죄업의 싹을 짊어지고 온 이라면, 붇다가 어떻게 그가 뒷 세상 언젠가는 프라테카붇다가 되리라 언약해주셨겠는가.

교단을 분열하고 붇다를 죽이려고까지 한 극악한 죄인에게 미래 성불을 약속하는 붇다의 뜻을 대승의 큰 논사[大乘論師]들은 '극악한 죄인 이찬티카(icchantika)도 끝내 붇다를 이룬다[闡提成佛]'는 교설로 발전시켰다.

설사 극악한 죄인이라도 한 생각 돌이키는 그 자리에서 곧 붇다가 될 수 있다면 이미 붇다 되어 있음이 그와 함께하고 있는 것인데, 어디에 변치 않을 죄의 씨앗이 거기 있겠는가.

누가 실체로서의 근본 무명(根本無明)을 말하고 원죄(原罪)를 말하는가.

『비말라키르티수트라』(淨名經)는 죄업의 본바탕이 깨끗함을 통달하면 죄업의 중생도 복된 업의 주인공이 될 수 있음을 다음과 같이 말한다.

사자 보디사트바(siṃha-bodhisattva, 師子菩薩)가 말했다.

"죄와 복 둘이 되지만, 만약 죄의 성품을 통달하면 죄와 복이 다름이 없습니다.

금강 같은 지혜로 이 모습을 밝게 알면 얽매임도 없고 풀림도 없으니, 이것이 둘 아닌 법문[不二法]에 들어가는 것입니다."

경의 뜻처럼 데바닫타가 비록 극악한 죄업을 짓고 여래를 배반했지만, 데바닫타의 죄업의 뿌리가 공하므로 데바닫타도 여래의 언약을 받은 것이며, 데바닫타의 죄업으로 인해 여래의 법계와 평등한 자비 공덕이 온전히 검증되었다.

부왕 숫도다나로부터 데바닫타까지, 안방에 갇혀 있던 여인들, 신분질서에 얽매여 살았던 천민들까지 보디의 완성자 고타마 싣달타의 고향 귀환의 기쁜 소식을 듣고 모두 달려나와 그 법음을 듣고 여래를 따라 상가에 입문하는 모습은 어떠했을까. 그 모습은 화엄회상에서 여래의 보디의 공덕을 구하기 위해 선지식을 찾아 달려가는 구도자의 모습으로 기술된다.

화엄회상(「입법계품」) 선지식은 다음과 같이 구도자를 격려해 말한다.

그대는 청정한 마음으로
붇다의 보디 찾아 구해

선지식을 받들어 섬겨
스스로의 목숨 아끼지 않는구나.

汝以淸淨心 尋求佛菩提
承事善知識 不自惜身命

온갖 법계 가운데 있는
한량없는 세계 바다에서
그대는 선지식을 모두 찾아가
선지식을 가까이하는구나.

一切法界中 所有諸刹海
汝悉能往詣 親近善知識

그대는 모든 세간에서
의지함 없고 집착 없으며
그 마음이 널리 걸림 없어
청정하기 허공과 같구나.

汝於諸世間 無依無所著
其心普無礙 淸淨如虛空

8 오직 진리법으로 세간 정치를 이끄시고, 국왕과 장자를 교화하시는 여래

• 이끄는 글 •

붇다는 마라[魔]와 하늘[天]이 공한 줄 깨달아, 하늘 밖의 하늘[天外天], 하늘 가운데 하늘[devātideva, 天中天]이 된 분이시라 비록 사람의 몸이지만 여러 하늘들의 공경과 공양을 받을 수 있다.

세간 권력의 세계는 이기고 짐이 있고 빼앗고 빼앗김이 있으며 다스림과 다스리는 바가 있다. 그러나 여래의 보디의 법에는 이기고 짐이 없고 빼앗고 빼앗김이 없고 다스림과 다스리는 바가 없다.

여래는 법의 왕[法王, dharma-rāja]이니, 이기고 짐이 없는 법의 왕의 위없는 법에서 보면 비록 높은 권세라 해도 참으로 위태롭고 위태로운 법이다.

그러니 세간의 권세를 가지고 늘 그 권력의 자리를 지키기 위해 잠 못 이루는 이들이 어찌 다시 잃을 것 없고 다시 흔들림 없는 법왕의 법에 귀의하지 않겠는가.

여래는 온갖 법이 공하되 공도 공한 줄 알므로 여래의 도의 곳간[道藏]에는 법의 재물[法財]이 가득하여 그 재물은 쓰고 써도 닳아 없어지지 않는다.

법의 재물은 가져다 쓴다고 줄어들지 않고 가져온다고 늘어나지 않으니, 늘고 줌이 없는 법의 재물을 쓰는 이만이 장자·거사 등 많이 가진 이들에게 베풂을 통해 참으로 풍요로워지는 길을 가르칠 수 있다.

그리고 줄어들지 않는 삶의 풍요에 서 계신 이만이, 가진 것 없어 배고파 굶주린 이들에게 다시는 배고프지 않을 법의 맛[法味]을 주고 다시 궁핍에 떨지 않을 법의 재물을 줄 수 있다.

붇다는 저 높고 높은 하늘신들에게는 낮은 곳에 내려와 범행 닦는 비구상가에 공양하도록 하고, 가난하지만 착한 이들을 돕도록 가르치며, 저 세간의 권력자들에게는 이기고 지는 것 때문에 일어나는 원한의 마음과 분노를 쉬고 죽임의 칼을 내려놓도록 가르친다.

많이 가진 장자들에게는 탐욕을 그치고 가난한 이들에게 먹을 것과 덮을 것을 베풀고, 범행 닦는 이들을 위해 정사를 지어주며 지친 이들에게 쉼터를 만들어주도록 가르치신다.

프라세나짓 왕과 빔비사라 왕은 당대 인도 천하의 가장 강한 두 나라의 왕이었다.

두 나라 왕이 모두 붇다 앞에 무릎 꿇고 법을 듣는 제자가 되었으니, 세간의 그 어떤 높은 것보다 더 높고 세간의 그 어떤 낮은 것보다 더 낮은 여래 보디의 힘이 아니고서는 그럴 수 없는 일이리라.

『화엄경』(「광명각품」)은 법왕이신 여래의 자비가 평등하여 높은 자와 낮은 자, 가진 자와 못 가진 자를 널리 거두어 해탈의 땅에 이끎을 다음과 같이 보인다.

붇다께선 중생 마음의 성품이

각기 같지 않음을 잘 아시사
중생 건네줄 수 있음을 따라
이와 같이 법을 설해주시네.

佛知衆生心　性分各不同
隨其所應度　如是而說法

아끼는 자 위해 보시 기리고
계 허무는 이 위해 계를 기리며
성냄 많은 이에겐 참음을 말하고
게으른 이에겐 정진을 말해주네.

慳者爲讚施　毀禁者讚戒
多瞋爲讚忍　好懈讚精進

온갖 모든 세계 가운데서
교화 받아야 할 자라면
사람 가운데 영웅 늘 뵙게 되니
모든 붇다의 법 이와 같도다.

一切諸世界　所應受化者
常見人中雄　諸佛法如是

여러 사카족들이여, 나는 법의 왕이니

이와 같이 들었다.

한때 붇다께서는 사카 마을의 니그로다 동산에서 큰 비구들 오백 명과 함께 계셨다.

그때 사카족의 호귀한 성씨들 수천 사람은 세존 계신 곳을 찾아가서 머리를 대 발에 절하고 한쪽에 앉았다. 그리고 모든 사카족들이 세존께 말씀드렸다.

"오늘 왕이 되어 이 나라를 다스리면 우리들의 종족은 곧 썩지 않을 것입니다. 그렇게 해서 전륜왕(轉輪王)의 자리[位]가 당신에게서 끊어지지 않게 하십시오. 만약 세존께서 출가하지 않으셨다면 틀림없이 온세상에서 전륜왕이 되어 네 천하를 다스리고, 일천 아들을 갖추었을 것입니다. 또한 우리들 종성의 이름이 멀리 퍼져서 '전륜왕이 사카 종족에서 나왔다'고 할 것입니다.

그러므로 세존께서는 왕이 되어 다스리시어 왕의 종자가 끊어지지 않도록 하셔야 합니다."

여래가 일곱 보배 갖추고 천 명의 자식 둔 법왕임을 보이심

세존께서 말씀하셨다.

"내가 지금 바로 왕의 몸이니 법의 왕이라고 하오.

왜일까요. 나는 지금 그대들에게 묻겠소.

어떠하오? 모든 사카족들이여, 전륜왕은 일곱 보배를 갖추고 용맹스런 천 명의 아들을 둔다고 말했소?

나는 지금 삼천대천세계 가운데서 가장 높고 가장 위가 되어 아무도 나를 미칠 수 있는 이가 없으며, '일곱 갈래 깨닫게 하는 마음의 보배'[七覺意寶]를 이루어, 셀 수 없는 천 명 성문의 아들들[聲聞之子]을 딸려 거느리고 있소."

그때 세존께서 곧 이 게송을 말씀하셨다.

　　이제 만약 왕의 자리 가지면
　　얻은 뒤에는 다시 잃게 되지만
　　이 법왕의 자리는 가장 빼어나
　　마침도 없고 또한 비롯함도 없다.

　　빼어나므로 빼앗을 수가 없으니
　　이 빼어남이 가장 높아 뛰어나다.
　　그렇듯 붓다의 한량없는 행은
　　자취 없으니 뉘라서 밟아 나아가랴.

"그러므로 모든 고타마들이여, 방편으로 바른 법의 왕의 다스림을 구해야 하오.

모든 사카족들이여, 반드시 이와 같이 배워야 하오."

그때 모든 사카족들은 붓다의 말씀을 듣고 기뻐하며 받들어 행하였다.

• 증일아함 24 고당품(高幢品) 三

사카족의 나라 카필라는 작은 왕국으로 코살라의 속국이었다 한다. 그러나 사카족은 기질적으로 자존심이 강하고 일반 대중의 지적 수준이 다른 종족에 비해 높았던 것 같다.

자존심 강한 작은 나라 카필라의 사카족들은, 힘으로 누르는 큰 나라 마가다와 코살라에 대해서도 늘 마음 깊이 그 힘에 승복하지 않는 대중의 정서가 있었던 것 같다. 강대한 전제군주 국가가 작은 공화정 국가들을 흡수해가는 시대의 흐름 속에서 사카족의 그 콧대 높은 자존심은 종족을 비극적 결말로 이끌어가는 기폭제가 되었다.

붇다가 사카족의 마을에 머무실 때 붇다를 찾아와 함께 모인 사카족 귀족들도 카필라가 작은 나라지만 코살라 국과 마가다 국을 이길 수 있는 강한 나라가 되기를 바라고 있다. 그래서 그들은 고타마 붇다가 붇다의 길을 가지 말고 왕의 자리로 되돌아와 마가다 국과 코살라 국을 누르는 대왕이 되어 사카족을 인도 천하에 빛내주기를 바란다.

붇다는 가르친다.

"큼이 있고 작음이 있는 것은 참으로 큼이 되지 못하고, 이김이 있고 짐이 있는 것은 참으로 빼어남이 되지 못하며, 얻음이 있고 잃음이 있는 지위는 참으로 굳센 자리가 되지 못한다."

전륜왕의 지위는 높아도 더 높은 것이 있고, 일곱 보배가 있어도 그 보배는 잃음이 있고 사라짐이 있다.

그러나 법왕의 길은 크고 작음이 없어서 가장 크며, 높고 낮음이 없어서 가장 높으며, 이기고 짐이 없어서 가장 빼어나다.

여래의 일곱 깨달음의 보배는 다시 물러섬이나 잃음이 없이 닦는 이로 하여금 니르바나의 저 언덕에 이르게 하니, 법왕의 법의 아들들이 범행을 잘 닦으면 일곱 보배를 얻고 이 세간의 복밭이 된다.

법왕의 이 빼어남을 무엇으로 견줄 것인가. 이 비롯함이 없음[無始]인데 어찌 마침 있으리. 이 자취 없음인데 뉘라 밟아가며, 이 모습 없음인데 뉘라

엿볼 수 있으리.

『화엄경』(「야마궁중게찬품」)은 모습에서 모습 떠나 모습에 자재한 여래의 공덕을 다음과 같이 찬탄한다.

붇다의 공덕은 끝이 없으니
어떻게 헤아려 알 수 있으리.
머묾 없고 또한 감이 없으나
널리 법계에 들어가시네.

佛功德無邊　云何可測知
無住亦無去　普入於法界

옛 선사 또한 헤아려 알 수 없는 법왕의 공덕을 이렇게 노래한다.

크고 크신 법의 왕이시여.
짧지도 않고 길지도 않네.
본래 검고 흼이 아닌데
곳을 따라 푸르고 누름 나타내네.

摩訶大法王　不短亦不長
本來非皂白　隨處現靑黃

빨리 보배깃털 수레를 준비하라
나는 슈라바스티로 가서 세존을 뵈오리라

이와 같이 들었다.

한때 붇다께서는 슈라바스티 국 제타 숲 '외로운 이 돕는 장자의 동산'에서 오백 명의 여러 비구들과 함께 계셨다.

그때 빔비사라 왕이 모든 신하들에게 명하였다.

"보배깃털 수레를 빨리 꾸며 멍에 매우도록 하라. 내가 슈라바스티 성으로 가서 몸소 세존을 뵙겠다."

신하들은 왕의 명령을 받고 곧 보배깃털 수레를 꾸며 멍에 매우고 왕에게 나아가 말씀드렸다.

"수레 준비가 다 되었습니다. 대왕께선 때가 되었음을 아소서."

그때 빔비사라 왕은 보배깃털 수레를 타고 라자그리하 성을 나서 슈라바스티 성으로 나아갔고, 차츰 제타 숲 정사에 이르러 제타 숲 정사로 들어가려고 하였다.

정수리에 물 뿌리는[灌頭] 왕의 법에는 다섯 가지 위엄스런 모습이 있다. 그런데도 왕은 그것을 모두 한쪽에 치워두고, 세존 계신 곳에 나아가 머리를 대 발에 절하고 한쪽에 앉았다.

그때 세존께서 그를 위해 차츰 미묘한 법을 설명하셨다.

빔비사라 왕이 라자그리하 성으로 세존을 초청함

그때 왕은 그 법을 듣고 세존께 말씀드렸다.

"여래께서는 라자그리하 성에서 올 여름 안거하시길 바랍니다. 입을 것과 먹을거리, 자리끼와 의약품을 공양하겠습니다."

세존께서는 잠자코 빔비사라 왕의 청을 들어주셨다.

이 왕은 세존께서 잠자코 청을 들어주시는 것을 보고, 곧 자리에서 일어나 머리를 대 발에 절하고 세 번 두루고 물러갔다.

그는 라자그리하 성으로 돌아가 안으로 들어갔다.

그때 빔비사라 왕은 고요한 곳에 있다가 이렇게 생각하였다.

'나라면 이 몸과 목숨 다하도록 여래와 비구대중에게 입을 것과 먹을거리, 자리끼와 의약품을 공양할 수 있다. 그리고 낮고 천한 사람들도 가엾이 여겨야 한다.'

이때 빔비사라 왕은 곧 그날로 신하들에게 말하였다.

"나는 아까 이렇게 생각하였다.

'나는 목숨을 다할 때까지 여래와 비구대중에게 입을 것과 먹을거리, 자리끼와 의약품을 공양할 수 있다. 그리고 낮고 천한 사람들도 가엾이 여겨야 한다.'

그대들은 각기 서로 이끌어 차례로 여래와 비구대중에게 공양하도록 하여, 기나긴 밤 동안 복 받음이 다함없도록 하라."

그때 마가다 국의 왕은 곧 궁궐 문 앞에 큰 강당을 세우고 또 갖가지 먹을거리를 갖추었다.

그때 세존께서 오백 명 비구들을 데리고 슈라바스티 성을 나와 세간에 노닐면서 차츰 라자그리하 성 칼란다카 대나무동산[竹園] 가까이에 이르셨다.

빔비사라 왕은 세존께서 칼란다카 대나무동산에 오셨다는 말을 듣고, 곧 보배깃털 수레를 타고 세존 계신 곳에 이르러 머리를 대 발에 절하고 한쪽에 앉았다.

그때 빔비사라 왕이 세존께 말씀드렸다.

"저는 고요한 곳에서 이렇게 생각했습니다.

'나라면 오늘 바로 입을 것과 먹을거리, 자리끼와 의약품을 갖추어 올릴 수 있다. 그리고 낮고 천한 사람들도 가엾이 여겨야 한다.'

그래서 곧 신하들에게 말했습니다.

'그대들은 각기 먹을거리를 갖추어 마련하여 차례로 붇다께 공양하라.'

어떻습니까? 세존이시여. 이것은 옳습니까, 옳지 않습니까?"

세존께서 말씀하셨다.

"잘한 일이오, 잘한 일이오. 대왕이여, 그것은 많은 이익이 있을 것이오. 하늘이나 사람에게 좋은 복밭이 될 것이오."

그때 빔비사라 왕이 세존께 말씀드렸다.

"세존께서 내일 궁중에 오셔서 공양하시길 바랍니다."

그때 빔비사라 왕은 세존께서 잠자코 그 청을 들어주신 것을 보고, 곧 일어나 머리를 대 발에 절하고 물러갔다.

**세존께서 공양청을 받고 궁에 들어가
사제의 법[四諦法]과 여래의 위없는 공덕을 설해주심**

이튿날 맑은 아침 세존께서는 가사를 입고 발우를 가지고 성으로 들어가 궁안에 이르러 차례로 앉으셨다.

왕은 갖가지 맛있는 음식을 손수 담아드리며 기뻐하여 어지럽게 하지 않았다.

그때 왕은 세존께서 공양을 마치신 것을 보고서는 발우를 치우고 곧 낮은 자리를 가져다 여래 앞에 앉았다.

세존께서는 차츰 왕을 위해 미묘한 법을 설하여 기쁜 마음을 내게 해주셨다. 그때 세존께서 왕과 신하들을 위해 설한 미묘한 법은 베풂에 관한 말씀, 계율과 하늘에 태어남에 관한 말씀이었고, 탐욕은 깨끗하지 못한 생각이고, 음욕은 더러운 것이라 그것을 벗어나는 것이 즐거움이라는 말씀이었다.

그때 세존께서는 그 중생들의 마음이 열리고 뜻이 풀리어 다시는 의심이 없음을 아시고, 모든 붇다 세존[佛世尊]께서 늘 말씀하시는 법인, '괴로움[苦]·괴로움을 모아냄[集]·괴로움의 사라짐[盡]·괴로움을 없애는 길[道]'을 모두 말씀하셨다.

세존께서 이를 다 말씀하시자, 그 자리에 앉아 있던 육십여 명은 온갖 티끌의 때가 다해 법의 눈[法眼]이 깨끗해졌고, 육십 명 대신들과 오백 하늘신들도 온갖 티끌의 때가 다해 법의 눈[法眼]이 깨끗해졌다.

그때 세존께서 빔비사라 왕과 그 백성들을 위해 이런 게송을 말씀하셨다.

제사 지냄에는 불이 가장 높고
글 가운데는 게송이 으뜸이며
임금은 사람 가운데 높은 이요
뭇 흐름은 바다가 그 근원 되고
별 가운데는 달이 가장 빛나고
밝은 빛엔 해가 가장 빼어나네.

위아래 사방에 있는 온갖 것과
하늘과 세상의 사람들 가운데
붇다가 가장 높아 으뜸이 되니
만약 그 복을 구하려는 자는
반드시 붇다께 공양해야 하네.

세존께서는 이 게송을 마치고 곧 자리에서 일어나 떠나셨다.

돈이 없어 브라마나들의 상가 공양에 동참하지 못하게 된
'닭벼슬 브라마나'가 장자에게 돈을 빌림

그때 라자그리하 성 사람들은 그 귀하고 천함과 집의 가진 것이 많고 적음을 따라 붇다와 비구들께 공양하였다.

그리하여 세존께서 칼란다카 대나무동산에 계시자 그 나라 안의 사람으로 공양하지 않는 이가 없었다. 그리고 그 라자그리하 성안의 모든 브라마나들도 차례로 먹을 것을 만들었다. 그 브라마나들은 한 곳에 모여 이렇게 의논하였다.

"우리 각기 두세 냥씩 돈을 내어 먹을거리를 드리자."

그때 라자그리하 성에 브라마나가 있었는데 이름을 '닭벼슬'[鷄頭]이라 하였다.

그는 너무도 가난해 스스로 겨우 목숨 붙들어 지니며 살아갔으므로 거기 낼 돈이 없었다. 그래서 여러 브라마나들에게 내쫓기어 무리 가운데서 나오게 되었다. 이때 닭벼슬 브라마나는 집에 돌아가 그 아내에게 말하였다.

"당신은 지금 알아야 하오. 나는 브라마나들한테서 쫓겨나 그 가운데 끼지 못하게 되었소. 왜냐하면 돈이 없었기 때문이오."

아내가 대답하였다.

"저 성으로 도로 들어가 남에게 빚을 내면 틀림없이 얻을 수 있을 것이오. 그 주인에게 이렇게 하십시오.

'이레 뒤에 반드시 갚겠습니다. 설사 갚지 못하면 나와 아내가 모두 노비가 되겠습니다.'"

브라마나는 아내의 말을 따라 곧 성안에 들어가 곳곳에서 찾아 구했지만 끝내 얻지 못하였다. 아내에게 돌아와서 다시 말하였다.

"나는 여러 곳을 다니며 구해보았으나 끝내 얻을 수 없었소. 어떻게 하면 좋겠소?"

이때 아내가 대답하였다.

"라자그리하 성 동쪽에 '부쉐미트라'[不奢蜜多羅]라는 큰 장자가 있는데 그는 재산이 넉넉하고 보배가 많습니다. 그에게 가서 빚을 구하되 이렇게 해보십시오.

'돈 두세 냥만 빌려주시면 이레 뒤에는 반드시 갚겠습니다. 설사 갚지 못하면 나와 아내가 모두 노비가 되겠습니다.'"

그 브라마나는 아내의 말을 따라 부쉐미트라에게 가서 돈을 구했다.

"이레 안에는 반드시 갚겠습니다. 설사 갚지 못하면 나와 아내가 모두 노비가 되겠습니다."

그때 부쉐미트라는 곧 돈을 주었고, 닭벼슬 브라마나는 그 돈을 가지고 그 아내에게 돌아와 아내에게 말하였다.

"돈은 얻었으니 어떻게 하면 좋겠소?"

아내가 대답하였다.

"그 돈을 가지고 가서 대중들에게 내십시오."

닭벼슬 브라마나는 곧 그 돈을 가지고 가서 대중들에게 내었다. 여러 브라마나들은 닭벼슬 브라마나에게 말하였다.

"우리가 벌써 다 마련하였으니 이 돈은 가지고 집으로 돌아가시오. 이 대중 가운데 머물지 마시오."

**닭벼슬 브라마나가 공양금을 들고 세존을 찾아가자
여러 하늘신들이 대중 공양을 준비하고 마련해줌**

닭벼슬 브라마나는 집으로 돌아가 그 아내에게 이 일을 말하였다. 그 아내가 말하였다.

"우리 두 사람이 함께 세존 계신 곳에 가서 이 심정을 말씀드려 봅시다."

브라마나는 그 아내를 데리고 세존께 나아가서 문안드리고 한쪽에 앉았다. 그의 아내도 세존의 발에 절하고 한쪽에 앉았다. 이때 브라마나는 앞에 있었던 일을 세존께 자세히 말씀드렸다.

그때 세존께서 브라마나에게 말씀하셨다.

"지금이라면 여래와 비구들을 위해 음식을 갖추어드릴 수 있소."

그때 브라마나가 그의 아내를 물끄러미 쳐다보자 아내가 말하였다.

"붇다의 가르침만 따르면 되지 의심하거나 어려워할 것은 없습니다."

브라마나는 곧 자리에서 일어나 붇다 앞으로 나아가 말씀드렸다.

"세존과 비구들께서는 저의 청을 들어주시길 바랍니다."

세존께서는 잠자코 브라마나의 청을 들어주셨다. 그때 인드라하늘왕은 세존 뒤에서 손을 맞잡고 모시고 서 있었다. 세존께서 인드라하늘왕을 돌아보시고 말씀하셨다.

"그대는 이 브라마나를 도와 함께 먹을거리를 마련하라."

인드라하늘왕이 대답하였다.

"그렇게 하겠습니다, 세존이시여."

그때 바이쓰라바나(Vaiśravaṇa)하늘왕은 여래에게 가기 그리 멀지 않은 곳에서 많은 신[諸神]의 무리들을 거느리고 세존께 부채질 해 드리고 있었다.

인드라하늘왕이 바이쓰라바나하늘왕에게 말하였다.

"그대 또한 이 브라마나를 도와 먹을거리를 마련하오."

바이쓰라바나가 대답하였다.

"아주 좋소, 하늘왕이여."

바이쓰라바나하늘왕이 세존 계신 곳 앞으로 나아가 머리를 대 발에 절하고, 붇다를 세 번 두루고 스스로 몸을 숨기고 사람 모양을 지어 오백 명 신들을 거느리고 먹을거리를 마련하였다.

바이쓰라바나하늘왕이 신들에게 분부하였다.

"너희들은 빨리 저 찬다나(candana) 숲으로 들어가 찬다나 나무를 가져다 쇠로 만든 부엌에 두어라."

부엌에서는 오백 신들이 먹을거리를 마련하였다. 그때 인드라하늘왕은 자재하늘왕[自在天子]에게 말하였다.

"바이쓰라바나는 지금 쇠로 부엌을 짓고 붇다와 비구들께 드릴 먹을거리를 만들고 있소. 그대는 지금 신통으로 강당을 만들어 붇다와 비구들께서 그곳에서 공양할 수 있도록 하오."

자재하늘왕이 대답하였다.

"매우 아름다운 일이오."

자재하늘왕은 인드라하늘왕의 말을 듣고, 라자그리하 성에 가기

그리 멀지 않은 곳에 신통으로 일곱 보배 강당을 만들었는데, 일곱 보배는 금·은·수정·유리·마노·붉은 구슬·옥돌이었다. 그리고 다시 금·은·수정·유리의 네 사다리계단을 만들었다.

금 사다리계단 위에는 은 나무를 만들고, 은 사다리계단 위에는 금 나무를 만들었는데, 금 뿌리에 은 줄기와 은 가지와 은 잎이었다. 또 금 사다리계단 위에는 은 잎과 은 가지를 만들고, 수정 사다리계단 위에는 유리 나무를 만들어, 그 갖가지 종류들이 이루 다 헤아릴 수 없었다.

다시 여러 보배로 그 사이사이를 꾸미고 다시 일곱 보배로 그 위를 덮었다.

사방에는 두루 둘러 좋은 금방울을 달아놓았는데 그 방울들은 모두 여덟 가지 소리를 내었다. 다시 좋은 앉을 자리를 만들어 좋은 깔 개를 펴고, 비단 깃발과 일산을 달아두었으니 세상에서 아주 드문 것 들이었다. 그때 소머리 찬다나 나무[牛頭梅檀]에 불을 붙여 밥을 짓 자, 그 향기가 라자그리하 성 주위 십이 요자나(yojana, 由旬: 1요자나 는 약 1.3킬로미터) 안에 가득 풍겼다.

**여러 대중이 음식 냄새와 신통으로 생긴 강당을 보고
크게 우러르는 마음을 냄**

그때 마가다 국의 왕이 신하들에게 물었다.

"나는 깊은 궁중에서 나서 자랐지만 이런 향내는 전혀 맡아보지 못하였다. 그런데 라자그리하 성 근처에서 무슨 일로 이런 향냄새가 풍기는가?"

신하들이 말씀드렸다.

"이것은 닭벼슬 브라마나가 부엌에서 하늘의 찬다나를 태우는데 이는 그것의 상서로운 모습입니다."

그때 빔비사라 왕이 신하들에게 명하였다.

"보배깃털 수레를 빨리 꾸며 멍에 메우도록 하라. 내가 세존 계신 곳에 나가서 이 까닭을 여쭈어보리라."

그러자 모든 신하들이 말했다.

"그렇게 하겠습니다, 대왕이시여."

빔비사라 왕은 곧 세존 계신 곳에 나아가 머리를 대 발에 절하고 한쪽에 서 있었다. 그때 국왕은 쇠로 만든 부엌에서 오백 명이 음식을 만들고 있는 것을 보고 말하였다.

"이것은 어떤 사람들이 마련하는 먹을거리입니까?"

여러 신들이 사람 모양을 하고 대답하였다.

"닭벼슬 브라마나가 붇다와 비구대중을 청해 공양하려는 것입니다."

국왕은 다시 높고 넓은 강당을 멀리 보고 시자(侍者)에게 물었다.

"이것은 어떤 사람이 지은 강당인가? 옛날에는 없었는데 누가 지은 것인가?"

신하들이 대답하였다.

"이것이 어찌된 일인지 모르겠습니다."

이때 빔비사라 왕은 이렇게 생각하였다.

'내가 지금 세존께 가서 그 뜻을 여쭈어보아야겠다. 세존께서는 아시지 못하는 일이 없고 보시지 못하는 일이 없다.'

그때 마가다 국의 빔비사라 왕이 세존께 나아가 머리를 대 발에 절하고 한쪽에 앉았다. 그때 빔비사라 왕은 세존께 말씀드렸다.

"옛날에는 이런 높고 넓은 강당을 보지 못하였는데 오늘 이것을 봅니다. 옛날에는 이 쇠로 만든 부엌을 보지 못하였는데 오늘 이것을 봅니다. 이것은 어떤 것이며, 누가 변화해 만든 것입니까?"

세존께서 말씀하셨다.

"대왕이여, 알아야 하오. 이 부엌은 바이쓰라바나하늘왕이 만든 것이고, 또 자재하늘왕이 이 강당을 만들었소."

그때 마가다 국의 왕은 그 자리에서 슬픔과 울음이 북받쳐 스스로 이기지 못했다. 세존께서는 그것을 보고 말씀하셨다.

"대왕이여, 왜 여기서 그리 슬피 우시오?"

빔비사라 왕이 붇다께 말씀드렸다.

"슬피 울지 않을 수 없습니다. 이는 다만 뒷세상 사람들이 성인이 나오심 보지 못할 것을 생각해서입니다. 앞으로 올 사람들은 재물에 집착하고 위엄과 덕이 없어 이런 기이한 법의 보배 이름도 듣지 못할 텐데 하물며 어떻게 보겠습니까?

지금 여래께 이런 기이하고 뛰어난 변화가 있어 세상에 나타내심을 몸소 뵈오니 슬피 눈물이 납니다."

세존께서 말씀하셨다.

"앞으로 올 세상의 왕이나 백성들은 참으로 이런 신통을 보지 못할 것이오."

그때 세존께서 곧 국왕에게 설법하시어 기쁜 마음을 내게 하셨다. 왕은 그 설법을 듣고 곧 자리에서 일어나 떠나갔다.

닭벼슬 브라마나와 하늘신들이 함께 마련한 먹을거리와 공양물로
지금 현전의 상가대중뿐 아니라 사방의 모든 아라한들께 공양함

바이쓰라바나하늘왕은 바로 그날 닭벼슬 브라마나에게 말하였다.

"그대는 오른손을 펴시오."

닭벼슬 브라마나는 곧 오른손을 폈다. 바이쓰라바나하늘왕은 곧 그에게 금방망이를 주면서 말하였다.

"이 금방망이를 땅에 던져보시오."

브라마나가 곧 땅위에 던지자 그것은 곧 백천 냥의 금이 되었다.

바이쓰라바나하늘왕이 말하였다.

"그대는 이 금방망이를 가지고 성안에 들어가, 갖가지 먹을거리를 사서 이곳으로 가지고 오시오."

브라마나는 하늘왕의 분부를 받고 곧 그 금을 가지고 성안으로 들어가 갖가지 먹을거리를 사서 부엌으로 가지고 왔다. 바이쓰라바나하늘왕은 브라마나를 목욕시킨 뒤 갖가지 옷을 입히고 손에는 향불을 들게 하고 이렇게 말씀드리도록 하였다.

"때가 되었습니다. 지금이 바로 그때입니다. 세존께선 오셔서 살펴주시기 바랍니다."

브라마나는 그 분부를 받고 손에 향로를 들고 말씀드렸다.

"때가 되었습니다. 오셔서 살펴주시기 바랍니다."

그때 세존께서 때가 되었음을 아시고 가사를 입고 발우를 가지고 비구들을 데리고 강당으로 가 앉으시니, 비구들도 각기 차례로 앉았다.

그때 닭벼슬 브라마나는 음식은 매우 많은데 비구대중이 너무 적은 것을 보고 앞으로 나아가 세존께 말씀드렸다.

"오늘 먹을거리는 이처럼 넉넉하고 많은데 비구대중이 너무 적습니다. 어째서입니까?"

세존께서는 말씀하셨다.

"브라마나여, 너는 지금 향로를 들고 높은 다락으로 올라가 동·서·남·북을 향해 이렇게 말하라. '사카무니 붇다의 제자로서 여섯 가지 신통을 얻고 번뇌가 다한 아라한은 모두 이 강당으로 모이십시오.'"

브라마나가 말씀드렸다.

"그렇게 하겠습니다, 세존이시여."

브라마나는 붇다 분부를 받고 곧 다락 위로 올라가 번뇌가 다한 모든 아라한을 청하였다.

그때 동방에 있던 이만일천 아라한이 동방에서 강당으로 왔고, 남방에서 이만일천, 서방에서 이만일천, 북방에서 이만일천의 아라한이 이 강당으로 와 모였다. 그래서 그 강당에는 팔만 사천 아라한이 한곳에 모이게 되었다.

그때 빔비사라 왕은 신하들을 데리고 세존 계신 곳에 이르러 머리를 대 발에 절하고 또 비구대중에게도 절하였다. 닭벼슬 브라마나는 비구상가 대중을 보자 기뻐 뛰놀며 스스로 이기지 못했다.

붇다와 비구대중들에게 먹을거리를 공양하되 스스로 떠드리며 기뻐해마지 않았다.

그러고도 먹을 것이 남자 닭벼슬 브라마나는 세존께 말씀드렸다.

"지금 붇다와 비구대중께 다 공양을 올렸는데도 아직 먹을 것이 남아 있습니다."

세존께서 말씀하셨다.

"너는 지금 붇다와 비구대중을 청해 이레 동안 공양하도록 하라."

브라마나가 대답하였다.

"그렇게 하겠습니다, 고타마시여."

닭벼슬 브라마나는 곧 꿇어앉아 세존께 말씀드렸다.

"지금 붇다와 비구들을 청해 이레 동안 공양하고, 다시 입을 옷·
먹을거리·앉을 자리·자리끼·의약품 등을 대 드리겠습니다."

세존께서는 잠자코 그 청을 들어주셨다.

보이지 않는 곳 사방의 아라한을 하늘눈으로
잘 살핀 사쿠리 비구니를 여래께서 찬탄함

그때 그 대중 속에 사쿠리[舍鳩利]라고 하는 비구니가 있었다.

그 비구니가 세존께 말씀드렸다.

"저는 지금 마음속으로 이렇게 생각했습니다.

'사카무니 붇다의 제자로서 번뇌가 다한 아라한이 이곳에 모이지
않은 이가 있는가.'

그래서 하늘눈[天眼]으로 동방·남방·서방·북방세계를 널리 살
펴보았지만 오지 않은 이가 하나도 없이 모두다 모였습니다. 지금 이
모임에는 온전히 아라한 참된 사람들만 모였습니다."

세존께서 말씀하셨다.

"그렇다, 사쿠리야. 네 말과 같다. 이 모임은 온전히 참사람들로서
동·서·남·북에서 모이지 않은 이가 없다."

그때 세존께서 이 인연으로 모든 비구들에게 말씀하셨다.

"너희들은 비구니 가운데 이 비구니처럼 하늘눈으로 사무쳐보는
이를 본 적이 있느냐?"

여러 비구들이 말씀드렸다.

"보지 못하였습니다, 세존이시여."

그때 세존께서 말씀하셨다.

"나의 성문 가운데 으뜸가는 제자로서 하늘눈이 으뜸인 이는 이

사쿠리 비구니이다."

닭벼슬 브라마나가 세존과 상가에
공양하고 출가하여 계행의 덕을 갖춤

이때 닭벼슬 브라마나는 이레 동안 입을 옷·먹을거리·앉을 자리
·자리끼·의약품 등을 거룩한 상가대중에게 공양하였고, 다시 향과
꽃을 여래 위에 뿌렸다.

그러자 그 꽃들은 허공에서 일곱 보배가 서로 얽힌 누각으로 변하
였다. 브라마나는 그 누각을 보고 기뻐 뛰며 스스로 이기지 못하고
세존 앞으로 나아가 말씀드렸다.

"세존이시여, 제가 도에 들어가 사문이 되는 것 들어주시길 바랍
니다."

그때 닭벼슬 브라마나는 곧 도를 행하게 되어 모든 아는 뿌리[諸
根]가 고요해졌고, 스스로 그 뜻을 닦아 잠과 졸음을 없애버렸다.

설사 눈으로 빛깔을 보더라도 물든 생각을 일으키지 않았고, 그 눈
도 나쁜 생각이 없어 여러 생각을 치달리게 하지 않았고, 눈을 잘 보
살폈다.

또 귀로 소리를 듣거나 코로 냄새를 맡거나 혀로 맛을 보아도 그러
했으며, 몸으로 보드라운 닿음을 느껴도 보드랍다는 생각을 일으키
지 않았고, 뜻으로 법을 알아도 또한 그러하였다.

그리하여 사람의 마음을 덮어 지혜를 없애는 장애인 다섯 가지 묶
음[五結]과 다섯 가지 덮음[五蓋]을 없앴다.

또 죽일 뜻이 없게 해 그 마음을 깨끗이 하여 스스로 죽임 생각하
지 않으며, 남을 시켜 죽이게도 하지 않고, 칼이나 몽둥이를 손에 잡

지 않았으며, 어진 마음을 내어 온갖 중생을 마주하였다.

또 도둑질을 없애고 도둑질할 생각을 내지 않아 그 마음을 깨끗이
하였으며, 늘 온갖 중생들에게 베풀려는 마음을 가지고, 또 도둑질하
지 않도록 하였다.

또 제 자신이 음행하지 않고 남을 시켜 음행하지 않게 하였으며,
늘 범행(梵行)을 닦아 깨끗해 더러움이 없었으며 범행 가운데서 그
마음을 깨끗이 하였다.

또 스스로 거짓말하지 않고, 남을 시켜 거짓말하지 않게 하였으며,
늘 진실만을 생각해 거짓말로 세상 사람을 속이는 일이 없이 그 안에
서 마음을 깨끗이 하였다.

또 스스로 두말하지 않고 남을 시켜 두말하지 않게 하였으며, 여기
서 이 말을 듣더라도 저기 가서 전하지 않고, 저기서 저 말을 듣더라
도 여기 와서 전하지 않으면서 그 안에서 그 마음을 깨끗이 하였다.

그는 또 먹음에 있어서도 만족할 줄을 알아, 맛에 집착하지 않고,
고운 빛깔에도 집착하지 않으며, 기름지고 깨끗한 것에도 집착하지
않았다.

다만 그 몸을 버티고 목숨을 보존하며, 묵은 병을 고치고 새 병이
생기지 않게 하며, 도를 행해 길이 '함이 없는 곳'에 머무르려고 할
뿐이었다.

이는 마치 남자나 여자가 부스럼에 고약을 바르는 것은 그 부스럼
을 낫기 위해서인 것과 같았다. 이 사람 또한 이와 같아 먹음에 있어
만족할 줄 알았던 것은 묵은 병을 고치고 새 병이 생기지 않게 하기
위함일 따름이었다.

닭벼슬 존자가 세 가지 선정을 갖추고
지혜의 눈을 얻어 번뇌의 흐름 벗어나 아라한을 이룸

또 그는 다시 새벽이 되도록 도를 행해 때를 놓치지 않고, 서른일곱 실천법[品道]을 잃지 않았다.

앉기도 하고 거닐기도 하면서 잠과 졸음의 덮음[蓋]을 없앴으니, 초저녁에는 앉기도 하고 거닐기도 하면서 잠과 졸음의 덮음을 없앴고, 한밤중에는 오른쪽으로 누워 다리를 서로 포개 뜻을 묶어 밝은 데에 두었으며, 다시 새벽에는 앉기도 하고 거닐기도 하면서 그 마음을 깨끗이 하였다.

이때 그는 마시고 먹음에 만족할 줄 알고, 거닐어 다님[經行]에 있어 때를 놓치지 않았으며, 탐욕과 깨끗하지 않은 생각을 버리고, 모든 나쁜 행이 없이 첫째 선정[初禪]에 노닐었다.

그리하여 느낌과 살핌이 있게 되고, 생각 쉬고 생각 쉼의 기쁨으로 둘째 선정[第二禪]에 노닐었다.

다시 선정의 즐거움마저 없어지고 바른 생각의 청정함을 보살펴, 스스로 몸의 즐거움을 느끼며, 여러 어진 이들이 구하는바 평등한 마음, 바른 생각 청정함으로 셋째 선정[第三禪]에 노닐었다.

그는 다시 괴로움과 즐거움이 없어지고 아무 시름과 근심도 없으며, 괴로움도 즐거움도 없는[不苦不樂] 평등한[捨] 생각[念] 청정함[淸淨]으로 넷째 선정[第四禪]에 노닐었다.

그는 사마디의 마음[三昧心]으로 청정하여 때가 없어지고 또한 두려움이 없게 되었다. 다시 사마디를 얻어 셀 수 없는 세상의 일을 기억하고 또 지난 옛일을 기억하여, 지나간 한 생·두 생·세 생·네 생·다섯 생·열 생·스무 생·서른 생·마흔 생·쉰 생·백 생·일천 생

· 만 생 · 수천만 생과 이루어지는 겁[成劫] · 무너지는 겁[敗劫] · 이루어지고 무너지는 겁[成敗劫]에 있었던 일들을 다 기억하였다.

그리하여 '나는 일찍이 어디에 태어났었고, 성(姓)은 무엇이었으며 이름은 무엇이었다. 이러 이러한 음식을 먹었고 어떤 괴로움과 즐거움을 받았었다'라고 알았다.

또 목숨이 길고 짧았던 것과 저기서 죽어 여기에 태어나고 여기서 죽어 저기에 태어나는 인연의 뿌리와 가지를 모두다 알았다.

그는 또 사마디의 마음으로 청정하여 때가 없어지고 또한 두려움이 없게 되어, 중생들의 나는 것과 죽는 것을 살피었다.

그는 또 하늘눈으로 중생들의 나는 것과 죽는 것을 살펴 좋은 세계와 나쁜 세계, 좋은 모양과 나쁜 모양, 아름답고 못남이 그 행으로 씨앗 뿌린바 따름을 모두다 알았다.

또 어떤 중생이 몸과 입과 뜻으로 나쁜 짓을 저지르고 성현을 비방하며 온갖 삿된 업의 근본을 짓고는, 몸이 무너지고 목숨을 마친 뒤에 지옥에 태어나는 것을 알았고, 또 어떤 중생이 몸과 입과 뜻으로 착한 행을 하였고 성현(聖賢)을 비방하지 않아, 몸이 무너지고 목숨을 마친 뒤에 하늘위의 좋은 곳에 태어났다는 것을 모두 알았다.

그는 또 청정한 하늘눈으로 중생의 아름답고 못남, 좋은 세계와 나쁜 세계, 좋은 모양과 나쁜 모양을 모두다 알고 두려움이 없게 되었다.

그는 또 베푸는 마음으로 번뇌의 흐름이 다한 뒤에는 괴로움[苦]을 살펴 진실 그대로 알았다. 곧 '이것은 괴로움[苦]이고, 이것은 괴로움의 모아냄[苦集]이며, 이것은 괴로움의 사라짐[苦盡]이고, 이것은 괴로움을 없애는 길[苦出要]이다'라고 진실 그대로 알았다.

그는 이렇게 살피고는 탐욕의 흐름[欲漏]에서 마음이 해탈하고 존재의 흐름[有漏]과 무명의 흐름[無明漏]에서 마음이 해탈하였다. 이렇게 해탈하고 나서는 곧 해탈의 지혜[解脫智]를 얻었다.

그래서 '나고 죽음은 이미 다하고 범행은 이미 서고, 지을 바를 이미 다 지어 다시는 태의 몸을 받지 않음'을 진실 그대로 알았다.

그때 닭벼슬 브라마나는 바로 아라한이 되었다.

그때 존자 닭벼슬은 붇다의 말씀을 듣고 기뻐하며 받들어 행하였다.

• 증일아함 34 등견품(等見品) 五

• 해설 •

이 한 경에는 당시 인도의 가장 강대국이었던 마가다 국의 빔비사라 왕의 붇다에 대한 깊은 귀의와, 붇다께서 슈라바스티 성의 제타 숲 정사나 라자그리하 성의 칼란다카 장자의 대숲정사에 오가며 안거하고 교화하심이 드러나 있다.

위 내용에 가난한 닭벼슬 브라마나의 공양을 하늘신들이 돕도록 해 가장 가난하고 착한 이의 공양을 가장 뻬어나고 성대한 공양이 되도록 하신 이야기가 결합되어 있다.

지금 빔비사라 왕과 붇다의 만남은 빔비사라 왕이 붇다와 상가대중을 라자그리하 성의 궁중으로 초청해서 이루어진 공양의 모임이다. 이 앞에 빔비사라 왕은 두 번 붇다를 뵙고 큰 감동과 귀의의 마음을 품었다.

첫 번째 빔비사라 왕은 출가하여 고행하는 고타마를 만나 보디를 성취해 붇다가 되면 먼저 자기를 제도해달라 당부한다.

두 번째 만남은 우루빌라 카샤파 삼형제가 귀의한 뒤 붇다께서 그 제자들을 거느리고 라자그리하 성 근처에 와 계셨을 때 직접 수레를 타고 오백 신하를 거느리고 찾아가 만난 것이다.

그때는 아마 참으로 고타마가 풍문대로 붇다가 되었는지 우루빌라 카샤파와의 관계는 무엇인가 확인차 찾아감이었으리라.

그때 빔비사라 왕은 백이십 세 우루빌라 카샤파가 붇다의 제자가 되어 있음을 보고 또 고타마가 위없는 보디의 완성자임을 확인한 뒤, 붇다를 라자그리하 성에 머무시도록 칼란다카 장자의 대나무동산을 기증 받아 대숲정사를 지어 세존의 상가에 바친다.

지금 이 경의 내용은 슈라바스티 성의 제타 숲 정사에서 안거하시는 붇다와 상가대중을 라자그리하 성에서 여름 안거하도록 초청해서 이루어진 법의 모임에서 일어난 이야기이다.

붇다는 궁안의 공양을 마치고 설법한 뒤 대숲정사에 돌아와 안거하시니, 그 당시 마가다 국의 귀하고 천한 이들 누구나 대숲정사의 붇다와 상가에 먹을거리의 공양물을 바쳤다.

닭벼슬 브라마나는 비록 브라마나의 신분이지만 겨우 목숨 부지하는 가난한 브라마나이다. 그가 몇 푼 빌린 돈으로 브라마나들의 공양의 자리에 함께하려 하나 자리에서 쫓겨나 직접 붇다께 찾아간다.

붇다께서 여러 하늘신들에게 닭벼슬 브라마나의 공양을 돕게 하니, 하늘신들이 도와 마가다 국에서 가장 성대한 공양물이 마련되고 공양할 집이 완성된다. 그리고 공양을 드실 팔만 사천 아라한들이 함께 모여 이 공양을 들고도 이레 동안 여래 상가에 공양할 먹을거리가 남는다.

뜻이 깨끗한 한 브라마나의 공양에 하늘신들이 함께하니 공양 드리는 자도 한량없어지고 몇 푼 안 되는 공양물이 시방 아라한들을 모두 모셔 공양하고도 이레 동안 드실 공양 거리가 남으니, 이 무슨 기이한 모습인가.

주는 자[施者]와 받는 자[受者]와 주는 물건[施物]이 모두 공적한 줄 알면 그 공적함 속에 한량없음이 있는 소식인가.

깨끗한 마음으로 시방 팔만 사천 아라한이 공양해도 다 없어지지 않는 깨끗한 공양물 바친 닭벼슬 브라마나가 어찌 한량없는 공덕의 세계에 들어가지 못하겠는가.

그는 곧 출가하여 '나의 아는 뿌리'[諸根]와 '알려지는 저 세계'[六境]가 공적한 줄 알아 다섯 가지 묶음과 다섯 가지 덮음을 없애, 마음의 해탈을 얻고 그 또한 아라한이 되었다.

곧 닭벼슬 브라마나는 주는 자와 받는 자, 주는 물건 이 세 바퀴[三輪]가 깨끗하고 공적한 진리의 보시[法布施]를 행해, 아는 자[六根]와 알려지는 것[六境]과 앎[六識]이 공적한 진리의 세계에 바로 들어간 것이다.

붇다 당시 출가사문은 비구상가 천이백오십 기본 대중과 비구니상가 대중밖에 없었다. 그런데 이 경에서 팔만 사천 아라한은 무엇이며 이들은 다 어디서 왔는가.

팔만 사천은 정해진 수[定數]가 아니고 많은 수를 나타내는 뜻이니, 저 많은 아라한들은 어디 있는 것인가. 하나·둘·셋·넷 숫자에 셀 수의 모습이 없고, 모습 없는 숫자가 한량없는 수[無量數]가 되는 소식인가.

그렇다면 다시 한량없는 수이되, 한량없는 수에 거둘 수 또한 없는 것이니, 이를 어떻게 보아야 하는가.

『선문염송집』(禪門拈頌集)에 다음 같은 이야기가 실려 있다.

중국 남방에서 무착(無着)선사가 북방 문수보살이 머물러 산다는 오대산으로 문수보살을 만나러 왔다.

문수보살이 한 스님의 모습으로 나타나 무착에게 물었다.

"요즈음 어디에서 떠났소."

무착이 말했다.

"남방입니다."

문수가 말했다.

"남방의 불법은 어떻게 머물러 지니오."

무착이 말했다.

"말법 비구들이 조금밖에 계율을 받들지 않습니다."

문수가 말했다.

"대중은 얼마나 되오."

무착이 대답했다.

"삼백이 되기도 하고 오백이 되기도 합니다."

무착이 물었다.

"여기는 어떻게 머무십니까."

문수가 말했다.

"범부와 성인이 같이 살고 용과 뱀이 뒤섞여 있소."

무착이 물었다.

"대중은 얼마나 됩니까."

문수가 말했다.

"앞도 셋셋 뒤도 셋셋이오[前三三後三三]."

북방의 불법은 '범부와 성인이 같이 살고 용과 뱀이 뒤섞여 있는데[凡聖同居 龍蛇混雜] 그 대중의 수가 앞도 셋셋 뒤도 셋셋'이라 하니, 그 뜻은 무엇일까. 여래의 아라한 대중이 팔만 사천이라는 뜻과 같은가 다른가.

다음 이야기에 그 답이 다 들어 있다.

문수가 유리잔을 들어 무착에게 물었다.

"남방에도 이런 것이 있소?"

무착이 말했다. "없습니다."

문수가 말했다. "이미 없다면 무엇으로 차를 마시오."

무착이 대꾸하지 못했다.

날이 늦어져 자려고 하니 문수가 말했다.

"그대는 집착하는 마음이 있으니 여기서 잘 수 없소."

무착이 말했다. "저는 집착하는 마음이 없습니다."

문수가 말했다. "그대 계를 받은 지 얼마나 되오."

무착이 말했다. "이십 년입니다."

문수가 말했다. "집착하는 마음 없다는 말을 아주 좋아하는구려."

그러고는 시자 균제(均提)동자를 시켜 내쫓게 하였다.

무착이 시자에게 물었다.

"아까 화상이 앞도 셋셋 뒤도 셋셋이라고 말씀했는데, 이것이 얼마인가요."

균제동자가 말했다.

"이것이 얼마이겠소."

무착이 또 보니 절에 현판이 없어서 동자에게 물었다.

"이 절 이름은 무엇이오."

동자가 손으로 금강신장의 등 뒤를 가리키고 말했다.

"보시오, 보시오."

무착이 돌아보니 변화로 된 절이 사라졌다.

눈을 들어 보면 앞도 셋셋 뒤도 셋셋인데, 머리 돌려 다시 보니 절의 현판도 없고 사람의 모습도 없고 자취도 없는 이 뜻을 어떻게 보아야 하는가.

불안원(佛眼遠)선사의 다음 노래가 친절하다.

푸른 산문 밖에 흰 구름은 나는데
푸른 물 개울가에 길손 끌어 돌아오네.
앉아서 자주 술 권함 괴이타 마소서.
헤어진 뒤 그대 보기 참으로 오래됐네.

青山門外白雲飛　綠水溪邊引客歸
莫怪坐來頻勸酒　自從別後見君稀

프라세나짓 대왕이여, 삶에는 왕의 위력과
권세로도 어쩔 수 없는 재앙과 두려움이 있소

이와 같이 내가 들었다.

한때 붇다께서는 슈라바스티 국 제타 숲 '외로운 이 돕는 장자의 동산'에 계셨다.

그때에 프라세나짓 왕은 한낮에 몸에 먼지를 쓰고 붇다 계신 곳에 나아와 붇다의 발에 머리를 대 절하고 한쪽에 물러앉았다.

붇다께서는 말씀하셨다.

"대왕은 어디서 오시오."

프라세나짓 왕은 말씀드렸다.

"세존이시여, 저 관정(灌頂)의 의식을 치른 왕의 법은 사람 가운데 자재하여 방편에 부지런히 힘쓰며, 왕으로서 큰 땅을 차지해 왕의 일[王事]을 거느려 다스립니다.

그래서 두루 다니면서 살피다가 여기 왔습니다."

세간의 권세로 자재할 수 없는 재앙과 두려움이 있음을 보이심

"대왕이여, 이제 대왕에게 묻겠소. 뜻을 따라 나에게 대답해주시오. 비유하면 다음과 같소.

어떤 사람이 동방에서 왔는데, 믿음도 있고 인연도 있으며 일찍이 허망된 일이 없는 사람이오. 그는 왕에게 이렇게 말했소.

'나는 동방에서 오다가 어떤 돌산을 보았소. 그것은 아주 반듯하고 넓고 크며, 뚫어지거나 무너지지 않고, 또한 빠뜨려 깨지지도 않은 것으로, 땅을 갈면서 오는데 온갖 중생과 풀과 나무들을 다 갈아서 부수었소.'

또 남·서·북방에서도 어떤 사람이 오는데 믿음도 있고 인연도 있으며 또 허망하지 않는 사람이오. 그도 왕에게 이렇게 말했소.

'나는 남·서·북방에서 오다가 어떤 돌산을 보았소. 그것은 아주 반듯하고 넓고 크며, 뚫어지거나 무너지지 않고, 또한 빠뜨려 깨지지도 않은 것으로, 땅을 갈면서 오는데 온갖 중생과 풀과 나무들을 다 갈아서 부수었소.'

대왕이여, 어떻게 생각하시오. 이런 모습은 크게 두려운 일이라 험악하게 서로 죽이어, 중생의 운(運)은 다하고 사람의 몸은 얻기 어려우니, 무슨 계책을 세워야 하겠소."

"만약 이와 같다면 다시는 다른 계책이 없습니다. 오직 착함을 닦고 붇다의 법과 율에 마음의 방편을 오롯이 해야 합니다."

붇다께서는 말씀하셨다.

"대왕이여, 그렇다면 대왕은 이렇게 말씀하시는군요.

'험악한 두려움이 이 세상에 갑자기 일어나 중생의 운이 다하고 사람의 몸을 얻기 어려울 때에, 오직 법을 행하고 의로움을 행하고 복됨을 행하며, 붇다의 법의 가르침에 방편을 오롯이 해 힘써야 한다.'

왜 이렇게만 말하고, '관정을 치른 왕의 지위는 모든 사람의 우두머리라, 큰 땅에서 왕 노릇하고 모든 사람을 일 시키며 다스릴 수 있음이 자재하다'고는 말하지 않으시오."

왕이 지혜로만 삶의 참된 자재 이룰 수 있음을 답함

왕은 말씀드렸다.

"세존이시여, 다시 한가할 때라면 이렇게 말합니다.

'관정을 치른 왕의 지위는 모든 사람의 우두머리라 큰 땅의 왕 노릇해 많은 것을 경영한다. 그러나 말[言]로써 말과 싸우고, 재물로써 재물과 싸우며, 코끼리로써 코끼리와 싸우고, 수레로써 수레와 싸우며, 걸음으로써 걸음과 싸우게 되면, 그때에는 자재함이 없이 이기거나 진다.'

그러므로 저는 말합니다.

'험악한 두려움이 갑자기 일어날 때에 중생의 운은 다하고 사람의 몸은 얻기 어려우면 다른 계책은 있을 수 없다. 오직 의로움을 행하고 법을 행하고 복됨을 행하며, 붇다의 법의 가르침에 마음을 오롯이 해 귀의해야 한다.'"

붇다께서는 말씀하셨다.

"그렇고, 그렇소! 세상은 늘 그와 같은 갈아 쓸어버림을 겪게 되오. 곧 나쁜 겁(劫)에 늙고 병드는 괴로움이 중생을 갈아 쓰는데 무슨 계책을 짓겠소.

반드시 의로움을 닦고 법을 닦고 복됨을 닦고 착함을 닦으며 사랑을 닦아야 하며, 붇다의 법 가운데서 방편에 부지런히 힘써야 하오."

깨끗한 믿음과 바른 법 따라 참된 안락
구현할 수 있음을 노래로 보이심

그때에 세존께서는 게송으로 말씀하셨다.

마치 어떤 큰 돌산이 있어
높고 넓어서 깨지지 않고
두루 굴러 사방에서 와
이 큰 땅덩이를 갈아대면
군대나 주술의 힘으로도
그것을 막을 수 없는 것처럼
나쁜 겁에 늙음·병과 죽음이
늘 중생을 갈아 쓸어버리네.

네 가지 큰 종족의 성이나
수드라족의 사냥꾼이나
집에 있거나 집 나오거나
계율 지니거나 계 범하거나
온갖 사람 다 갈아대는데
건져 보살필 이 아무도 없네.

그러므로 지혜로운 수행자는
자기의 이익됨을 살펴서
맑고 깨끗한 믿음을 세워
붇다와 법과 거룩한 상가
이 세 가지 보배를 믿네.

몸과 입과 마음이 맑고 깨끗해
바른 법을 잘 따라 행하면

현세에서는 좋은 이름 퍼지고
목숨 마치면 하늘위에 나리.

붇다께서 이 경을 말씀하시자, 프라세나짓 왕은 붇다의 말씀을 듣고 기뻐하면서 절하고 떠나갔다.

• 잡아함 1147 석산경(石山經)

• **해설** •

아무리 높이 올라가도 올라가다 보면 더 높은 곳이 있으니, 높은 곳을 어찌 높은 곳이라 하리. 아무리 많이 가져도 많이 갖고 보면 더 많이 가진 자가 있으니, 많이 가짐을 어찌 많이 가짐이라 하리.

바다가 뒤집히고 땅이 무너지는 재변이 오면, 그 재변을 권세와 부를 쥔 자라고 어찌 피해가리. 중생은 나면 반드시 죽고 태어나면 자라고 늙게 되어 있으니, 늙음과 죽음의 걱정거리를 왕이라고 어찌 벗어날 수 있으리.

세상을 마음대로 할 권력과 재부를 쥐어도 그 가진 것을 늘 남에게 빼앗길까 두려워하니, 얻음이 있고 잃음이 있는 길이 어찌 위태롭지 않은 삶의 길이겠는가.

그렇다면 어떤 곳이 참으로 위태롭지 않은 삶의 길이고 안락의 길이며 다시는 무너질 수 없는 생명의 땅인가.

붇다가 가르치고 상가가 따라 행하는 니르바나의 법은 무엇인가. 참된 안락처와 위태롭지 않은 삶의 휴식처는 어디인가.

여래의 계와 선정 지혜의 법에 마음을 오롯이 해 나아가면, 나고 사라져 위태롭고 위태로운 곳에 무너지지 않고 깨지지 않는 니르바나의 고요함이 있으니, 지금 눈을 들어 나의 발밑을 되돌아보아야 할 것[照顧脚下]이다.

그 동산을 '제타 숲 외로운 이 돕는 장자의 동산'이라 하라

붇다께서는 카필라 본국으로부터 돌아와 비구대중 천이백오십 사람과 함께 라자그리하 성의 대나무동산 안에서 노니셨다.

'카랑카[伯勤] 장자'는 붇다 높으신 분을 받들려고 달려서 대나무동산에 나아가, 다섯 가지 마음[五心]으로 발에 절하고 망설이다가 공손히 서서 마음을 가다듬고 붇다께 말씀드렸다.

"세존께서는 오셔서 변변치 않은 음식이나마 잡수시길 바랍니다."

붇다의 법에 잠자코 계심은 이미 허락하심이므로, 장자는 기뻐하며 발에 대 절하고 물러나왔다.

집에 돌아가 음식을 갖추며 깃발을 걸어 집을 꾸미고 세상에서 아주 좋은 맛들을 손수 일을 하며 장만하였다.

세존과 비구대중 맞이에 바쁜 카랑카 장자를 찾아간 수닫타 장자

슈라바스티 국의 장자 수닫타(Sudatta)는 주인되는 장자 카랑카와는 비록 아직은 서로가 만나지는 못하였으나 매양 서신으로 서로에 대해 들었고, 행이 같고 덕이 같았으므로 멀리서 공경하며 벗이 되었다.

수닫타 장자가 일 때문에 왔다가, 친한 마음에 주인 카랑카 장자에게 갔으나 손수 공양을 마련하느라고 나오지를 못하므로, 수닫타 장자는 머뭇거리기를 매우 오랫동안 하다가 심부름꾼을 불러서 말하였다.

"나는 일부러 멀리서 왔소. 이는 그동안 서로 얼굴 못 보아 허전한 마음이 있어서 풀려고 한 것이오. 이렇게 하는 것은 좋은 뜻을 헤쳐 버리는 것이 아니오. 나를 오늘 박대하시는 것이오."

카랑카 장자가 일을 마치고 나오다가 서로 인사하고 앉아서 말하였다.

"옛적에 서로 뵙지 못했더니 이렇게 와주셔서 정말 고맙습니다. 마침 하실 일이 계셔서 오셨다는데, 내일 큰 손님을 청해 하는 일에 쫓기다 보니 이 심부름꾼이 마음이 막혀 미처 말씀 못 드렸습니다."

그러자 수닫타 장자가 물었다.

"큰 손님이란 누구십니까? 바로 혼인 치르거나 나라 명절의 모임입니까?"

대답하였다.

"벗께서는 듣지 못하셨소? 숫도다나 왕의 태자께서 산에 들어 여섯 해 만에 도가 이루어져서 붇다라 부르시오.

위엄스런 모습이 밝고 멀며 신묘한 밝음은 어두운 곳을 비추고, 몸은 한 길 여섯 자에 환한 빛깔은 자마금 빛이요, 밝게 세상을 비추며 법을 설하고 계율을 말씀하는 뛰어난 뜻은 신령함에 들어가셨소.

따르는 제자들을 비구상가라 합니다. 고요한 데 살면서 몸을 바르게 하며 덕을 닦고 도를 실천하며 영화를 소홀히 하고 이익됨을 버리므로, 그 뜻은 참된 사람이라 말할 수 있는데, 천이백오십 사람이나 함께 계시오."

붓다에 관한 이야기를 듣고 잠 못 이루다, 착한 신의 인도로 세존을 만남

수닷타 장자는 '붓다'라 일컫는 소리를 듣고 온몸의 털이 곤두서며 마음이 기뻐져서 가슴이 벅차올랐다. 편안히 쉬며 밝은 날을 기다리자니 마음이 어수선해서 이리저리 뒤척거리며 잠을 이루지 못하였는데, 지극한 정성이 통해 한밤인데도 훤하게 밝아졌다.

곧 차리고 나가서 성문을 향해 가다가 돌아보며 성의 왼편에 타피[漯坡]라는 '신을 모신 집'이 있음을 보고 지나다가 꿇고 절하고는, 절을 마치고 돌아보니 갑자기 다시 어두워졌다.

수닷타는 놀라며 어디로 갈 줄을 알지 못했다. 비록 이런 놀랄 일이 있기는 하였으나 마음은 오히려 붓다에게 있었으므로 그 지극한 마음을 받아 두려움이 사라져버렸는데, 허공 가운데서 소리가 들려왔다.

"훌륭하오, 수닷타여. 마음이 지극하여 그런 것이오."

허공 가운데의 소리를 듣고 말하였다.

"어떤 신이십니까?"

그러자 대답하였다.

"내가 바로 그대의 친척 마인티[摩因提]요."

물었다.

"당신은 어디서 태어나셨는데 어찌 여기에 계십니까?"

바로 대답하였다.

"나는 옛날 붓다의 신통으로 으뜸인 제자 마하목갈라야나로부터 경전의 법 말씀함을 듣고, 이 복의 과보로 인하여 맨 처음 하늘 위에 나게 되었지만 공덕이 너무 적어서 따로 여기를 맡게 되었는데, 그대의 지극한 마음을 보고 와서 돕는 것이오.

붇다는 지극히 높으셔서 발을 들어 올리는 그 사이에도 복으로 도우심이 한량없소. 내가 살아서 붇다 뵙지 못했던 것을 한탄할 뿐이오.

지금 보는 것은 참된 진리[眞諦]를 밝게 증험하는 것이니, 하늘에서 큰 빛을 놓아 대나무동산을 비추는 것이오."

수닫타는 빛을 찾아 멀리서 여래를 보자, 듣는 것보다 뛰어났으므로 앞에서 절하고 물러나 서서 미묘한 마음으로 상호를 보면서 붇다께 여쭈었다.

"신묘하고 높으신 이께서는 편안하십니까?"

슈라바스티에 정사 짓기를 당부하심

그러자 붇다께서는 수닫타를 위하여 게송으로 말씀하셨다.

근심하고 기뻐하는 모습이 없어
마음 비어 깨끗하고 편안하도다.
이미 나는 바가 없게 되었으므로
진리 보아 니르바나 들어갔도다.

바른 생각 깨달아 맑고 밝으며
다섯 길 괴로움의 못 이미 건너서
은혜와 사랑의 그물 끊어 부수고
길이 고요하고 기뻐 편안하도다.

장자 수닫타는 말씀을 듣는 그때 본래의 공덕[本功德]으로 인해,

문득 깨끗한 뜻을 내고 법의 눈[法眼]을 얻었으며, 삼보에 귀명하여 다섯 가지 계율을 물어 받고, 깨끗한 믿음의 우파사카가 되어 붇다께 말씀드렸다.

"여래께서는 슈라바스티 국에 잠시나마 오셔서 한때라도 가르쳐주시어 임금과 백성들을 제도해주시길 바랍니다."

세존께서는 또 말씀하셨다.

"그대의 이름은 무엇인가?"

장자는 무릎 꿇고 대답하였다.

"저의 이름은 수닷타입니다. 외로운 이와 늙은이들을 모시고 봉양하여 옷과 먹을거리를 드리므로 나라의 사람들이 저를 '외로운 이 돕는 이'라고도 일컫습니다."

붇다께서는 말씀하셨다.

"거기에 정사(精舍)가 있어 상가대중을 받아들이고 있는가?"

대답하였다.

"아직은 없습니다."

장자 수닷타는 붇다의 거룩한 뜻을 받들어, 앞에 나아가 길게 꿇어앉아 세존께 말씀드렸다.

"제가 정사를 일으켜 세워낼 수 있습니다. 오직 그곳이 마땅한가를 와서 살필 비구스님이 반드시 필요합니다."

그러자 돌아보시며 사리푸트라에게 '같이 가서 공사를 도우라'고 분부하셨다.

제타 태자의 동산을 사들여 정사를 지으니 세존이
그 동산을 '제타 숲 외로운 이 돕는 장자의 동산'이라 이름하심

수닷타는 곧 분부를 받고서 절하고 물러났다.

그 슈라바스티 국에 돌아와 두루 다니면서 땅을 구해보니, 오직 제타 태자의 동산이 좋았다. 온갖 과일과 흐르는 샘이며 기이한 날짐 승이 날아들어 모이고, 땅은 평평하고 나무는 우거지고, 성에 가기도 또 가까웠으므로 곧 동산지기에게 가서 제타 태자에게 청하였다.

끝내 팔 뜻이 없는 것을 청하기를 그치지 않자 화를 내어 말하였다.

"만약 금전을 모아 펼쳐 동산을 채우면 내놓겠소."

거듭 물었다.

"참으로 그러하겠습니까?"

제타는 말하였다.

"값이 높으면 당신이 반드시 못할 것이겠기에 우스갯말로 정하였 는데, 다시 무엇을 의심하오?"

그러나 수닷타는 하직하고 돌아와서 수레에 줄줄이 돈을 실어 보 내자, 동산지기가 듣지 않고 달려가 태자에게 알렸다.

"수닷타가 돈을 보냈는데 받아야 합니까, 받지 않아야 합니까?"

그러자 동산지기에게 명하였다.

"내 스스로 우스개로 한 말이었으니, 보낸 돈을 받지 말라."

두 사람이 함께 다투자 온 나라에서 늙은 어르신들이 달려가서 말 리고는 마땅함을 끊어 말했다.

"땅의 값은 이미 결정하였으니, 뉘우치지 말아야 하오. 나라의 정 사는 깨끗하고 공평한 것입니다."

제타는 법을 어기지 못해서 곧 금전으로 깔기를 들어주었는데, 문안까지 두루 깔리지 않자 기뻐하면서 말하였다.

"나는 도로 동산을 얻게 되었다."

그러고는 사람을 보내어 독촉하니, 수달타가 몸소 가서 같이 동산을 둘러보고서 생각하는 바가 아직 다 깔리지 못했으므로 뜻이 언짢아 좋아하지 않자 제타 태자가 말하였다.

"나라의 어진 이는 만약 후회가 되시면 곧 그만두십시오."

대답하였다.

"뉘우치지 않습니다. 아마 간직해놓은 것을 내놓으면 땅값은 다할 수 있을 것이오."

제타는 생각하였다.

'붓다는 반드시 바로 지극히 높으신 분일 것이다. 이 사람이 재물을 다하게 되어도 원망하지 않는구나. 모실 만하고 우러를 만하여, 거룩하시고 미묘하셔서 이 같으리라.'

곧 수달타에게 말하였다.

"더 금전으로는 채우지 마십시오. 남은 땅값으로 나무를 사서 함께 정사(精舍, ārāma)를 세웁시다."

수달타 장자는 곧 말하였다.

"좋습니다. 그렇게 합시다."

바로 공사의 인부들을 동원하였으며, 승방과 앉을 깔개·누울 자리·덮을 것 등은 아주 묘한 것들로 하고, 깃발을 내걸고 향기로운 물을 땅에 뿌리며 공양거리를 다 갖추어 거듭 잘 차리고는 온갖 이름 있는 향을 사르면서 멀리서 꿇고 붓다를 청하였다.

"한번 찾아와주시길 바랍니다."

이에 세존께서는 큰 비구대중 천이백오십 사람과 함께 슈라바스티 국에 노니시어 수닷타의 청에 응하시자, 위신력이 크게 떨쳐 나라 안이 모두 기뻐하며 남녀 모두가 길을 메우며 나왔다.

'외로운 이 돕는 장자'와 왕의 아우 제타는 나아가 붇다의 발에 절하였는데, 함께 정사에 올라감은 붇다에게서 축원해주심을 받기 위해서였다.

붇다께서 말씀하셨다.

"'제타 숲 외로운 이 돕는 장자의 동산'[祇樹給孤獨園]이라고 하라."

수닷타 장자가 길에서 만난 브라마나를 같이 초청해
세존께 삭힌 우유를 공양하도록 함

왕은 나라에 일이 있어서 급히 수닷타를 불렀다.

곧 나아가서 모임에 응하고 일을 마치자, 빨리 돌아와서 재(齋)를 받들어 공경을 다하려고 물러나 걸어오는데 길 가운데서 어떤 사람이 삭힌 우유 한 병을 바쳤다.

돌아봐도 심부름할 이가 없어서 스스로 들고 가다가 앞에서 브라마나를 만났다. 가져다 주기를 청하여 함께 정사에 나아가서 세존께 손수 따라 드리고 브라마나에게도 말하였다.

"당신도 따라 드리십시오."

공양이 끝나고 헹굴 물을 돌리고는, 엄숙하게 법을 들었다. 모두가 기뻐하며 한량없이 좋은 행을 찬탄하였다.

브라마나는 저녁때 돌아가서 밥을 드리는데도 들지 않으므로 부인이 이상하게 여기면서 물었다.

"왜 한탄을 하시오?"

대답하였다.

"화내는 것은 아니지만, 나는 재(齋) 때문에 그러오."

부인은 거듭 물었다.

"어느 재로부터 오셨소?"

브라마나는 대답하였다.

"'외로운 이 돕는 장자'가 동산에서 붇다께 공양하면서 나를 청하였으므로 그 재에 갔었는데, 재의 이름이 팔관재(八關齋)였소."

그 부인은 눈물을 흘리면서 화를 내며 말하였다.

"당신이 브라마나의 남긴 법도를 허물면 재앙이 일어나리다. 고타마가 법을 어지럽히는데 어찌 받아들일 게 있소. 빨리 그만두시오."

그리하여 곧 함께 밥을 먹었는데 브라마나는 목숨을 한밤중에 마치고 웃타라위 국[鬱多羅衛國]에 태어나서 큰 못의 나무 신이 되었다.

오백 명의 브라마나들이 제사를 지내다, 세존께
공양 올렸던 나무신의 공덕을 보고 세존께 귀의하는 마음을 냄

이때에 브라마나 등 오백 명이 강가아 강의 세 사당 신[祠神]의 못에 나아가서 더러움을 씻고 신선이 되기를 바라다가 중도에 양식이 떨어졌다.

멀리서 저기의 나무를 바라보고 거기 흐르는 샘물이 있으리라 생각하고, 곧 달려가서 나무 아래 나아갔으나 전혀 물을 볼 수 없었다.

그리하여 이 못에서 아주 피곤해지고 목마르고 배가 고파 죽게 되었다.

나무 신이 나타나서 브라마나들에게 물었다.

"수행자들은 어디서 왔습니까? 지금은 또 가시려 합니까?"

소리를 같이하며 대답하였다.

"신의 못에 나아가 목욕하고 신선되기를 바라는데, 오늘은 배고프고 목이 마르니 가엾이 여기어 건져주길 바랍니다."

나무 신이 곧 손을 들어 올리니 여러 가지 맛있는 것이 흘러 넘쳤으므로, 그들은 배불리 먹고 나서 신에게 나아가 청하였다.

"어떠한 공덕으로 이렇게 뛰어나고 높이 되셨소?"

나무신은 브라마나들에게 대답하였다.

"나는 슈라바스티 국의 '외로운 이 돕는 장자' 때문에 팔관재를 지녔다가, 부인한테 져서 그 일을 마치지 못하고서 이 못에 와서 나서는 이 나무의 신이 되었소.

만약 재법(齋法)을 마쳤더라면 복이 하늘에 났을 것이오."

그때에 나무 신은 게송으로 말하였다.

신에 제사 지냄 재앙의 뿌리 심어
낮밤으로 가지와 줄기만 키우리.
부질없이 괴롭고 몸만 무너뜨리나
법다운 재 세간의 신선 건네주리.

브라마나들은 게송을 듣고 미혹이 풀려 믿고 받아서 슈라바스티 국으로 돌아오는 길에, '카우삼비'(Kauśambī)라는 나라를 거치게 되었다.

그 나라에 '고실라'(Ghoṣila)라는 한 장자는 사람들이 공경하고 사랑하여 말을 하면 곧 따라 들어주었다.

브라마나들이 가서 묵기를 청하자 장자는 물었다.

"수행자들은 어디서 오십니까? 지금은 어디를 가려 하십니까?"

그 못의 나무 신의 공덕으로 슈라바스티 국의 '외로운 이 돕는 장자'에게 나아가서, 법다운 재[法齋]를 가리어 본래 세운 뜻[本志]을 이루려 한다 함을 자세히 말했다.

그러자 장자는 그 아름다운 말을 듣고 기뻐 날뛰며 오래 익혀온 행[宿行]이 밀어서 바로 그 말의 뜻을 깨닫고는 그곳에 가고 싶어졌다.

그래서 다음 날 아침 친척과 사랑하는 이들에게 말했다.

"누가 같이 가서 재의 법식을 받들겠느냐?"

그러자 오백 명이 모두 다같이 '그렇게 하겠습니다' 하며 명에 따랐다. 이는 본래의 서원이 서로 끌어 뜻에 감동한 것이다.

고실라 장자와 그 가족이 수닫타 장자의 인도로
여래의 설법 듣고 법의 눈을 열게 됨

모두 몸가짐을 차리고 나와서 슈라바스티 국에 나아가다가 아직 제타 숲에 닿기 전에 길에서 수닫타가 붇다 뵙고 가는 것을 만나고도 지나쳐서 알지 못하고 따르는 이들에게 물었다.

"저분은 어떤 어른이오?"

그러자 대답하였다.

"'외로운 이 돕는 장자'요."

브라마나들은 기뻐하면서 쫓아가며 말하였다.

"내 바람이 이뤄졌다. 사람을 찾다 사람을 만났으니."

그러고는 달려가서 서로 보고 소리를 같이해 찬탄하며 말하였다.

"오랫동안 아름다운 덕을 받들고 간절히 우러렀습니다. 도의 가르침에 팔관재의 법이 있다고 들어서 일부러 멀리서 와서 부탁합니다.

보여 이끌어주십시오."

수닷타 장자는 수레를 멈추고 대답하였다.

"저에게는 큰 스승이 계신데, 여래 세존이라 부르시오. 사람들을
제도하시며 가까이 제타 숲 동산에 계시니 함께 나아가서 세존을 뵙
시다."

말을 듣고 공경히 응락하여 멀리서 공손히 여래를 뵈었더니, 기쁜
뜻이 안에서 솟구쳐 온몸을 땅에 던지고 물러나 한쪽에 앉았다.

그들의 본마음을 살펴 법의 요점을 말씀하시니, 오백의 브라마나
들은 아나가민(anāgāmin)이 되어서 곧 사문이 되었고 고실라 장자와
그 친척들은 법의 눈[法眼]을 얻었다.

고실라 장자의 가족과 오백 브라마나의 앞생 본사(本事)를 말씀하니 고실라 장자가 정사를 헌납함

여러 비구들은 붇다께 말씀드렸다.

"오백의 브라마나와 여러 장자들은 도를 얻음이 어찌 그리 빠릅니
까?"

세존께서는 말씀하셨다.

"과거 머지않은 때 세상에 붇다가 계셨는데, 이름은 카샤파 붇다
[迦葉佛]이셨다.

대중을 위하여 법을 강설하시면서 내가 앞으로 올 것을 말씀하자,
지금의 여러 브라마나들이 그 붇다 앞에서 '오는 세상에 사카무니
붇다 뵙기를 바라옵니다'라고 하였고, 이 여러 장자들도 이 서원에
같이했으므로 이 인연으로 나를 보자 곧 깨달았다."

그러자 비구들은 기뻐하며 모두 받아 받들어 행하였다.

고실라 장자는 마음으로 생각하였다.

'세존을 청하고 싶구나.'

붇다께서는 그의 생각을 아시고 말씀하셨다.

"거기에는 정사(精舍)가 없으니 너의 바람이 이루어지지 못하리라."

고실라 장자는 기꺼이 알아듣고 기뻐하며 나아가 붇다께 말씀드렸다.

"저에게 따로 집이 있으니 정사로 삼으시길 바랍니다. 슬피 여겨 여러 중생 건져주십시오."

그러고는 나라에 돌아가서 공양할 바를 마련해 갖추고자 물러날 것을 말씀드리고, 머리를 발에 대며 절하고 떠나갔다.

• 중본기경 7 수달품(須達品)

• 해설 •

슈라바스티 국에 사는 수닫타 장자는 멀리 서신을 주고받으며 오래 마음 속으로만 알고 지내던 라자그리하 성의 벗을 찾아간다. 그곳에서 벗으로부터 '붇다'라는 말과 '비구상가'라는 말만 듣고도 기쁨이 넘치고 마음이 설레어 잠 못 이루니, 그는 이미 믿음의 땅에 들어가 큰 시주가 되고 큰 지혜의 사람이 되도록 약속된 사람이다.

붇다를 아직 보지 못하고도 '붇다'라는 말만 듣고 기쁨이 넘치는 그를 하늘땅인들 이끌어 붇다 앞에 나아가도록 하지 않겠는가.

간밤에 잘 주무셨는가 문안 인사드리는 장자에게, 참으로 번뇌의 흐름이 다해 니르바나의 평상 위에 안온히 쉬는 편안하고 기쁜 삶의 길을 보이시니, 한마디 말씀 공손히 듣고 삼보에 귀의해 붇다의 분부대로 슈라바스티 성에 정사를 세워 코살라 국 전법의 기틀을 마련하였다.

여래의 한마디 말씀 아래 다시 뒤돌아감과 머뭇거림이 없이 무너짐이 없는 굳센 믿음의 땅에 바로 들어가니, 그가 바로 보디사트바인 장자이다.

　제타 태자의 동산을 사서 태자와 함께 정사를 지어 붇다의 상가가 머물 도량을 삼으니, 크샤트리아인 왕의 동생과 바이샤의 가장 높은 장자가 힘을 합해 세존께 정사를 바친 것이다.

　이는 이 무렵 붇다의 가르침이 마가다와 코살라 두 인도의 강대국에서 일반 대중에 광범위하게 받아들여지기 시작했음을 뜻하고, 붇다의 상가가 튼튼한 후원 세력의 보살핌 받게 되었음을 뜻한다.

　수닫타 장자의 인도로 한 브라마나가 세존께 삭힌 우유를 바치고 팔관재일에 참석하고는 목숨 마친 뒤 착한 신의 몸을 받았다.

　그 착한 신의 이야기를 듣고 오백 브라마나가 귀의하여 법의 눈을 떴으며, 뒤따라 고실라 장자가 귀의하여 자기 집을 정사로 바쳤다.

　고실라 장자가 자기 동산과 집을 헌납해서 세운 정사가 경에 자주 등장하는 고실라라마 정사인 것이다.

　수닫타의 믿음과 귀의가 번져 오백 브라마나와 고실라 장자의 권속까지 셀 수 없는 대중의 귀의로 이어지니, 마치 한 불씨가 번져 온 들을 태우는 것과 같다.

　그리고 붇다께 올린 한 그릇 삭힌 우유의 공양으로 착한 신의 몸을 받고, 나무신의 공덕 받음을 보고 팔관재의 공양에 함께 동참하려고 찾아온 오백 브라마나가 법의 눈을 뜨니, 이를 무엇으로 비유할 수 있을까.

　마치 저 큰 바닷물에 한 방울 물을 던지면 던진 물도 모두 바다가 되는 것과 같으니, 한량없는 공덕의 곳간이신 여래 앞에 한 그릇 밥, 한 사발의 삭힌 우유, 한 조각의 향을 바친 이도 그 작은 바침으로 여래의 공덕의 바다에 함께 들어가게 되는 것이다.

　『화엄경』(「십지품」十地品)에서도 하늘여인들은 여래에게 음성의 찬탄을 바치고 여래를 고요히 우러러봄만으로 여래의 사마디에 함께해 붇다의 법의 자식으로 인정받게 된다. 경은 보디사트바 해탈의 달[解脫月]이 금강장 보디사트바께 청하는 말로 이렇게 보인다.

만약 여래의 지혜 얻고자 하면
온갖 허망한 분별 떠나야 하리.
있고 없음에 통달해 다 평등하면
사람 하늘 큰 인도자 빨리 이루리.

若有欲得如來智　應離一切妄分別
有無通達皆平等　疾作人天大導師

한량없고 끝없는 하늘여인의 무리들
갖가지 말소리로 이같이 찬탄하고서
몸과 마음 고요히 함께 안락하여
여래를 우러러보며 말없이 머무네.

無量無邊天女衆　種種言音稱讚已
身心寂靜共安樂　瞻仰如來默然住

이때 해탈의 달 보디사트바가
모인 대중 모두 고요함을 알고서
이처럼 크게 두려움 없는 이가
참된 붇다의 자식이 된다고
금강장 보디사트바를 향해
그 뜻을 말해 격려하길 청하네.

卽時菩薩解脫月　知諸衆會咸寂靜
向金剛藏而請言　大無畏者眞佛子

9 여래의 거룩한 자비행

• 이끄는 글 •

여래의 삶을 하나로 꿰뚫는 실천의 기본 뼈대는 지혜와 자비이다. 그래서 붇다의 뒤를 따르는 이들은 붇다를 일컬어 '자비와 지혜가 두렷이 채워지신 이'[悲智圓滿者]라고 말하고 '따짐이 없는 사랑 베푸시는 이'[無緣大悲者]라고 말한다.

붇다는 그것이 설사 '무한우주의 전변자'와 같은 두려운 권능으로 표현된 것이라 해도 진실이 아닌 것을 진실이 아니라 말하고, 오직 원인과 조건에 의해 발생되는 만유생성의 법을 열어 보인다.

그러나 원인 · 조건 · 결과가 모두 공한 원인 · 조건 · 결과라 연기의 세계는 원인과 결과에 막힘이 없고 나와 세계에 닫힘이 없으며 사유에 사유가 끊어지고 말에 말이 끊어진 진리의 세계[不思議法界]이니, 법계로 몸을 삼는 여래의 삶을 우리들 미망과 탐욕의 중생이 어찌 엿볼 수 있을 것인가.

여래의 자비는 억지로 짓는 자비가 아니라 진리인 삶의 발현으로서 사랑이므로 그 사랑에 구함이 없고 따짐이 없고 가림이 없다.

자비는 나와 세계의 모습에 모습 없는 법계의 진실 그대로의 삶활동이므로 저 중생을 건지되 건질 중생의 모습 보지 않으며 주되 주는 모습이 없다.

자비에서 자(慈)는 더불어 사는 이들에게 기쁨과 즐거움을 널리 베풀어줌[與樂]이고, 비(悲)는 저 중생이 아파함을 함께 짊어지고 그 아픔과 괴로움의 뿌리를 빼내주는 것[拔苦]을 말한다.

자비와 인욕의 관계를 살펴보아도 사랑함과 참음, 이 두 법은 따로 있는 것이 아니고, 사랑의 소극적 표현이 참음이고 참음의 적극적 실현이 사랑이다.

미워하는 마음과 내가 받은 나쁜 것을 되갚아주고 싶은 마음을 참는 것은 일어나는 마음을 참음[生忍]이고, 미워할 대상에 미워할 것이 없음을 알아 그 미워하는 마음 낼 것 없음을 통달해서 참음은 법을 깨달아 참음[法忍]이다.

여래는 남이 없는 법인[無生法忍]에 편히 머물러, 여래의 얼굴에 흙을 뿌리는 자, 여래를 죽이러 칼을 들고 달려드는 자, 여래의 몸에 저주의 돌을 굴려 피를 낸 자도 미워하지 않고 잘 참아 그들을 거두고 그들을 니르바나의 땅에 이끄신다.

이처럼 여래는 미워할 것이 없는 인욕의 땅에 머물러 계시되 그 중생을 위해 때로 꾸짖음을 나투고, 스스로 지은 무서운 행위의 과보를 그대로 받게 한다.

여래는 이처럼 꾸짖고 나무람의 방편을 써서 그를 다시 보디의 땅에 세워주니, 이것은 여래의 크나큰 참음[大忍]이다.

크나큰 참음은 적극적으로 나무람과 꾸짖음을 써서 그 중생을 건지는 자비이니, 여래는 고요히 미소 지음도 자비이고 저 어리석은 중생을 꾸짖어 크게 나무람도 자비이다.

여래 앞에 죽임의 칼을 휘두른 앙굴리말라와 저주의 돌을 날린 데바닫타를 예로 들어보자. 한 사람은 죽임의 칼을 놓고 그 자리에서 아라한을 이루고, 한 사람은 살아서 지옥에 떨어지며 뒷세상 '프라테카붇다'[獨覺]의 언약을 받았으니, 여래의 이와 같은 자비 방편을 우리 중생이 어찌 이해할 수 있겠는가.

함이 없는 마음[無爲心] 가운데서 큰 자비를 성취한 큰 보디사트바라면, 붇다의 한량없고 끝없는 자비의 은혜를 알고 그 은혜를 조금쯤 갚는 이라 할 수 있을까.

여래의 끝없는 지혜의 빛이 그대로 중생 건지는 자비행이 됨을, 『화엄경』(「입법계품」)은 이렇게 찬탄한다.

여래의 한 털구멍이
부사의한 빛을 놓아서
널리 모든 중생 비추어
그 번뇌 사라지게 하네.

如來一毛孔　放不思議光
普照諸群生　令其煩惱滅

앙굴리말라여, 나는 늘 멈춰 있는데
네가 스스로 멈추지 않는구나

이와 같이 내가 들었다.

한때 붇다께서 앙굿타라타(Aṅguttarāta) 국의 사람들 세상을 노닐어 다니면서 타바사리가 숲속을 지나시다가, 소치는 이와 염소 치는 이와 나무하는 이와 그 밖의 다른 일들을 하는 여러 사람들을 만났다.

그들은 세존께서 길을 가시는 것을 보고 모두 세존께 말씀드렸다.

"세존이시여, 이 길로 가지 마십시오. 이 길 앞에는 '앙굴리말라'라는 도적이 있어 사람들을 두렵게 하고 있습니다."

붇다께서 여러 사람들에게 말씀하셨다.

"나는 두려워하지 않는다."

살인마 앙굴리말라를 만나러 가시는 여래

이렇게 말씀하시고 나서 그 길을 따라 그대로 가셨다. 그들이 두 번 세 번 말씀드렸으나 세존께서는 그대로 가시다가, 멀리서 앙굴리말라가 손에 칼과 방패를 들고 달려오는 것을 보셨다.

세존께서 신묘한 힘으로 몸을 나타내시어 천천히 걸으면서 앙굴리말라가 아무리 빨리 달려도 따라갈 수가 없게 하셨다.

그는 달려오느라고 그만 지쳐 멀리서 세존께 말하였다.

"멈추라, 멈추라. 가지 말라."

세존께서 나란히 걸으시면서 대답하셨다.

"나는 늘 멈추어 있는데 네가 스스로 멈추지 않을 뿐이다."
그때 앙굴리말라가 곧 게송으로 말하였다.

　사문은 오히려 빨리 가면서
　나는 늘 멈추어 있다 말하고
　나는 지금 아주 지쳐 멈춰 있는데
　너는 멈추지 않는다고 말하네.
　사문은 왜 자신은 멈추었는데
　나보고는 멈추지 않았다 말하는가.

죽임의 칼을 바로 내려놓고 비구가 됨
그러자 세존께서 게송으로 대답하셨다.

　앙굴리말라여, 내가 늘 멈추었다 함
　온갖 중생에게 칼과 몽둥이질을
　그치어 쉬었다 함을 말한 것이고
　너는 모든 중생을 두렵게 하여
　악한 업을 그치어 쉬지 못함에
　멈추지 못한다고 말한 것이다.

　나는 온갖 작은 벌레에까지도
　칼과 몽둥이질 그치어 쉬었지만
　너는 저 모든 작은 벌레까지도
　늘 내몰아 그들을 두렵게 하며

못되고 나쁜 업을 자꾸 지어서
끝내 그 업 그쳐 쉴 때가 없도다.

나는 온갖 모든 신들에게까지도
칼과 몽둥이질 그치어 쉬었건만
너는 온갖 여러 신들에게까지도
긴밤 동안 괴롭히고 내몰아붙여
못되고 나쁜 업을 자꾸 지어서
지금껏 그 업 그쳐 쉬지 않도다.

나는 늘 쉬는 법에 편히 머물러
온갖 것에 함부로 놀아 지냄 없는데
너는 사제의 진리 보지 못하고
함부로 놀아 지냄 쉬지 않도다.

앙굴리말라가 게송으로 붇다께 말씀드렸다.

오래도록 저 무니를 보고 있다가
길을 따라 그 뒤를 쫓아왔는데
참되고 묘한 말씀 지금 듣고서
오래고 먼 악한 업 버리오리라.

이와 같이 세존께 말씀드리고
손에 쥔 칼과 방패 놓아버리고

세존 발에 몸을 던져 말하였도다.
'바라오니 저의 출가 들어주소서.'
붇다는 자비하신 마음이 있고
큰 선인은 슬피 여기는 마음 넘치니
'잘 왔구나, 비구여'라고 말하여
집을 나와 구족계를 받게 되었네.

출가하여 아라한을 이루고 해탈의 기쁨을 노래함

그때 앙굴리말라는 집을 나온 뒤 홀로 고요한 곳에서 생각을 오롯
이 하여 사유하였다.

'좋은 종족의 사람이 수염과 머리를 깎고 가사를 입고 바른 믿음
으로 집 아닌 데로 집을 나와 도를 배우는 것은 범행을 더욱 힘써 닦
아 현재법에서 스스로 깨달아 아는 데 있다.'

그리하여 그는 '나의 태어남은 이미 다하고, 범행은 이미 서고, 지
을 바를 이미 다 지었음'을 스스로 증득하여 알고, '다시 뒤의 있음
받지 않음'을 스스로 알았다.

그때 앙굴리말라는 아라한을 얻어 해탈의 기쁨과 즐거움 깨닫고
곧 게송으로 말하였다.

본디 해치지 않음의 이름 받았으나
그 가운데 많이 죽이고 해쳤는데
이제야 진리의 이름 보게 되어서
길이 다치고 죽임 떠나게 되었네.

몸으로 죽이고 해치지 않음 행하고
입과 뜻 또한 모두 그러하여야
저 중생을 참으로 죽이지 않고
내몰지 않는 것임 알아야 하리.

손 씻어도 늘 피의 빛깔이므로
앙굴리말라고 이름하였는데
세찬 흐름에 빠져 떠다니던 사람
삼보에 지심으로 귀의하여서
악의 흐름 눌러서 쉬게 하였네.

삼보에 지심으로 귀의한 뒤에
출가하여 구족계를 받아 지녔고
세 가지 밝음을 이미 이루어
붇다의 가르치심 모두 마쳤네.

소를 길들일 땐 몽둥이로 치고
코끼리는 쇠갈고리로 다루나
하늘이나 사람 건져 다루는 이는
칼이나 몽둥이질하지 않도다.

칼을 날카로이 갈 때는 숫돌을 쓰고
화살 곧게 하려면 불에 구우며
재목을 다루는 데는 도끼를 쓰고

스스로를 고름에는 지혜를 쓰네.

어떤 사람 앞의 행 방일하다가
뒤따라 스스로 마음 거둬 잡으면
이 사람은 곧 세간 밝게 비춤이
구름 걷혀 나타나는 달과 같으리.

어떤 사람 앞의 행 방일하다가
뒤따라 스스로 마음 거둬 잡으면
세상의 은혜와 애욕의 흐름을
바른 생각으로 벗어날 수 있으리.

나이 한창 젊은 때에 집을 나와서
붇다의 가르침 힘써 닦으면
이 사람은 곧 세상을 밝게 비춤이
구름 걷혀 나타나는 달과 같으리.

나이 한창 젊은 때에 집을 나와서
붇다의 가르침 힘써 닦으면
세상의 은혜와 애욕의 흐름을
바른 생각으로 벗어날 수 있으리.

만약 온갖 악업을 벗어나 건너
바르고 착함으로 없앨 수 있으면

이 사람은 곧 세간을 밝게 비춤이
구름 걷혀 나타나는 달과 같으리.

어떤 사람 앞서는 악업 짓다가
바르고 착함으로 없앨 수 있으면
세상의 은혜와 애욕의 흐름을
바른 생각으로 벗어날 수 있으리.

나는 이미 악한 업을 지었거니
반드시 나쁜 세계를 향하여 가
악업의 갚음 이미 받고 나서는
묵은 빚으로 먹히고선 또 먹히리.

만약 그들 나를 원망하고 미워하다
이러한 바른 법을 듣게 된다면
맑고 깨끗한 법의 눈을 얻어서
나에게 대해 참는 행을 닦아
다시 다툼을 일으키지 않으리니
붇다 은혜의 크신 힘 입어서라네.

나는 이제껏 원망하는 생활에서
늘 욕됨 참음을 따라 행하고
때를 따라 바른 법을 늘 들으며
듣고서는 따라서 닦아 행하리.

붇다께서 이 경을 말씀하시자, 앙굴리말라는 붇다의 말씀을 듣고 기뻐하며 받들어 행하였다.

• 잡아함 1077 적경(賊經)

• 해설 •

앙굴리말라는 어떻게 살인마가 되었는가.

삿된 주술을 쓰는 나이든 스승의 젊은 아내가 스승이 멀리 떠난 사이 젊은 제자 앙굴리말라를 유혹한다. 그 유혹을 거절한 앙굴리말라를 남편인 스승에게 '앙굴리말라가 자신을 욕보이려 했다'고 거짓 모함한다.

그 말을 듣고 크게 분노한 삿된 스승의 주술에 걸려 앙굴리말라는 광란의 칼질로 사람을 죽인다.

백 명의 사람을 해쳐 그 사람의 손가락으로 목걸이를 해 바치면 위없는 도에 이른다는 나쁜 주문을 벗어나지 못해, 앙굴리말라는 어머니를 해치려다 붇다를 만나 어머니를 버리고 붇다를 죽이러 쫓아간다.

칼을 들고 붇다를 쫓던 앙굴리말라가 여래의 자비의 말씀 한 마디에 칼을 놓고 죽임의 칼을 내려놓은 그 자리에서 아라한을 이루었다.

이 같은 자비의 예가 어디 있는가. 여래의 한량없는 자비의 마음 앞에 활활 타는 저주와 죽임의 불은 따뜻한 봄바람이 되고, 미치고 뒤집혀 어지러운 마음은 '너는 왜 멈추지 못하느냐'는 한 마디에 모두 쉬어 구름 걷혀 드러나는 달과 같이 그 지혜가 환히 밝아졌다.

억겁의 캄캄한 어두움이 한순간 횃불에 모두 사라져 없어지는 모습이 앙굴리말라의 귀의와 깨달음의 모습이리라.

앙굴리말라는 여래의 한 말씀에 죽임과 광란의 업을 버리고 깨달은 뒤, 길이 원망의 업을 버리고 늘 욕됨 참음 행하기를 다짐하고, 뒤바뀐 헛된 꿈과 은혜와 애욕의 흐름 벗어나 바른 생각 바른 지혜의 생활로 나아가길 다짐한다.

여래의 자비의 집 지혜의 땅에서 살인마 앙굴리말라는 죽고, '보디사트바

앙굴리말라', '크나큰 인욕과 사랑의 실천자 앙굴리말라'가 다시 태어난 것이다.

구름 걷힌 밤하늘 환히 드러나는 보름달같이, 새로 태어난 보디사트바의 맑고 깨끗한 눈빛 그 어디에 손에 묻은 피의 자국과 살인마의 저주와 핏발 맺힌 눈빛이 있는가.

마라가 보디사트바가 된 이 소식을 어떻게 보아야 하는가.

옛 선사[大慧]는 이렇게 노래한다.

벽 위에 등잔을 두고
집 앞에 술상을 두네.
답답할 때 세 잔을 마시니
근심이 어디에서 오리오.

壁上安燈盞　堂前置酒臺
悶來打三盞　何處得愁來

아난다여, 너는 왜 내게는 눈먼 아니룻다를 위해
옷을 만들자고 청하지 않았느냐

나는 들었다, 이와 같이.

한때 붇다께서 슈라바스티 국에 노니실 적에 제타 숲 '외로운 이 돕는 장자의 동산'에 계셨다. 그때에 존자 아니룻다 또한 슈라바스티 국에 있으면서 사라라 바위산 가운데 머물렀다.

이에 존자 아니룻다는 밤이 지나고 이른 아침이 되자 가사를 입고 발우를 가지고 성안으로 들어가 밥을 빌었다.

존자 아난다 또한 이른 아침에 가사를 입고 발우를 가지고 슈라바스티 국에 들어가 밥을 빌었다.

존자 아니룻다는 존자 아난다가 또한 밥 비는 것을 보고 그에게 말하였다.

눈먼 아니룻다 존자가 아난다에게
가사 만들어주도록 부탁하므로 비구대중에게 요청함

"존자 아난다여, 아셔야 하오. 내 세 옷[三衣]은 거칠게 해지고 다 떨어졌소. 어진 이여, 이제 여러 비구들에게 시켜 나를 위해 옷을 만 들어 주시오."

존자 아난다가 존자 아니룻다를 위하여 잠자코 그렇게 일 시키기 를 허락하였다.

이에 존자 아난다가 슈라바스티 국에서 밥 빌기를 마치고, 밥을 먹은 뒤에 오후가 되어 가사와 발우를 거두어들고 손과 발을 씻고, 니시다나(niṣīdana)를 어깨에 걸치고, 손에는 열쇠[戶鑰]를 들고, 방마다 널리 돌아다니면서 비구들을 보고 말하였다.

"여러분, 지금 사라라 바위산으로 가서, 존자 아니룻다를 위해 옷을 만드십시다."

이에 비구들은 아난다의 말을 듣고, 모두 사라라 바위산으로 가서, 존자 아니룻다를 위하여 옷을 지었다. 그때 세존께서는 아난다가 손에 열쇠를 들고, 방마다 널리 돌아다니는 것을 보고 물으셨다.

"아난다여, 너는 무슨 일로 손에 열쇠를 들고, 방마다 두루 돌아다니느냐?"

아난다가 말씀드렸다.

"세존이시여, 저는 지금 비구들을 시켜 존자 아니룻다를 위하여 옷을 만들고 있습니다."

세존도 함께 가사 짓기를 자청하심

세존께서 말씀하셨다.

"아난다여, 너는 왜 내게는 아니룻다를 위하여 옷을 만들자고 청하지 않았느냐?"

아난다가 곧 붇다를 향하여 합장하고 말씀드렸다.

"세존께서도 사라라 바위산으로 가시어 아니룻다를 위하여 옷을 만들어주시길 바랍니다."

세존께서 아난다를 위하여 잠자코 허락하셨다. 세존께서는 아난다를 데리고 사라라 바위산으로 가시어 비구들 앞에 자리를 펴고 앉으셨다.

그때 사라라 바위산에는 팔백 명의 비구가 세존과 함께 모여 앉아 존자 아니룻다를 위하여 옷을 짓고 있었다. 그때에 존자 마하목갈라야나 또한 대중 가운데 있었다.

세존께서 말씀하셨다.

"목갈라야나여, 나는 아니룻다를 위하여 옷감을 펴 마름질하여 잘라 끊고, 잇대어 붙이고 합하여 기우리라."

그때에 존자 마하목갈라야나가 자리에서 일어나, 가사 한 자락을 한쪽으로 벗어 메고 손을 맞잡고 붓다를 향하여 세존께 말씀드렸다.

"세존께서는 어진 이 아니룻다를 위하여 옷감을 펴 마름질만 해주시길 바랍니다. 비구들이 끊어서 잇대어 붙이고 모아 기울 것입니다."

이에 세존께서 곧 존자 아니룻다를 위하여 옷감을 펴 마름질하시고, 여러 비구들은 곧 끊어서 잇대어 붙이고 모아 기워서, 하루 사이에 존자 아니룻다를 위해 세 옷[三衣]을 다 지어 마쳤다.

아니룻다에게 공덕의 옷을 걸친 사문의 법 설하도록 지시하심

그때 세존께서 존자 아니룻다의 세 옷이 이미 다 지어진 것을 아시고 곧 말씀하셨다.

"아니룻다여, 너는 여러 비구들을 위하여 카티나(kaṭhina, 功德衣) 법을 설명하여라. 나는 지금 허리가 아파 조금 쉬어야겠다."

존자 아니룻다가 대답하였다.

"그렇게 하겠습니다, 세존이시여."

이에 세존께서는 웃타라상가(uttarāsaṅga)를 네 겹으로 접어 평상 위에 펴고, 상가티(saṃghāṭī)를 접어 베개로 삼고, 오른쪽 옆구리로 누워 발과 발을 서로 포개고, 밝은 생각을 지어 바른 생각과 바른 지혜를 세우고, 늘 일어날 생각을 가지셨다.

아니룻다가 카티나 법을 설함

그때에 존자 아니룻다가 여러 비구들에게 말하였다.

"여러 어진 이들이여, 내가 아직 집을 나와 도를 배우지 않았을 때에는, 나고 늙고 병들고 죽음, 울음과 슬피 눈물 흘려 걱정함을 싫어하여, 이 큰 괴로움의 덩어리를 끊고자 하였소.

여러 어진 이들이여, 나는 그것을 싫어하여 이렇게 살피었소.

'사는 집은 아주 좁고 번뇌로 힘드는 곳이다. 집을 나와 도를 배우는 것은 환히 드러나 넓고 크다. 나는 지금 집에 있으면서 사슬에 묶이어, 몸과 목숨이 다하도록 온갖 범행(梵行)을 닦을 수 없다.

나는 차라리 적은 재물이나 많은 재물을 다 버리고, 적은 친족이나 많은 친족들도 모두 버리고 수염과 머리를 깎고 가사를 입고, 지극한 믿음으로 집을 버려 집 없이 도를 배우자.'

여러 어진 이들이여, 나는 그렇게 살핀 뒤에 적은 재물이든 많은 재물이든 다 버리고, 적은 친족이나 많은 친족도 다 버리고 수염과 머리를 깎고 가사를 입고, 지극한 믿음으로 집을 버려 집 없이 도를 배웠소.

여러 어진 이들이여, 나는 집을 나와 도를 배우고 족성을 버린 다음, 비구의 계율을 받고 금한 계[禁戒]를 닦고 실천하며, 프라티목샤[從解脫]를 지켜 보살피고, 다시 몸가짐과 예절을 잘 거두어 아주 작은 죄를 보아도 늘 두려움을 품으며, 계를 배우고 받아 지녔소.

여러 어진 이들이여, 나는 죽임을 떠나 죽임을 끊어 칼이나 몽둥이를 버리고, 스스로 부끄러워함과 남에 대한 부끄러움도 있으며

자비한 마음을 가져 온갖 생명들 저 벌레에 이르기까지도 요익되게
하였소.

나는 산목숨 죽임에 대해 그런 마음을 버려 깨끗하게 하였소.

(중략)

아니룻다의 설법이 끝나자 아난다가 아니룻다를 찬탄함

이에 존자 아난다가 말씀드렸다.

"존자 아니룻다여, 지금 사라라 바위산에는 팔백 비구와 세존께서
모여 앉아, 존자 아니룻다를 위하여 옷을 만들고 있습니다.

그리고 여러 어진 이들이여, 만약 존자 아니룻다의 '마음대로 자
재하게 다니는 지혜의 신통'[如意足智通] 증득함에 대하여 의혹이
있으면 물어보십시오. 존자 아니룻다가 대답해줄 것입니다.

만약 존자 아니룻다의 '하늘눈의 지혜 신통'[天眼智通] 증득함에
대하여 의혹이 있으면 물어보십시오. 존자 아니룻다가 대답해줄 것
입니다. 만약 존자 아니룻다의 '남의 마음을 아는 지혜의 신통'[他心
智通] 증득함에 대하여 의혹이 있으면 물어보십시오. 존자 아니룻다
가 대답해줄 것입니다.

만약 존자 아니룻다의 '나고 죽음을 아는 지혜의 신통'[生死智通]
증득함에 대하여 의혹이 있으면 물어보십시오. 존자 아니룻다가 대
답해줄 것입니다. 만약 존자 아니룻다의 '번뇌의 흐름이 다한 지혜
의 신통'[漏盡智通] 증득함에 대하여 의혹이 있으면 물어보십시오.
존자 아니룻다가 대답해줄 것입니다.

다만 우리들은 기나긴 밤에 마음의 알음으로 존자 아니룻다의 마
음을 알았는데, 존자 아니룻다와 같은 이라면 '뜻대로 되는 큰 선정

의 힘'[大如意足]이 있고 크나큰 위덕이 있으며, 큰 복이 있고 큰 위신이 있습니다."

세존께서 아니룻다를 찬탄하고 카티나 법 받아 지니도록 당부하심

그때 세존께서는 병환에 차도가 있어 안온하게 되시자, 곧 자리에서 일어나 두 발을 맺고 앉으셨다. 세존께서 앉으신 뒤에 존자 아니룻다를 찬탄하셨다.

"참으로 잘했다. 아니룻다야, 참 잘했다. 아니룻다야, 너는 모든 비구들을 위하여 카티나 법을 설명하였고, 너는 거듭 여러 비구들을 위하여 카티나 법을 설명하였으며, 너는 여러 번 여러 비구들을 위하여 카티나 법을 설명하였구나."

세존께서 여러 비구들에게 말씀하셨다.

"비구들이여, 너희들은 카티나 법을 받았으니, 카티나 법을 외워 익히고 카티나 법을 잘 지니도록 하라. 왜 그런가. 카티나 법은 법과 서로 응하고, 범행의 근본이 되며, 신통을 이루고 깨달음을 이루며 또한 니르바나를 이루는 것이기 때문이다.

만약 좋은 종족의 사람으로 수염과 머리를 깎고 가사를 입고, 지극한 믿음으로 집을 버려 집이 없이 도를 배우는 자는, 지극한 마음으로 카티나 법을 받아야 하고, 카티나 법을 잘 지켜야 한다.

왜 그런가. 나는 과거에 비구들이 이러한 옷 짓기를 아니룻다와 같이 한 것을 보지 못하였고, 미래와 현재에도 비구들이 이러한 옷 짓기를 아니룻다와 같이 한 것을 보지 못하였을 것이다.

왜 그런가. 곧 지금 사라라 바위산에는 팔백 비구와 세존이 모여 앉아 아니룻다를 위하여 옷을 만들고 있다. 이것은 아니룻다 비구는 뜻대로 되는 큰 선정의 힘[大如意足]이 있고 큰 위덕이 있으며, 큰 복이 있고 큰 위신력이 있기 때문이다."

붇다께서 이렇게 말씀하시자, 존자 아니룻다와 비구들은 붇다의 말씀을 듣고 기뻐하며 받들어 행하였다.

• 중아함 80 가치나경(迦絺那經)

• 해설 •

세존은 대중 위에 군림하며 대중을 통솔하는 분이 아니라, 그 스스로 상가의 한 구성원이 되어 겸허하게 대중과 같이 프라바라나(pravāraṇā, 自恣)를 행하고, 비구들과 똑같이 마을에 들어가 밥을 빌어 드시던 분이었다.

그리고 밥을 드신 뒤 자기 발우를 스스로 씻어 거두어 들고, 좌선하거나 홀로 사람 사이에 노닐어 다니던 분이었다.

눈먼 아니룻다의 바늘귀에 실을 몸소 꿰어주시고 아니룻다의 가사를 짓는 대중운력(大衆運力)에 같이 동참하여, 다른 비구들이 옷감을 잘라 기우도록 옷감을 펴주시던 분이었다.

아니룻다의 옷을 짓기 위해 모였지만, 팔백 비구가 대중운력을 해 가사를 짓는 것을 보면 아니룻다에게 가사 공양함을 빌미로 대중의 가사를 같이 지은 듯하다. 세존께서는 아니룻다의 옷을 지어주면서 아니룻다로 하여금 다른 대중에게 카티나 법을 설하도록 하신다. 카티나의 뜻은 공덕의 옷[功德衣]으로 상가대중이 몸에 걸치는 가사이다.

무엇이 벌거벗은 중생의 몸을 공덕으로 가려주고, 기나긴 밤 나고 죽음의 길에서 배고파 굶주리고 추위에 떠는 중생의 몸을 따뜻이 덮어주는 옷인가. 열 가지 계율[十戒]의 옷이며 세 가지 밝은 지혜[三明]의 옷이다.

이 옷이 바로 중생이 해탈 따르도록 프라티목샤를 잘 보살펴 니르바나에 오르게 하며, 기나긴 나고 죽음의 밤에 다시는 추위에 떨지 않게 중생의 몸을 따뜻이 덮어준다.

곧 장애와 곤란이 넘치는 세간의 험한 길에서 계와 선정과 지혜를 보살펴 니르바나의 저 언덕에 오르게 하는 해탈의 옷[解脫衣]이 공덕의 옷이며, 자비로 욕됨을 참는 옷[慈悲忍辱衣]이 공덕의 옷이다.

그러므로 저 아니룻다처럼 여래의 방[如來室]에 들어가 여래의 자리[如來座]에 앉아 여래의 공덕의 옷을 입는 자가 바로 법왕의 법의 아들로서, 다시 추위에 떠는 중생을 공덕의 옷으로 따뜻이 덮어줄 것이다.

아니룻다처럼 공덕의 옷 묘한 행의 옷으로 중생을 따뜻이 덮어줌으로 법왕의 지혜의 자리에 오르는 보디사트바의 행을 『화엄경』(「이세간품」離世間品)은 다음과 같이 말한다.

> 몸과 말과 그 마음은
> 평등하기가 허공과 같고
> 깨끗한 계는 바르는 향
> 뭇 좋은 행은 옷이 되네.
>
> 身語及與心　平等如虛空
> 淨戒爲塗香　衆行爲衣服
>
> 법의 비단 베로는 깨끗한 상투 꾸미고
> 온갖 것 아는 지혜 마니구슬이 되니
> 공덕은 온갖 곳에 두루하지 않음이 없이
> 정수리에 물 뿌려 법왕의 지위 오르네.
>
> 法繒嚴淨髻　一切智摩尼
> 功德靡不周　灌頂昇王位

어둡고 무딘 추다판타카를 지혜로 이끄시는 붇다

이와 같이 들었다.

한때 붇다께서는 슈라바스티 국 제타 숲 '외로운 이 돕는 장자의 동산'에 계셨다.

그때 존자 '판타카'(Panthaka)는 그 아우 '추다판타카'(Cūḍapanthaka) 에게 말하였다.

"만약 계(戒)를 지킬 수 없으면 다시 집에 가 흰옷을 입으라."

그러자 추다판타카는 그 말을 듣고 나서 곧 제타 숲 동산 정사[祇 洹精舍]로 가서 문밖에 서서 눈물을 흘리고 있었다.

그때 세존께서 깨끗한 하늘눈으로 추다판타카 비구가 문밖에 서 서 슬피 울면서 슬픔을 스스로 이기지 못하는 것을 보셨다.

그때 세존께서는 고요한 방 좌선에서 일어나 거닐어 다니시다가 제타 숲 동산 정사의 문밖에 이르셔서 추다판타카에게 말씀하셨다.

"비구여, 왜 여기서 슬피 울고 있느냐?"

추다판타카가 대답하였다.

"세존이시여, 형님에게 쫓겨났습니다. 형님은 '만약 계를 지킬 수 없다면 집에 가 흰옷을 입으라, 여기에 머무를 필요가 없다'고 하였 습니다. 그래서 슬피 울고 있습니다."

추다판타카를 자비롭게 이끌어
빗자루의 비유로 법을 보이심

세존께서 말씀하셨다.

"비구여, 두려워하지 말라. 나는 '위없고 바른 깨달음'을 이루었지만, 너희 형 판타카로 말미암아 도를 얻은 것은 아니다."

그때 세존께서 손으로 추다판타카를 잡고 고요한 방으로 데리고 가서 자리에 앉게 하셨다. 그리고 세존께서는 다시 빗자루를 잡게 하고 가르치셨다.

"너는 이 글자를 외워라. 이 글자가 무슨 글자이냐?"

그런데 추다판타카는 빗자루[彗]를 외우면 쓴다[掃]는 글자를 잊어버리고, 쓴다는 글자를 외우면 또 빗자루라는 글자를 잊어버렸다. 그때 존자 추다판타카가 그렇게 빗자루와 쓴다는 글자를 외운 지 며칠이 지나갔다. 그러나 그는 이 빗자루와 쓴다는 글자의 뜻이 '때를 없애는 것'이라고 알고 있었다.

빗자루의 비유로 다섯 쌓임의 덧없음을 살펴
탐욕과 무명의 흐름을 떠나 마음의 해탈을 얻음

추다판타카는 또 이렇게 생각하였다.

'무엇을 없앤다[除]고 하고 무엇을 때[垢]라고 하는가? 때라는 것은 재나 흙, 기왓장과 돌이요, 없앤다는 것은 깨끗하게 하는 것이다.'

다시 이렇게 생각하였다.

'세존께서는 무슨 까닭에 이런 것으로 나를 가르치시는 걸까? 나는 지금 그 뜻을 생각해보리라.'

그리고 그 뜻을 생각해보고는 다시 이렇게 생각하였다.

'지금 내 몸에도 티끌과 때[塵垢]가 있다. 내 스스로에게 빗대보자. 무엇이 없앨 수 있는 것이며, 무엇이 때인가?'

그는 다시 이렇게 생각하였다.

'얽매 묶임[縛結]이 때이고, 지혜(智慧)가 없애는 것이다. 나는 지금 지혜의 비로써 이 번뇌에 얽매 묶임을 쓸어버리리라.'

그때 추다판타카는 '다섯 가지 치성하는 쌓임'[五盛陰]이 이루어지는 것과 사라지는 것을 생각하였다.

'이것은 물질[色]이요, 이것은 물질을 모아냄[色集]이며, 이것은 물질의 사라짐[色滅]이다. 이것이 느낌[受]·모습 취함[想]·지어감[行]·앎[識]이 이루어지고 사라지는 것이다.'

그는 이 다섯 쌓임을 생각하고 난 뒤에 탐욕의 흐름[欲漏]에서 마음이 해탈하고, 존재의 흐름[有漏]에서 마음이 해탈하며, 무명의 흐름[無明漏]에서 마음이 해탈하였으며, 해탈하고 나서는 곧 해탈의 지혜를 얻었다.

그리하여 '나고 죽음은 이미 다하고 범행은 이미 서고, 지을 바를 이미 지어 다시는 뒤의 있음 받지 않음'을 진실 그대로 알았다.

아라한이 되어 끊는 지혜와 끊어지는 번뇌의 뜻을 깨달은 추다판타카를 세존께서 찬탄함

이에 존자 추다판타카는 곧 아라한이 되었고, 아라한이 된 뒤에 자리에서 일어나 세존 계신 곳으로 나아가, 세존의 발에 머리를 대 절하고 한쪽에 앉아서 세존께 말씀드렸다.

"이제 지혜가 생겼습니다. 이제서야 밝은 마음이 생겼습니다. 이제 '빗자루로 쓺'을 알았습니다."

세존께서 말씀하셨다.

"비구여, 어떻게 알았느냐?"

추다판타카가 대답하였다.

"없앤다는 것은 지혜를 말하고, 때라는 것은 얽매 묶임을 이르는 말입니다."

세존께서 말씀하셨다.

"잘 말했다. 비구여, 네가 말한 것과 같다. 없앤다고 하는 것은 곧 지혜를 말하고, 때라는 것은 곧 얽매 묶임을 이르는 말이다."

그때 존자 추다판타카가 세존께 이런 게송으로 말씀드렸다.

지금 외워 이 뜻 이미 다 알았으니
세존께서 말씀함과 같사옵니다.
지혜가 묶임을 없앨 수 있으니
다른 행을 말미암지 아니합니다.

세존께서 말씀하셨다.

"비구여, 네가 말한 것과 같다. 지혜로만 그렇게 할 수 있을 뿐, 그밖의 다른 행으로는 그렇게 하지 못한다."

그때 존자는 세존의 말씀을 듣고 기뻐하며 받들어 행하였다.

• 증일아함 20 선지식품(善知識品) 十二

• 해설 •

앞 글자를 가르치면 뒷 글자를 잊어먹고, 뒷 글자 가르치면 앞 글자를 잊어버리는 추다판타카를 조용히 방으로 불러들이시어, '빗자루'와 '때' 두 글자를 가르쳐 해탈시키는 붇다와 같은 자비의 스승 높은 스승이 어디 계실까.

지혜의 빗자루는 살피는 지혜[能觀智]이고, 번뇌의 때[垢]와 물든 삶은 살피는바 경계[所觀境]이니, '물든 다섯 쌓임'[五受陰]과 번뇌의 때가 덧없이 나고 사라지며[無常], 나고 사라지므로 나 없음[無我]을 알면 곧 삶의 청정을 이루는 것이다.

추다판타카가 깨닫고서 세존께 없애는 것은 지혜이고 없어지는 것은 얽매 묶임이라 말하니, 그가 지혜로 때를 없애고 삶의 청정을 성취한 자이다.

그러나 비록 지혜의 빗자루를 말하고 번뇌의 때를 말했으나, 저 티끌과 때가 실로 있는 것이라면, 어찌 빗자루로 그때를 없앨 수 있겠는가.

빗자루를 말하고 쓸어 없앰을 말씀하신 것이 도리어 삶의 본래 청정을 보이신 것이다.

추다판타카 존자가 세존께 올린 게송이, 중국 선종사에서 신수선사(信秀禪師)와 혜능선사(慧能禪師)가 스승 홍인선사(弘忍禪師)께 바친 게송의 내용과 닮아 있다.

신수선사의 게송은 다음과 같다.

　　몸은 곧 보디의 나무요
　　마음은 밝은 거울의 대로다.
　　때때로 부지런히 털고 닦아서
　　티끌 먼지 일어나지 않게 하라.

　　身是菩提樹　心如明鏡臺
　　時時勤拂拭　勿使惹塵埃

혜능선사의 게송은 다음과 같다.

　　보디에는 본래 나무가 없고

밝은 거울 또한 대가 아니네.
본래 한 물건도 없는데
어느 곳에 티끌 먼지 일어나리.

菩提本無樹　明鏡亦非臺
本來無一物　何處惹塵埃

　한국불교의 선가에서는 두 선사의 게송에 대해, 신수선사의 송은 '점차 닦음의 노래'이고 혜능선사의 송은 '단박 깨침의 노래'라 단순히 분류한다. 그러나 신수선사의 노래에서 보디가 몸에 몸 없음이고 밝은 거울이 마음에 마음 없음이라면, 털고 닦아 번뇌가 공함을 요달하면 니르바나의 성품이 닦음을 빼앗게 되니, 이때 닦음이 온전히 성품이 되는 것[全修卽性]이다.
　그렇다면 어찌 신수의 게송을 다만 '점차 닦음'이라 할 것인가.
　혜능선사는 한 깨침으로 법을 써 '오직 외짝 눈'[唯一隻眼]을 보이고, 신수선사는 닦음과 깨침의 두 법을 써 '두 눈을 갖춰서'[雙眼具足] 보임이니, 방편의 다름으로 진실마저 다르다 할 것인가.
　살피고 살펴야 하리라.

10 교단에 대한 비난과 데바닫타의 교단 분열

우리가 사는 이 세계를 불교는 사하(sahā, 娑婆)라고 한다. 사하란
사바라는 소리 옮김으로 쓰고 있는데, 견디고 참아야 하는 땅[忍土,
堪忍土]이라는 뜻이다. 말 뜻대로 사바에 몸을 받아 태어나면 반드
시 좋고 나쁜 경계를 겪게 되어 있고 반대파를 만나게 되어 있고 헐
뜯음과 기림의 두 흐름을 모두 겪게 되어 있다.

잘 참아내지 못하면 사바에서의 삶은 싸움과 다툼, 대립으로 얼룩
질 것이다. 붇다 또한 반대파를 만나고 다른 주장을 가진 자들과 논
쟁해야 했지만, 붇다는 자비인욕의 옷을 입고 온갖 견해를 떠난 중도
의 진리로 대꾸하셨다.

기성 교단인 브라마나와의 논쟁과 그들에 대한 교화는 붇다 마지
막 니르바나의 때까지 계속된다. 사문들 가운데 가장 큰 논적은 자이
나 교도들이다.

사명외도(邪命外道)라고 말하는 아지비카(Ājīvika)의 교단도 상당
히 오랜 기간 존속하며 붇다의 상가에 대립하였다.

교단 내부적으로 붇다 상가의 단합을 크게 흔들었던 일대 사건은,

데바닫타가 아버지 빔비사라 왕을 죽이고 새로 마가다 국의 왕이 된 아자타사트루(Ajātaśatru)와 결탁하여 붇다에 대해 반기를 들었던 사건이다.

붇다로부터 직접 교화를 받았던 마가다 국 빔비사라 왕과 코살라 국 프라세나짇 왕이 벗으로 지낼 때에는 두 나라 사이에도 평화가 유지되고 상인들의 교역이 슈라바스티 성과 라자그리하 성을 중심으로 활발히 이루어졌으며 사람들도 자유로이 오고 갔다.

두 왕의 아들들이 왕위에 오르면서 비극은 시작된다. 아자타사트루는 부왕을 죽이고 새로 마가다 국의 왕이 된 후 데바닫타를 통해 붇다의 상가를 관장하려 한다. 그리하여 천하의 새 왕인 아자타사트루와 새 붇다를 표방한 데바닫타의 연합으로, 붇다의 상가를 교란시키고 붇다를 시해하여 데바닫타가 새 붇다가 되려고 한 일대 파란이 일어난다.

데바닫타는 술 취한 코끼리로 붇다를 해치려 하고, 산꼭대기에서 돌을 굴려 붇다의 몸에 피를 흘리게 하는 극악한 죄업을 저질렀다.

코칼리카(Kokālika), 카타모라카티사카(Koṭamorakatisaka)를 중심으로 오백 비구가 데바닫타를 따라나섰다 하며, 그 사태를 사리푸트라와 목갈라야나가 수습하였다.

데바닫타는 중도적 실천행에 반대하여 극단의 율법주의와 금욕주의로의 복귀를 주장해서 자기명분을 만들었다. 이는 자기의 도덕적·사상적 결함을 붇다보다 강한 율법주의로 정당화하는 입장이다.

이러한 당시 상황 속에서 붇다는 데바닫타와 같은 나쁜 벗 나쁜 스승의 길을 끝없이 경계하고 좋은 벗 좋은 스승과 함께하길 늘 당부하고 타이르신다. 그러나 붇다의 자비의 문은 선과 악, 원수와 친함을 모두 진리의 품에 거둔다.

비록 죽임과 어둡고 물든 악업[黑業]을 호되게 꾸짖으시지만, 법의 문은 그 문호가 넓고 크며 진리의 방은 드넓고 드넓어 극악한 죄인 살인마까지 거두어 받아들이지 않음이 없으시다.

붇다를 비방하는 자는 비방하는 인연으로 해탈의 길에 이끄시고, 죽임의 칼을 들고 저주의 돌을 굴린 자는 그 죽임과 저주의 인연으로 니르바나의 저 언덕에 건네주신다. 그리하여 미움과 저주의 불에 타고 있는 이들에게도 죽임과 저주의 업이 다하는 때, 바로 그 자리에서 또는 먼 훗날 반드시 아라한이 되고 '프라테카붇다'[獨覺]가 되고 '보디사트바'가 될 것을 약속하신다.

왜 그런가. 번뇌와 미움의 업은 공하고, 여래의 보디와 사마디 자비의 업은 공하되 공하지 않아 길이 다함이 없기 때문이다.

이러한 여래의 해탈의 경계를 미혹의 중생이 어찌 알 수 있겠는가. 알 수 없고 알 수 없을 뿐이다.

『화엄경』(「입법계품」)은 이렇게 말한다.

모든 붇다 세간에 나오심은
그 크기 중생의 수와 같아라.
여래의 갖가지 해탈의 경계는
우리들이 알 수 있는 것이 아니네.

諸佛出世間　量等衆生數
種種解脫境　非我所能知

흉년에 상가대중의 밥 비는 것이
큰 우박이 내리는 것과 같습니다

이와 같이 내가 들었다.

한때 붇다께서는 마가다 국에 계시면서 사람 사이를 노닐어 다니고 계셨다.

천이백오십 비구와 천 명의 우파사카와 오백 명의 먹다 남은 밥을 비는 사람들을 데리고, 성(城)에서 성으로 마을에서 마을로 다니면서 사람 사이를 노닐어 다니시고 나다칸타(Nāḍakantha) 마을에 있는 '좋은 옷 암라 동산'에 이르셨다.

그때 니르그란타 즈냐타푸트라(Nirgrantha-jñātaputra)의 제자인 '칼잡이 마을' 주인이 니르그란타 즈냐타푸트라의 처소에 찾아가서 니르그란타 즈냐타푸트라의 발에 절하고 한쪽에 물러앉았다. 그때 니르그란타 즈냐타푸트라가 '칼잡이 마을'의 주인에게 말했다.

"너는 사문 고타마와 밥 비는 것에 대한 논란을 지어 사문 고타마로 하여금 말할 수도 없고 말하지 않을 수도 없게 할 수 있겠는가."

마을주인이 말했다.

"거룩한 이여, 제가 어떤 따짐을 세워 밥 비는 것에 대한 논란을 삼아야, 사문 고타마로 하여금 말할 수도 없고 말하지 않을 수도 없게 할 수 있겠습니까?"

붇다 교단의 밥 빌기에 대해 논란함

니르그란타 즈냐타푸트라가 마을주인에게 말했다.

"너는 사문 고타마가 있는 곳으로 가서 이렇게 물어보아라.

'고타마시여, 늘 모든 집마다 복과 이익을 갖추어 더욱 늘어나 커가는 것을 바라십니까? 이와 같은 서원을 짓고 이와 같이 말하십니까?'

그렇게 물어보아 만약 너에게 '그렇지 않다'고 대답하거든 너는 다시 물어보아라.

'사문 고타마시여, 그렇다면 어리석은 범부와 무엇이 다릅니까?'

그래도 또 만약 '그와 같이 서원도 하고 그와 같이 말도 한다'고 대답하거든 너는 다시 그에게 물어보아라.

'사문 고타마시여, 만약 그와 같은 원을 세우고 그와 같이 말한다면, 어찌하여 지금처럼 흉년든 때에 여러 대중을 거느리고 사람 사이를 노닐어 다니시오?

천이백오십 비구와 천 명 우파사카와 오백 명의 먹다 남은 밥을 비는 사람들을 데리고, 성에서 성으로 마을에서 마을로 다니면서 세상 사람들에게 손해를 끼치는 것이 마치 큰비와 우박이 내리는 것과 같습니다.

비가 내리면 줄이어 덜 뿐 늘리어 이익되지 못합니다. 이는 고타마가 한 말과는 서로 응하지 않아 비슷하지도 않고 앞뒤가 서로 어긋납니다.'

마을주인이여, 이렇게 말하면 이것이 밥 비는 것에 대한 논란이니, 저 사문 고타마로 하여금 말할 수도 없고 말하지 않을 수도 없게 할 수 있을 것이다."

상가대중의 밥 비는 것을 비난함

그때 '칼잡이 마을' 주인은 니르그란타 즈냐타푸트라의 가르침을 받고 붇다 계신 곳으로 찾아가 공손하게 문안을 여쭌 뒤에 한쪽에 물러나 앉아서 붇다께 말씀드렸다.

"고타마시여, 늘 모든 집마다 복과 이익이 더욱 늘어나 커가기를 바라십니까?"

붇다께서 마을주인에게 말씀하셨다.

"여래는 기나긴 밤 언제나 모든 집의 복과 이익이 더욱 늘어나 커가기를 바라고, 늘 이와 같이 말한다."

마을주인이 말하였다.

"만약 그렇다면 고타마께서는 어찌하여 지금처럼 흉년든 때에 여러 대중을 거느리고 사람 사이를 노닐어 다니십니까?

천이백오십 비구와 천 명 우파사카와 오백 명의 먹다 남은 밥을 비는 사람들을 데리고, 성에서 성으로 마을에서 마을로 다니면서 세상 사람들에게 손해를 끼치는 것이 마치 큰비와 우박이 내리는 것과 같습니다.

비가 내리면 줄이어 덜 뿐 늘리어 이익되지 못합니다. 이는 고타마가 한 말과는 서로 응하지 않아 비슷하지도 않고 앞뒤가 서로 어긋납니다."

복과 이익 줄어들게 하는 아홉 가지 인연을 말해 깨우치심

붇다께서 마을주인에게 말씀하셨다.

"나는 기억한다. 구십일 겁 동안을 내려오면서 한 사람이 한 비구에게 보시하여 살림이 다하고 줄어듦이 있음을 보지 못하였다.

마을주인이여, 너는 오늘 어떤 사람의 집이 크게 부유하여 돈과 재물이 많고 딸리는 이들이 많으며, 모시는 이 많은 것을 살펴보라.

알아야 한다. 그런 집들은 기나긴 밤에 보시하기를 좋아하고 참으로 고요하게 머물렀기 때문에, 이러한 복과 이익을 이루었다.

마을주인이여, '여덟 가지 인연'[八因緣]이 있어서 사람들로 하여금 복과 이익을 줄어들게 하고 늘어나지 않게 한다.

어떤 것이 그 여덟 가지인가?

첫째, 왕으로부터 내몰림이다.

둘째, 도둑들에게 빼앗김이다.

셋째, 불에 타버림이다.

넷째, 물에 떠내려감이다.

다섯째, 곳간에서 저절로 줄어듦이다.

여섯째, 빚을 주고 돌려받지 못함이다.

일곱째, 원수에게 빼앗김이다.

여덟째, 못된 자식이 마구 써버림이다.

이러한 여덟 가지가 있으면 돈과 재물을 모으기 어렵다.

마을주인이여, 나는 '덧없음'을 말해 아홉 번째 구절을 삼는다.

이와 같아서 마을주인이여, 너는 아홉 가지 원인[因]과 조건[緣]을 버려두고 '사문 고타마는 남의 집을 깨뜨려 무너뜨린다'고 그렇게 말하느냐?

나쁜 말을 버리지 않고 나쁜 견해를 버리지 않는 것은 마치 쇠창을 물에 던지는 것과 같아서 몸이 무너지고 목숨을 마친 뒤에는 지옥에 떨어질 것이다."

그때 '칼잡이 마을'의 주인은 마음에 두려움이 매우 생겨나 온몸의 털이 곤두섰다.

그래서 붇다께 말씀드렸다.

"세존이시여, 저는 지금 잘못을 뉘우칩니다.

어둡고 어리석은 사람처럼 착하지 못하고 분별하지 못하여 고타마 계신 곳에서 진실되지 않게 속이고 헛되이 거짓말했습니다."

그는 붇다의 말씀을 듣고 기뻐하고 또 따라 기뻐하며 자리에서 일어나 떠나갔다.

• 잡아함 914 도사씨경(刀師氏經)

• 해설 •

'니르그란타 즈냐타푸트라'의 교단은 당시 붇다의 상가 밖에 사문 집단으로는 가장 강력한 세력을 가졌으며, 상업적 재부를 축적한 바이샤 세력을 물질적 기반으로 하였다.

그들은 바이샤의 후원을 받아 교단을 유지하므로 밖에 나가 밥을 빌 일이 없다. 그들의 눈에 밥을 비는 고타마의 사문들이야말로 세상에 이익 주지 못하고 손해만 끼치는 집단이다.

붇다가 가르친 재물이 줄어드는 여덟 가지 인연[八因緣]은 소유물과 재부가 줄어드는 가장 기본적인 요인을 가려서 보여주고 있다.

이 요인들이 세간의 재물을 없애고 줄어들게 하는 것이지, 밥을 비는 수행자에게 한 술 남은 밥을 덜어준다고 집의 재물 세간의 재물이 없어지는 것이 아니다.

아홉째 인연은 덧없음의 인연이니, 만 가지 것이 덧없으므로 내가 내 것이라고 생각하는 모든 것도 끝내 사라지는 것이라고 가르침이다.

그러므로 상가에 입을 옷과 약과 자리끼를 보시하고 밥을 공양하는 것은 가진 것을 줄어들게 하는 요인이 아니라, 가난한 이가 풍요로 나아가는 길이고 가진 자가 더 큰 삶의 안락을 얻는 길이다.

그러나 살펴보면 상가의 밥을 비는[乞食] 제도 또한 일 년 내내 무더위가 계속되는 당시 인도사회의 기후풍토와 사회적 여건 속에서 나온 시대의 방편이다. 남은 밥을 잠깐만 두어도 상해버리는 기후풍토 속에서 밥때에 차례로 일곱 집을 돌며 조금씩 남은 밥을 얻어먹게 한 것이 걸식제도이다.

그래서 때로 붇다께서도 가진 것이 넉넉한 장자·거사들이 상가대중을 공양에 청하면 대중과 같이 가서 공양을 받으신 것이며, 흉년 때에는 한곳에서 많은 대중이 걸식하면 시주에 폐를 끼치므로 대중을 널리 나누어 아는 벗이나 친지들의 집에서 얻어먹으며 안거하도록 하셨다.

붇다께서는 사람들이 받을 복과 이익을 줄게 하는 여덟 인연을 말씀하셨다.

그러므로 사회적 재부를 깨뜨려 없애고 복과 이익 줄게 하는 여덟 가지 인연을 잘 살피면 여덟 가지 인연이 삶의 풍요의 조건이 된다.

물과 불의 재난 등 자연재해와 사고를 막고, 권력자의 수탈과 도적질을 막으며, 물류 유통체계와 보관체계를 정비하고, 금융제도를 잘 관리해 신용거래를 분명하게 하고, 헛된 낭비를 줄이면, 여덟 가지 줄어듦의 인연을 돌이켜 풍요의 조건으로 만들 수 있다.

수행자의 공동체에 밥과 옷을 공양하되 여덟 가지 인연을 잘 알아 굴려 쓰면, 우리 사회는 먹을거리와 입을 거리가 넉넉하고 후생복지시설이 잘 갖춰진 건강하고 풍요로운 사회가 될 것이다.

세존께서는 데바닫타를 왜 두려워하십니까

이와 같이 들었다.

한때 붇다께서는 라자그리하 성의 칼란다카 대나무동산에서 큰 비구들 오백 명과 함께 계셨다.

그때 세존께서 때가 되자 가사를 입고 발우를 가지고 라자그리하 성에 들어가 밥을 비셨다. 마침 데바닫타 또한 그 성에 들어가 밥을 빌고 있었다. 그때 데바닫타가 들어간 마을 가운데로 붇다도 들어가시게 되었다.

붇다께서는 데바닫타가 오는 것을 멀리서 보고 돌아서 가시려고 하셨다. 그러자 아난다가 세존께 여쭈었다.

"왜 이 마을에서 떠나시려고 하십니까?"

세존께서 말씀하셨다.

"데바닫타가 이 마을에 있기 때문에 피하려고 하는 것이다."

아난다가 붇다께 말씀드렸다.

"세존께서는 데바닫타를 왜 두려워하십니까?"

어리석은 이와 함께하는 인연 짓지 말도록 당부하심

세존께서 말씀하셨다.

"나는 데바닫타를 두려워하지 않는다. 다만 그 나쁜 사람과 서로 보지 않으려 하는 것이다."

아난다가 말하였다.

"그러시면 세존이시여, 데바닫타를 다른 곳에 가서 살게 하시면
되지 않습니까?"

그때 세존께서 곧 이런 게송을 말씀하셨다.

  나는 그를 다른 곳에 살도록 하는
  이러한 마음 끝내 갖지 않노라.
  그가 제멋대로 지어 행하다가
  저절로 다른 곳에 살게 되리라.

아난다가 세존께 말씀드렸다.

"그렇다면 데바닫타가 여래보다 나은 것이 있습니까?"

세존께서 말씀하셨다.

"저 어리석고 미혹한 사람과는 서로 보지 않겠다."

그때 세존께서 아난다에게 이런 게송으로 말씀하셨다.

  어리석은 사람 보려 하지 말며
  어리석은 이 따라 일하지 말며
  또한 더불어 말로 따지지 말고
  옳고 그름의 일도 말하지 말라.

그러자 아난다도 세존께 이런 게송으로 대답하였다.

  어리석은 이 무엇을 할 수 있으며

어리석은 이 그 무엇 빼어납니까.
비록 그와 더불어 말하게 한들
끝내 거기 무슨 잃음이 있습니까.

나쁜 벗 멀리해야 할 까닭을 보이심

세존께서 다시 아난다에게 다음 게송으로 대답하셨다.

어리석은 이는 제멋대로 지어 행하니
짓는 것은 법다운 일이 아니다.
바른 견해 어기어 법도 삼으니
삿된 견해 날마다 불어가리라.

"그러므로 아난다여, 나쁜 벗과 함께 일하지 말라.

왜냐하면 어리석은 사람과 같이 일을 하면 믿음이 없어지고 계도 없어지며, 들어 아는 것이 없어지고 지혜도 없어지기 때문이다.

그러나 좋은 벗과 일을 같이 하면 온갖 공덕을 더욱 늘리고 계를 갖추어 이룰 것이다. 이와 같이 아난다여, 반드시 이렇게 배워야 한다."

그때 아난다는 붇다의 말씀을 듣고 기뻐하며 받들어 행하였다.

• 증일아함 23 지주품(地主品) 六

• 해설 •

붇다의 옳음은 저 그른 이의 그름과 피가 터지게 맞서 싸우는 옳음이 아니라, 옳고 그름을 넘어 옳고 그름이 끊어진 곳[是非俱絶處]에서 세워지는 옳음 아닌 옳음이다.

붇다의 바름은 저 삿됨과 힘겹게 다투는 바름이 아니라 바름과 삿됨을 모두 쓰지 않는 곳[正邪俱不用處]에서 짐짓 바름을 세워 삿됨을 바름으로 돌이키는 바름이다.

그러므로 붇다는 아버지를 죽이고 왕이 된 아자타사트루와 결탁하여 '새 붇다'를 꿈꾸는 데바닫타와 맞붙어 다투지 않되, 그의 사악함과 더불어 함께하지 못하게 하신다. 그리고 그와 옳고 그름을 따지지 않되 바름과 삿됨을 모두 넘어서는 크나큰 바름으로 그를 깨우치고 그의 잘못을 크게 꾸짖으시는 것이다.

여래의 깨뜨림은 깨뜨리되 깨뜨림 없이 큰 이익과 안락의 땅에 다시 세워 주는 자비의 깨뜨림이니, 『화엄경』(「이세간품」)은 보디사트바의 악에 대한 부정을 이렇게 가르친다.

그 마음은 두려워하는 바 없이
여러 중생 널리 이익되게 하며
뭇 악한 마라와 온갖 번뇌
그 모두를 다 꺾어 사라지게 하네.

其心無所畏　饒益諸群生
衆魔與煩惱　一切悉摧滅

그대들은 데바닫타가 많은 이로운
공양 받는다고 칭찬하지 말라

이와 같이 내가 들었다.

한때 붇다께서는 라자그리하 성 칼란다카 대나무동산에 계셨다.

그때 데바닫타에게는 이로운 공양이 생겼다. 곧 바이데히(Vaidehī)의 아들인 마가다 국의 왕 아자타사트루가 날마다 따르는 이 오백 명을 수레에 태워 데바닫타가 있는 곳으로 와서, 오백 가마의 밥을 가지고 와 데바닫타에게 공양하였다.

데바닫타는 오백 명이나 되는 다른 대중들을 거느리고 그 공양을 받았다.

그때 많은 비구들은 이른 아침에 가사를 입고 발우를 가지고 라자그리하 성에 들어가 밥을 빌다가, 데바닫타에게 이와 같이 이로운 공양이 생겼다는 말을 듣고 나아가 그의 다른 대중 오백 명들까지도 그 공양을 받는다는 말을 들었다.

그들은 밥 빌기를 마치고 정사(精舍)로 돌아와 가사와 발우를 거두어 들고 발을 씻은 다음, 붇다 계신 곳으로 나아가 붇다의 발에 머리를 대 절하고 한쪽에 물러나 앉아서 붇다께 말씀드렸다.

"세존이시여, 저희들이 이른 아침에 가사를 입고 발우를 가지고 라자그리하 성에 들어가 밥을 빌다가, 데바닫타에게 이와 같이 이로운 공양이 생겼고 나아가서 그의 다른 대중들 오백 명까지도 그 공양을 받는다는 말을 들었습니다."

속임수로 이로운 공양 받으면 나와 남을 모두 해치게 됨을 보이심

붇다께서 모든 비구들에게 말씀하셨다.

"너희들은 그 데바닫타가 받은 이로운 공양을 찬탄하지 말라.

왜냐하면, 그 데바닫타가 따로 이로운 공양을 받으면 지금 세상에서도 스스로 무너질 것이고, 다른 세상에서도 또한 무너질 것이기 때문이다.

비유하면 파초나 대나 갈대는 열매를 맺으면 곧 죽고, 이듬해에도 또한 무너지는 것과 같다.

데바닫타 또한 이와 같아서 이로운 공양을 받으면 지금 세상에서도 곧 무너지고 다른 세상에서도 또한 무너질 것이다.

비유하면 노새가 새끼를 배면 반드시 죽는 것처럼, 데바닫타도 또한 이와 같아서 여러 이로운 공양을 받으면 지금 세상에서도 곧 무너지고 다른 세상에서도 또한 무너질 것이다.

저 어리석은 데바닫타는 얼마 동안 그 이로운 공양을 받겠지만 반드시 기나긴 밤 동안 이익됨이 없는 괴로움을 받을 것이다.

그러므로 여러 비구들이여, 너희들은 반드시 이렇게 배워야 한다.

'비록 나에게 이익된 공양이 있더라도 거기에 물들거나 집착하지 말아야 한다.'"

그때 세존께서 곧 게송을 설하셨다.

파초는 열매를 맺으면 곧 죽고
대와 갈대 또한 열매 맺고는 죽네.
노새는 새끼를 배면 반드시 죽고
수행자는 탐욕 때문 스스로 해친다.

뜻에 맞지 않는 행을 늘 행하면
많이 알아도 어리석음 면치 못하네.
좋은 법은 날로 덜어지고 줄어들어
줄기 마르고 뿌리 또한 상하게 되리.

　붇다께서 이 경을 말씀하시자, 여러 비구들은 붇다의 말씀을 듣고 기뻐하며 받들어 행하였다.

• 잡아함 1064 제바경(提婆經)

• 해설 •

　지혜로운 이는 공양을 주고받되 주는 사람·받는 사람·받는 공양물이 모두 공한 줄 알아, 받되 받음 없이 받고 주되 줌이 없이 준다. 그러므로 그는 주고 받음을 통해 해탈의 법계와 그 공덕을 같이한다.

　그러나 속임수의 거짓된 모습을 나투어 남의 공양물을 취하는 이는 받음에 받음이 있고 줌에 줌이 있음으로, 받는 자의 거짓과 속임수가 드러나면 지금 받는 이로운 공양이 자기 파멸의 결과를 가져온다.

　오직 받음을 통해 진실을 주고 지혜를 주는 자만 나와 남에 함께 이로운 공양을 받는 자이다.

　데바닫타는 붇다보다 더한 극단적 율법주의·금욕주의로 자신의 거짓 정당성을 새 붇다로서 만들어내며, 권세와 재부가 있는 이들과 일시적으로 결탁하여 그들에게서 필요한 이익을 얻고 공양을 받아낸다.

　그러므로 세존께서는 데바닫타와 그를 따르던 오백 대중이 받는 화려한 공양이 세간을 요익하게 할 공양이 아니고 끝내 자기 파멸에 이를 공양이라 경책하시는 것이다.

　법화회상에서도 데바닫타를 따르던 오백 대중이 법석을 떠나고 나서 세존께서 남아 설법 듣는 대중에게 '가지와 잎은 없고 오직 곧은 열매만 남았다'[無有枝葉 唯有貞實]고 격려하는 말씀이 나온다.

이 구절이 바로 데바닫타를 새 붇다로 따르던 오백 대중의 교단 이탈을 반영한 경의 기록이다.

그러나 붇다는 붇다의 교설에 정면으로 도전하여 상가를 분열시킨 데바닫타에 대해 분노하지 않으시고, 거짓 속임수로 공양 받는 이의 인과를 가르쳐 깨우치신다.

받는 공양에 물들어 집착하지 않고 물질의 공양 받음을 통해 공양 바치는 자에게 삶의 진실을 주고 보디의 길을 주도록 해, 주는 자와 받는 자가 함께 해탈할 일승의 길을 열어 보이실 뿐이다.

법화회상에서는 다시 저 데바닫타가 과거세상 사카무니 붇다의 스승이었던 선인이었으며 오는 세상 하늘왕 붇다가 되리라 언약하신다. 이는 극악한 죄인도 죄악이 그의 삶의 진실이 아니라, 법계의 땅에서 악을 일으킴 없이 일으킨 것이므로, 극악한 죄를 뉘우쳐 돌이키는 때 법계의 진실이 온전히 현전함을 보이신 것이다.

여래가 성취한 보디의 세계에서는 중생중생이 해탈의 모습이고, 한 포기 풀빛 한 송이 꽃향기도 모두 실상[一色一香無非中道]이니, 저 데바닫타인들 진리의 모습이 아니고 무엇일 것인가.

또 데바닫타의 허깨비 같은 지극한 악[極惡]이 여래의 무너질 수 없고 사라질 수 없는 지극한 선[至善]을 온전히 드러내 보였으니, 그가 지난 세상 여래의 스승인 것이다. 그가 목숨 마치는 그 순간 허깨비 같은 악을 크게 뉘우쳤으니, 그 또한 『법화경』의 언약처럼 지극한 선에 나아가 먼 뒷날 하늘왕 여래[Devarāja Buddha]가 될 것이다.

아자타사트루 왕이여, 여래의 법은
넓고 크니 이제 지은 죄를 참회하시오

이와 같이 들었다.

한때 붓다께서는 라자그리하 성에 있는 지바카(Jīvaka) 배나무동산에서 천이백오십 명의 제자들과 함께 계셨다.

그들은 다 아라한으로서 번뇌의 흐름이 이미 다하고 여섯 가지 신통[六通]을 맑게 사무친 이들이었는데, 오직 한 사람 아난다 비구만은 그렇지 못했다.

가족들과 여러 대신에게 달이 밝고 맑은 날 해야 할 일을 물음

그때 아자타사트루 왕이 칠월 보름날, 한 해 안거를 끝내고 새해를 맞는 때[受歲時] 한밤 밝은 별이 나타날 무렵 달빛[月光] 부인에게 말하였다.

"오늘은 보름날, 달이 가득 둥글고 아주 맑고 밝소. 무슨 일을 하면 좋겠소?"

부인이 대답하였다.

"오늘은 보름날, 계(戒)를 설하는 날입니다. 악사들로 하여금 연주케 하시고 다섯 가지 욕망으로 스스로 즐기십시오."

왕은 그 말을 듣고 마음에 들어하지 않았다.

왕은 다시 우다야(Udaya) 태자에게 물었다.

"오늘처럼 아주 맑고 밝은 밤에는 무슨 일을 하면 좋겠는가?"

우다야 태자가 왕에게 말씀드렸다.

"이렇게 맑고 밝은 날 밤에는 네 종류의 군대를 모아, 아직 항복하지 않은 바깥 적[外敵]들이나 다른 나라를 가서 치십시오."

아자타사트루 왕은 그 말을 듣고 나서도 또한 마음에 들어하지 않았다.

다시 '두려움 없는 태자'[無畏太子]에게 물었다.

"오늘처럼 아주 맑고 밝은 밤에는 무슨 일을 하면 좋겠는가?"

'두려움 없는 태자'는 말씀드렸다.

"푸라나 카샤파(Pūraṇa-kāśyapa)는 온갖 셈법[算數]에 밝고, 더불어 천문과 지리를 잘 알고 있어서 사람들이 받들고 우러르니, 그에게 찾아가서 이 의문점을 물어보소서.

그 사람은 왕께 아주 오묘한 이치를 설명하여 길이 막힘이 없을 것입니다."

왕은 그 말을 듣고 나서도 또한 마음에 들어하지 않았다.

왕은 다시 대신(大臣) 수니마에게 물었다.

"오늘처럼 아주 맑고 밝은 밤에는 무슨 일을 하면 좋겠는가?"

수니마가 왕에게 말씀드렸다.

"오늘처럼 밤이 아주 맑고 밝으면 아지타 케사캄바라(Ajita-keśakambala)라는 사람이 여기에서 그리 멀지 않은 곳에 있으니, 대왕께서는 그에게 찾아가서 맞는 일을 물어보시길 바랍니다. 그는 많은 것을 밝게 알고 있습니다."

왕은 그 말을 듣고 나서도 또한 마음에 들어하지 않았다.

그는 다시 브라마나 바사라에게 물었다.

"오늘처럼 아주 맑고 밝은 밤에는 무슨 일을 하면 좋겠는가?"

브라마나가 말씀드렸다.

"오늘은 보름날, 밤이 너무도 맑고 밝습니다. 지금 마카리 고사리푸
트라(Maskarī-gośālīputra)라는 사람이 여기에서 그리 멀지 않는 곳에
있습니다. 대왕께서는 그에게 찾아가 그 뜻을 물어보시기 바랍니다."

왕은 그 말을 듣고도 또한 마음에 들어하지 않았다.

그는 다시 브라마나 마특에게 물었다.

"오늘처럼 아주 맑고 밝은 밤에는 무슨 일을 하면 좋겠는가?"

브라마나가 말씀드렸다.

"대왕이시여, 아셔야만 합니다. 카쿠다 카타야나(Kakuda-
Kātyāyana)라는 사람이 여기에서 그리 멀지 않은 곳에 있습니다. 대
왕께선 그를 찾아가 그 일을 물어보시기 바랍니다."

왕은 그 말을 듣고도 또한 마음에 들어하지 않았다.

왕은 다시 군사를 맡은 수마[塞摩]에게 물었다.

"오늘처럼 아주 맑고 밝은 밤에는 무슨 일을 하면 좋겠는가?"

수마가 말씀드렸다.

"산자야 바이라티푸트라(Sañjaya Vairaṭṭiputra)의 무리들이 여기에
서 그다지 멀지 않은 곳에 있는데, 그들은 온갖 셈법에 밝다고 합니
다. 그에게 찾아가 그 일을 물어보십시오."

왕은 그 말을 듣고도 또한 마음에 들어하지 않았다.

그는 다시 '가장 빼어난 이'[最勝]라는 대신에게 물었다.

"오늘처럼 아주 맑고 밝은 밤에는 무슨 일을 하면 좋겠는가?"

'가장 빼어난 이' 대신이 왕에게 말씀드렸다.

"지금 니르그란타 즈냐타푸트라라는 사람이 있습니다. 그는 모든
경전을 널리 보아 스승들 가운데서도 가장 높습니다. 대왕께서는 그

를 찾아가 그 뜻을 물어보시기 바랍니다."

왕은 그 말을 듣고도 또한 마음에 들어하지 않았다.

왕은 이렇게 생각하였다.

'모두들 이처럼 어리석고 미혹하여 참됨과 거짓을 분별하지 못하고 교묘한 방편도 없구나.'

지바카 왕자가 보름날 여래 찾아뵙기를 권함

그때 지바카(Jīvaka) 왕자가 왕의 왼쪽에 있었다. 왕은 지바카를 돌아보고 물었다.

"오늘처럼 아주 맑고 밝은 밤에는 무슨 일을 하면 좋겠는가?"

이때 지바카가 앞으로 나아가 꿇어앉아 왕에게 말씀드렸다.

"지금 여래께서 이곳에서 그리 멀지 않은 '가난한 이들 모인 동산'에서 노닐며 천이백오십 명의 제자들을 거느리고 계십니다. 대왕께서 찾아가 그 일을 물어보시기 바랍니다.

저 여래께서는 밝으셔서 빛과 같으시니 어떤 의심이나 막힘도 없으시며, 삼세의 일을 다 알아 두루 꿰뚫지 않은 것이 없다고 합니다. 그분이 왕을 위해 스스로 그 일을 연설해주시면 왕께서 가지신 의심이 환히 풀려 스스로 깨닫게 될 것입니다."

아자타사트루 왕은 지바카의 말을 듣고 뛸 듯이 기뻐하였으며 좋은 마음이 생겨 곧 지바카를 찬탄하였다.

"참으로 기특하구나. 왕자여, 이 말 참 잘하였다. 왜냐하면 나는 지금 몸과 마음이 몹시 불타고 있다. 또 나는 아무런 까닭도 없이 부왕을 죽이고 나서 늘 기나긴 밤 동안 이렇게 생각했다.

'누가 내 마음을 깨우쳐주겠는가?'

지금 지바카가 한 말은 내 마음에 쏙 드는구나. 참으로 기특한 일이다. 여래(如來)라는 소리만 듣고도 번쩍 크게 깨닫겠구나."

이때 왕은 지바카에게 이 게송을 말하였다.

오늘 이 밤은 아주 맑고 밝은데
내 마음 깨달음 얻지 못하네.
너희들 낱낱 사람 말해보아라.
누구를 찾아가서 이 뜻 물으리.

푸라나 카샤파와 아지타 케사캄바라
니르그란타 즈냐타푸트라와
그 밖의 브라마나의 제자들
그들은 의지할 수 없는 사람들
그들은 날 건져줄 수 없으리.

오늘 이 밤은 아주 맑고 밝아서
달은 둥글어 티와 때가 없도다.
내 이제 지바카에게 묻나니
누구를 찾아가서 이 뜻 물으리.

자비하신 붇다께 의심없이 나아가도록 다시 권함

그러자 지바카도 게송으로 대답하였다.

그 부드러운 세존 음성 듣기만 해도

마가다의 고기 신세 벗어나오리.
바라오니 어서 붇다께 가시어
두려움 없는 곳에서 길이 사소서.

왕은 다시 게송으로 답하였다.

내가 옛날 베푼 행 가운데는
붇다께 이익된 일 아주 없었고
붇다의 참 제자만 해치었으니
그분은 빔비사라라 이름하도다.

내 이제 마음에 아주 부끄러워
세존을 만나 뵐 낯이 없는데
너는 지금 어떻게 그런 나더러
세존 찾아뵈라고 말할 수 있나.

지바카도 게송으로 대답하였다.

붇다는 이것저것에 차별 없고
모든 맺음 길이 이미 없어지시사
평등하여 두 가지 마음 없나니
이것이 붇다의 법 참된 뜻입니다.

설사 아주 좋은 찬다나 나무 향을

오른손에 아주 곱게 발라주거나
칼을 들어 왼손을 자르더라도
붇다의 평등하신 보디의 마음
늘고 줌을 일으키지 않으십니다.

그 아들 라훌라 가엾이 여기듯
한 자식처럼 다시 둘이 없으며
언제나 바른 마음을 지니시어
붇다 해친 데바닫타 향한다 해도
원수와 친함에 다름 없으십니다.

바라오니 대왕께서는 몸을 굽히사
몸소 가서 여래의 얼굴 뵈소서.
그 의심 반드시 끊으셔야 하니
그 발길 머뭇거림 두지 마소서.

여래께 왕이 나가 참회하니, 크고 넓은 법 가운데로 이끌어주심

이때 아자타사트루 왕이 지바카 왕자에게 말하였다.

"너는 지금 빨리 오백 마리 어금니 있는 수코끼리와 오백 마리 암코끼리에 멍에를 갖추어 메우고 오백 개의 등을 밝혀라."

지바카가 대답하였다.

"그렇게 하겠습니다, 대왕이시여."

그때 지바카 왕자는 곧 천 마리 코끼리에 멍에를 갖추어 메우고 오백 개 등을 켜고는 왕에게 나아가 말했다.

"코끼리 멍에 메움이 이미 다 되었습니다. 대왕께선 때를 아십시오."

아자타사트루 왕은 많은 따르는 이들을 거느리고 배나무동산으로 가다가, 길 가운데서 갑자기 무서운 생각이 들어 옷의 털마저 곤두섰다. 왕은 지바카 왕자를 돌아보며 말하였다.

"내가 지금 너 때문에 잘못되고 있는 것은 아니냐? 나를 원수 집에 데려가는 것은 아니냐?"

지바카가 말했다.

"그럴 리가 없습니다. 대왕께서는 좀더 앞으로 나아가십시오. 여래께서는 여기서 가기 그리 멀지 않은 곳에 계십니다."

아자타사트루 왕은 그래도 오히려 두려운 생각이 들어 거듭 지바카에게 말하였다.

"너에게 미혹되는 것은 아닌지 모르겠다. 또 여래께서는 천이백오십 명의 제자를 거느리셨다고 들었는데, 지금 그 소리조차 들을 수 없구나."

지바카가 대답했다.

"여래의 제자들은 늘 사마디(samādhi, 三昧)에 들어 있어 어지러운 생각이 없습니다. 대왕께서 조금만 더 나아가시길 바랍니다."

아자타사트루 왕은 곧 수레에서 내려 걸어서 문으로 들어갔고, 강당 앞에 이르러 잠자코 서서 거룩한 대중을 살피다가 지바카를 돌아보며 말하였다.

"여래께서는 지금 어디에 계시느냐?"

그때 거룩한 대중은 모두 불꽃빛 사마디[炎光三昧]에 들어 강당(講堂)을 널리 비추니 두루하지 않음이 없었다.

이때 지바카가 곧 꿇어앉아 오른손을 펴 여래를 가리키며 말하였다.

"이분이 여래시니 맨 한가운데 계십니다. 마치 구름 벗어난 해와 같으십니다."

아자타사트루 왕이 지바카에게 말하였다.

"아주 기이하고, 아주 뛰어나구나. 지금 이 거룩한 대중의 마음의 고요함이 이렇다니, 다시 무슨 까닭으로 이런 밝은 빛이 있는가?"

지바카가 말씀드렸다.

"사마디의 힘으로 짐짓 밝은 빛을 놓는 것입니다."

왕이 다시 말하였다.

"내가 지금 이 거룩한 대중을 살펴보니 아주 고요하다. 우리 우다야 태자도 이처럼 고요하고 함이 없었으면 좋겠다."

이때 아자타사트루 왕은 손을 맞잡고 스스로 일컬어 말했다.

"세존께서는 살펴보아 주시길 바랍니다."

세존께서 말씀하셨다.

"잘 오셨소, 대왕이여."

왕은 여래의 음성을 듣고 아주 기쁜 마음을 품었다. 여래께서 '왕' (王, rajan)이라고 불러주셨기 때문이었다.

아자타사트루 왕은 붇다 계신 곳에 이르러 다섯 활개를 땅에 던져 두 손을 여래의 발 위에 얹고 스스로를 일컬으며 말했다.

"세존께서는 가엾이 여기시어 이 허물 뉘우침 받아주시길 바랍니다. 저는 부왕이 죄 없는데도 잡아 해쳤습니다.

세존께서는 이 뉘우침을 받아주십시오. 뒤에 다시는 죄를 범하지 않고, 지난 잘못을 고쳐 앞으로 닦아나가겠습니다."

세존께서 말씀하셨다.

"지금이 바로 그때요. 때에 맞게 허물을 뉘우쳐 잃음이 없게 하십시오. 사람이 세상을 살아가면서 허물이 있을 때 스스로 고칠 줄 아는 이를 높은 사람이라 하오.

나의 법은 매우 넓고 크오. 때 맞추어 바로 참회하시오."

현세에 복을 지으면 현세에 그 갚음 받는가를 세존께 물음

이때 왕은 여래의 발에 절하고 한쪽에 앉아 말씀드렸다.

"여쭈고 싶은 것이 있는데 여래께서 들어주신다면 여쭙겠습니다."

붇다께서 말씀하셨다.

"의심해 물을 것이 있으면 바로 물으시오."

왕이 붇다께 말씀드렸다.

"현세에서 복을 지으면 현세에서 그 갚음을 받습니까?"

붇다께서 왕에게 말씀하셨다.

"옛날 이 뜻을 누군가에게 물어본 적이 있으시오?"

왕이 붇다께 말씀드렸다.

"저는 일찍이 이 뜻을 다른 사람에게 물어본 적이 있습니다. 푸라나 카샤파에게 이렇게 물었습니다.

'어떻소? 푸라나 카샤파여, 현세에서 복을 지으면 현세에서 그 갚음을 받소?'

그 카샤파는 이렇게 저에게 대답했습니다.

'복도 없고 보시도 없으며 지금 세상 뒷세상 선악의 갚음이 없습니다. 세상에는 아라한 따위를 성취한 이도 없습니다.'

저는 그때 이 결과를 받는 갚음을 물었는데, 그는 '없다'고 대답했습니다. 그것은 마치 어떤 사람이 오이의 뜻을 물었는데, 아무런 이

치로 답하듯 저 카샤파도 그와 같았습니다.

그때 저는 이렇게 생각하였습니다.

'이 브라마나가 이미 뜻을 알지도 못하고서, 세력이 있는 종족의 왕이 묻는 뜻을 그저 방편으로 다른 일을 끌어다 대답하는구나.'

세존이시여, 저는 그때 그의 목을 베고 싶었지만, 그 말만 받아들이지 않고 곧 쫓아 보냈습니다.

언젠가 저는 다시 '아지타 케사캄바라'에게 가서 그 뜻을 물었습니다. 그때 아지타 케사캄바라는 저에게 대답했습니다.

'설사 강 왼쪽에서 중생을 죽여 한량없는 죄를 짓는다 하더라도 그 죄도 없고 또한 나쁜 결과의 갚음도 없습니다.'

세존이시여, 저는 그때 이렇게 생각하였습니다.

'나는 지금 현세에 갚음 받는 뜻을 물었는데, 이 사람은 죽여 해침의 갚음을 가지고 대답하는구나. 마치 어떤 사람이 배의 뜻[梨之義]을 물었는데, 아무런 것으로 답하는 것 같구나.'

그래서 저는 곧 그를 버리고 떠났습니다. 저는 다시 '미카리 고사리푸트라'에게 가서 그 뜻을 물었습니다. 그 사람은 이렇게 대답했습니다.

'강 오른쪽에서 헤아릴 수 없는 온갖 공덕을 짓는다 하더라도 그 가운데 또한 어떤 착함의 갚음도 없습니다.'

그때 저는 다시 이렇게 생각했습니다.

'내가 지금 물은 뜻을 끝내 대답하지 못하는구나.'

그래서 그를 버리고 떠났습니다.

다시 '카쿠다 카타야나'에게 가서 그 뜻을 묻자 그는 저에게 이렇게 대답했습니다.

'오직 한 사람이 세상에 나와 한 사람이 죽으며, 한 사람이 갔다가 돌아와 그 괴로움과 즐거움을 받습니다.'

그때 저는 이렇게 생각했습니다.

'내가 지금 물은 뜻은 현세의 갚음인데, 저 자는 나고 죽어 오는 모습을 가지고 답하는구나.'

그래서 그를 버리고 떠났습니다.

저는 다시 '산자야 바이라티푸트라'의 무리들에게 가서 그 뜻을 물었습니다. 그때 그들은 이렇게 대답했습니다.

'과거는 이미 사라졌으니 다시는 생기지 않습니다. 미래는 아직 오지 않았으니 그것 또한 있지 않습니다. 현재는 머무르지 않으니, 머문 것은 곧 변하고 바뀝니다.'

이때 저는 다시 생각하였습니다.

'내가 지금 물은 것은 현세의 갚음인데, 이 자는 삼세의 모습으로 대꾸한다. 이것은 바른 이치가 아니다.'

그래서 그를 버리고 떠났습니다.

저는 다시 '니르그란타 즈냐타푸트라'에게 가서 그 뜻을 물었습니다.

'어떻소? 니르그란타여, 현세에서 복을 지으면 현세에서 갚음을 받게 되오?'

그는 저에게 이렇게 대답했습니다.

'아무 원인[因]도 없고 아무 조건[緣]도 없이 중생들은 묶이어 얽매이고, 또 아무 원인도 없고 아무 조건도 없이 중생들은 묶임에 집착하며, 아무 원인도 없고 아무 조건도 없이 중생들은 청정해집니다.'

그때 저는 다시 이렇게 생각했습니다.

'이 사문과 브라마나들은 이처럼 어리석고 미혹하여 참됨과 거짓을 분별하지 못하는 것이 장님이 눈 없는 것과 같구나. 묻는 뜻에는 끝내 서로 답하지 않으니, 마치 전륜왕의 종족들을 놀리는 것 같구나.'

그래서 곧바로 그를 버리고 떠났습니다.

세존이 갖가지 비유와 보기로 현재에서 갚음이 이루어지고 지은 죄는 사라질 수 있음을 가르치심

"세존이시여, 저는 이제 그 뜻을 여쭙습니다. 현세에서 복을 지으면 현세에서 그 갚음을 받습니까? 세존께서는 그 뜻을 자세히 말씀하여 주시길 바랍니다."

세존께서 말씀하셨다.

"대왕이시여, 제가 이제 왕에게 뜻을 물을 터이니 좋아함을 따라 대답하시오. 대왕이시여, 그 좌우의 심부름꾼으로서 아끼던 물건을 상으로 주는 술곳간지기나 요리사가 있으시오?"

왕이 붇다께 말씀드렸다.

"예, 있습니다."

"만약 그 심부름꾼이 수고함이 오래됐으면 또 상을 주어야 하지 않겠소?"

왕이 붇다께 말씀드렸다.

"그 공을 따라 표창하여 원망이 없게 해야 합니다."

붇다께서 왕에게 말씀하셨다.

"이런 방편으로도 현세에 복을 지으면 현세에서 그 갚음을 받는다는 것을 알 수 있소.

어떠하오, 대왕이시여. 이미 높은 자리에 있는 사람이지만 백성을 사랑한다면 예로써 상을 주어야 하지 않겠소?"

왕이 붇다께 말씀드렸다.

"그렇습니다. 세존이시여. 먹음에 단맛을 같이해야 목숨을 걸고 원망하지 않습니다."

붇다께서 왕에게 말씀하셨다.

"이런 방편으로도 알 수 있소. 원래 출신이 아주 낮더라도 점점 공을 쌓으면 왕과 즐거움을 같이할 수 있소. 그러므로 현세에서 복을 지으면 현세에서 갚음을 받는 것이오."

붇다께서 왕에게 말씀하셨다.

"저 공로가 있는 사람이 몇 년이 지난 뒤에 왕을 찾아와 이렇게 말한다고 합시다.

'저희들이 이미 세운 공로는 왕께서 잘 알고 계십니다. 왕을 떠나 마음으로 원하는 것을 구하고자 합니다.'

이렇게 하면 왕께서는 들어주시겠소?"

왕이 붇다께 말씀드렸다.

"그들의 소원을 따라주고 어기지 않겠습니다."

붇다께서 왕에게 말씀하셨다.

"저 공로가 있는 그 사람이 왕을 하직하고 수염과 머리를 깎고 세 가지 가사를 입고 집을 나와 도를 배우고 청청한 행을 닦으려고 한다면 왕께선 들어주시겠소?"

왕이 붇다께 말씀드렸다.

"예, 그렇게 하겠습니다."

붇다께서 왕에게 말씀하셨다.

"만약 수염과 머리를 깎고 집을 나와 도를 배우는 사람이 제 곁에 있는 것을 보게 된다면, 왕께선 무엇을 베풀어주고 싶소?"

왕이 붇다께 말씀드렸다.

"받들어 모셔 공양하고, 때를 따라 절하겠습니다."

붇다께서 왕에게 말씀하셨다.

"이런 방편으로도 현세에 복을 지으면 현세에 그 갚음을 받는다는 것을 알 수 있소. 만약 공로가 있는 그 사람이 계율을 온전히 갖추어 범하는 일이 없다면 왕께선 무엇을 베풀어주고 싶으시오?"

왕이 붇다께 말씀드렸다.

"목숨을 다하도록 입을 옷·먹을거리·앉을 자리·자리끼·의약품을 대 주어서 모자람이 없게 하겠습니다."

붇다께서 왕에게 말씀하셨다.

"이런 방편으로도 현세의 몸으로 복을 지으면 현세에서 갚음을 받는다는 것을 알 수 있소. 또 만약 그가 사문이 되어서 번뇌의 샘 있음을 다해, '샘이 없는 마음의 해탈'[無漏心解脫]을 이루고 '지혜의 해탈'[慧解脫]을 이루어 자기 몸으로 증득하고는, 스스로 노닐어 교화해 '나고 죽음이 이미 다하고 범행은 이미 서고, 지을 바를 이미 지어 다시는 뒤의 있음을 받지 않는다'고 진실 그대로 안다면 왕께서는 어떻게 하시겠소?"

왕이 붇다께 말씀드렸다.

"저는 반드시 목숨이 다하도록 받들어 모시고 입을 옷·먹을거리·앉을 자리·자리끼·의약품 등을 공양하여 모자람이 없게 하겠습니다."

붇다께서 왕에게 말씀하셨다.

"이런 방편으로도 현세에 복을 지으면 현세에 갚음 받는다는 것을 알 수 있소. 만약 그가 목숨을 마치고 나머지 없는 니르바나에서 온전한 니르바나[parinirvaṇa]에 든다면, 대왕께서는 무엇을 베풀어주고 싶으시오?"

왕이 붇다께 말씀드렸다.

"네 길 머리에 큰 절을 세우고, 또 향과 꽃을 공양하며 비단깃발과 일산을 달고 받들어 섬기며 절하겠습니다. 왜냐하면 그는 곧 하늘의 몸이요 사람의 몸이 아니기 때문입니다."

붇다께서 왕에게 말씀하셨다.

"이런 방편으로도 현세에 복을 지으면 현세에 그 갚음 받는다는 것을 알 수 있소."

왕이 원래 뿌리가 없던 믿음[無根信]이 이루어져
세존께 귀의하고 참회하자, 삼보에 길이 귀의하길 당부하심

왕이 붇다께 말씀드렸다.

"저는 이제 이 비유로 인해 알게 되었습니다. 오늘 세존께서 거듭 그 뜻을 설명해주셨습니다. 지금부터 이 뒤로는 그 뜻을 믿고 받들겠습니다.

세존께서는 저를 제자로 받아주시길 바랍니다. 스스로 붇다와 법과 비구상가에 귀의하옵고, 이제 거듭 참회합니다.

저는 어리석고 미혹해 아무 허물이 없는데도 부왕을 잡아 해쳤습니다. 이제 이 몸과 목숨으로써 스스로 귀의하겠습니다. 세존께서는 그 죄와 허물을 없애주시고 묘한 법 연설하시어 기나긴 밤에 함이 없게 해주시길 바랍니다. 제가 지은 죄의 갚음[罪報]을 스스로 앎과 같이 착함의 바탕[善本]도 없었습니다."

붇다께서 왕에게 말씀하셨다.

"이 세상에는 두 가지 사람이 있어, 죄 없이 목숨을 마치고 나서 팔을 굽혔다 펼 정도의 아주 짧은 시간에 하늘에 날 수 있소.

어떤 것이 그 두 사람인가요.

첫째는 죄의 근본을 짓지 않고 착함을 닦는 사람이요, 둘째는 죄를 짓고 나서 곧 지은 바를 고치는 사람이요.

이를 '두 종류의 사람이 목숨을 마치고 하늘위에 태어나 또한 흘러 막힘이 없다'고 하는 것이오."

그때 세존께서 게송으로 말씀하셨다.

사람이 아주 몹쓸 악행 지었어도
허물을 뉘우치면 차츰 엷어지나니
날로 뉘우쳐 게을리 쉬지 않으면
죄의 뿌리 이미 길이 뽑히게 되리.

"그러므로 대왕이시여, 법으로 다스리고 그릇된 법으로 다스리지 마시오. 바른 법으로 다스리는 사람은 몸이 무너지고 목숨이 마친 뒤에 좋은 곳인 하늘위에 태어나게 되오.

그가 목숨을 마치면 그 이름이 널리 퍼져 사방에 두루 알려지고, 뒷사람들은 다들 '옛날에 어떤 왕이 바른 법으로 다스려 교화하고 거짓되게 굽음이 없었다'고 전할 것이오.

또 그 사람이 태어난 곳을 일컬어 전하는 이는 목숨을 늘리고 복을 더해 일찍 죽는 일이 없을 것이오.

그러므로 대왕이시여, 기뻐하는 마음을 일으켜, 세 가지 높은 곳

[三尊]인 붇다(Buddha)와 법[Dharma]과 거룩한 상가[Saṃgha]를 향하도록 하시오.

대왕이시여, 반드시 이와 같이 배워야 하오."

그때 아자타사트루 왕은 곧 자리에서 일어나 머리를 대 붇다의 발에 절하고 이내 물러갔다.

비구대중에게 아자타사트루 왕의 뿌리 없던 믿음을 말씀해보이심

왕이 떠난 지 오래지 않아 붇다께서 비구들에게 말씀하셨다.

"만약 저 아자타사트루 왕이 부왕을 해치지 않았더라면 아마 오늘 사문의 첫째 과(果)를 얻어 네 쌍 여덟 무리[四雙八輩] 속에 들어갔을 것이고, 또 현성의 여덟 도를 얻어 여덟 가지 애착을 없애고 여덟 가지 재난을 벗어났을 것이다.

비록 그러나 지금 오히려 큰 행운을 얻었으니, 곧 뿌리가 없었던 믿음[無根之信]을 얻은 것이다. 그러므로 모든 비구들이여, 죄를 지은 사람은 방편을 구해, 뿌리가 없었던 믿음을 이루도록 해야 한다.

나의 우파사카 가운데 뿌리가 없었던 믿음을 얻은 사람은 아자타사트루가 바로 그 사람이다."

그때 모든 비구들은 붇다의 말씀을 듣고 기뻐하며 받들어 행하였다.

• 증일아함 43 마혈천자문팔정품(馬血天子問八政品) 七

• 해설 •

아자타사트루는 부왕을 죽이고 데바닫타와 공모하여 세존까지 해치려 했는데, 사람 몸을 받은 이로 이보다 악한 이도 없다. 그가 어찌 현세에 받고 뒷세상 받을 죄의 갚음을 두려워하지 않겠는가.

그가 세간의 크신 스승이신 세존께 해치려는 마음을 내 저지른 이찬티카(icchantika, 一闡提)의 무거운 죄를 세존께 참회해서 지은 죄를 용서받지 못하면 어찌 하룻밤인들 편안히 잘 수 있겠는가.

달 환히 밝은 보름날 왕의 심정을 오직 아들 지바카만이 알아서 한때 미쳤던 아버지를 붇다 계신 곳에 이끌어가니, 그가 바로 이찬티카의 죄를 지은 아버지를 건져낸 사람이다.

붇다의 연기법으로 보면 죄를 짓는 나도 공하고, 죄를 짓게 한 세계와 대상도 공하고, 지은 죄업도 공하다. 공한 곳에서 나의 물든 마음과 대상이 어울려 업(業)이 일어나 그 갚음을 받음 없이 받는 것이다.

업이 나되 공한 곳[無生處]에서 보면, 죄업은 안[內]에도 없고 밖[外]에도 없고 안과 밖이 어울리는 곳[內外]에도 없지만, 그 공함 가운데 온갖 선과 악의 씨앗이 갖춰 있다.

그러므로 죄 지은 자라도 피눈물 흘리며 지은 죄 간절히 참회하고, 단정히 앉아 나와 세계와 업이 모두 공한 실상을 생각하면[端坐念實相] 과거에 지은 죄업의 굴레를 벗어나 새로운 삶을 살 수 있다.

불교의 신행인들이 아침저녁 외우는 『천수경』에서도 다음과 같이 말한다.

죄는 자기성품 없어 마음 따라 일어나니
마음 만약 사라지면 죄 또한 사라지네.
죄 없어지고 마음 사라져 두 가지 공하면
이것을 참된 참회라고 이름하네.

罪無自性從心起 心若滅時罪亦亡
罪亡心滅兩俱空 是則名爲眞懺悔

여래의 진리의 집은 이처럼 넓고 크다. 지은 죄 두렵고 무서워 망설이는 아버지를 효성스런 아들이 넓고 큰 여래의 법의 문에 이끌어들여 붇다께서

'잘 왔소 대왕이여' 한 번 불러주자 지옥에 갈 저 중생의 죄업의 마음이 봄 눈 녹듯 사라진다.

왕이 지은 죄가 깊고 무거우므로 현세에 받을 그 죄의 과보가 두려워 여섯 길 스승들[六師]에게 찾아가 죄의 인과를 물으니, 그들은 저 무섭고 극악한 왕이 해칠까 무서워, 자기 신조와 철학과도 관계없이 '지은 행위에 과보가 없다'고 답한다.

붇다 또한 방편으로 '현세에 죄의 갚음이 있다고 말하지 않고 현세에 지은 복에 복의 갚음이 있다'고 말씀한다. 그러나 죄와 복이 있음은 인연으로 있음이라 필연의 굴레로 있음이 아니다. 필연의 굴레로 있다 하면 죄 지은 자가 끝내 그 죄에서 벗어날 길이 없을 것이며, 죄의 갚음이 아주 없다 하면 그 죄의 원인이 있는데 그 결과가 없다 함이니, 이는 인과의 법을 깨뜨림이다.

과보가 있다 해도 연기의 법을 깨뜨리고 없다 해도 연기법을 깨뜨리니, 있고 없음을 떠날 때 본래 죄 없는 청정한 법의 땅에 돌아가 죄업을 돌이켜 복된 업을 짓는 새 사람이 될 것이다.

여래의 가르침에 아자타사트루는 의심과 망설임을 벗어나 붇다와 다르마와 상가에 귀의하게 되었다.

우리 또한 살펴보자. 과거 그 극악한 죄업의 과보가 지금 있는가 없는가. 지은 죄의 모습은 안에 있는가, 밖에 있는가, 가운데 있는가.

영가선사(永嘉禪師)의 다음 노래를 들어보자.

> 밝고 밝게 보면 한 물건도 없음이여
> 사람도 없고 또한 붇다도 없네.
> 저 대천세계가 바닷속 거품이요
> 온갖 성현 번갯불이 떨침과 같네.
> 지옥의 쇠바퀴 머리 위에 돈다 해도
> 선정 지혜 두렷 밝아 끝내 잃지 않으리.
>
> 了了見 無一物 亦無人兮亦無佛

大千沙界海中漚　一切賢聖如電拂
假使鐵輪頂上旋　定慧圓明終不失

　업은 있되 공하나 공한 뜻[空義]으로 업이 이루어지고 인과의 뜻[因果義]
이 이루어지는 것이니, 업에 대해 있고 없음을 넘어서야 인과에 어둡지 않되
[不昧因果] 인과에 떨어지지 않는[不落因果] 해탈의 길을 보리라.
　영가선사의 노래를 더 들어보자.

　툭 트여 공했다고 해 인과를 없애버리면
　아득하고 아득하게 앙화를 부르리라.
　있음 버려 공을 집착해 병됨 또한 그러니
　물에 빠짐 피하려다 불에 듦과 같아라.

　豁達空　撥因果　莽莽蕩蕩招殃禍
　棄有着空病亦然　還如避溺而投火

11 코살라 국의 침입과 카필라 국의 멸망

• 이끄는 글 •

사람의 몸을 받아 한세상을 살다간 한 인간으로 보면, 붇다의 말년은 너무 큰 불행과 고난이 함께한 세월이었다.

붇다와 상가의 강력한 사회적 후원자들이었던 마가다 국의 빔비사라 왕과 코살라 국의 프라세나짓 왕은 그 아들들에 의해 비극적 최후를 맞는다. 뒤를 이은 마가다 국의 왕은 붇다를 시해하려 했고 코살라 국의 왕은 붇다의 고향나라 카필라를 멸망시키고 사카족을 대량학살하였다.

육신의 고향땅 고국이 멸망하고 동족이 모두 죽게 되는 것보다 비참한 일이 어디 있겠는가.

이렇게 보면 고타마 붇다만큼 인간적으로 한 생애에 많은 시련과 고난을 겪은 분도 없다고 할 것이다.

크신 위신력과 자재의 힘, 자비의 덕화로 그 상황을 모두 지혜롭게 극복하였을 뿐이다.

붇다 당시 인도에는 중인도에 앙가(Aṅga) · 마가다(Magadha) · 카시(Kāśi) · 코살라(Kośalā) · 브릿지(Vṛji) · 밤사(Vaṃsa)가 있었고, 서인도에 아반티(Avanti) · 아쓰바카(Aśvaka), 북인도에 캄보자(Kamboja)

·간다라(Gandhāra)가 있어 열 개 나라가 있었다고 한다.

이들 나라에는 전제왕정과 공화정 체제의 두 정치체제가 있었는데, 경전에서 붇다는 작은 공화정 국가들의 민주적인 논의체제를 찬양하고 지지하였다. 그러나 시대상황은 강력한 군주국가 중심으로 작은 공화정 국가들이 통합되는 과정을 겪고 있었다.

비록 코살라 국의 새 왕 비두다바가 외갓집 카필라 국에서 받은 모멸감이 카필라 국 참극의 주요한 계기가 되었지만, 카필라 국의 멸망은 크게는 약소국들이 강대국에 편입되는 전체 정치사의 흐름에서 이해해야 할 것이다.

붇다 시대에 강력한 군주국가는 마가다·코살라·밤사·아반티의 네 나라였고, 차츰 네 나라 중심으로 정치질서가 통합되던 과정에서 코살라 국까지 마침내 마가다 국에 멸망하게 된다.

붇다 당시 이미 마가다 국은 앙가 국을 정복하고 코살라 국은 카시 국을 정복했으며, 밤사 국은 체티(Ceti) 국을 정복하였다.

경에 보면 마가다 국의 브릿지 국 정복 기도에 대해 붇다께서 브릿지 공화정의 민주적 논의체제를 높이 찬양하며 브릿지족을 옹호하고 있음에서도 당시 정복전쟁의 실태를 엿볼 수 있다.

붇다는 카필라 국을 치러 온 코살라 국의 군대 앞에 가시어 잎이 없는 메마른 나무에 앉아, 세 차례나 정복 전쟁의 피비린내를 막으려 했으나, 저 중생의 탐욕과 광란의 공업(共業)은 붇다의 자비와 위신력으로도 끝내 막을 수 없었다.

그러나 붇다는 중생의 기나긴 밤길 죽임과 파멸의 업을 지은 이에게는 지옥 고통의 쓰라린 과보가 있음을 보이시고, 착한 이에게는 하늘의 좋은 곳에 나는 복됨이 있음을 보이신다. 그리하여 인류의 먼

미래 역사를 향해 전쟁과 죽임의 업을 버리고 평화와 화해·서로 살림의 길에 나아가도록 가르치신다.

더 나아가 붇다는 진리에 돌아가는 이에게는 길이 목마름이 없고 배고픔이 없는 해탈의 법맛을 주고 죽음이 없는 니르바나의 문을 열어주시니, 붇다는 죽임과 죽음이 없는 니르바나의 법으로 영겁의 물든 역사 죽임과 빼앗음의 중생업을 비판하시는 분이다.

존재의 진실을 끝까지 사무쳐 다한 분이 아니라면, 그가 어찌 좌절과 절망의 낭떠러지에서 흔들리거나 뒤바뀜이 없이 세간의 삿된 견해 깨뜨려 해탈의 문을 열어주고 니르바나의 참으로 쉴 곳을 주겠는가.

『화엄경』(「광명각품」)은 말한다.

여래는 저 지혜의 마음으로
모든 번뇌 장애 다 깨뜨리고
한 생각에 온갖 것 다 보시니
이것이 붇다의 신묘한 힘이네.

以彼智慧心　破諸煩惱障
一念見一切　此是佛神力

바른 법의 북을 치시사
시방의 세계 깨워주시고
모두 보디로 향하게 하니
자재한 힘이 그럴 수 있네.

擊于正法鼓　覺寤十方刹
咸令向菩提　自在力能爾

세존이시여, 잎이 우거진 저 니그로다 나무가 있는데 왜 이 마른 나무 밑에 앉아 계십니까

이와 같이 들었다.

한때 붇다께서는 바라나시의 선인(仙人)이 살던 사슴동산 가운데 계셨다. 그때는 여래께서 도를 이루신 지 그리 오래되지 않아서 세상 사람들은 그분을 '크신 사문'이라 일컬었다.

그때 프라세나짓 왕은 왕위를 새로 이어 받았었다.

이때 왕은 이렇게 생각하였다.

'내가 이제 새로 왕위를 이어 받았으니 먼저 사카족 집안의 딸을 데려와야겠다. 만약 내게 딸을 준다면 내 마음에 맞겠지만 만약 주지 않는다면 내가 힘으로 가서 내몰겠다.'

프라세나짓 왕이 카필라 국으로 구혼의 사신을 보냄

그러고는 프라세나짓 왕이 곧 어떤 신하에게 명령하였다.

"너는 카필라 국의 사카족에게 가서 내 이름으로 그들 사카족에게 이렇게 말하라.

'프라세나짓 왕은 사카족 여러분이 지내시기는 편안하신가 문안드립니다. 이처럼 왕께서 안부 물음이 끝없으십니다.'

또 그들 사카족에게 말하라.

'나 프라세나짓은 사카족의 딸을 데려 오고 싶으니, 만약 내게 준다면 그 은혜를 길이 새기겠지만 만약 어긴다면 힘으로 내몰 것이다.'"

그때 대신은 왕의 명령을 받고 카필라 국으로 갔다. 그때 카필라 성의 사카족 오백 명이 한곳에 모여 있었다.

대신은 곧 오백 명의 사카족이 있는 곳으로 가서 프라세나짓 왕의 이름으로 그들 사카족에게 말하였다.

"프라세나짓 왕은 은근히 문안드립니다. 지내시기는 편안하신지 묻는 뜻이 한량없습니다. 이렇게 말씀하십니다.

'나는 사카족의 딸을 데려오고 싶습니다. 만약 내게 준다면 아주 다행스럽지만 주지 않으신다면 힘으로 내몰게 될 것입니다.'"

이때 모든 사카족 사람들은 이 말을 듣고 크게 화를 내었다.

"우리는 큰 족성이다. 무엇 때문에 하잘것없는 족성의 자식과 인연을 맺겠느냐?"

그 무리 가운데 어떤 이는 '주자'고 하기도 하고, 어떤 이는 '줄 수 없다'고 하기도 하였다. 그때 그 무리 가운데 '마하나마'라는 한 사카족이 여러 사람들에게 말하였다.

"여러분 화내지 마십시오. 왜냐하면, 저 프라세나짓 왕은 사람됨이 아주 사납고 못됐기 때문이오. 만약 프라세나짓 왕이 온다면 우리나라를 무너뜨리고 말 것이오. 제가 지금 몸소 가서 프라세나짓 왕을 만나보고 이 사정을 말해보겠소."

여종의 딸을 왕에게 보내 왕자를 낳음

이때 마하나마의 집에 여종이 낳은 한 처녀가 있었는데, 얼굴 모습이 단정하여 세상에 아주 드문 고운 모습이었다. 마하나마는 이 처녀를 목욕시킨 뒤 고운 옷을 입히고 보배깃털 수레에 태워 프라세나짓 왕에게 보내고 왕에게 이렇게 말씀드렸다.

"이 아이는 제 딸입니다. 맞아들이십시오."

프라세나짓 왕은 그 처녀를 맞아 매우 기뻐하였고 곧 그 여인을 세워 첫째 부인으로 삼았다. 며칠이 지나지 않아 부인은 아이를 배었고 달수를 지나 사내아이를 낳았는데, 얼굴이 단정하기가 짝이 없어 세상에서 빼어났다. 프라세나짓 왕은 여러 관상가들을 불러 모아 태자의 이름을 짓게 하였다.

이때 관상가들은 왕의 말을 듣고 곧 이렇게 말씀드렸다.

"대왕께서는 아셔야 합니다. 대왕께서 부인을 구하셨을 때 여러 사카족들은 서로 다투어 '주어야 한다'고 말하는 이도 있고, '줄 수 없다'고 말하는 이도 있어서 이쪽저쪽 무리로 갈라진 일이 있었습니다. 그래서 이제 그 이름을 서로 갈라짐이라는 뜻의 '비두다바'(Viḍūḍabha)라고 지어 올립니다."

관상가들은 이름을 지어 올린 뒤에 제각기 자리에서 일어나 떠났다.

프라세나짓 왕은 비두다바 태자를 사랑하여 잠깐도 눈앞에서 떼어놓질 않았다. 그러다 태자가 나이 여덟 살이 되자 왕은 그에게 말하였다.

"너도 이제는 다 컸다. 저 카필라 성에 가서 여러 활쏘기 기술을 배우도록 하라."

종의 자식이라 크게 모욕받고 그 일을 늘 기억시키도록 부탁함

이때 프라세나짓 왕은 여러 시종들을 붙이고 큰 코끼리를 태워 사카족의 집으로 그를 보냈다. 그는 마하나마의 집에 도착해 마하나마에게 말하였다.

"프라세나짓 왕께서 저를 이곳으로 보내면서 여러 활쏘기 기술을 배우라 하셨습니다. 조부모님께서는 하나하나 가르쳐주시길 바랍니다."

그러자 마하나마가 대답하였다.

"활쏘기를 배우려고 하면 잘 익혀야 할 것이다."

마하나마는 사카족 어린이 오백 명을 모아 함께 활쏘기를 배우게 하였다. 그리하여 비두다바 태자와 오백 어린이들이 함께 활쏘기를 배웠다.

그때 카필라 성안에 큰 강당을 새로 세웠는데, 그곳엔 아직 하늘과 사람, 마라(māra, 魔)와 마라의 하늘[魔天]들까지도 그 안에 아직 머무르지 못했다. 여러 사카족들은 제각기 서로 의논하였다.

"지금 이 강당은 이루어진 지 얼마 되지 않았고 그림과 빛깔 칠함도 이미 마쳐 마치 하늘궁이나 다름없다. 우리는 먼저 여래(如來)를 청해 이곳에서 여래와 비구상가에 공양하여 우리가 받는 복이 끝없도록 하리라."

그리하여 사카족들은 곧 강당 위에 갖가지 자리를 펴고, 비단 깃발과 일산을 달고, 향수를 땅에 뿌리고, 온갖 이름난 향을 피우고, 또 좋은 물을 마련하고 여러 밝은 등을 켰다.

이때 비두다바 태자는 오백 어린이들을 데리고 강당으로 가 곧장 사자의 자리에 올랐다. 여러 사카족들은 그것을 보고는 크게 화를 내며 곧 달려가 팔을 붙잡고 문밖으로 내쫓으면서 모두들 꾸짖었다.

"이 종년의 자식아, 하늘도 사람도 아직 여기서 머무른 일이 없는데, 이 종년의 자식이 감히 이 안에 들어와 앉다니."

그들은 다시 태자를 붙잡아 때리다가 땅에 메쳤다. 그때 비두다바 태자는 곧 자리에서 일어나 길게 한숨을 지으면서 뒤를 돌아보았다. 이때 '괴로움 좋아하는 이'라 하는 브라마나의 아들이 있었다.

비두다바 태자는 브라마나의 아들 '괴로움 좋아하는 이'에게 말하였다.

"이 사카족들은 나를 붙잡아 이렇게까지 헐뜯어 욕을 보였다. 만약 내가 나중에 왕위를 이어 받게 되거든, 너는 이 일을 내게 말해야 한다."

그때 브라마나의 아들 '괴로움 좋아하는 이'가 대답하였다.

"태자의 분부대로 하겠습니다."

그로부터 그 브라마나의 아들은 하루에 세 번씩 '사카족에게 치욕 당한 것을 기억하십시오'라고 태자에게 아뢰고는 곧 이런 게송을 말하였다.

> 온갖 것은 다함으로 돌아가고
> 열매는 익으면 또한 떨어지네.
> 합해 모인 것은 반드시 흩어지고
> 남이 있으면 반드시 죽음 있네.

세론의 제지로 카필라 성을 치러 간 군대를 두 차례 물림

그 무렵 프라세나짓 왕은 타고난 목숨 따라 세상을 살다가 끝내 목숨 마쳤고, 곧 비두다바 태자를 세워 왕을 삼았다. 이때 '괴로움 좋아하는 이'는 왕에게 찾아가 이렇게 말하였다.

"대왕께서는 옛날 사카족에게 치욕 당한 것을 기억하십시오."

비두다바 왕이 말하였다.

"장하고 장하구나! 과거의 일을 잘 기억하고 있구나."

비두다바 왕은 갑자기 성냄을 일으키며 여러 신하들에게 말하였다.

"지금 이 나라 백성들의 주인은 누구냐?"

신하들이 대답하였다.

"대왕이 오늘 이 백성들을 거느리시는 분이시오."

"너희들은 빨리 말을 꾸미어 멍에 메우고 네 부대의 군사를 모으라. 내가 지금 사카족을 치러 가리라."

모든 신하들이 대답하였다.

"그렇습니다, 대왕이시여."

신하들은 왕의 명령을 받고 곧 네 부대 군사를 모았다. 비두다바 왕은 네 부대 군사를 거느리고 카필라 성으로 떠났다.

그때 비구들은 비두다바 왕이 사카족을 치러 온다는 말을 듣고 세존께 나아가 머리를 대 그 발에 절하고, 한쪽에 서서 이 인연을 갖추어 말씀드렸다. 세존께서는 이 말을 들으시고 곧 비두다바 왕이 온다는 길을 거슬러 가시어, 가지도 잎사귀도 없는 한 메마른 나무 밑에 두 발을 맺고 앉으셨다.

비두다바 왕은 세존께서 나무 밑에 앉아 계시는 것을 멀리서 보고는, 곧 수레에서 내려 세존 계신 곳에 나아가 머리를 대 발에 절하고 한쪽에 섰다. 그때 비두다바 왕이 세존께 여쭈었다.

"저 가지와 잎이 잘 우거진 니그로다 같은 다른 좋은 나무들도 많이 있는데, 왜 이 메마른 나무 밑에 앉아 계십니까?"

세존께서 말씀하셨다.

"친족의 그늘은 그래도 바깥 사람보다 낫소."

이때 비두다바 왕은 생각하였다.

'오늘 세존께서는 일부러 친족을 위해 이러시는 것이다. 그러니 나는 오늘은 본국으로 돌아가야겠다. 저 카필라 국을 쳐서는 안 되겠다.'

비두다바 왕은 곧 하직하고 돌아갔다.

그때 '괴로움 좋아하는 이'가 다시 왕에게 말씀드렸다.

"옛날 사카족에게 치욕 당한 것을 기억하십시오."

비두다바 왕은 이 말을 듣자 다시 화가 치밀었다.

"너희들은 빨리 말을 꾸미어 멍에 메우고 네 부대의 군사를 모아라. 내가 저 카필라 국을 치러 가리라."

신하들은 곧 네 부대의 군사를 모아 슈라바스티 성을 출발하여 사카족을 치기 위하여 카필라 국으로 떠났다.

그때 여러 비구들은 이 소식을 듣고 세존께 가서 말씀드렸다.

"지금 비두다바 왕이 군사를 일으켜 사카족을 치러 간다고 합니다."

세존께서는 이 말을 들으시고, 곧 신족의 힘으로 길가에 있는 한 메마른 나무 아래로 가서 앉아 계셨다. 비두다바 왕은 세존께서 나무 밑에 앉아 계시는 것을 멀리서 보고, 곧 수레에서 내려 세존께 나아가 머리를 대 발에 절하고 한쪽에 섰다. 그때 비두다바 왕이 세존께 말씀드렸다.

"다른 좋은 나무들도 있는데 거기 앉아 계시지 않으시고, 왜 세존께서는 지금 이 메마른 나무 밑에 앉아 계십니까?"

세존께서 말씀하셨다.

"친족의 그늘은 그래도 바깥 사람보다 낫소."

그때 세존께서 곧 이런 게송을 말씀하셨다.

친족의 그늘은 시원하여라.

사카족이 붇다를 내었다네.

저들이 다 나의 가지와 잎이므로

이 마른 나무 아래 앉아 있다오.

이때 비두다바 왕은 다시 이렇게 생각하였다.

'오늘의 세존께선 저 사카족에서 나셨으니 내가 가서 쳐선 안 되겠구나. 전쟁을 그만두고 본국으로 돌아가는 것이 맞겠다.'

비두다바 왕은 곧 슈라바스티 성으로 돌아갔다.

더 이상 전쟁을 막을 수 없음을 보이심

그때 '괴로움 좋아하는 이'가 다시 왕에게 말씀드렸다.

"왕께선 옛날 사카족에게 치욕당한 것을 기억하십시오."

비두다바 왕은 이 말을 듣고 다시 네 부대의 군사를 모아, 슈라바스티 성을 출발하여 카필라 국으로 나아갔다.

이때 '마하목갈라야나'는 비두다바 왕이 사카족을 치러 간다는 소식을 듣고 세존께 나아가 머리를 대 발에 절하고 한쪽에 섰다. 그때 목갈라야나가 세존께 말씀드렸다.

"지금 비두다바 왕이 네 부대의 군사를 모아 사카족을 치러 간다고 합니다. 저는 지금 비두다바 왕과 그 네 부대의 군사들을 모두 다른 세계에 던져버릴 수 있습니다."

세존께서 말씀하셨다.

"그대가 어찌 이 사카족의 묵은 옛 인연마저 다른 세계로 던져버릴 수 있겠느냐?"

그러자 목갈라야나가 붇다께 말씀드렸다.

"진실로 그 앞생의 인연은 다른 세계로 던져버릴 수 없겠습니다."

그러자 세존께서 목갈라야나에게 말씀하셨다.

"그대는 자리에 돌아가 앉아라."

목갈라야나가 다시 붇다께 말씀드렸다.

"저는 지금 이 카필라 성을 저 허공에다 옮겨놓을 수 있습니다."

세존께서 말씀하셨다.

"그대가 지금 사카족의 앞생의 인연도 허공에 옮겨놓을 수 있겠느냐?"

목갈라야나가 대답하였다.

"아닙니다, 세존이시여."

붇다께서 목갈라야나에게 말씀하셨다.

"그대는 본래 앉았던 자리로 돌아가거라."

그러자 목갈라야나가 다시 붇다께 말씀드렸다.

"제가 쇠로 울을 성글게 엮어 이 카필라 성 위를 덮도록 들어주시길 바랍니다."

세존께서 말씀하셨다.

"어떠냐? 목갈라야나야, 그대는 쇠로 울을 성글게 엮어 묵은 옛 인연도 덮을 수 있겠느냐?"

목갈라야나가 붇다께 말씀드렸다.

"아닙니다, 세존이시여."

붇다께서 목갈라야나에게 말씀하셨다.

"그대는 본래 있었던 자리로 돌아가거라. 사카족은 오늘 묵은 옛 인연이 이미 다 무르익었다. 이제는 그 갚음을 받아야 한다."

세존께서 곧 이런 게송을 말씀하셨다.

허공을 땅이 되게 하려 하고

다시 땅을 허공이 되게 한들

본래 지은 업연에 묶여 있는

이 인연 썩어 없어지지 않네.

• 증일아함 34 등견품 二 전반부

• 해설 •

　홍수처럼 밀려오는 공업(共業)의 물결과 큰 나라가 작은 나라를 병합해 가는 역사의 대세를 붇다 또한 다 막지 못하고 거스르지 못한다.

　인간으로서 고타마 붇다는 마지막까지 전쟁과 살육을 막고 친족의 그늘을 지키기 위해 쳐들어오는 군대 앞을 두 번이나 막아 서셨다.

　저주와 분노로 얼룩진 공업의 물결 앞에서 붇다는 오직 업의 공성(空性)을 보이고, 업이 공한 곳에서 하늘로 가는 착한 업과 어두움의 세계로 가는 악한 업의 길을 보이시고, 뭇 생명을 살리는 해탈의 업[解脫業], 본업(本業)의 길을 보여 저 극악한 역사의 죄업을 비판하실 뿐이다.

　왜 그런가. 마지막 단이슬의 니르바나의 문에 들어서는 것이 삶의 가장 높은 보상이기 때문인가. 지금 안락의 삶을 누리며 나고 죽음에서 헤어나지 못한 삶과, 지금 비록 죽음의 고통을 겪어도 끝내 니르바나의 저 언덕 크나큰 안락의 땅에 이르름, 이 두 길 가운데 우리는 어디로 가야 할 것인가.

비구들이여, 카필라 성으로 가서
내 친족들의 목숨 마침을 살펴보자

그때 비두다바 왕은 카필라 성으로 갔다. 여러 사카족은 비두다바 왕이 네 부대의 군사를 거느리고 쳐들어온다는 소식을 듣고, 다시 네 부대의 군사를 모아 한 요자나(yojana, 由旬)쯤 나아가 비두다바 왕을 맞이하였다.

모든 사카족들은 한 요자나 안으로 비두다바 왕이 들어오자 멀리서 비두다바 왕에게 활을 쏘았다. 화살은 귓구멍을 맞추면서 귀는 다치게 하지 않고, 머리 상투를 맞추면서 머리는 다치게 하지 않기도 하였다.

때로 활을 맞춰 부수고 활줄을 맞추면서도 그 사람은 해치지 않았다. 갑옷을 맞추면서도 그 사람을 다치게 하지 않고, 앉을 자리를 맞추면서도 그 사람은 해치지 않았으며, 수레의 바퀴를 맞춰 부수면서도 그 사람은 다치게 하지 않고, 깃대를 맞추면서도 그 사람은 해치지 않았다.

비두다바 왕은 이것을 보고 매우 두려워하며 신하들에게 말하였다.

"너희들은 이 화살들이 어디서 날아오는지 살펴보라."

신하들이 대답하였다.

"이 화살은 저 여러 사카족들이 한 요자나 밖에서 쏘는 화살들입니다."

비두다바 왕이 말하였다.

"만약 저들이 마음 내서 우리를 죽이려 한다면 우리는 모조리 죽고 말 것이다. 이쯤에서 슈라바스티 성으로 돌아가는 것이 좋겠다."

그때 '괴로움 좋아하는 이'가 앞으로 나와 말씀드렸다.

"대왕께선 두려워 마십시오. 저 사카족들은 모두 계율을 지키는 자들입니다. 벌레도 해치지 않는데 하물며 사람을 해치겠습니까? 지금 앞으로 나아가면 반드시 저 사카족을 무너뜨릴 수 있을 것입니다."

비두다바 왕은 사카족을 향해 차츰 앞으로 나아갔고, 사카족은 물러나 성안으로 들어갔다. 이때 비두다바 왕은 성 밖에서 외쳤다.

"너희들은 빨리 성문을 열라. 그렇지 않으면 모조리 잡아 죽이겠다."

그때 카필라 성에 나이가 겨우 열다섯쯤 되어 보이는 사마(奢摩)라고 하는 사카족 어린이가 있었다. 그는 비두다바 왕이 성 밖에 있다는 말을 듣고 곧 갑옷을 입고 무기를 들고는 성 위로 올라가 홀로 비두다바 왕과 싸웠다.

그때 사마 어린이가 많은 군사를 죽였다. 그들은 제각기 흩어져 달아나면서 모두들 이렇게 말하였다.

"이는 어떤 사람인가, 하늘인가 귀신인가? 멀리서 보니 어린애 같다."

그때 비두다바 왕은 갑자기 두려움을 느껴 땅구멍 속으로 들어가 숨었다. 사카족은 어린이가 비두다바 왕의 군사를 물리쳤다는 소식을 듣고, 곧 사마 어린이를 불러 말하였다.

"너는 나이가 어린데 왜 우리 집안을 욕되게 하느냐? 모든 사카족은 착한 법을 닦아 행한다는 것을 너는 어찌 모르느냐? 우리는 벌레도 해치지 않는데 하물며 사람의 목숨이겠느냐?

우리는 저 군사들을 다 쳐부술 수 있다. 한 사람이 저들 많은 군사를 맞설 수 있다. 그러나 우리는 생각하였다.

'그렇게 하자면 중생들을 헤아릴 수 없이 죽이게 될 것이다.'

세존께서 또한 말씀하셨다.

'사람을 죽인 사람은 죽어서 지옥에 들어가고, 만약 사람 가운데 태어난다 해도 목숨이 매우 짧다.'

너는 이곳에 머물지 말고 빨리 떠나라."

그때 사마 어린이는 곧 그 나라를 떠나 다시는 카필라 성으로 돌아오지 않았다.

코살라 국의 군대가 투항한 사카족을 무참히 살육함

이때 비두다바 왕이 다시 성문으로 와서 외쳤다.

"빨리 성문을 열어라. 반드시 머뭇거리지 말라."

사카족들은 서로 의논하였다.

"문을 열어야 할까, 열어서는 안 될까?"

그때 악한 마라 파피야스가 사카족의 형상을 하고 사카족들 틈에 있다가 여러 사카족들에게 말하였다.

"너희들은 빨리 성문을 열어라. 오늘의 곤욕을 함께 받지 말라."

그래서 사카족은 곧 성문을 열어 주었다. 그러자 비두다바 왕이 모든 신하들에게 말하였다.

"지금 이 사카족 백성들은 그 수가 너무 많아 칼로는 다 죽일 수가 없다. 모두 잡아다 땅속에 다리를 묻은 뒤에 사나운 코끼리로 모두 밟아 죽이게 하라."

신하들은 왕의 명령을 받고 곧 코끼리를 부려 밟아죽였다. 비두다바왕은 또 신하들에게 명령하였다.

"너희들은 빨리 사카족 여자 가운데서 미인 오백 명을 가려 뽑아라."

신하들은 왕의 명령을 받고 곧 단정한 여인 오백 명을 뽑아 왕에게 데리고 갔다.

마하나마가 잠깐 살육을 그칠 말미를 얻음

이때 사카족 마하나마가 비두다바 왕에게 찾아가 말하였다.

"제 소원을 들어주십시오."

비두다바왕이 말하였다.

"무슨 소원입니까?"

마하나마가 말하였다.

"제가 지금 물 밑에 들어가 있겠사오니 제가 물속에서 견디는 동안만이라도 저 사카족들이 모두 달아날 수 있게 해주십시오. 제가 물 밖으로 나오면 그때는 마음대로 죽이십시오."

비두다바 왕이 말하였다.

"그 일은 참 좋은 일이오."

그때 마하나마는 곧 물 밑에 들어가 머리카락을 나무 뿌리에 묶고는 목숨을 마쳤다.

그러자 카필라 성에 있던 모든 사카족들은 동문으로 달아났다가는 다시 남문으로 들어오고, 또는 남문으로 달아났다가는 도로 북문으로 들어오며, 서문으로 달아났다가 다시 북문으로 들어오기도 하곤 하였다.

이때 비두다바 왕이 신하들에게 말하였다.

"마하나마 조부께선 왜 물밑에 숨어 지금까지 나오지 않는가?"

신하들은 왕의 명령을 듣고 곧 물속으로 들어가 마하나마를 끌어

냈지만 이미 죽어 있었다. 비두다바 왕은 죽은 마하나마를 보자 그때서야 뉘우치는 마음을 냈다.

"지금 나의 조부께선 이미 목숨을 마쳤다. 그것은 모두 친족을 사랑했기 때문이다. 나는 그분이 죽을 줄은 몰랐다. 만약 알았더라면 결코 이 사카족을 치지 않았을 것이다."

사카족 오백 여인을 해치고 슈라바스티에 돌아와 제타 태자를 죽임

이때 비두다바 왕은 셀 수 없는 사람들을 죽여 그 흐르는 피가 강물을 이루었다. 왕은 카필라 성을 태우고는 니그로다 동산 가운데로 갔다.

비두다바 왕은 오백 명의 사카족 여자들에게 말하였다.

"너희들은 걱정하지 말라. 나는 너희들 남편이요, 너희들은 내 아내다. 우리 서로 즐기자."

비두다바 왕은 팔을 펴 한 사카족 여자를 잡고는 희롱하려 하였다. 그러자 그 여자가 물었다.

"대왕께선 무얼 하려는 겁니까?"

왕은 말하였다.

"너와 정을 통하고 싶다."

여인이 왕에게 말하였다.

"내가 지금 왜 종년에게서 난 씨앗과 정을 통하겠소?"

비두다바 왕은 크게 화가 나 신하들에게 명령하였다.

"빨리 이 년을 잡아다 손발을 자르고 깊은 구덩이에 던져버려라."

신하들은 왕의 명령을 받고 그녀의 손발을 자르고 구덩이 속에 던져버렸다.

그러자 오백이나 되는 여자들이 모두 왕을 욕하면서 말하였다.

"누가 이 몸을 가지고 종년에게서 난 씨앗과 정을 통하겠는가?"

왕은 화를 내며 오백 명의 사카족 여자들을 잡아다 그 손발을 자르고 깊은 구덩이에 던져버렸다.

이때 비두다바 왕은 카필라 성을 다 깨뜨린 뒤 슈라바스티 성을 향해 떠났다. 그때 제타 태자는 깊은 궁중에서 여러 미녀들과 같이 서로 즐기고 있었다.

비두다바 왕은 기녀들의 음악 소리를 듣고 물었다.

"저 소리가 무슨 소리기에 여기까지 들리느냐?"

신하들이 대답하였다.

"저것은 제타 태자가 깊은 궁중에서 음악을 연주하며 스스로 즐기는 소리입니다."

비두다바 왕이 곧 몰이꾼에게 명령하였다.

"너는 이 코끼리를 돌려 제타 태자에게로 가자."

그때 문지기는 왕이 오는 것을 멀리서 보고 말씀드렸다.

"왕께선 조금만 천천히 걸으십시오. 제타 태자께서는 지금 궁중에서 다섯 가지 음악을 스스로 즐기고 계십니다. 시끄럽게 굴지 마십시오."

이때 비두다바 왕은 곧 칼을 빼어 문지기를 죽였다.

이때 제타 태자는 비두다바 왕이 문밖에 와 있다는 소식을 듣고 기녀들에게는 말하지 않고 곧 문 밖으로 나가 왕을 맞이하였다.

"잘 오셨습니다. 대왕이여, 잠깐 들어가 쉬십시오."

그러자 비두다바 왕이 말하였다.

"내가 저 사카족과 싸운다는 것을 어찌 모르셨소?"

제타 태자가 대답하였다.

"들었습니다."

비두다바 왕이 말하였다.

"그런데 그대는 왜 기녀들과 즐기기만 하고 나를 돕지 않았소?"

제타 태자가 대답하였다.

"저는 중생들의 목숨을 차마 죽일 수가 없었습니다."

그러자 비두다바 왕은 아주 크게 화를 내며 다시 칼을 뽑아 제타 왕자를 베어 죽였다.

제타 태자는 목숨을 마친 뒤에 서른세하늘[三十三天]에 태어나 오백 명의 하늘여인들과 함께 서로 즐겁게 놀았다.

제타 태자의 선행과 하늘의 복을 찬탄하고
비두다바 왕이 악행으로 큰 과보 받게 되리라 말씀하심

그때 세존께서 하늘눈[天眼]으로 제타 태자가 목숨을 마치고 서른세하늘에 태어난 것을 보시고 곧 이런 게송을 말씀하셨다.

사람들의 세상과 하늘 가운데서
좋은 복을 받는 제타 태자의 덕은
착함 행해 뒤에 그 갚음 받음이니
다 현세의 갚음으로 그러함이네.

여기서 근심하고 저기서도 근심해
저 비두다바 왕 두 곳에서 늘 근심하니
악을 행해 뒤에 그 갚음 받음이라

다 현세의 갚음으로 그러함이네.

복된 공덕 의지해야 하는 것이니
앞에서 지으면 뒤에 또한 그러하네.
어떤 때 홀로 업을 몰래 짓게 되면
다시 사람들이 알지 못한다 하나
악 지으면 악인 줄 알게 되나니
앞에 지으면 뒤에 또한 그러하네.

어떤 때 홀로 업을 몰래 짓게 되면
다시 사람들이 알지 못한다 하나
사람 하늘 가운데에 복을 받으며
두 곳에서 모두 좋은 복을 누리네.
착한 일 하면 뒤에 그 갚음 받나니
다 현세의 갚음으로 그러함이네.

여기서 근심하고 저기서도 근심해
악을 지으면 두 곳에서 다 근심하여.
악을 행하면 뒤에 갚음 받나니
다 현세의 갚음으로 그러함이네.

이때 오백 명 사카족 여자들은 스스로 귀의하여 여래의 이름을 일 컬어 부르며 이렇게 말하였다.

"여래께서는 여기에서 태어나셨고, 또한 이곳에서 집을 나와 도를 배운 뒤에 깨달음을 이루셨다. 그런데 지금 붇다께서는 오늘 이렇게 괴로운 일을 당해 모질고 쓰라린 아픔을 겪는데도 끝내 돌보지 않으신다. 세존께서는 왜 돌보지 않으시는가?"

세존께서는 하늘귀가 맑게 사무쳐 여러 사카족 여자들이 붇다를 향해 원망하는 소리를 들으셨다.

그때 세존께서 모든 비구들에게 말씀하셨다.

카필라 성에 들어가 오백 여인들을 구호해주고 법의 눈을 뜨게 해 하늘에 나게 하심

"너희들은 다 오라. 우리 다같이 가서 저 카필라 성을 살펴보고 또 여러 친척들이 목숨 마친 것을 살펴보자."

비구들이 대답하였다.

"그렇게 하겠습니다, 세존이시여."

세존께서는 비구들을 데리고 슈라바스티 성을 나가서 카필라 성으로 가셨다. 이때 오백 명 사카족 여자들은 세존께서 비구들을 데리고 오시는 것을 보고 모두들 벗은 몸을 부끄러워하였다.

그때 인드라하늘왕과 바이쓰라바나하늘왕이 세존의 뒤에서 부채질을 하고 있었다.

세존께서 인드라하늘왕을 돌아보며 말씀하셨다.

"저 사카족 여인들이 모두들 부끄러워하는구나."

인드라하늘왕이 말씀드렸다.

"그렇습니다, 세존이시여."

인드라하늘왕은 곧 하늘옷으로 그 오백 명 여자들의 몸 위에 덮어주었다. 그때 세존께서 바이쓰라바나하늘왕에게 말씀하셨다.

"저 여인들은 굶주리고 목마른 지 오래되었다. 어떻게 무슨 좋은 방법을 지어보라."

바이쓰라바나하늘왕이 붇다께 말씀드렸다.

"그렇게 하겠습니다, 세존이시여."

바이쓰라바나하늘왕은 곧 저절로 된 하늘나라 음식을 마련해 모든 사카족 여자들에게 주어 배불리 먹게 하였다. 그때서야 세존께서는 그 여자들에게 미묘한 법을 다음과 같이 차츰 설명하셨다.

"모든 법은 다 떠나 흩어지고, 만남이 있으면 반드시 헤어짐이 있다. 여인들아, 알아야 한다.

이 치성한 다섯 가지 쌓임의 몸은 다 괴로움과 온갖 번뇌를 받다가 다섯 갈래의 세계에 떨어지는 것이다. 이 치성한 다섯 가지 쌓임의 몸을 받으면 반드시 지어감의 갚음을 받고, 지어감의 갚음으로 곧 태를 받으며, 이미 태를 받으면 다시 괴롭고 즐거운 갚음을 받게 된다.

그러나 만약 이 치성한 다섯 가지 쌓임이 없다면 곧 몸을 받지 않을 것이요, 몸을 받지 않는다면 태어남이 없을 것이다.

태어남이 없기 때문에 늙음이 없고, 늙음이 없기 때문에 병이 없으며, 병이 없기 때문에 죽음이 없고, 죽음이 없기 때문에 만났다 헤어지는 괴로움이 없을 것이다.

그러므로 여인들아, 이 다섯 쌓임이 이루어지고 없어지는 변화를 잘 생각해야 한다.

왜냐하면 다섯 쌓임을 알면 곧 다섯 가지 욕망[五欲]을 알게 되고, 다섯 가지 욕망을 알면 애착[愛]의 법을 알게 되며, 애착의 법을 알면 곧 물들어 집착함[染著]의 법을 알게 될 것이다.

이런 여러 가지를 알고 나면 다시는 태에 들어가지 않을 것이요, 태에 들어가지 않으면 태어남·늙음·병듦·죽음이 없을 것이다."

그때 세존께서는 여러 사카족 여인들에게 차례로 이런 법을 말씀하셨으니, 곧 보시를 말씀하고[施論] 계율을 말씀하며[戒論] 하늘위에 태어남을 말씀하심[生天論]이고, 탐욕은 더러운 것이므로 그것을 벗어나는 것이 즐거움이라 말씀하심이었다.

그때 세존께서는 그들의 마음이 열리고 뜻이 풀림을 살피고, 모든 붇다세존[佛世尊]께서 늘 말씀하셨던 법인, 괴로움[苦]과 괴로움의 모아냄[集]과 괴로움의 사라짐[滅]과 괴로움 없애는 길[道]을 모두 설명하셨다.

그때 그 모든 여자들은 온갖 티끌과 때가 다해 법의 눈[法眼]이 깨끗해졌고, 제각기 그 자리에서 목숨을 마치고는 모두 하늘 위에 태어났다.

코살라 국 왕과 군대가 이레 뒤에 큰 과보 받게 될 것을 예언하심

그때 세존께서는 성 동쪽 문으로 갔고 성안에서 연기와 불꽃이 환히 타오르는 것을 보시고 곧 다음과 같은 게송을 읊으셨다.

온갖 행은 항상함이 없어서
태어나면 반드시 죽음이 있네.
태어나지 않으면 죽지 않나니
이 사라짐이 가장 즐거웁도다.

세존께서는 비구들에게 말씀하셨다.

"너희들은 모두 나를 따라오라."

그러고는 '니그로다 동산'으로 가서 자리를 잡고 앉으셨다. 그때 세존께서 비구들에게 말씀하셨다.

"여기가 니그로다 동산이다. 나는 옛날 여기서 여러 비구들에게 그 법을 널리 연설했었다. 그런데 지금은 텅 비어 사람들이 아무도 없구나. 옛날에는 수많은 사람들이 이곳에서 도를 얻어 법의 눈이 깨끗해졌다.

오늘부터 이 뒤로 여래는 다시는 이곳에 오지 않을 것이다."

그때 세존께서는 여러 비구들에게 설법을 마치고 곧 자리에서 일어나 슈라바스티 국 '외로운 이 돕는 장자의 동산'으로 가셨다.

그때 세존께서 여러 비구들에게 말씀하셨다.

"지금 저 비두다바 왕과 그 군사들은 이 세상에 오래 살지 못할 것이다. 오늘부터 이레 뒤에는 모두 없어지고 말 것이다."

비두다바 왕은 세존께서 '비두다바 왕과 그 군사들은 지금부터 이레 뒤에 모두 없어지리라'고 예언하셨다는 말을 듣고는 매우 두려워하며 신하들에게 말하였다.

"여래께서 오늘 이렇게 예언하셨다고 한다.

'비두다바 왕은 이 세상에 오래 살지 못하고 지금부터 이레 뒤에 군사들과 함께 모두 없어지리라.'

너희들은 도적이 없는지 물과 불의 재변이 우리나라를 침노하는 일은 없는지 바깥 경계를 잘 살펴보아라. 왜냐하면, 모든 붓다 여래[佛如來]께서는 두말을 하지 않으시어 말씀하신 바가 끝내 다르지 않기 때문이다."

그때 '괴로움 좋아하는 이'가 왕에게 말씀드렸다.

"왕께선 두려워 마십시오. 지금 바깥 경계에는 도적의 두려움도 없고 물과 불의 재변도 없습니다. 지금 대왕께서는 마음껏 즐기십시오."

비두다바 왕이 말하였다.

"브라마나여, 모든 붓다 세존의 말씀은 다름이 없다는 것을 알아야 하오."

이때 비두다바 왕이 사람을 시켜 날짜를 세게 하였는데, 이레째가 되자 대왕은 크게 기뻐 뛰놀며 스스로 이기지 못했다. 그는 여러 군사들과 시녀들을 데리고 '아지라'라는 강가에 나가 즐기면서 놀다가 바로 그곳에서 밤을 지내게 되었다.

그런데 그 날 한밤중에 갑자기 때 아닌 구름이 일어나더니 사나운 비바람이 몰아쳤다. 이때 비두다바 왕과 그 군사들은 모조리 물에 휩쓸려 모두 사라졌고, 몸이 무너지고 목숨을 마친 뒤에는 아비지옥(阿鼻地獄) 가운데 떨어졌다. 또 하늘의 불이 내궁의 집을 모두 불살랐다.

그때 세존께서는 하늘눈으로 비두다바 왕과 그 네 부대 군사들이 물에 휩쓸려 다 목숨을 마치고 지옥 가운데 들어가는 것을 살피셨다.

세존께서 곧 이런 게송을 말씀하셨다.

악을 지음이 매우 심하고 심하니
다 몸과 입을 말미암아 행한 것이다.
지금의 몸 또한 괴로움 받지만
그 목숨 또한 짧아지고 빨라지리.

설사 집 가운데 있을 때라도

그 집은 불에 타버리게 되고
만약 그 목숨 다해 마칠 때에는
반드시 지옥 가운데 태어나리.

코살라 국 왕과 사카족의 옛 본사(本事)를 보이고 비구들에게 스스로 바른 행을 닦고 범행 닦는 이 공경하도록 가르치심

그때 많은 비구들이 세존께 말씀드렸다.

"비두다바 왕과 그 네 부대의 군사들은 지금 목숨을 마치고 어디에 태어났습니까?"

세존께서 말씀하셨다.

"비두다바 왕은 지금 아비지옥 가운데 들어갔다."

모든 비구들이 세존께 말씀드렸다.

"저 사카족들은 옛날에 무슨 인연을 지었기에 지금 비두다바 왕에게 해침을 당하였습니까?"

그러자 세존께서 모든 비구들에게 말씀하셨다.

"옛날 이 라자그리하 성에 한 고기잡이 마을이 있었다. 마침 큰 흉년이 들어 사람들은 풀뿌리를 먹었으니, 금 한 되로 쌀 한 되를 바꿀 정도였다. 그 마을 가운데 큰 못물이 있었는데 또 그 못에는 고기도 많았다.

그래서 라자그리하 성 사람들은 그 못으로 가서 고기를 잡아먹고 살았다. 그때 그 못에는 두 종류의 물고기가 살고 있었는데, 하나는 이름이 구수[拘璨]이고 다른 하나는 '두 혀'[兩舌]라고 하였다. 그 두 물고기는 서로 의논하였다.

'우리는 여기 이 사람들에게 잘못을 저지른 적이 없다. 또 우리는 물에서 사는 짐승이라서 땅에서는 살지 못한다. 그런데도 이 사람들이 모두 와서 우리를 잡아먹고 있으니, 만약 우리가 앞세상에 작은 복덕이라도 지은 것이 있다면 그것으로 원수를 갚자.'

그때 그 마을에 나이가 겨우 여덟 살쯤 되는 어린아이가 있었다. 그 아이는 물고기를 잡지도 않고 또 목숨을 해치지도 않았다. 그러나 그는 물고기들이 언덕 위에 모두 죽어 있는 것을 보고는 매우 기쁜 마음을 품었다.

비구들이여, 너희들은 반드시 알아야 한다. 그때 라자그리하 성 사람들이 어찌 다른 사람이겠느냐? 지금의 사카족이 바로 그들이었다. 그때 그 구소라는 물고기는 지금의 저 비두다바 왕이고, 그때 저 '두 혀'라는 물고기는 지금의 '괴로움 좋아하는 이'라는 브라마나이며, 그때 언덕에 죽어 있는 물고기를 보고 웃었던 어린애는 바로 지금 내 몸이 바로 그다.

그때 사카족들은 앉아서 물고기를 먹었는데, 이 인연으로 셀 수 없는 겁 동안 지옥에 떨어졌다가 지금 이런 꼴을 받는 것이다. 나는 그때 앉아서 바라보며 웃었기 때문에, 지금 머리를 돌로 누르듯 아파 마치 머리에 수메루 산을 인 것 같다. 그런 까닭은 여래는 다시는 몸을 받지 않고 온갖 지어감[行]을 버렸으며 모든 액난(厄難)을 건넜기 때문이다.

이것을 비구들이여, '이런 인연으로 말미암아 지금 이런 갚음을 받는다'고 하는 것이다.

그러므로 여러 비구들이여, 너희들은 반드시 몸과 입과 뜻으로 짓는 행을 잘 보살펴 범행 닦는 이를 공경히 생각하고 받들어 섬기도록 해야 한다.

이와 같이 비구들이여, 반드시 이와 같이 배워야 한다."

그때 여러 비구들은 붇다의 말씀을 듣고 기뻐하며 받들어 행하였다.

• 증일아함 34 등견품 二 후반부

• 해설 •

행위의 원인은 다시 그에 응하는 조건을 만나 결과를 낳고, 결과가 다시 새로운 결과의 원인이 된다. 그러므로 설사 서로 원수가 되어 죽일 업의 씨앗이 있어도 그 원인이 서로 죽임의 결과로 이어지지 않게 자비의 원(願)과 자비행을 닦으면 원수가 되어 서로 죽일 결과를 가져오지 않는다.

전쟁은 탐욕의 충돌로 인해 생긴 집단적 분노의 업이, 집단적 죽임과 물리적인 힘을 통해 자기 이익과 탐욕을 강제적으로 관철하는 행위이다. 다른 이를 죽임은 다른 이의 나를 향한 죽임을 불러들일 뿐 아니라, 죽임의 업을 지은 자는 그 업의 타오르는 불길로 인해 스스로 아비지옥의 세계로 가지 않을 수 없다.

카필라 국과 코살라 국의 전쟁은 작고 약하면서 자존심으로 똘똘 뭉친 작은 나라와 힘으로 작은 것을 제압하려는 큰 나라의 교만한 힘이 맞부딪힌 전쟁이다. 비록 성문을 열고 항복했으나 강한 자에 결코 승복하지 않는 사카족의 자만심을 저 복수심에 불타는 잔악한 비두다바의 군대가 무자비하게 짓밟은 전쟁이다.

붇다께 수닫타 장자와 함께 제타 숲 정사를 바친 제타 태자 또한 조카 비두다바가 죽이고 오백 사카 여인들을 능멸하니, 이처럼 잔인무도한 비두다바가 어찌 스스로의 목숨을 온전히 보전할 수 있겠는가.

살육의 피와 원한의 소리가 하늘을 흔들고 땅을 적시고 강물로 흐르니, 다시 하늘땅의 분노한 기운이 비두다바와 죽임의 군대를 덮쳤다.

안의 마음이 밖을 불렀는가, 밖의 기운이 오역의 죄업[五逆罪業]에 응함인가. 저 비두다바가 물에 휩쓸려 죽음이여, 오역의 죄인이 벼락을 맞고 우렛소리를 듣는 소식인가[五逆聞雷].

세존께서 전쟁의 폐허를 돌며 죽은 넋을 달래고 그들을 이끌어 하늘위의 좋은 곳에 나게 하고, 저 오백 여인에게 법을 설해 다섯 쌍임의 몸이 공함을 보이시어, 나고 사라짐에서 나고 사라짐 떠나 니르바나의 고요함에 들게 하시니, 칼산지옥에 연꽃이 솟고 화탕지옥에 서늘한 법향(法香)의 바람이 부는 소식이다.

저 전쟁의 참혹한 광경을 생각하면 삼계가 불난 집[三界火宅]이라는 여래의 말씀이 결코 헛된 말씀이 아니라는 것을 소스라치게 알 수 있을 것이다.

펄펄 끓는 물속에 사람의 몸을 삶아 죽이는 화탕지옥, 날선 칼날로 목을 베고 몸을 자르는 도산지옥을 어찌 꼭 멀리 가서 볼 것인가. 인간 속에 지옥이 있고 인간 속에 축생의 세계가 있고 인간 속에 아수라의 참혹한 전쟁이 있다.

세존께서는 이 비두다바 왕의 군대와 코살라 국의 백성 사이 죽이고 죽는 전쟁의 과보가 과거 본사(本事)의 인연이라 말씀하니, 이는 지금의 결과가 과거의 본사로 인해 일어난 것임을 들어 지금 이 죽임과 죽음의 과보가 공함을 보이심인가.

그렇다면 지금 미움과 원한이 다한 자비의 업을 지으면, 지금의 이 자비행의 본사로 인해 미래에 평화와 화해의 결과가 이루어짐을 보이심이리라.

중생이 이처럼 서로 죽이고 죽으며 빼앗고 빼앗기는 고통 벗어나는 길은 하늘과 지옥 사람과 아수라 등 중생의 여섯 갈랫길이 끝내 공함을 알아, 나고 죽음 다한 니르바나의 단이슬의 문에 들어가야만 할 것이다.

여래의 파리니르바나(parinirvāṇa)의 길만이 중생 세간의 전쟁과 죽임, 탐욕과 분노의 공업을 참으로 부정해서 해탈의 법맛[法味]을 주고 해탈의 살 길[活路]을 열어줄 것이다.

12 세존보다 먼저 니르바나에 든
사리푸트라와 목갈라야나

• 이끄는 글 •

세존의 가장 높은 제자는 사리푸트라와 목갈라야나이다. 그래서 경전의 곳곳에서 붇다는 두 제자를 지혜와 신통을 모두 갖춘 성문제자(聲聞弟子)의 윗머리[上首]가 되는 비구라고 찬탄한다.

사리푸트라와 목갈라야나 두 제자가 니르바나에 들기 전에는, 두 제자가 상가대중의 통솔과 바깥길 수행자들을 교화하는 데 중심 역할을 수행했다.

붇다는 늘 다른 비구대중과 상가대중들 앞에서 사리푸트라의 깊은 지혜와 빠른 지혜를 찬탄하였으며, 신통의 교화가 필요할 때도 목갈라야나와 사리푸트라로 하여금 큰 지혜와 신통을 보여 교화하도록 하셨다.

사리푸트라와 목갈라야나 두 제자가 니르바나에 든 뒤, 상가교단의 중심축은 마하카샤파와 아난다 두 제자가 된다. 사리푸트라·목갈라야나·마하카샤파 세 제자는 모두 여래의 성도 직후 마가다의 수도 라자그리하에서 붇다와 만나 출가한 제자들로, 두 사람은 사문 산자야의 제자였고 마하카샤파는 브라마나였다.

사리푸트라와 목갈라야나는 길거리에서 단정히 걷는 아쓰바짓의 모습과 전해준 게송을 듣고 깨달아 사문이 되었고, 마하카샤파는 오백 마리 소로 농사짓던 이로써 세간살이를 모두 버리고 집을 나와 다자탑 앞에서 세존과 눈이 마주치자 바로 비구가 되었다.

붇다는 사리푸트라와 목갈라야나 두 제자가 니르바나에 든 뒤 상가대중 앞에 설법하실 때 그 허전한 마음을 '자리가 텅 빈 것 같다'고 말씀하시고, 그 두 제자의 니르바나를 붇다의 나무에 큰 가지가 먼저 부러진 것 같다고 말씀하셨다.

그리고 모든 붇다 세존의 법에는 가장 높은 제자 두 사람과 가장 나중 귀의한 제자가 붇다보다 먼저 니르바나에 든 뒤, 붇다가 니르바나에 든다고 말씀한다.

세존보다 먼저 니르바나에 들도록 언약된 두 제자와는 달리, 마하카샤파에 대해서는 붇다 니르바나 뒤에도 파리니르바나에 들지 말고 '마이트레야 붇다'[彌勒佛]를 기다리라고 말씀한다.

이 두 가지 서로 다른 예언의 뜻은 무엇을 나타낼까.

붇다보다 먼저 니르바나에 드는 두 제자의 모습은 '온갖 법에 항상함이 없음'[諸法不常]을 보이심이고, 붇다 니르바나 뒤에도 파리니르바나에 듦이 없이 마이트레야 붇다까지 기다리라는 말씀은 '온갖 법에 끊어짐이 없음'[諸法不斷]을 나타냄인가.

두 제자는 여래보다 먼저 니르바나에 들고, 마하카샤파는 붇다 니르바나 뒤에도 니르바나에 들지 말라 하심으로, 여래의 니르바나가 항상함도 아니고 끊어짐도 아님[不常不斷]을 보이심이며, 여래의 가심이 있음도 아니고 공함도 아닌[不有不空] 중도의 자리에서 가심 없이 가심을 보이심이리라.

붇다는 두 그루 사라 나무 사이에 누울 자리를 펴시고 파리니르바나에 드셨으니, 사라 나무 그 가운데 자리는 나[我]와 나 없음[無我], 항상함[常]과 덧없음[無常], 괴로움[苦]과 즐거움[樂], 깨끗함[淨]과 깨끗하지 않음[不淨]이 둘이 아닌 중도의 자리이다. 그러므로 여래의 니르바나 자리는 온갖 중생의 일상이 덧없되[無常] 실로 일어나고 사라짐이 없는[無有起滅] 일상의 진실처가 그 자리이니, 중생이 스스로 자기 발밑을 되돌아볼 때 흐르되 흐름 없는 니르바나의 휴식처를 보게 될 것이다.

그리고 있음과 공함, 항상함과 덧없음이 모두 없는 여래의 니르바나의 자리에서 보면 사리푸트라와 목갈라야나가 앞서 가신 분이 아니고, 마하카샤파가 지금 머물러 있는 분이 아니니, 세 분 거룩한 제자의 참 면목은 어디 있는가.

목갈라야나여, 잠깐 기다리시오
내가 먼저 니르바나에 들겠소

이와 같이 들었다.

한때 붇다께서는 슈라바스티 국 제타 숲 '외로운 이 돕는 장자의 동산'에 계셨다.

그때 세존께서 라자그리하 성으로 가서서 여름 안거[夏坐]를 지내려고 하였다. 사리푸트라와 천이백오십 명의 제자들도 라자그리하 성으로 가서 여름 안거를 지내려고 하였다.

그런데 사리푸트라와 목갈라야나는 여름 안거를 마치고는 니르바나에 들어가려 하였다.

세존께서 여러 비구들과 사리푸트라·목갈라야나를 데리고 라자그리하 성의 칼란다카 대나무동산에서 여름 안거를 지내셨다.

안거 마친 비구대중에게 설법하도록 당부하심

그때 세존께서 사리푸트라에게 말씀하셨다.

"지금 천이백오십 명의 제자들이 그대들을 위해 여기서 여름 안거를 마쳤다. 그런데 사리푸트라와 목갈라야나 비구는 이제 곧 니르바나에 들 것이다.

어떤가? 사리푸트라여, 그대는 비구들을 위해 묘한 법을 설해줄 수 있는가? 나는 지금 허리가 아파 조금 쉬고자 한다."

사리푸트라가 대답하였다.

"그렇게 하겠습니다, 세존이시여."

그때 세존께서 몸소 상가티를 접어놓고 오른쪽 옆구리를 땅에 대고 누워 두 다리를 서로 포개고 생각을 매어 밝은 데 두었다. 그때 존자 사리푸트라가 여러 비구들에게 말하였다.

"나는 처음에 계(戒)를 받고 반 달이 지나 네 가지 변재[四辯才]를 증득하여 그 뜻과 이치를 갖추었소. 나는 이제 그것을 말해 뜻을 분별하여 그대들로 하여금 알아 널리 펼쳐 분별하도록 하겠소. 자세히 듣고 잘 생각하시오."

여러 비구들이 대답하였다.

"그렇게 하겠습니다."

그때 비구들이 사리푸트라의 가르침을 받아 들으니, 사리푸트라가 말하였다.

"어떤 것이 그 네 가지 변재인가? 내가 증득한 네 가지 변재는, 첫째가 뜻의 변재[義辯]이니, 나는 이로 말미암아 법의 변재[法辯]를 증득하였소.

이 법의 변재로 말미암아 잘 대꾸함의 변재[應辯]를 증득하였으며, 잘 대꾸함의 변재로 말미암아 스스로의 변재[自辯]를 증득하였소.

내가 이제 그 뜻을 널리 말하겠으니, 만약 사부대중들 가운데 의심나는 사람이 있거든 내가 살아 있는 동안 그 뜻을 물으시오.

또 여러분이 만약 네 가지 선정[四禪]에 대해서 의심이 있거나 네 가지 평등한 마음[四等心]에 대해서 의심이 있으면 내게 물으시오. 내가 말해주겠소.

또 여러분이 만약 네 가지 바른 끊음[四意斷], 네 가지 자재한 신통[四神足], 네 가지 뜻의 쉼[四意止], 네 가지 거룩한 진리[四聖諦]

에 대해서 의심이 있으면 내게 그 뜻을 물으시오. 내가 그것을 설명하겠소. 만약 지금 묻지 않으면 뉘우친들 무슨 소용이 있겠소?

또 나에게는 지금 세존·집착 없는 이·바르게 깨치신 분이 가지고 계신 깊은 법과 행하신 일들이 있소.

내게 그 뜻을 물으시오. 내가 말해주겠으니 뒷날 뉘우치지 말도록 하시오."

목갈라야나 존자가 브라마나들로부터 큰 고난을 겪고 사리푸트라를 찾아와 파리니르바나에 들 뜻을 밝힘

이때 존자 마하목갈라야나는 때가 되어 가사를 입고 발우를 가지고 라자그리하 성에 들어가 밥을 빌려 하였다. 그때 지팡이를 짚고 다니는 브라마나들이 멀리서 목갈라야나가 오는 것을 보고 저희들끼리 수군거렸다.

'저 사람은 사문 고타마의 제자 가운데서 아무도 이 사람 위로 빼어난 사람이 없다. 우리들은 저 사람을 에워싸고 때려죽이자.'

그들은 곧 그를 둘러싸고 저마다 기왓장과 돌로 죽도록 때려 쓰러지게 만들고 그대로 버려둔 채 떠나갔다.

목갈라야나는 온몸의 뼈와 살이 모두 문드러지고 아주 쓰라린 아픔과 괴로움은 이루 다 말할 수 없었다. 이때 마하목갈라야나가 이렇게 생각하였다.

'이 브라마나들이 나를 에워싸고 때려 뼈와 살이 모두 문드러지게 해놓고는 나를 버려둔 채 떠나가버렸다. 지금 나는 온몸이 아프지 않은 곳이 없고 아주 아프고 괴로워 동산으로 돌아갈 기운조차 없다. 내 이제 신통의 힘으로 정사로 돌아가리라.'

그는 곧 신통으로 정사로 돌아가 사리푸트라를 찾아가서 한쪽에 앉아 사리푸트라에게 말하였다.

"저 지팡이를 짚고 다니는 브라마나들이 나를 에워싸고 때려서 이렇게 뼈와 살이 모두 문드러졌습니다. 온몸의 고통을 실로 견딜 수 없습니다. 나는 이제 온전한 니르바나에 들고 싶어 그대에게 하직인사를 하러 왔습니다."

그때 사리푸트라가 말하였다.

"당신은 세존의 제자들 가운데서 신통이 으뜸이요 큰 위력이 있는데, 왜 그 신통의 힘으로 그 일을 피하지 않았습니까?"

목갈라야나가 대답하였다.

"내가 본래 지은 업은 매우 깊고 무겁소. 그 과보를 찾아 받으려면 끝내 피할 수 없으니, 허공 가운데서 그 과보를 받는 것은 옳지 않소. 그러나 나는 지금 온몸의 고통이 너무 심하므로 그대에게 와서 하직하고 파리니르바나에 들려고 하오."

사리푸트라가 말하였다.

"여러 비구와 비구니들이 네 가지 자재한 신통[四神足]을 닦으며 많이들 그 뜻을 널리 설명하고 있소. 만약 그 사람들의 뜻이라면 겁(劫) 동안 머무르고 싶으면 그 겁이 지나도록 니르바나에 들지 않는다고 합니다. 그런데 그대는 왜 그 겁 동안 머무르지 않고 파리니르바나에 들려고 합니까?"

목갈라야나가 대답하였다.

"그렇습니다. 사리푸트라여, 여래께서도 이렇게 말씀하셨습니다. '만약 비구와 비구니로서 네 가지 자재한 신통을 닦은 사람은 목숨을 겁 동안 머무르게 하려고 하면 그렇게 할 수 있다.'

그러나 다만 여래께서 겁 동안 머물러 계실 수 있으시다면 나도 겁 동안 머무를 수 있습니다. 그러나 지금 여래께서는 오래지 않아 파리니르바나에 드실 것입니다.

중생들의 무리는 목숨이 매우 짧습니다. 또 나는 세존께서 파리니르바나에 드시는 것을 차마 볼 수가 없습니다.

그리고 내 몸에 아픔과 괴로움이 너무 심해 파리니르바나에 들고 싶습니다."

사리푸트라가 먼저 니르바나에 들 것을 말씀드림

사리푸트라가 목갈라야나에게 말하였다.

"그대는 잠깐만 기다리시오. 내가 지금 먼저 니르바나에 들겠소."

그때 목갈라야나는 잠자코 대답하지 않았다.

이때 사리푸트라가 세존께 나아가 머리를 대 발에 절하고 한쪽에 앉았다. 그때 사리푸트라가 세존께 말씀드렸다.

"저는 지금 니르바나에 들고 싶습니다. 들어주시길 바랍니다."

세존께서 잠자코 대답하지 않으셨다. 그때 사리푸트라가 두 번 세 번 세존께 말씀드렸다.

"저는 지금 바로 니르바나에 들고 싶습니다."

이때 세존께서 사리푸트라에게 말씀하셨다.

"그대는 왜 한 겁을 머물러 한 겁을 더 지내지 않는가?"

이때 사리푸트라가 세존께 말씀드렸다.

"저는 몸소 세존에게서 이렇게 들었고 또 몸소 스스로 받들어 받았습니다.

'중생들은 받은 목숨이 매우 짧아 한껏 살아도 백 살을 지나지 못

한다. 중생의 목숨이 짧기 때문에 여래의 목숨도 짧은 것이다.'

만약 여래께서 한 겁 동안 목숨을 머물러 계신다고 하신다면, 저도 한 겁 동안 목숨을 머무르도록 해야 할 것입니다."

세존께서 말씀하셨다.

"사리푸트라의 말과 같다. 중생의 목숨이 짧기 때문에 여래의 목숨도 짧다. 그러나 다시 이런 일은 논할 것이 없다.

왜 그런가. 과거 머나먼 아승지겁(阿僧祇劫)에 '좋은 생각의 서원'[善念誓願]이라는 이름의 여래·지극히 참된 이·바르게 깨친 분께서 세간에 출현하셨다. 그때에는 사람의 목숨이 팔만 살로서 중간에 빨리 죽는 이가 하나도 없었다.

그 '좋은 생각의 서원'이라는 여래께서 보디 이루실 때가 되자 그날로 한량없이 많은 붇다를 변화로 만들었고, 한량없이 많은 중생들을 세워 삼승(三乘)의 행(行)에 있게 하고, 다시 '물러나지 않는 자리'[不退轉地]에 머무르는 이도 있었다.

다시 한량없이 많은 중생들을 세워 네 종족의 집안에 있게 하였고, 다시 한량없이 많은 중생들을 세워 네 하늘왕의 궁·야마하늘·투시타하늘[兜術天]·변화가 자재한 하늘·타화자재하늘·브라흐마하늘·욕계하늘·색계하늘·무색계하늘에 있게 하였다.

그러고는 바로 그날로 나머지 없는 니르바나[無餘涅槃] 세계에서 온전한 니르바나[parinirvāṇa]에 드셨다.

그런데 지금 사리푸트라는 말하기를 '중생들의 목숨이 짧기 때문에 여래의 목숨도 짧다'고 하였다. 어떤가? 사리푸트라여, 또 그대는 이렇게 말했다.

'여래께서 한 겁 동안 목숨을 머물러 한 겁 동안을 더 지내신다면,

나도 꼭 한 겁 동안 더 머무르게 하여 한 겁 동안을 더 지낼 것입니다.'

그러나 또 중생들은 여래의 목숨이 길고 짧은 것을 알지 못한다. 사리푸트라여, 알아야만 한다. 여래에게는 '네 가지 생각할 수 없고 말할 수 없는 일'[四不可思議事]이 있으니, 작은 실천의 수레를 탄 이들[hīna-yāna, 小乘]은 알 수 없는 것이다.

어떤 것을 네 가지라고 하는가?

첫째, '세계의 생각하고 말할 수 없음'[世不可思議]이다.

둘째, '중생의 생각하고 말할 수 없음'[衆生不可思議]이다.

셋째, '용의 생각하고 말할 수 없음'[龍不可思議]이다.

넷째, '붇다의 땅 그 경계의 생각하고 말할 수 없음'[佛土境界不可思議]이다.

사리푸트라여, 이것을 네 가지 생각하고 말할 수 없음이라고 한다."

사리푸트라가 말씀드렸다.

"그렇습니다, 세존이시여. 네 가지 생각할 수 없고 말할 수 없는 일이 있습니다. 세계(世界)·중생(衆生)·용궁(龍宮)·붇다의 땅[佛土]은 참으로 생각하고 말할 수 없습니다. 그러나 기나긴 밤 동안 '사카무니 붇다께서는 끝내 한 겁도 더 목숨을 머무르게 하시지 않으실 것이다'라고 늘 이렇게 생각했습니다.

또 모든 하늘들이 저의 처소에 이르러 저에게 이렇게 말하였습니다.

'사카무니 붇다께서는 세간에 오래 머무르시지 않는다. 나이 여든이 가까웠다. 그러니 지금 세존께서는 오래지 않아 분명히 니르바나에 드실 것이다.'

저는 지금 세존께서 파리나르바나에 드심을 차마 뵈올 수가 없습니다. 또 저는 몸소 여래에게서 이런 말씀을 들었습니다.

'과거·미래·현재의 모든 붇다의 가장 우두머리 제자가 먼저 파리니르바나에 든 뒤에 붇다께서도 파리니르바나에 드실 것이다.

또 맨 뒤의 제자가 먼저 파리니르바나에 든 뒤에 오래지 않아 세존도 파리니르바나에 드실 것이다.'

세존께서는 제가 니르바나에 드는 것을 들어주시길 바랍니다."

세존께서 말씀하셨다.

"지금 바로 때가 되었다."

니르바나에 들기 바로 전 '사자처럼 몸을 떨치는 사마디'를 보임

사리푸트라는 곧 여래의 앞에 앉아 몸과 마음을 바르게 가지고 생각을 매어 앞에 두고는 첫째 선정[初禪]에 들었다.

첫째 선정에서 일어나 둘째 선정에 들고, 둘째 선정에서 일어나 셋째 선정에 들고, 셋째 선정에서 일어나 넷째 선정에 들었다.

또 넷째 선정에서 일어나 빈 곳의 선정[空處]·앎의 곳의 선정[識處]·있는 바 없는 곳의 선정[不用處]·생각 있음도 아니고 생각 없음도 아닌 곳의 선정[有想無想處]에 들어가고, 생각 있음도 아니고 생각 없음도 아닌 곳의 선정에서 일어나 사라져 다한 사마파티[nirodha-samāpatti, 滅盡定]에 들어갔다.

다시 사라져 다한 사마파티에서 일어나 생각 있음도 아니고 생각 없음도 아닌 곳의 선정에 들어갔고, 생각 있음도 아니고 생각 없음도 아닌 곳의 선정에서 있는 바 없는 곳의 선정·앎의 곳의 선정·빈 곳의 선정에 들어갔다. 빈 곳의 선정에서 일어나 넷째 선정에 들어갔고, 넷째 선정에서 일어나 셋째 선정에 들어갔으며, 셋째 선정에

서 일어나 둘째 선정에 들어갔고, 둘째 선정에서 일어나 첫째 선정
에 들어갔다.

다시 첫째 선정에서 일어나 둘째 선정에 들어갔고, 둘째 선정에서
일어나 셋째 선정에 들어갔으며, 셋째 선정에서 일어나 넷째 선정에
들어갔다.

그때 존자 사리푸트라는 넷째 선정에서 일어나 여러 비구들에게
말하였다.

"이것을 사자처럼 몸을 떨치는 사마디[師子奮迅三昧]라고 하오."

이때 여러 비구들은 일찍이 없었던 일에 대하여 찬탄하였다.

"매우 기이하고 매우 빼어난 일이다. 존자 사리푸트라가 사마디
(samādhi, 三昧)에 드는 것이 저처럼 빠르구나."

쿤티 사미만을 데리고 원래 나신 곳인 마차 국을 향해 나아감

그때 사리푸트라가 곧 자리에서 일어나 머리를 대 세존의 발에 절
하고 물러나 떠나갔다. 바로 그때 여러 비구들은 사리푸트라의 뒤를
따랐다. 그때 사리푸트라는 뒤를 돌아보면서 말하였다.

"여러 어진 이들은 제각기 갈 곳으로 가시오."

많은 비구들이 대답하였다.

"우리들은 존자의 사리에 공양하고 싶습니다."

사리푸트라가 말하였다.

"여러 어진 이들이여, 그만두시오. 제발 그만두시오. 이것으로써
공양은 마쳤소.

내게는 사미가 있으니, 그 사미가 나를 공양해줄 것이오. 그대들
은 각기 있던 곳으로 돌아가 도로써 교화하기를 생각하고 범행(梵

行)을 잘 닦아 괴로움의 바탕을 다하도록 하시오.

여래께서 세간에 나오시는 것을 만나기는 참으로 어렵소.

때가 되어야 나오시기 때문이니, 비유하면 마치 우트팔라 꽃이 때가 되어야 피는 것처럼, 여래의 출현도 그와 같아서 억겁에 한 번씩 나오시오.

또 사람의 몸을 받아 태어나기도 어렵고 믿음을 성취하는 것도 어려우며, 집을 나와 여래의 법을 배우려고 하는 것도 어렵고, 모든 지어가는 행(行)을 아주 없애기도 또한 어렵소. 애욕(愛欲)을 다해 나머지가 없으면 그것이 사라져 다한 니르바나인 것이오.

지금 여기 여래께서 말씀하신 네 가지 법의 근본과 끝[本末]이 있소. 어떤 것이 그 네 가지요?

'온갖 모든 행은 덧없는 것이다'[諸行無常]라고 함, 이것이 첫 번째 법의 근본과 끝으로서 여래께서 말씀하신 것이오.

'온갖 모든 행은 괴롭다'[一切皆苦]고 함, 이것이 두 번째 법의 근본과 끝으로서 여래께서 말씀하신 것이오.

'온갖 모든 행에는 나라는 것이 없다'[諸法無我]고 함, 이것이 세 번째 법의 근본과 끝으로서 여래께서 말씀하신 것이오.

'니르바나는 길이 고요한 것이다'[涅槃寂滅]라고 함, 이것이 네 번째 법의 근본과 끝으로서 여래께서 말씀하신 것이오.

여러분, 이것을 일러 네 가지 법의 근본과 끝으로서 여래께서 말씀하신 것이라고 하오."

이때 비구들은 모두 눈물을 흘리면서 말하였다.

"지금 사리푸트라의 니르바나가 어찌 이다지 빠르단 말인가?"

그때 존자 사리푸트라가 여러 비구들에게 말하였다.

"그만두시오, 그만두시오. 여러 어진 이들이여, 제발 근심하지 마시오. 변하고 바뀌는 법은 아무리 변하고 바뀌지 않게 하려고 해도 그 일은 되지 않는 것이오.

저 수메루 산왕(Sumeru, 須彌山王)도 오히려 덧없는 것이어서 변하는데 하물며 겨자씨 같은 몸을 가진 이 사리푸트라 비구가 어떻게 이 근심을 면할 수 있겠소?

여래의 금강(金剛) 같은 몸으로도 머지 않아 파리니르바나에 드실 것인데, 하물며 내 몸이겠소? 그러니 그대들은 각기 법다운 행을 닦아 괴로움의 바탕을 다하도록 하시오."

그때 존자 사리푸트라는 정사에 돌아가 가사와 발우를 두고 대나무숲 동산에 나가 본래 태어나 머물렀던 곳을 향해 떠나갔다.

이때 존자 사리푸트라는 밥을 빌며 차츰 마차(Matsya) 국에 이르렀다.

사리푸트라의 마지막 니르바나 때 인드라하늘왕이 곁에서 모심

그때 존자 사리푸트라는 마차 국의 그가 태어난 곳에 노닐다가 몸에 병이 들어 고통이 심하였다. 그때 그에게는 오직 쿤티(Kunti)라는 사미만이 있어 그를 공양해드렸는데, 우선 눈에 보이는 더러운 것을 받아 치우고 깨끗한 것을 대드리곤 하였다.

이때 인드라하늘왕은 사리푸트라가 마음에 생각하고 있는 것을 알았다. 마치 힘센 자가 팔을 굽혔다 펴는 아주 짧은 시간에 서른세 하늘[三十三天]에서 내려와 사리푸트라가 머물고 있는 정사에 나타나서 머리를 대 그의 발에 절하고 다시 두 손으로 사리푸트라의 발을 어루만지면서 자기의 이름을 일컫고 이렇게 말하였다.

"저는 하늘왕 인드라(Indra, 帝釋)입니다."

사리푸트라가 말하였다.

"시원스럽소, 하늘왕이여. 받은 목숨이 끝이 없소."

인드라하늘왕이 대답하였다.

"저는 지금 존자 사리푸트라의 사리에 공양하려고 합니다."

그때 사리푸트라가 말하였다.

"그만두시오, 그만두시오. 하늘왕이여, 이것으로 공양은 마쳤소. 모든 하늘이 다 청정하고 아수라·용·신과 하늘의 무리들이 다 청정하오. 나에게는 사미가 있어서 충분히 심부름을 할 수 있소."

그때 인드라하늘왕이 두 번 세 번 사리푸트라에게 말하였다.

"저는 지금 복업(福業)을 짓고 싶습니다. 제 원을 어기지 말아주십시오. 저는 지금 존자 사리푸트라의 사리에 공양하려고 합니다."

이때 사리푸트라는 잠자코 아무 대답도 하지 않았다. 그때 인드라하늘왕은 몸소 똥을 받아내면서 괴로움을 꺼려하지 않았다.

이때 존자 사리푸트라는 그 밤으로 파리니르바나에 들었다.

하늘왕들이 꽃비를 내리고 다비하여 여래께 올리도록 함

그때 이 땅덩이는 여섯 가지로 변해 떨려 움직이며 큰 소리를 내고 여러 하늘이 꽃을 비처럼 내리며, 온갖 악기가 아름다운 소리를 불어내며 여러 하늘들은 허공을 가득 채웠다.

신묘한 여러 하늘들은 쿠무다(kumuda) 꽃을 뿌리고, 찬다나(candana) 가루향을 그 위에 뿌렸다.

그때 사리푸트라가 이미 니르바나에 들자, 여러 하늘들은 다 허공 가운데서 슬피 울부짖으면서 어쩔 줄을 몰라했다.

허공의 욕계하늘[欲天]·색계하늘[色天]·무색계하늘[無色天]들은 모두 함께 눈물을 흘리니, 마치 봄날 가랑비가 밝고 따뜻하게 내리는 것과 같았다. 그때도 다시 이와 같았고 이렇게들 생각했다.

'지금 존자 사리푸트라의 니르바나가 어이 이다지도 빠르단 말인가?'

그때 인드라하늘왕은 온갖 향(香)을 모두 모아 존자 사리푸트라의 몸을 화장하고 갖가지로 공양한 다음 그의 사리와 옷과 발우를 거두어 쿤티 사미에게 주면서 말하였다.

"이것이 바로 그대 스승의 사리와 옷과 발우요. 가지고 가서 세존께 올리시오. 그리고 나서 이런 사실을 세존께 갖추어 말씀드리십시오. 만약 무슨 말씀이 계시거든 곧 그대로 받들어 행하시오."

그러자 쿤티가 대답하였다.

"그렇게 하겠습니다, 카우시카여."

그때 쿤티 사미는 가사와 발우와 사리를 가지고 아난다의 처소를 찾아가서 아난다에게 말씀드렸다.

"저의 스승님이 돌아가셨습니다. 지금 그 사리와 옷과 발우를 가지고 와서 세존께 올리려고 합니다."

아난다는 그것을 듣고 나서 곧 눈물을 떨구면서 이렇게 말하였다.

"너 또한 와서 함께 세존 계신 곳에 가서 이 사실을 말씀드리고 만약 세존께서 무슨 말씀이 계시거든 우리들이 그대로 받들어 행하자."

쿤티가 말하였다.

"그렇게 하겠습니다, 존자여."

사리푸트라의 선정과 지혜의 몸에 나고 죽음 없음을 가르치심

아난다는 쿤티 사미를 데리고 세존 계신 곳을 찾아가 머리를 대발에 절하고 말씀드렸다.

"이 쿤티 사미가 저에게 와서 말하였습니다.

'저의 스승께서는 이미 니르바나에 드셨습니다. 지금 가사와 발우를 가지고 와서 여래께 올리려고 합니다.'

저는 오늘 마음이 괴롭고 정신이 아득히 혜매 동서를 분별하지 못하겠습니다. 존자 사리푸트라가 온전한 니르바나에 드셨다는 말을 듣고 나니 마음이 아프고 슬퍼서 견딜 수 없습니다."

세존께서 말씀하셨다.

"어떠냐? 아난다여. 사리푸트라 비구는 계의 몸[戒身]을 써서 파리니르바나에 들었느냐?"

아난다가 대답하였다.

"아닙니다, 세존이시여."

세존께서 말씀하셨다.

"어떠냐? 아난다여. 사리푸트라 비구는 선정의 몸[定身]·지혜의 몸[慧身]·해탈의 몸[解脫身]·해탈지견의 몸[解脫知見身]을 써서 파리니르바나에 들었느냐?"

아난다가 붇다께 말씀드렸다.

"사리푸트라 비구는 계의 몸·선정의 몸·지혜의 몸·해탈의 몸·해탈지견의 몸으로써 니르바나에 들지 않았습니다.

다만 사리푸트라 비구는 늘 교화하기를 기뻐하고 설법하기를 좋아하여 만족할 줄을 몰라했고, 여러 비구들을 가르치고 깨우치기에 또한 만족할 줄을 몰라했습니다.

저는 지금 저 사리푸트라의 너무 많고 깊은 은혜가 아주 많으셨음을 생각하고 슬퍼하였습니다."

세존께서 말씀하셨다.

"그만두어라, 그만두어라. 아난다여, 근심하지 말아라.

덧없는 것을 길이 두려고 해도 그 일은 그렇게 될 수가 없다. 무릇 남이 있으면 반드시 죽음이 있기 때문이다.

어떠냐? 아난다여. 과거의 모든 붇다들께서도 다 니르바나에 드시지 않았느냐? 비유하면 마치 등불 심지에 기름이 다하면 등불은 곧 꺼지고 마는 것처럼, 보장(寶藏)·정광(定光) 두 여래로부터 지금의 일곱 붇다와 그 제자들에 이르기까지 모두다 파리니르바나에 들지 않았느냐?

그와 같이 프라테카붇다(pratyeka-buddha, 獨覺)인 '깊이 살피는 이'[審諦]·'이름 높은 이'[高稱]·'멀리 들리는 이'[遠聞]·니차우니(尼嗟優尼)·판차가라(般遮伽羅)·우판가라(優般伽羅) 등 그 많은 프라테카붇다들도 다 니르바나에 들지 않았느냐?

이 겁의 처음[劫初]에는 큰 나라 거룩한 왕의 이름을 '좋은 기쁨 마하데바'[善悅大天]라고 하였다. 이와 같은 전륜왕은 지금 어디에 있느냐? 모두다 파리니르바나에 들지 않았느냐?"

그때 세존께서 곧 이 게송을 말씀하셨다.

온갖 행은 항상함이 없어서
난 것은 반드시 죽음 있네.
나지 않고 다시 사라지지 않음
이 사라짐이 가장 으뜸되도다.

사리푸트라의 지혜와 해탈의 몸을 찬탄하심

세존께서 아난다에게 말씀하셨다.

"너는 지금 사리푸트라의 사리를 받아 가지고 오너라."

아난다가 대답하였다.

"그렇게 하겠습니다, 세존이시여."

그때 아난다는 곧 사리를 받아 세존의 손에 올렸다. 그러자 세존
께서는 사리를 손에 들고 비구들에게 말씀하셨다.

"지금 여기에 있는 이것이 사리푸트라의 사리이다. 그는 지혜가
아주 밝았으며, 높고 높은 지혜가 있었으며, 그밖에 여러 지혜가 있
었다. 그의 지혜는 이루 다할 수도 없었고, 또한 그 지혜는 끝과 바닥
이 없었으며, 그 지혜에는 빠르고 날램이 있었고, 그 지혜는 가볍고
꼭 맞음이 있었고, 그에게는 날카로운 기틀의 지혜, 매우 깊은 지혜,
자세히 살피는 지혜가 있었다.

욕심 줄여 만족할 줄을 알고, 한가하고 고요한 곳을 좋아하였으
며, 용맹스런 뜻이 있었고 하는 일이 어지럽지 않았으며, 겁내거나
약한 마음이 없었고 모든 일에 잘 참았으며, 나쁜 법을 없앴고 성품
이 부드러워 다투기를 좋아하지 않았다.

늘 정진하였고 사마디를 행하며 지혜를 익히고 해탈을 생각하였
으며, 해탈지견의 몸을 닦아 행했다.

비구들이여, 알아야 한다. 비유하면 지금 마치 큰 나무에 가지가
없어짐과 같아졌구나. 그렇다, 비구들이여. 지금 여래는 큰 나무인
데 사리푸트라 비구가 니르바나에 들고 나니 큰 나무에 가지가 없어
진 것과 같구나.

만약 사리푸트라가 있어 그가 노니는 곳이라면 큰 행운을 만나게

되었을 것이니, 그들은 다 '사리푸트라께서 우리 지방에 계신다'고 하였을 것이다.

왜냐하면 사리푸트라 비구는 바깥길 걷는 이들이나 그밖에 배움 달리하는 무리들과 변론(辯論)하여 항복받지 못함이 없었기 때문이다."

• 증일아함 26 사의단품(四意斷品) 九 전반부

• 해설 •

이 사바세계는 범부와 성인이 같이 머무는 땅[凡聖同居土]이다. 그러므로 그 땅 중생의 목숨이 짧으면 여래도 그 목숨이 짧은 것이며, 붇다와 상가의 높은 제자들도 참고 견디지 않으면 안 될 일을 겪는 것이며, 반대파의 비난과 고난을 겪는 것이다.

저 신통이 으뜸가는 제자 목갈라야나가 브라마나 무리들의 박해와 집단 폭행으로 거의 사경에 이르러 니르바나에 들기 위해 벗 사리푸트라를 찾아가자, 사리푸트라 존자가 먼저 니르바나에 들기를 세존께 청한다.

사리푸트라 존자는 깊고 깊은 지혜와 논리적 사고, 뛰어난 말솜씨와 신통을 모두 갖춘 상가의 장로 가운데 가장 윗머리 장로이다.

붇다께서 붇다의 뜻을 대중에게 대신 전달하거나 대신 설법하도록 하실 때 가장 많이 대중 설법하도록 한 제자가 바로 사리푸트라이고 그 다음이 아니룻다이다.

사리푸트라 스스로 말한다. '붇다의 제자가 되어 보름이 되는 날 네 가지 걸림 없는 변재를 얻었다'고. 네 가지 걸림 없는 변재란, 첫째 법에 걸림 없음[法無礙, dharma-pratisaṃuid], 둘째 뜻에 걸림 없음[義無礙, artha-pratisaṃuid], 셋째 말에 걸림 없음[辭無礙, nirakti-pratisaṃuid], 넷째 즐거이 말함에 걸림 없음[樂說無礙, pratikhāna-pratisaṃuid]이다.

이 경에서는 말에 걸림 없는 변재가 잘 대꾸함의 변재[應辯]로 표현되고, 즐거이 말함에 걸림 없는 변재가 스스로의 변재[自辯]로 표현되고 있다.

법에 걸림 없음이란 여래의 교법(敎法)에 걸림 없음이고, 뜻에 걸림 없음이란 교법의 뜻과 내용에 막힘이 없는 것이며, 말에 걸림 없음이란 중생의 여러 언어에 걸림 없는 것이고, 즐거이 말함에 걸림 없음이란 그 말솜씨에 걸림 없음이다.

그렇다면 깊은 사마디와 신통의 성취자로서 사리푸트라는 철학적 예지와 논리적 사고를 갖추었을 뿐 아니라 여러 언어에 통달한 분 대연설가였음을 알 수 있다. 특히 그가 당대 여러 언어에 통달한 사무애변(辭無礙辯)의 제자였기 때문에 붇다 또한 여러 지방 출신의 제자와 여러 교파의 수행자를 상대할 때 늘 사리푸트라로 하여금 그들을 맞이해 가르치고 설법하도록 하신 것이리라.

사리푸트라는 여러 비구대중 앞에서 여래의 교법을 마지막 설법하고 문답하고서 '사자처럼 몸을 떨치는 사마디'를 보인 뒤 모든 대중과 하직하고서 홀로 시자 쿤티 사미만을 데리고 길을 떠난다. 그리하여 현세의 이몸 받아 태어난 곳인 고향나라 마차 국에 가서 니르바나에 들어간다.

참으로 아름답다. 사리푸트라 존자가 모든 대중을 하직하고 한 사람의 사미만을 데리고 옛 고향에 돌아가 홀로 파리니르바나하심이여!

바닥이 없고 끝이 없는 깊은 지혜, 높은 지혜, 방편을 갖춘 날랜 지혜, 날카로운 지혜 갖춘 사리푸트라의 니르바나에 어찌 저 높은 곳 하늘왕인들 와서 모시고 경배하지 않겠는가.

사리푸트라의 니르바나에 슬퍼하는 아난다에게 붇다께서 사리푸트라는 계의 몸과 선정의 몸과 지혜의 몸을 써서 니르바나에 들지 않았다고 가르치시니, 그 뜻은 무엇일까.

사리푸트라가 성취한 계의 몸[戒身]·지혜의 몸[慧身]·선정의 몸[定身]·해탈의 몸[解脫身]·해탈지견의 몸[解脫知見身]에는 남이 없으므로 사라짐이 없다. 그러므로 사리푸트라는 그 다섯 몸을 가지고 니르바나에 든 것이 아니니, 사람의 정으로 죽음을 슬퍼하여 눈물 흘리지 말라는 당부시리라.

그러나 위없는 스승 붇다도 사리푸트라의 니르바나가 '마치 큰 나무에 큰 가지가 먼저 부러진 것과 같다' 했으니, 먼저 간 높은 제자에 대한 아픔이 어찌 없으셨을 것인가. 사리푸트라 없는 법석이 텅 빈 것 같다는 말씀이 그 안타까운 뜻을 나타내심이리라.

사리푸트라 존자의 지혜와 사마디, 교화행을 무엇으로 찬탄할까. 『화엄경』(「입법계품」)의 게송이 그에 맞으리라.

모든 쌓임 법의 영역 들이는 곳에
일찍이 집착하는 바가 없이
갖가지 행과 이 몸을 보이시사
온갖 중생을 법으로 조복하시네.

於諸蘊界處 未曾有所著
示行及色身 調伏一切衆

한 마음으로 사마디에 머물러
한량없는 겁에 움직이지 않지만
털구멍에서 변화의 구름 내시사
시방의 모든 붇다께 공양하도다.

一心住三昧 無量劫不動
毛孔出化雲 供養十方佛

세존이시여, 저도 지금 세존을 하직하려 합니다

이때 마하목갈라야나는 사리푸트라가 이미 니르바나에 들었다는 말을 듣고 곧 신통[神足]으로 세존 계신 곳에 찾아가서 머리를 대발에 절하고 한쪽에 서있었다.

그때 마하목갈라야나가 세존께 말씀드렸다.

"사리푸트라 비구는 지금 이미 니르바나에 들었습니다. 저도 지금 세존께 하직하고 니르바나에 들고자 합니다."

세존께서는 잠자코 아무 대답도 하시지 않으셨다. 목갈라야나는 이와 같이 두 번 세 번 세존께 말씀드렸다.

"저도 니르바나에 들고자 합니다."

그런데도 세존께서 또한 잠자코 아무 대답도 하시지 않으셨다.

그때 목갈라야나는 세존께서 아무 대답도 없이 잠자코 계시는 것을 보고 곧 세존의 발에 절하고 물러나 떠났다.

그는 정사에 돌아와 가사와 발우를 거두어 들고 라자그리하 성을 떠나 스스로 본래 태어난 고향으로 갔다.

세존께 하직하고 고향에 돌아가 사마디에 들어가고 신통을 나타냄

그때 많은 비구들도 존자 목갈라야나의 뒤를 따라갔다. 목갈라야나는 많은 비구들과 함께 '마슈 마을'[摩瘦村]로 가서 노닐면서 교화하다가 몸에 무거운 병이 들었다.

이때 목갈라야나는 몸소 맨땅에 자리를 펴고 앉아 첫째 선정에 들었다. 첫째 선정에서 일어나 둘째 선정에 들어갔고, 둘째 선정에서 일어나 셋째 선정에 들어갔으며, 셋째 선정에서 일어나 넷째 선정에 들어갔다.

다시 넷째 선정에서 일어나 '빈 곳의 선정'[空處]에 들어갔고, 빈 곳의 선정에서 일어나 '앎의 곳의 선정'[識處]에 들어갔으며, 앎의 곳의 선정에서 일어나서 '있는 바 없는 곳의 선정'[不用處]에 들어갔고, 있는 바 없는 곳의 선정에서 일어나서 '생각 있음도 아니고 생각 없음도 아닌 곳의 선정'[有想無想處]에 들어갔다.

다시 '생각 있음도 아니고 생각 없음도 아닌 곳의 선정'에서 일어나 불빛 사마디[火光三昧]에 들어갔고, 불빛 사마디에서 일어나서 물빛 사마디[水光三昧]에 들어갔으며, 물빛 사마디에서 일어나 사라져 다한 사마파티[nirodha-samāpatti, 滅盡定]에 들어갔다.

또 사라져 다한 사마파티에서 일어나서 물빛 사마디에 들어갔고, 물빛 사마디에서 일어나서 불빛 사마디에 들어갔으며, 불빛 사마디에서 일어나 '생각 있음도 아니고 생각 없음도 아닌 곳의 선정'에 들어갔다.

다시 '생각 있음도 아니고 생각 없음도 아닌 곳의 선정'에서 일어나서 '있는 바 없는 곳의 선정'에 들어갔고, '있는 바 없는 곳의 선정'에서 일어나 '앎의 곳의 선정'·'빈 곳의 선정'·넷째 선정·셋째 선정·둘째 선정·첫째 선정에 들어갔으며, 첫째 선정에서 일어나 허공 가운데 날아올라가 허공에 앉기도 하고 눕기도 하고 거닐기도 하였다.

몸 위에서는 불을 내기도 하고 몸 아래에서 물을 내기도 하였으며, 몸 아래에서 불을 내기도 하고 몸 위에서 물을 내기도 하였다. 이와 같이 열여덟 가지 신통 변화를 나타내었다.

다시 '사자처럼 몸을 떨치는 사마디'에 들어 파리니르바에 듦

그때 존자 마하목갈라야나가 다시 내려와서 자리에 나아가 두 발을 맺고 앉아 몸과 마음을 바르게 하고 생각을 매어 앞에 두고 다시 첫째 선정에 들었다.

첫째 선정에서 일어나 둘째 선정에 들어갔고, 둘째 선정에서 일어나 셋째 선정에 들어갔으며, 셋째 선정에서 일어나 넷째 선정에 들어갔다.

다시 넷째 선정에서 일어나 '빈 곳의 선정'에 들어갔고, 빈 곳의 선정에서 일어나서 '앎의 곳의 선정'에 들어갔으며, '앎의 곳의 선정'에서 일어나 '있는 바 없는 곳의 선정'에 들어갔고, '있는 바 없는 곳의 선정'에서 일어나서 '생각 있음도 아니고 생각 없음도 아닌 곳의 선정'에 들어갔으며, '생각 있음도 아니고 생각 없음도 아닌 곳의 선정'에서 일어나 불빛 사마디에 들어갔다.

다시 불빛 사마디에서 일어나 물빛 사마디에 들어갔고, 물빛 사마디에서 일어나 사라져 다한 사마파티에 들어갔으며, 사라져 다한 사마파티에서 일어나 도로 물빛 · 불빛 · 생각 있음도 아니고 생각 없음도 아닌 곳의 선정 · 있는 바 없는 곳의 선정 · 앎의 곳의 선정 · 빈 곳의 선정 · 넷째 선정 · 셋째 선정 · 둘째 선정 · 첫째 선정에 들어갔다.

다시 첫째 선정에서 일어나 둘째 선정에 들어갔고, 둘째 선정에서 일어나 셋째 선정에 들어갔으며, 셋째 선정에서 일어나 넷째 선정에 들어갔고, 넷째 선정에서 일어나 조금 있다가 니르바나에 들어갔다.

여러 하늘들이 꽃과 향, 음악으로 공양하고
비구들이 꽃을 뿌려 공양함

그때 마하목갈라야나가 니르바나에 들어가자 때맞추어 온 땅덩이가 아주 크게 떨려 움직이고, 여러 하늘들은 각기 저마다 서로 고하고 아래로 내려와 마하목갈라야나를 깊이 살펴 뵙고서, 지니고 온 것으로 공양하였다.

어떤 하늘은 갖가지 향과 꽃으로 공양하는 이도 있었고, 허공 가운데서 아름다운 소리를 연주하였으며 거문고를 타고 노래하고 춤추면서 그것들로 존자 목갈라야나에게 공양하였다.

그때 존자 마하목갈라야나가 이미 니르바나에 들자, 나라타(那羅陀)라는 마을에서 한 요자나 안에는 여러 하늘사람들이 그 안에 가득 차 있었다.

그때 또 많은 비구들은 특별히 갖가지 향과 꽃을 존자 목갈라야나의 몸 위에 뿌렸다.

세존께서 사리푸트라와 목갈라야나 두 제자를 찬탄하심

그때 세존께서는 라자그리하 성에서 차츰 밥을 비시며 오백 제자를 거느리시고 사람 사이에 노닐어 교화하시다가, 나라타라는 마을로 가시어 오백 비구들과 함께 계셨다.

그때 사리푸트라와 목갈라야나가 니르바나에 드신 지 오래되지 않았다.

그때 세존께서는 한데에 앉아서 잠자코 여러 비구들을 살피셨다. 잠자코 여러 비구들을 살피시고는 여러 비구들에게 말씀하셨다.

"내가 지금 이 대중들을 살펴보았는데 왠지 크게 자리가 빈 것 같구나. 왜냐하면 이 대중들 가운데에는 사리푸트라와 목갈라야나 비구가 없기 때문이다.

만약 사리푸트라와 목갈라야나가 나가 노닐어 다니는 곳이라면 그곳은 아마도 휑하니 쓸쓸하지 않을 것이요, '사리푸트라와 목갈라야나가 지금 여기 계신다'는 소문이 퍼질 것이다.

왜냐하면 사리푸트라와 목갈라야나는 충분히 저 바깥길 가는 자[外道]들을 항복받을 수 있기 때문이다."

그때 세존께서 여러 비구들에게 말씀하셨다.

"모든 붓다께서 하시는 일은 참으로 기이하고 뛰어나시다. 지혜와 신통, 이 두 가지를 모두 갖춘 제자가 먼저 파리니르바나에 들기 때문이다.

그렇듯이 나 여래는 아무 근심도 없다. 과거의 강가아 강 모래알 수처럼 많은 여래께 또한 이러한 지혜와 신통이 있는 제자들이 있었고, 미래의 여러 붓다께서 세상에 출현하셔도 지혜와 신통, 이 두 가지를 갖춘 제자가 있을 것이기 때문이다.

비구들이여, 알아야 한다. 이 세간에는 두 가지 보시의 업(業)이 있다. 어떤 것이 그 두 가지인가? 재물(財物)의 보시와 법(法)의 보시를 말하는 것이다.

비구들이여, 알아야 한다. 만약 재물의 보시를 바라는 사람이라면, 그 사람은 반드시 사리푸트라와 목갈라야나 비구에게서 구해야 할 것이다.

만약 법의 보시를 바라는 사람이라면 그 사람은 반드시 나에게 와서 그것을 구해야 한다. 왜냐하면 지금 나 여래에게는 재물의 보시가 없기 때문이다.

너희들은 오늘 사리푸트라와 목갈라야나 비구의 사리에 공양하여라.”

두 큰 제자를 위해 절과 스투파를 세우도록 하고,
전륜왕과 아라한 프라테카붇다 여래의 공덕을 말씀하심

그때 아난다가 붇다께 말씀드렸다.

“사리푸트라와 목갈라야나의 사리에 어떻게 공양해야 합니까?”

세존께서 말씀하셨다.

“반드시 갖가지 향과 꽃을 모아 네거리 길에다 네 개의 절과 스투파(stūpa, 塔)를 세워야 한다. 그 까닭은 만약 누가 절을 세우려고 하면 그는 네 가지 스투파를 꼭 세워야 하겠기 때문이다.

어떤 것이 그 네 가지인가?

전륜왕의 스투파를 꼭 세워야 한다.

번뇌가 다 없어진 아라한의 스투파를 세워야 한다.

프라테카붇다의 스투파를 세워야 한다.

그리고 여래의 스투파를 세워야 한다.”

그때 아난다가 세존께 말씀드렸다.

“어떤 인연(因緣)으로 여래를 위해 스투파를 꼭 세워야 하며, 또 어떤 인연으로 프라테카붇다와 번뇌가 다한 아라한과 전륜왕을 위해 스투파를 세워야 한다고 하십니까?”

세존께서 말씀하셨다.

“너는 지금 알아야 한다. 전륜왕은 스스로 열 가지 좋은 행[善行]과 열 가지 공덕(功德)을 닦고, 또 다른 사람이 열 가지 좋은 공덕을 닦도록 한다. 어떤 것이 그 열 가지인가?

자기 몸으로 산목숨 죽이지 않고 또 다른 사람이 산목숨 죽이도록 하지 않으며, 자기 몸으로 도둑질하지 않고 다른 사람이 도둑질하도록 하지 않으며, 자기 몸으로 나쁜 음행하지 않고 다른 사람이 나쁜 음행하도록 하지 않게 한다.

자기 몸으로 거짓말하지 않고 다른 사람이 거짓말을 하도록 하지 않으며, 또 자기 몸으로 비단처럼 부드러운 말을 하지 않고 다른 사람이 비단처럼 부드러운 말을 하도록 하지 않는다.

자기 몸으로 질투하지 않고 다른 사람이 질투하도록 하지 않으며, 자기 몸으로 다투어 소송하지 않고 다른 사람이 다투어 소송하도록 하지 않으며, 자기 몸의 뜻을 바르게 하고 다른 사람이 뜻을 어지럽도록 하지 않으며, 자기 몸으로 바른 견해를 지니고 다른 사람이 바른 견해를 행하도록 한다.

비구들이여, 알아야 한다. 전륜왕은 이런 열 가지 공덕이 있기 때문에 스투파를 세워야 한다."

그때 아난다가 세존께 말씀드렸다.

"또 무슨 인연으로 여래의 제자를 위해 스투파를 세워야 합니까?"

세존께서 말씀하셨다.

"아난다여, 알아야 한다. 번뇌가 다한 아라한은 다시는 뒤의 있음을 받지 않고, 깨끗하기는 마치 하늘의 금과 같으며, 세 가지 마음의 독과 다섯 가지 번뇌[五使]가 다시 나타나지 않는다.

이런 인연으로 여래의 제자를 위해 스투파를 세워야 한다."

아난다가 붇다께 말씀드렸다.

"무슨 인연으로 프라테카붇다를 위해 스투파를 세워야 합니까?"

세존께서 말씀하셨다.

"프라테카붇다는 스승이 없이 스스로 깨달아, 모든 번뇌의 묶음과 부림[結使]을 없애고 다시는 태에 몸을 받지 않는다. 그렇기 때문에 스투파를 세워야 한다."

이때 아난다가 세존께 말씀드렸다.

"다시 무슨 인연으로 여래를 위해 반드시 스투파를 세워야 합니까?"

세존께서 말씀하셨다.

"아난다여, 여래는 열 가지 힘[十力]과 '네 가지 두려움 없음'[四無所畏]이 있어서, 항복하지 않는 이를 항복케 하고, 건너지 못한 이를 건네주며, 도를 얻지 못한 이는 도를 얻게 해주고, 파리니르바나에 들지 못한 이는 파리니르바나에 들게 해주니, 여러 사람들이 보고는 모두 기뻐한다.

그러므로 아난다여, 여래를 위해 스투파를 세워야 한다."

그때 아난다는 붇다의 말씀을 듣고 기뻐하며 받들어 행하였다.

• 증일아함 26 사의단품 九 후반부

• 해설 •

목갈라야나 존자는 신통으로 으뜸가는 제자이지만, 과거의 업으로 자신에게 박해를 가한 저 브라마나들의 폭행을 피하거나 맞서 싸우지 않고 그들의 몰매를 오롯이 받아들인다.

이것은 지금 욕됨을 달게 받아 참고 자비의 마음을 행함으로 뒷세상 길이 원한과 다툼의 인연을 쉬려 함이리라.

시자 사미만을 데리고 홀로 니르바나의 길을 떠난 사리푸트라와 달리, 목갈라야나는 오백 비구를 거느리고 태어난 고향으로 니르바나의 길을 떠난다.

니르바나의 처소에 이르러 신통을 보이고 '사자처럼 몸 떨치는 사마디'

를 보이고 니르바나에 드니, 존자의 신통은 오롯이 사마디인 신통이며 지혜의 작용인 신통이니, 어찌 곁가지의 신통으로 중생에게 눈속임을 하였을 것인가.

목갈라야나의 니르바나를 하늘들은 꽃비 내리고 뭇 향과 음악소리를 바쳐 공양해드리고, 나라타 마을 수십 리 길에 뭇 사람들이 몰려와 그 니르바나를 기리니, 비구대중은 그 몸에 향과 꽃을 뿌려드린다.

벗 사리푸트라가 한 사미만을 데리고 홀로 길 떠나 홀로 니르바나에 든 모습과, 온 하늘땅이 꽃과 향을 뿌려 공양하는 목갈라야나의 니르바나의 모습은 서로 너무 다르다.

이 대조적인 두 모습은 우리 중생에게 무엇을 보이기 위함일까. 두 성자가 든 니르바나에 한 법도 얻을 것이 없되 온갖 법이 갖춰진 모습을 두 존자가 서로 나누어 보인 것일까.

붇다께서는 삼계중생의 위없는 스승 여래(如來)와 폭압과 착취를 떠나 바른 법의 정치로 백성에게 이익과 안락을 준 정치지도자[轉輪王]와 스승 없이 스스로 깨친 프라테카붇다와 성문 아라한에게 스투파를 세워 그 공덕을 기리라고 하시니, 스투파로 세간에 그 복밭을 길이 전하기 위함이리라.

더 나아가 붇다께서는 지혜와 신통 갖춘 두 존자를 위해 '스투파'를 세워 그에게 재물의 보시를 구하라 하시니, 두 존자는 살아서는 이 세간 응공자이신 여래의 가장 높은 제자였고, 니르바나에 드신 뒤에는 길이 사라지지 않는 세간의 복밭[福田] 세간의 밝은 등불[世間燈]로 중생과 함께하고 있는 것이다.

『화엄경』(「이세간품」) 또한 사리푸트라와 목갈라야나 같이 여래의 법의 아들이 되어 여래의 법바퀴 함께 굴려 여래의 교화를 돕는 보디사트바를 이렇게 찬탄한다.

보디사트바의 법바퀴 굴림
붇다께서 굴림과 같으니

계는 바퀴통 사마디는 바퀴테
근본의 지혜는 힘이 되고
방편의 지혜는 칼이 되네.

菩薩轉法輪　如佛之所轉
戒轂三昧輞　智莊慧爲劍

이미 번뇌의 적을 깨뜨리고
뭇마라와 원수를 무찌르니
온갖 모든 바깥길들은
보자 흩어지지 않음이 없네.

旣破煩惱賊　亦殄衆魔怨
一切諸外道　見之無不散

제3장

니르바나에 드시기 바로 전까지
교화를 멈추지 않으시는 여래

"'온갖 행은 덧없다'는 것이니, 이것을
첫 번째 법이라 한다. '온갖 행은 괴롭다'는 것이니,
이것을 두 번째 법이라 한다. '온갖 행은 나가 없다'는 것이니,
이것을 세 번째 법이라 한다.
'니르바나는 사라져 다함이다'라는 것이니,
이것을 네 번째 법의 근본이라 한다.
이와 같이 오래지 않아 여래는 니르바나에 들 것이다.
너희들은 이 네 가지 법의 근본을 알고
널리 온갖 중생을 위해 그 뜻을 말해주어야 한다."

여래는 나되 실로 남이 없고 사라지되 사라짐 없으며 덧없이 변하되 늘 고요한 법계의 실상 그대로 이 세간에 오심이 없이 오시고 가되 가심이 없이 가신 분이다.

그러므로 비록 말하되 말함과 말하는 것이 없고[雖說無有能說可說], 말함이 없되 늘 말 없는 말[無說之說]로 중생을 이끌어 교화하시며, 날이 다하도록 언교의 교화를 일으키되 언어의 자취가 없이 고요한 것이다.

이처럼 여래의 법바퀴 굴림은, 늘 고요하되[常靜] 늘 움직이는[常動] 법계의 모습 그대로, 법바퀴 굴림[能轉]과 구르는 바[所轉]가 없되 늘 법바퀴를 굴리며, 법바퀴를 굴리되 늘 고요한 니르바나의 자리를 떠나지 않는 것이다.

여래는 늘 고요하시되 여래의 자비행은 늘 멈추지 않는다. 그러므로 여래는 라자그리하 성 그리드라쿠타 산의 안거와 설법으로부터 니르바나의 여정을 떠나 여든이 된 늙으신 몸으로 걸어서 바이샬리에 들어가신다.

그곳에서 화류계 여인 암라파알리와 따르는 여인 오백 명을 교화하시고 암라파알리 동산을 기증 받아 상가의 아란야로 삼게 하시며, 셀 수 없는 바이샬리 대중에게 설법하시고 강가아 강을 건너신다.

강가아 강을 건너 바이샬리의 도시를 바라보시며 니르바나의 때가 이르렀음을 제자대중에게 알려주시고 북쪽으로 맨발의 발걸음을 이어가신다.

니르바나의 발걸음이 쿠시나가라 성에 이르기까지 법을 묻는 이들의 물음을 막지 않으시고, 맨 마지막 니르바나 그 순간까지 물을 것 있는 이들의 의심을 풀어주고 그들의 법의 눈을 뜨게 해주셨다.

춘다의 공양을 드시고 그를 해탈의 저 언덕에 이끄시고, 군차라 비구니를 해탈시키며 아난다의 마지막 물음에 낱낱이 답변하신다.

파리니르바나의 마지막 밤 브라마나 수밧타라의 귀의를 막지 않으시고, 해탈한 비구로서 그가 여래보다 먼저 니르바나에 들게 하신다.

맨 마지막 귀의한 제자가 니르바나에 든 뒤 여래 또한 사라 나무 사이에 자리를 펴서 머리를 북쪽으로 두고 오른 옆구리를 땅에 대고 두 발을 포개고 누워 쉬시며 장엄한 니르바나에 드신다.

그렇다면 금강같이 무너짐 없는 저 여래의 몸에 니르바나에 들어감이 있는가 들어감이 없는가. 들어감이 있다 해도 여래의 법의 아들이 되지 못하고 니르바나에 들어감이 없다 해도 여래의 법의 아들이 되지 못한다.

또한 마지막 니르바나에 드시는 그 밤에까지 입을 열어 중생을 위해 자비의 법 설함을 그치지 않으셨으나, 여래는 실로 한 말씀도 설함이 없다 했으니, 늘 구르되 고요한 법바퀴를 무어라 말해야 하는가.

옛 사람[悅齋居士]은 이렇게 노래한다.

마흔 해 남짓 공을 쌓으심이여
거북털 토끼뿔이 허공 채웠네.
한겨울 섣달 함박눈 포근히 내려
붉은 화로 불꽃 속에 떨어지도다.

四十餘年積累功　龜毛兎角滿虛空
一冬臘月垂垂下　落在紅爐烈焰中

1 거룩한 니르바나의 예언

• 이끄는 글 •

니르바나(nirvāṇa)는 번뇌의 흐름이 다한 깨달음을 뜻하지만, 다시 이 뜻은 번뇌를 다한 이가 마지막 이 육신의 몸을 거둠의 뜻으로도 쓰인다.

여래와 아라한의 육신의 목숨 거둠은 '온전한 니르바나'라는 뜻으로 파리니르바나(parinirvāṇa)라고 하고, 다시 그 앞에 크다는 뜻의 마하(mahā)를 붙여 '마하파리니르바나'라고 한다. 이 말은 중국에서 '대반열반'(大槃涅槃)으로 한역되었다.

세존은 니르바나에 드시기 전 마가다 국 라자그리하의 그리드라쿠타 산(Gṛdhrakūṭa, 靈鷲山)에서 안거하시면서 니르바나를 예언하시는 여러 설법을 남기신다.

당시 마가다 국의 왕 아자타사트루가 브릿지 국 정벌을 꿈꾸자 그 부당성을 '브릿지 국의 일곱 가지 시들지 않는 법'으로 둘러서 말씀하고, 파리니르바나의 여정을 떠나신다.

날란다(Nālanda)를 지나 파탈리(Pāṭali) 마을에 이르러 새로 건설되는 도시의 번영을 예언하시니, 이 도시가 훗날 마가다 국의 수도

인 파탈리푸트라(Pāṭaliputra)이다.

세존은 여기서 강가아 강을 건너 브릿지 국의 수도 바이살리에 이르른다. 그곳에서 암라파알리 여인을 교화하시고 동산을 기증 받아 아란야로 만드신 뒤, 바이살리에서 멀지 않은 베누바나(Veṇuvana) 마을에서 흉년이 든 그해 대중을 여러 곳으로 나눠 보낸 뒤 시자 아난다만 데리고 여름 안거에 들어가신다.

거기서 병을 얻어 사마디의 힘으로 병을 치유하신 뒤, 아난다에게 여래의 교법은 안과 밖이 없어서 비밀하게 감춰둔 주먹손이 없음을 말씀하고 다시 북쪽으로 길을 떠나신다.

강가아 강을 건너 '다시 저 바이살리의 아름다운 도시를 볼 수 없으리라' 말씀하시고, 북쪽으로 니르바나의 발걸음을 재촉하신다.

육신의 고향 카필라 국이 있는 북쪽으로 북쪽으로 길을 거닐어 가시다 말라국의 파바(Pāvā)에서 대장장이 춘다로부터 맨 마지막 공양을 받아 드시고 병을 얻으신 뒤, 더 이상 발걸음을 이어가지 못하시고 파리니르바나의 장소를 쿠시나가라(Kuśinagara) 성으로 정하신다.

쿠시나가라 성 교외 숲속 사라 나무 사이에 자리를 펴 머리를 북쪽으로 향하게 하시니, 붇다의 법이 인도 북방에서 크게 일어날 것을 예견하심이다.

여래는 길에서 나시어 길을 걷다 길 가운데 사라 나무 사이에 자리를 펴고 그 가운데서 니르바나에 드시니, 이는 '길에서 길로 끝없이 가고 가시어 멈춤 없음'[常動]과 '끝내 오고감이 없이 늘 고요함' [常靜]이 둘이 아닌 중도[動靜一如]의 자리에서 가심 없이 가심을 나타낸 것이리라.

그렇다면 붇다의 니르바나의 고요함이, 잠시도 멈춤이 없이 나고 사라지는 중생의 세간 떠나지 않음을 보아야 하는 것이니, 이 뜻을 옛 선사[佛鑑勤]는 다음과 같이 말했다.

하늘은 왼쪽으로 돌고 땅은 오른쪽으로 돌아서
옛이 가고 지금이 와 몇 번이나 두루했나.
해는 하늘에 날고 달은 내달려가서
바다문에 솟구치자 또 푸른 산에 떨어지네.
강의 물결은 아득하고 회의 물굽이 출렁여
밤새도록 저 바다에 곧장 흘러들어 가도다.

天左旋地右轉　古往今來經幾徧
金烏飛玉兎走　才方出海門 又落靑山後
江河波渺渺 淮濟浪悠悠 直入滄溟盡夜流

큰 소리로 외쳤다.

여러 선덕들이여,
한결같아 움직이지 않음[如如不動]을 보는가.

옛 조사의 노래처럼 평생 쉼없이 움직여 길을 가시되 실로 가고 옴이 없는 여래의 삶의 모습과 여기 있되 온갖 곳에 두루한 여래의 진실상을 『화엄경』(「여래출현품」)은 다음과 같이 말한다.

마치 용이 본래 있던 곳 떠남이 없이

마음의 위력으로 큰비를 퍼부으면
빗물은 비록 오고가는 곳 없지만
용의 마음 따르므로 흠뻑 적셔줌 같네.

如龍不離於本處 以心威力霍大雨
雨水雖無來去處 隨龍心故悉充洽

열 가지 힘 갖춘 무니 또한 이 같아
오는 바도 없고 가는 곳이 없지만
깨끗한 마음 있으면 몸을 나투니
몸의 크기 법계와 같아 털구멍에 드네.

十力牟尼亦如是 無所從來無所去
若有淨心則現身 量等法界入毛孔

여래도 이제 니르바나에 들어가리라

이와 같이 내가 들었다.

한때 붇다께서는 라자그리하 성 비풀라(Vipula) 산 곁에 머물고 계셨다.

그때 세존께서 여러 비구들에게 말씀하셨다.

"온갖 행은 덧없다. 온갖 행은 항상하지 않고, 안정되지 않으며, 변해 바뀌는 법이다.

여러 비구들이여, 온갖 행에 대하여 떠나 여의려해야 하고, 해탈을 즐거워해야 한다."

온갖 행의 덧없음을 과거 붇다의 니르바나와
비풀라 산의 이름이 달라짐으로 보이심

"비구들이여, 과거세상에서는 이 비풀라 산을 '긴 대나무산'[長竹山, Pācinavaṃsa]이라고 이름하였다. 많은 사람들이 이 산을 에워싸고 살고 있었는데, 고을 이름을 티바라스(Tivaras) 읍이라고 하였다.

이 티바라스 읍에 살고 있던 사람들의 목숨은 사만 살이었다. 티바라스 읍의 사람들은 이 산꼭대기까지 나흘이면 오갈 수 있었다.

그 시대의 붇다 이름은 크라쿠찬다(Krakucchanda) 여래·공양해야 할 분·바르게 깨친 분·지혜와 행 갖춘 분·잘 가신 이·세간을 잘 아시는 분·위없는 스승·잘 길들이는 장부·하늘과 사람의 스승

· 붇다 세존이라고 하였다.

그 붇다가 세상에 나와 설법하여 교화하시면, 처음과 가운데와 뒤가 다 좋고, 좋은 뜻 좋은 맛이 순수하고 한결같고, 원만하며, 범행의 맑고 깨끗함을 잘 드러내고 나타내 보이셨다.

그러나 그 '긴 대나무산'이라는 이름도 지금은 사라졌고, 티바라스 마을의 사람들도 다 죽었으며, 저 붇다 여래도 이미 파리니르바나에 드셨다.

그러므로 비구들이여, 온갖 행은 다 덧없고 항상하지 않은 것이며, 안정되지 않고 변하고 바뀌는 법임을 알아서, 온갖 행에 떠나 여윔을 닦고 탐욕 떠나 해탈해야 한다.

여러 비구들이여, 과거세상에서는 이 비풀라 산을 방카카(Vaṅkaka)라고 이름하였다. 그때 많은 사람들이 그 산을 에워싸고 살고 있었는데, 그 고을의 이름은 로히타사스(Rohitassas)라고 하였다. 그때 사람들의 목숨은 삼만 살이었다. 로히타사스 읍에 살던 사람들은 이 산꼭대기까지 사흘이면 오갈 수 있었다.

그때 세간에 출현하신 붇다의 이름은 카나카무니(Kanakamuni) 여래·공양해야 할 분·바르게 깨친 분·지혜와 행 갖춘 분·잘 가신 이·세간을 잘 아시는 이·위없는 스승·잘 길들이는 장부·하늘과 사람의 스승·붇다 세존이라고 하였다.

그 붇다가 세간에 나와 연설하신 경법의 내용은 처음과 가운데와 뒤가 다 좋았으며, 좋은 뜻 좋은 맛이 순수하고 한결같고 원만하며, 범행의 맑고 깨끗함을 잘 드러내고 나타내 보이셨다.

그러나 여러 비구들이여, 저 방카카 산이라는 이름도 지금은 사라진 지 이미 오래되었고, 로히타사스 읍의 사람들도 다 죽은 지 오래

되었으며, 그 붇다 또한 이미 파리니르바나에 드셨다.

이와 같이 비구들이여, 온갖 모든 행은 다 덧없으며 항상하지 않고 안정되지 않으며 변해 바뀌는 법이다. 너희 비구들은 그것에 떠나 여읨을 닦고, 해탈을 즐거워해야 한다.

비구들이여, 과거세상에서는 이 비풀라 산을 수파사(Supassa)라고 이름하였다. 많은 사람들이 그 산을 에워싸고 살고 있었는데, 그때 그 고을의 이름을 수피야스(Suppiyas)라고 하였다. 그때 사람들의 목숨은 이만 살이었다. 수피야스 읍에 살던 사람들은 이 산꼭대기까지 이틀이면 오갈 수 있었다.

그때 세간에 출현하신 붇다의 이름은 카샤파(Kāśyapa) 여래·공양해야 할 분·바르게 깨친 분·지혜와 행 갖춘 분·잘 가신 이·세간을 잘 아시는 이·위없는 스승·잘 길들이는 장부·하늘과 사람의 스승·붇다 세존이라고 하였다.

그 붇다가 세간에 나와 연설하신 경법의 내용은 처음과 가운데와 뒤가 다 좋았으며, 좋은 뜻 좋은 맛이 순수하고 한결같고, 원만하며, 범행의 맑고 깨끗함을 잘 드러내고 나타내 보이셨다.

그러나 모든 비구들이여, 저 수파사라는 산 이름도 지금은 사라진 지 오래되었고, 수피야스 사람들도 다 죽은 지 오래되었으며, 그 붇다 세존께서 또한 이미 파리니르바나에 드셨다.

이와 같이 비구들이여, 온갖 모든 행은 다 덧없으며 항상하지 않고 안정되지 않으며 변해 바뀌는 법이다. 너희 비구들은 그것에 떠나 여읨을 닦고, 해탈을 즐거워해야 한다."

과거 붇다처럼 지금 붇다 세존도 니르바나에 드실 것으로
온갖 행의 덧없음을 다시 보이심

"비구들이여, 오늘날은 이 산을 비풀라 산이라고 이름한다. 여러 사람들이 이 산을 에워싸고 살고 있는데, 이 나라의 이름은 마가다 국라고 한다. 이때 여러 사람들의 목숨은 백 살인데, 스스로 잘 생활해야 백 살을 채운다. 이 마가다에 사는 사람들은 이 산꼭대기까지 잠깐이면 오갈 수 있다.

나는 지금 여기에서 여래·공양해야 할 분·바르게 깨친 분·지혜와 행 갖춘 분·잘 가신 이·세간을 잘 아시는 이·위없는 스승·잘 길들이는 장부·하늘과 사람의 스승·붇다 세존이 되었다.

바른 법을 연설하고 교화하여 저들로 하여금 고요한 니르바나와 바른 길·잘 건너감·깨달아 앎을 얻게 한다.

비구들이여, 알아야 한다. 이 비풀라 산 이름 또한 사라질 것이요, 마가다 국 사람들 또한 죽을 것이며, 여래도 오래지 않아 파리니르바나에 드실 것이다.

이와 같이 비구들이여, 온갖 모든 행은 다 덧없으며 항상하지 않고 안정되지 않으며 변해 바뀌는 법이다. 너희 비구들은 그것에 떠나 여윔을 닦고, 해탈을 즐거워해야 한다."

덧없음을 말씀한 뒤 참된 해탈의 즐거움을 보이심

그때 세존께서 곧 게송을 말씀하셨다.

오랜 옛날에는 긴 대나무산이었고
마을 이름은 티바라스라고 하였네.

그 다음에는 산의 이름 방카카 산이었고
마을 이름은 로히타사스라고 했다네.

그 다음에는 수파사 산이었고
마을 이름은 수피야스라고 했었네.
오늘날엔 비풀라 산이라 이름하고
지금 나라 이름은 마가다라고 하네.

그러한 산의 이름들 이미 사라졌고
산기슭 살던 사람들도 다 죽었으며
모든 붇다들 온전히 니르바나 드셨으니
있는 것은 모두 다하지 않음이 없네.

온갖 모든 행은 덧없는 것이어서
모두다 나고 사라지는 법이라
남이 있으면 다하지 않음 없나니
오직 고요함이라야 즐거움 되리라.

붇다께서 이 경을 말씀하시자, 여러 비구들은 붇다의 말씀을 듣고
기뻐하며 받들어 행하였다.

• 잡아함 956 비부라경(毘富羅經)

• 해설 •

이 경은 베누바나에서 여름 안거하시기 전 라자그리하 성 근처에 머무시

며 마지막 얼마 남지 않은 니르바나의 때를 예견하시며 비풀라 산의 덧없음을 들어 덧없음의 진실 속에 있는 해탈의 법을 보이시고 가르치신 내용이다.

세간의 온갖 이름과 법은 덧없어 나고 사라지는 법이다.

한 법도 덧없이 나고 사라지지 않는 법이 없어서, 남이 있으면 다하지 않음이 없다. 그러므로 남에 남이 없는[無生] 연기의 진실을 보는 자만이 여래의 니르바나의 참뜻을 알 것이며, 남이 없는 뜻을 아는 자만이 덧없음 그대로의 항상함과 움직임 속에 늘 고요한 삶의 참모습을 알 것이다.

여래는 그 뜻을 그 비풀라 산도 사라져 없어지고 산기슭의 사람들도 사라져 없어지지만, 그 나고 사라짐이 다하면 늘 고요한 니르바나의 즐거움이 된다고 가르친다.

만물은 흐르고 흐르며 옮기고 옮긴다. 그러나 중국 남북조시기 승조법사(僧肇法師)는 '사물이 옮기지 않는다'[物不遷]는 논(論)을 썼으니, 승조가 덧없이 옮기는 사물이 옮기지 않는다고 한 뜻이 무엇인가.

물질의 모습이 옮기되 변치 않는 성품이 옮기지 않는다[相遷而性不遷]는 삿된 견해를 일으키지 않아야 하니, 사물이 옮기지 않는 뜻을 바로 아는 그 자가 그리드라쿠타 산에 머물러 늘 설법하는[常住說法] 붇다의 모습을 보는 자라 할 것이다. 살피고 살펴야 하리라.

이제 바이살리를 다시 보지 못하리라

이와 같이 들었다.

한때 붓다께서는 바이살리의 암바바나(Ambavana) 동산에서 오백 명의 큰 비구대중과 함께 계셨다. 차츰 다시 사람 가운데 계시면서 노닐어 교화하시었다.

이때 세존께서는 바이살리 성을 돌아보시고 곧 이런 게송을 말씀하셨다.

> 지금 바라보고 있는 저 바이살리
> 이 뒤로는 다시 보지 못하겠구나.
> 또한 다시 들어가지 못하리니
> 여기서 하직하고 가야 하리라.

이때 바이살리 성 사람들은 이 게송을 듣고 모두 근심과 시름을 품고 세존의 뒤를 따라가며 눈물을 떨구었다. 서로 이렇게 말하였다.

"여래께서 니르바나에 드심이 오래지 않을 것이니, 이 세간은 밝은 빛을 잃게 되리라."

네 가지 법의 근본을 설하고 법사에게 공양하도록 당부하심

세존께서는 말씀하셨다.

"그만두라, 그만두라. 너희들 모든 사람은 근심하고 시름하지 말라. 부서지게 될 물건을 부서지지 않게 하려 하여도 끝내 그럴 수는 없다. 나는 먼저 네 가지 일의 가르침[四事之敎]으로 말미암아 깨달음을 얻었고, 또 사부대중에게 이 네 가지 일의 가르침을 말해주었다.

네 가지란 무엇인가?

'온갖 행(行)은 덧없다'는 것이니, 이것을 첫 번째 법이라 한다.

'온갖 행은 괴롭다'는 것이니, 이것을 두 번째 법이라 한다.

'온갖 행은 나가 없다'는 것이니, 이것을 세 번째 법이라 한다.

'니르바나는 사라져 다함이다'라는 것이니, 이것을 네 번째 법의 근본이라 한다.

이와 같이 오래지 않아 여래는 니르바나에 들 것이다.

너희들은 이 네 가지 법의 근본을 알고 널리 온갖 중생을 위해 그 뜻을 말해주어야 한다."

그때 세존께서는 바이샬리 성 백성들을 돌아가게 하려고 곧 큰 구덩이를 변화해 만드셨다. 여래께서 비구들을 데리고 저쪽 언덕에 가 있으니 그 나라 백성들은 이쪽 언덕에 있게 되었다.

그때 세존께서는 세존의 발우를 허공 가운데 던져 그 백성들에게 주며 이렇게 말씀하셨다.

"너희들은 이 발우를 잘 공양하고 또 재질이 높은 법사[高才法師]에게 공양해야 한다. 그러면 기나긴 밤 동안 복 얻음이 한량없을 것이다."

쿠시나가라 국의 오백 젊은이들에게
큰 바윗돌 날려보내는 위신력을 보이심

이때 세존께서는 그 발우를 주시고 곧 쿠시나가라 국으로 가셨다. 그때 쿠시나가라 국의 오백여 힘센 장사들은 한자리에 모여 이런 이야기를 나누고 있었다.

"우리는 다같이 함께 기이하고 뛰어난 일을 지어 우리가 죽은 뒤에 그 이름이 널리 퍼지고, 자손들이 곧 이런 말을 전하게 하자.

'옛날 쿠시나가라 국의 힘센 장사들은 힘으로는 아무도 미칠 수 없었다.'"

조금 뒤에 다시 이렇게 생각하였다.

'어떤 공덕을 지어야 할까?'

그때 쿠시나가라 국에서 멀지 않은 곳에 네모반듯한 큰 돌이 있었는데, 길이는 백스무 걸음에 너비는 예순 걸음이었다.

"우리는 함께 이 돌을 세우자."

그들은 온 힘을 다해 세우려 하였으나 도저히 세울 수가 없었다. 붙잡아 움직이지도 못했으니 어찌 들 수 있었겠는가?

이때 세존께서 그들에게 다가가 말씀하셨다.

"여러 젊은이들이여, 무엇을 하려 하는가?"

젊은이들이 붇다께 말씀드렸다.

"저희는 얼마 전 '이 돌을 옮겨 대대로 이름을 전하자'고 의논하고는 이레 동안이나 힘을 썼지만 아직도 이 돌을 옮기지 못하고 있습니다."

"너희들은 여래로 하여금 이 돌을 들어보게 하고 싶지 않으냐?"

"지금이 바로 이때입니다. 세존께서 이 돌을 들어 보이시길 바랍니다."

그때 세존께서는 오른손으로 그 돌을 들어 왼손바닥에 놓으시더니 다시 허공으로 던졌다. 이때 그 돌은 브라흐마하늘까지 올라갔다.

그 돌이 보이지 않자 쿠시나가라 국의 힘센 장사들은 세존께 말씀드렸다.

"그 돌은 지금 어디까지 올라갔습니까? 저희는 모두 볼 수가 없습니다."

"그 돌은 지금 저 브라흐마하늘 위에 있다."

"그 돌은 언제 이 잠부드비파 땅으로 내려옵니까?"

세존께서는 말씀하셨다.

"내 이제 비유를 이끌어 보이겠다. 지혜로운 사람은 비유를 들면 스스로 안다. 만약 어떤 사람이 브라흐마하늘에 올라가서 그 돌을 들어 이 잠부드비파 땅으로 던지면 십이 년이 걸려야 이곳에 도착할 것이다. 그러나 지금 여래의 위신력이 움직이면 바로 지금 돌아올 것이다."

여래께서 이렇게 말씀하시자 그 돌은 곧 돌아왔고 허공 가운데에선 수백 가지 하늘꽃이 비처럼 흩날렸다. 이때 오백여 명의 젊은이들은 멀리서 그 돌이 내려오는 것을 보고 제자리에 있지 못하고 각기 흩어져 달아났다.

붇다께서는 그들에게 말씀하셨다.

"두려워하지 말라. 여래는 스스로 때를 아신다."

세존께서는 왼손을 쭉 뻗어 그 돌을 잡더니 오른손바닥에 세우셨다. 그때 삼천대천세계는 여섯 가지로 변해 떨려 움직였고, 허공의 신묘한 하늘들은 온갖 우트팔라 연꽃을 흩뿌렸다.

그때 오백 젊은이들은 모두 일찍이 없었던 일을 찬탄하였다.

"너무도 기이하고 너무도 뛰어나시다. 여래의 위신은 참으로 따를 수가 없다. 이 돌은 길이가 백스무 걸음에 너비가 예순 걸음인데 그것을 한 손으로 세우시다니."

여래의 위신력이 부모가 나준 몸의 힘밖에 따로 있는 힘이 아님을 말하고, 여러 비유와 예로 다함없는 여래의 위신력을 보이심

이때 오백 젊은이들은 붇다께 말씀드렸다.

"여래께서는 어떤 힘으로 이 돌을 움직이셨습니까? 신통의 힘입니까, 지혜의 힘입니까? 어떤 힘을 써서 이 돌을 세우셨습니까?"

붇다께서 말씀하셨다.

"나는 신통의 힘도 쓰지 않고 지혜의 힘도 쓰지 않았다. 나는 부모의 힘으로 이 돌을 세웠다."

"여래께서 부모의 힘을 쓰셨다니, 그 일이 어떤 것인지 잘 모르겠습니다."

세존께서 말씀하셨다.

"내 이제 너희들을 위해 비유를 이끌어 보이겠다. 지혜로운 이는 비유를 들면 스스로 안다. 젊은이들이여, 알아야 한다.

열 마리 낙타의 힘은 한 마리 보통 코끼리의 힘보다 못하고, 또 열 마리 낙타와 한 마리 보통 코끼리의 힘은 한 마리 가라레[迦羅勒] 코끼리의 힘보다 못하며, 또 열 마리 낙타와 한 마리 보통 코끼리와 가라레 코끼리의 힘은 한 마리 구타야나[鳩陀延] 코끼리의 힘보다 못하다.

또 바로 열 마리 낙타와 한 마리 보통 코끼리 나아가 구타야나 코끼리의 힘도 한 마리 파마나[婆摩那] 코끼리의 힘보다 못하고, 또 이 코끼리들의 힘을 합해도 한 마리 가니루[迦泥留] 코끼리의 힘보다 못하며, 또 이 코끼리들의 힘을 합해도 한 마리 우파[優缽] 코끼리의 힘보다 못하다.

또 이 코끼리들의 힘을 합해도 한 마리 파두마[缽頭摩] 코끼리의 힘보다 못하며, 또 이 코끼리들의 힘을 합해도 한 마리 쿠무다[拘牟陀] 코끼리의 힘보다 못하고, 또 그것을 합해 헤아려도 한 마리 푼다리카[分陀利] 코끼리의 힘보다 못하며, 또 그것을 합해 헤아려도 한 마리 향(香) 코끼리의 힘보다 못하고, 또 그것을 합해 헤아려도 한 마리 마하나기[摩呵那極]의 힘보다 못하다.

또 그것을 합해 헤아려도 한 나라야나의 힘보다 못하고, 또 그것을 합해 헤아려도 한 전륜왕의 힘보다 못하며, 또 그것을 합해 헤아려도 한 아비니바르타니야(Avinivartanīya, 阿維越致)의 힘보다 못하고, 또 그것을 합해 헤아려도 '한생 동안 돕는 자리 한 보디사트바'[補處菩薩]의 힘보다 못하며, 또 그것을 합해 헤아려도 보디 나무 밑에 앉은 한 보디사트바의 힘보다 못하고, 또 그것을 합해 헤아려도 한 여래가 부모에게 받은 몸의 힘보다 못하다.

나는 이제 부모의 힘으로 이 돌을 세웠다."

목갈라야나의 신통의 힘을 이끌어 여래의 신통의 힘을 말씀하심

오백 젊은이들은 다시 세존께 말씀드렸다.

"여래의 신통의 힘은 어떠합니까?"

세존께서 말씀하셨다.

"나에게 옛날 제자가 있었는데, 이름이 목갈라야나였다. 그는 신통 가운데 가장 으뜸이었다. 그와 함께 비라야 대나무동산에 있을 때였다. 그때 그 나라에 심한 흉년이 들어 사람들은 서로를 잡아먹었고 흰 뼈가 길을 채웠다.

그래서 집을 나온 수행자들은 밥 빌기가 어려워, 거룩한 상가대중은 파리하게 여위었고 기력이 고갈되었다. 마을 가운데 사는 사람들도 모두들 굶주린 낯빛으로 다시 어디에 의지할 곳이 없었다.

그때 마하목갈라야나가 내게 와서 나에게 말하였다.

'지금 이 비라야는 아주 심한 흉년이 들어, 밥 빌 곳이 없고 백성들은 파리하게 굶주려 살 길이 없습니다. 저는 여래로부터 〈이 땅 밑에는 저절로 이루어져 있는 땅의 기름기[地肥]가 있어서 아주 향기롭고 맛있다〉고 하신 말씀을 직접 들었습니다.

세존께서는 땅을 뒤집어 땅의 기름기를 땅 위로 끄집어내어 백성들이 먹을 수 있도록 하고, 거룩한 상가대중도 기력을 채울 수 있도록 제자의 뜻 들어주시길 바랍니다.'

나는 그때 목갈라야나에게 이렇게 말하였다.

'땅 속의 꾸물거리는 벌레들은 어디다 두려는가?'

목갈라야나가 대답하였다.

'한 손을 변화시켜 땅 모양으로 만들고, 한 손으로 땅의 기름기를 뒤집어 그 꾸물거리는 벌레들이 다 제자리에서 편안하도록 하겠습니다.'

'너는 어떤 마음으로 이 땅을 뒤집으려 하는가?'

'제가 지금 이 땅을 뒤집는 것은 마치 힘센 사람이 나뭇잎 한 장을 뒤집는 것과 같아서 전혀 의심할 것이나 어려움이 없습니다.'

나는 그때 다시 목갈라야나에게 이렇게 말하였다.

'그만두어라, 그만두어라. 목갈라야나여, 반드시 땅을 뒤집어 땅기름을 끄집어낼 것이 없다. 왜냐하면 중생이 이것을 보면 모두들 두려운 생각이 들어 옷의 털까지 곤두설 것이요, 또 모든 붇다의 절도 허물어질 것이기 때문이다.'

이때 목갈라야나가 나에게 말하였다.

'그러면 세존께서 저 거룩한 상가대중이 웃타라쿠루(Uttara-kuru)로 가서 밥 빌도록 들어주시길 바랍니다.'

나는 목갈라야나에게 말하였다.

'이 대중 가운데 신통이 없는 자들은 어떻게 그곳까지 가서 밥을 빌겠는가?'

목갈라야나가 나에게 말하였다.

'신통이 없는 사람은 제가 그 국토로 데리고 가겠습니다.'

'그만두어라, 그만두어라. 목갈라야나여, 어찌 반드시 거룩한 대중이 거기까지 가서 밥 빌어야 되겠느냐? 왜냐하면 앞으로 올 세상에도 지금처럼 이렇게 흉년이 들어 밥 빌기 어렵고 사람들도 낯빛이 없을 때, 그때 여러 장자와 브라마나들은 비구들에게 이렇게 말할 것이다.

〈당신들은 왜 웃타라쿠루로 가서 밥 빌지 않는가? 옛날 사카무니의 제자들은 큰 신통이 있어 이런 흉년을 만나면 모두들 웃타라쿠루로 가서 밥을 빌어 스스로 목숨을 건졌다. 그런데 오늘날 사카무니의 제자들은 신통도 없고 위신력도 없구나.〉

그래서 비구들을 가볍고 쉽게 여겨 그 장자·거사들로 하여금 모두 교만한 마음을 갖도록 해 한량없는 죄를 받게 할 것이다.

목갈라야나여, 알아야 한다. 이런 까닭에 저 비구대중들이 모두

그곳으로 가서 밥 비는 것은 옳지 않다.'

젊은이들이여, 알아야 한다. 목갈라야나의 신통은 그 덕이 이와 같았다. 목갈라야나의 신통력을 헤아려보면 삼천대천세계를 두루 하여 빠뜨린 곳이 없지만, 세존의 신통력만은 못해 그 백 곱·천 곱·수억만 곱을 하더라도 비유해서 견줄 수가 없다.

여래의 신통은 그 덕이 헤아릴 수가 없다."

사리푸트라의 지혜를 이끌어 여래의 깊고 깊은 지혜의 힘을 말하심

젊은이들은 붇다께 말씀드렸다.

"여래의 지혜의 힘은 어떻습니까?"

세존께서 말씀하셨다.

"옛날 내게는 또 제자가 있었는데 사리푸트라라고 하였다. 그는 지혜 가운데 가장 으뜸이었다.

비유하면 다음과 같다. 이 큰 바다는 세로와 가로가 팔만 사천 '요자나'나 되어 물이 가득 차 있고, 또 수메루 산은 높이가 팔만 사천 요자나이고 물속으로 들어감 또한 이와 같다. 또 잠부드비파의 땅은 남북으로 이만 일천 요자나에 동서가 칠천 요자나가 된다.

이제 이를 가져다 견주어보자. 그 네 바다의 물을 먹[墨]으로 삼고, 그 수메루 산을 나무껍질로 삼고, 이 잠부드비파 땅의 풀과 나무로 붓을 만들어 삼천대천세계 사람들로 하여금 모두 사리푸트라 비구의 지혜로운 업을 쓰게 한다고 하자.

젊은이들이여, 알아야 한다. 설사 먹으로 삼은 네 바다의 물이 다하고 붓이 다하고 사람들이 모두 차츰 목숨 마치도록 쓴다 하더라도 사리푸트라 비구의 지혜는 다 쓸 수 없다.

젊은이들아, 이와 같이 그는 내 제자 가운데 지혜가 으뜸이어서 사리푸트라의 지혜 그 위를 벗어나는 자는 아무도 없었다.

그 사리푸트라 비구의 지혜를 헤아리면 삼천대천세계를 두루 채워 비거나 빠뜨린 곳이 없지만, 여래의 지혜와 견주려 한다면 그 백 곱·천 곱·수억만 곱을 하더라도 비유해서 견줄 수가 없다.

여래의 지혜의 힘은 이와 같다."

여래도 이 덧없는 법계의 힘을 따라 파리니르바나에 들 것을 말씀함

이때 젊은이들이 다시 붇다게 말씀드렸다.

"자못 다시 이런 힘을 벗어난 힘은 있습니까?"

세존께서 말씀하셨다.

"물론 이 모든 힘을 벗어나는 힘이 있다. 그 어떤 힘인가?

'덧없음의 힘'[無常力]이 바로 그것이다. 오늘 여래는 한밤에 두 그루 나무 사이에서 덧없음의 힘에 이끌려 니르바나에 들 것이다."

그러자 젊은이들은 모두 눈물을 떨구며 이렇게 말하였다.

"여래께서 니르바나에 드심은 어찌 이다지도 빠르단 말인가? 이제 세상은 눈을 잃게 되었구나."

군차라 비구니에게 법을 설해 세 가지 밝음을 얻게 하자
군차라 비구니가 여래 앞에 온전한 니르바나에 들어감

그때 머리 묶은 군차라[君茶羅] 비구니라는 바라드바자(Bhāradvāja) 장자의 딸이 있었는데, 그 비구니는 이렇게 생각하였다.

'세존께서 오래지 않아 니르바나에 드신다는 소식을 들은 지 이미 며칠이 지났다. 지금 세존 계신 곳에 가서 몸소 뵙고 문안드리는

것이 좋겠다.'

그 비구니는 곧 바이샬리 성을 나서 세존 계신 곳으로 가다가, 비구대중들과 오백 젊은이들을 거느리고 두 그루 나무 사이로 가시는 붇다를 멀리서 보았다. 그 비구니는 세존 계신 곳으로 나아가 그 발에 머리를 대 절하고 세존께 말씀드렸다.

"저는 세존께서 오래지 않아 니르바나에 드실 것이라고 들었습니다."

세존께서는 말씀하셨다.

"여래는 바로 오늘밤 니르바나에 들 것이다."

그러자 비구니는 붇다께 말씀드렸다.

"저는 집을 나와 도를 배웠지만 아직 바라는 바를 이루지 못하였습니다. 그런데 세존께서 저를 버리고 니르바나에 드시다니요.

세존께서는 제가 바라는 바를 이루도록 미묘한 법을 말씀해주시길 바랍니다."

세존께서 말씀하셨다.

"너는 괴로움의 근원을 사유하라."

"참으로 괴롭습니다, 세존이시여. 참으로 괴롭습니다, 여래시여."

"너는 어떤 뜻을 살피고서 괴롭다고 말하는가?"

비구니가 붇다께 말씀드렸다.

"태어나는 괴로움·늙는 괴로움·병드는 괴로움·죽는 괴로움·근심하고 슬퍼하며 번민하는 괴로움·원수 맺어 미워하는 이와 만나는 괴로움·사랑하는 이와 헤어지는 괴로움입니다. 그 요점을 말한다면 다섯 치성한 쌓임의 괴로움[五盛陰苦]입니다.

이와 같이 세존이시여, 저는 이 뜻을 살폈기 때문에 괴롭다고 말한 것입니다.”

그때 비구니는 이 뜻을 사유하고는 곧 그 자리에서 '세 가지 통달한 지혜'[三達智]를 얻었다. 비구니는 붇다게 말씀드렸다.

“저는 세존께서 니르바나에 드시는 것을 차마 볼 수 없습니다. 제가 먼저 니르바나에 들도록 들어주시길 바랍니다.”

세존께서는 잠자코 허락하셨다.

그러자 비구니는 곧 자리에서 일어나 세존의 발에 절하고는 이내 붇다 앞에서 몸이 허공으로 날아올라 열여덟 가지 변화를 부렸다. 다니기도 하고 앉기도 하며 다시 걸어다니며 몸에서 연기와 불을 놓기도 하였으며, 솟구치고 사라짐이 자유로워 막혀 걸림이 없었으며, 물과 불을 뿜어 온 허공을 가득 채우기도 하였다.

그 비구니는 이렇게 셀 수 없는 변화를 부리고는 곧 나머지 없는 니르바나의 세계에서 파리니르바나에 들었다. 그가 니르바나에 들던 날 팔만 하늘사람이 법의 눈이 깨끗해짐을 얻었다.

그때 세존께서 여러 비구들에게 말씀하셨다.

“나의 성문 가운데 으뜸가는 제자로 지혜가 날랜 자는 바로 군차라 비구니이다.”

사라 나무 사이에 머리를 북쪽으로 해 자리를 펴게 한 뒤, 세 가지 옷을 분별해 말씀하고 다섯 빛을 놓고는 그 까닭을 말씀하심

그리고 세존께서는 아난다에게 말씀하셨다.

“너는 두 그루 나무 사이로 가서 여래를 위해 북쪽으로 머리를 두도록 자리를 펴라.”

“그렇게 하겠습니다, 세존이시여.”

그는 세존의 분부를 받고 두 그루 나무 사이로 가서 여래를 위해 자리를 펴고는 세존 계신 곳에 돌아와 그 발에 머리를 대 절하고 세존께 말씀드렸다.

"북쪽으로 머리를 두시도록 자리를 폈습니다. 때를 알아서 하십시오."

곧 세존께서는 그 나무 사이 자리 펴놓은 곳으로 가셨다.

그때 존자 아난다가 세존께 말씀드렸다.

"무슨 까닭으로 여래께서는 자리를 펴는데 북쪽으로 머리를 두게 하라고 말씀하셨습니까?"

붇다께서 아난다에게 말씀하셨다.

"내가 니르바나에 든 뒤에 붇다의 법[佛法]은 인도 북쪽[北天竺]에 있을 것이다. 이런 인연 때문에 북쪽을 향하도록 자리를 펴게 하였다."

이때 세존께서는 세 가지 가사[三衣]를 분별하셨다. 아난다는 붇다께 말씀드렸다.

"무엇 때문에 여래께서는 지금 세 가지 가사를 분별하십니까?"

붇다께서 아난다에게 말씀하셨다.

"나는 앞으로 올 세상의 다나파티(dāna-pati, 施主)를 위해 이 옷을 분별하는 것이다. 그들이 복을 받도록 하려고 옷을 분별하는 것이다."

그리고 세존께서는 잠깐 무렵에 입으로 다섯 빛깔 밝은 빛을 내어 온 사방을 널리 비추셨다. 그때 아난다가 다시 붇다께 말씀드렸다.

"또 무슨 인연으로 여래께서는 지금 입으로 다섯 빛깔 밝은 빛을 내시는 겁니까?"

세존께서는 말씀하셨다.

"나는 조금 전 이렇게 생각하였다.

'내가 본래 도를 이루지 않았을 때 나는 오래 지옥에 있으면서 뜨거운 쇠구슬을 삼켰고, 때로 풀과 나무를 먹고 이 몸의 네 큰 요소[四大]를 기르기도 했다.

때로 노새·나귀·낙타·코끼리·말·돼지·양이 되기도 했고, 때로 아귀가 되어 이 몸의 네 큰 요소를 기르기도 했으며, 때로 사람이 되어 태에 몸을 받는 액난이 있었으며, 때로 하늘 위의 복을 누리며 저절로 된 단이슬의 맛을 먹기도 했다.

그런데 나는 이제 여래를 이루어 '다섯 가지 진리의 뿌리', '진리의 힘', '일곱 갈래 깨달음의 법', '여덟 가지 바른 길'로 여래의 몸을 이루었다.'

이런 인연으로 이처럼 입에서 다섯 빛깔 밝은 빛을 낸 것이다."

또 조금 있다가 입에서 미묘한 빛을 내니 앞의 빛보다 더 빼어났다. 그러자 아난다가 다시 세존께 말씀드렸다.

"또 무슨 인연으로 여래께서는 앞보다 더 빼어난 빛을 거듭 내십니까?"

세존께서는 말씀하셨다.

"나는 조금 전 이렇게 생각하였다.

'과거 모든 붇다 세존들께서 니르바나에 드셨을 때, 남기신 그 법은 세상에 오래 머무르지 못했다.'

나는 거듭 사유하였다.

'무슨 방편으로 내 법이 세상에 오래 머무르게 할 수 있을까? 여래의 몸은 금강(金剛)과 같은 몸이다. 나는 이 몸을 겨자씨만큼 부수어 세상에 널리 퍼뜨려, 미래세상에 법을 믿고 즐기는 다나파티로서 여래의 형상을 보지 못한 이들로 하여금 공양하는 인연을 짓게 하고 싶다.

그 복의 도움으로 그들은 네 가지 좋은 족성[姓]의 집이나, 네 하늘왕·서른세하늘·야마하늘·투시타하늘·화락자재하늘·타화자재하늘에 태어날 것이다.

또 그 복의 도움으로 그들은 욕계하늘·색계하늘·무색계하늘에 태어나게 되고, 또한 다시 스로타판나의 도·사크리다가민의 도·아나가민의 도·아라한의 도·프라테카붇다의 도를 얻고 또는 붇다의 도를 이루기도 할 것이다.'

이런 인연으로 이 밝은 빛을 내는 것이다."

마지막 아난다에게 오직 바른 법 의지하도록 당부하고
시자로서 아난다의 '일찍이 없었던 법'을 찬탄하심

이때 세존께서는 몸소 상가티를 네 겹으로 접어 베고 오른쪽 옆구리를 땅에 대고 누워 다리와 다리를 서로 포개셨다. 그러자 존자 아난다는 슬피 울고 눈물을 흘리면서 슬픔을 스스로 이기지 못했다. 또 스스로 이렇게 꾸짖었다.

"나는 아직 도를 이루지 못해 번뇌에 묶여 있다. 그런데 지금 세존께서 나를 버리고 니르바나에 드시다니 나는 누구를 의지해야 하는가?"

이때 세존께서는 그런 줄을 아시고 비구들에게 말씀하셨다.

"아난다 비구는 지금 어디 있느냐?"

비구들이 말씀드렸다.

"아난다 비구는 지금 여래의 침상 뒤에서 슬피 울고 눈물을 흘리면서 스스로 슬픔을 이기지 못하고 있습니다. 또 스스로 이렇게 꾸짖고 있습니다.

'나는 아직 도를 이루지 못했고 번뇌를 끊지도 못했다. 그런데 지금 세존께서 나를 버리고 니르바나에 드시다니.'

그러자 세존께서 아난다에게 말씀하셨다.

"그만두라, 그만두라. 아난다여, 근심하고 슬퍼하지 말라. 어떤 것이든 세상에 있게 되면 무너져 사라지게 되는 것이니, 아무리 변해 바뀌지 않게 하려 하여도 그럴 수 없는 것이다.

더욱 부지런히 정진하여 바른 법 닦기를 생각하라. 이와 같이 하면 오래지 않아 괴로움을 다하고 샘 없는 행[無漏行]을 이룰 것이다.

지난 세상에도 여래·위없고 바르게 깨친 분들에게도 또한 이런 시자가 있었고, 또 앞으로 오실 강가아 강 모래알 수같이 많은 붇다에게도 아난다와 같은 이런 시자가 있을 것이다.

전륜왕에게는 '네 가지 일찍이 없었던 법'이 있으니, 어떤 것이 네 가지인가?

곧 전륜왕이 나라 밖으로 나갈 때 이를 본 백성들은 기뻐하지 않는 이가 없다.

그때 전륜왕이 말로 가르친 것이 있으면 이를 듣는 사람들은 기뻐하지 않는 이가 없다.

또 그 말로 가르침을 듣고는 아무도 싫증을 내지 않는다.

그때 전륜왕이 말없이 잠자코 있으면 백성들이 왕의 잠자코 있음을 보게 되면 또한 다시 기뻐한다.

비구들이여, 이것을 전륜왕에게 이런 네 가지 일찍이 없었던 법이 있는 것이라 한다.

비구들이여, 알아야 한다. 오늘 아난다에게도 '네 가지 일찍이 없었던 법'이 있다. 어떤 것이 네 가지인가?

만약 아난다 비구가 대중 가운데에서 말없이 잠자코 있으면, 그를 보는 사람들은 기뻐하지 않음이 없다.

또 아난다 비구가 무슨 말을 하면 그 말을 듣는 사람들은 모두 같이 기뻐하며, 잠자코 말이 없어도 또한 다시 그러하다.

또 아난다 비구가 사부대중 가운데나 크샤트리아·브라마나 대중에게로 가거나 국왕이나 거사 무리 가운데로 들어가면 그들은 모두 기뻐하여 공경하는 마음을 일으켜 바라보되 싫증냄이 없다.

또 그때 아난다 비구가 무슨 말을 하면 그 법의 가르침을 듣는 사람들은 받아들임에 싫증냄이 없다.

이것을 비구들이여, '아난다에게 네 가지 일찍이 없었던 법이 있다'고 하는 것이다."

세존께서 니르바나에 드신 뒤 이성과 악한 비구
상대하는 법을 보이심

그때 아난다가 세존께 말씀드렸다.

"여인들과는 어떻게 같이 일해야 합니까? 가령 지금 비구들이 때가 되어 가사를 입고 발우를 가지고 집집마다 밥 빌며 그 복으로 중생들을 건네주는 것과 같은 때를 말합니다."

붇다께서 아난다에게 말씀하셨다.

"서로 바라보지 말라. 설사 서로 바라보게 되더라도 같이 이야기하지 말고, 설사 같이 이야기하더라도 부디 마음과 뜻을 오롯이 하라."

그때 세존께서는 곧 이런 게송으로 말씀하셨다.

여인들과 어울려 사귀지 말고
또한 서로 같이 이야기하지 말라.
이성의 집착 멀리 떠나게 되면
곧 여덟 가지 어려움 떠나게 되리.

아난다가 여쭈었다.

"찬다카(Chandaka) 같은 고약한 비구와는 어떻게 같이 일해야 합니까."

세존께서 말씀하셨다.

"반드시 범행의 법[梵法]으로 벌주어야 한다."

"어떻게 '함께 말하지 않는 범행의 법[梵行法]'으로 벌주어야 합니까."

세존께서 말씀하셨다.

"찬다카 같은 비구와는 같이 말하지 않아야 한다. 또한 좋다고도 말하지 말고 나쁘다고도 말하지 말라. 그렇게 하면 이 비구 또한 너를 향해 말하지 않을 것이다."

아난다가 말씀드렸다.

"만약 이처럼 어떤 일을 깊이 따지지 않는 것은, 그 죄 범하는 것이 무겁지 않아서입니까?"

세존께서 말씀하셨다.

"다만 함께 말하지 않으면 이것이 깨끗한 법으로 벌줌[梵法之罰]이다. 그래도 고치지 않으면 대중 가운데 데리고 가, 여러 사람이 같이 꾸짖고 쫓아내라. 그를 위해 계를 설해주지도 말고 법회도 같이 하지 말라."

그때 세존은 곧 게송으로 말씀하셨다.

　　저 원수 때문에 원수 갚으려는가
　　그보다 더한 악이 없다고 해도
　　다만 그 악한 이와 더불어
　　말하지 않기만을 늘 생각하라.

• 증일아함 42 팔난품(八難品) 三

• 해설 •

이 경은 아마도 베누바나에서 아난다와의 마지막 여름 안거를 마치시고 무거운 병에서 벗어나신 뒤, 바이샬리에서 파리니르바나의 여정을 떠난 때로부터 니르바나의 처소에 이르는 중간의 과정을 기술한 경일 것이다.

바이샬리 주민들에게 니르바나를 예언하시고 길을 떠나 쿠시나가라 성에 이르러 그곳 젊은이들에게 신통의 힘을 보이시며 그 힘이 신비능력이 아니라 '부모에게서 받은 몸'[父母所生身]의 힘임을 말씀한다.

그 뜻은 무엇인가. 곧 붇다의 위신력과 신통의 힘이 실은 지금 붇다의 이 몸과 던지는 돌과 돌이 가 닿는 하늘이 모두 공한 법계의 진실처에 서서, 법계의 진실을 그대로 쓰는 해탈의 작용임을 보인 것이다.

『법화경』은 그 뜻을 '부모가 낳아준 이 눈으로 삼천대천세계를 다 본다'[父母所生眼 悉見三千界]고 말한다.

붇다는 다시 여래가 니르바나 드신 다음 뒤에 올 수행자들을 위해, 함부로 신통의 힘을 쓰지 못하도록 당부하신다. 그리고 덧없음을 떠나 덧없지 않은 것을 찾으려는 삿된 견해를 깨뜨려서 항상하지 않되[不常] 흘러 옮김이 없는[不遷] 존재의 참모습 알아, 덧없음을 통해서만 덧없되 덧없음도 없는[無常而無無常] 삶의 진실을 보게 하고, 니르바나의 진실을 보게 하신다.

마지막까지 저 해탈의 길 열어주길 바라는 비구니 군차라의 뜻을 받아 그에게 고제(苦諦)를 살펴 세 가지 밝음[三明]을 얻게 하고, 슬픔에 잠겨 있는 시자 아난다의 '일찍이 없었던 법'을 기려주시고 그를 위로하신다.

시자 아난다의 물음 따라 이성을 상대하고 악한 비구 대처하는 법을 당부하신다. 이성끼리 함께 머물러야 하는 상가에서 그 마음을 범행의 법에 머물도록 당부하심이며, 여래 가신 뒤 악한 비구는 그 악행과 모진 성격을 꾸짖고 혼냄만으로는 그 악행을 고칠 수 없음을 보이신 것이다.

악한 비구와 모진 성격의 비구를 꾸짖음은 범행의 법으로 꾸짖고 벌함이 되어야 하니, 범행의 꾸짖음은 더불어 말하지 않음이고 거룩한 법의 모임에 함께하지 않음으로 꾸짖는 것이니, 이것이 가장 아픈 꾸짖음이다.

범행의 꾸짖음으로도 안 될 때는 거룩한 법의 모임에서 그를 내쳐야 하니, 자비의 가르침마저 받아들이지 않을 때 그를 상가의 모임에서 내보냄이다.

마지막으로 여래는 계(戒)를 스승 삼아 부지런히 정진할 것을 당부하신다. 덧없음 속에서 부지런히 정진하라는 여래의 마지막 깨우치심은 우리에게 무엇을 보이심인가. 다만 부지런히 노력하라는 뜻인가.

여래의 당부를 들은 당시 아난다거나 지금 이 기록을 듣고 읽는 오늘의 이 시대 사람들이나 덧없음 속에서 정진하고 정진하여, 덧없음이 일어나되 일어남 없고 사라지되 사라짐 없음을 깨달으면 그때 여래의 니르바나의 자리에 늘 함께한다는 간곡한 말씀이리라.

그렇다면 여래의 고요한 니르바나의 자리와 중생의 덧없는 세간의 살림살이는 같은가 다른가. 끝내 어떤 것인가.

2 여래의 마지막 공양

•이끄는 글•

　수행자 고타마께 맨 처음의 공양을 올린 이는 여섯 해 고행에 지쳐 쓰러진 고타마께 우유죽을 바쳐 보디 나무에 나아가게 한 수자타 여인이다.

　수자타가 바친 우유죽을 들고 몸의 기력을 회복한 고타마는 보디 나무에 나아가 보디를 이루어 이제 수행자 고타마가 아닌 위없고 바른 깨달음의 성취자 붇다가 되신다.

　여래·공양해야 할 분·잘 가신 이께 맨 처음 공양한 이는, 성도하신 뒤 카시로 떠나기 전 붇다를 뵙고 꿀을 바친 트라푸샤(Trapuṣa)와 발리카(Bhallika) 두 상인이다.

　수행자 고타마와 붇다께 바친 이 두 가지 공양은 살림의 공양이고 축복의 공양이다.

　마지막 공양자는 말라 국의 파바(Pāvā)에 사는 대장장이 춘다(Cunda)이다. 붇다는 춘다가 바친 수카라 만다바(Sūkara-maddava)라는 독 있는 음식을 드시고 심한 설사병을 얻어 최후의 니르바나에 이르시게 된다.

거룩하신 스승께 잘못된 음식을 올려 병이 들게 한 춘다에게 그 얼마나 비난과 원성이 높았겠는가. 그러나 붇다는 여래께 최초의 꿀의 공양을 바친 이나 최후의 독의 공양을 바친 이가 다 여래께 큰 공덕을 지은 이들이라고 말씀하고 그 비난을 그치게 하신다.

또한 그 독이 든 음식을 드실 때에도 다른 비구들에게 그 음식을 주지 말도록 하시고 담담히 독이 든 음식을 드신다.

독이 든 음식을 들고 아픈 몸을 이끄시고 쿠시나가라 성으로 나아가시다 쿠시나가라 성에 이르기 전, 아라한의 제자 푸쿠사에게 움직임과 고요함이 모두 사라진 여래의 위없는 선정을 보여 그를 교화하신다. 붇다가 카쿠타 강에 이르러 목욕하시고 강을 건너 쉬시자 춘다는 여래보다 먼저 니르바나에 들도록 세존께 청한다.

최후의 공양자 춘다에게 잠깐 누워 쉬실 자리를 펴게 하니, 춘다는 여래의 자리를 깔아드린 뒤 니르바나에 든다.

춘다는 최후의 공양을 바치고 여래보다 앞서 니르바나에 들었지만, 그는 이미 육신의 니르바나에 들기 전 사랑과 미움의 불꽃이 다해 여래의 넓고 큰 니르바나의 자리에 함께했으니, 그는 다시는 뒤의 존재를 받지 않고[不受後有] 잘 가신 이를 따라 해탈의 저 언덕에 잘 건너간 것이다.

이처럼 춘다가 독이 든 음식 공양을 바치고도 여래가 깨쳐 드신 진여의 바다[眞如海]에 함께 들어간 것은 춘다의 마음이 독이 없는 온전한 믿음의 공양이었기 때문이고, 여래의 진여의 바다가 끝없는 붇다 셀 수 없는 중생을 받들어 섬김으로 이루어진 공덕의 곳간이기 때문이다.

『화엄경』(「세주묘엄품」世主妙嚴品) 가운데 하늘신들은 다음과 같이 여래를 찬탄한다.

> 내가 옛날 여래의 행함 생각하니
> 끝없는 붇다 받들고 공양하심이
> 본래 믿는 마음의 청정한 업이었네.
> 붇다의 거룩한 위신력 입어
> 그 모든 것 지금 나는 다 보았네.
>
> 我念如來昔所行　承事供養無邊佛
> 如本信心淸淨業　以佛威神今悉見

 독의 공양 올린 이까지 거두어 온갖 중생을 이익되게 해 해탈의
바다에 이끄는 여래의 자비를 용(龍, nāga)의 무리들도 이렇게 찬탄
한다.

> 그대들은 여래의 법이 늘 그러하여
> 온갖 중생 모두 이익되게 함 살피라.
> 여래는 크신 사랑 가없이 여기는 힘으로
> 두려움의 악한 길에 빠진 자들 빼내시네.
>
> 汝觀如來法常爾　一切衆生咸利益
> 能以大慈哀愍力　拔彼畏塗淪墜者

춘다여, 이 버섯을 다른 비구들에게는 주지 마라

그때 붇다께서는 보하나하라(Bhohanahara) 성에서 알맞게 머물러 계시다가 어진 이 아난다에게 말씀하셨다.

"함께 파바(Pāvā) 성으로 가자."

아난다가 대답했다.

"그렇게 하겠습니다."

아난다는 곧 옷과 발우를 갖추어 모든 대중들과 함께 세존을 모시고 따랐다. 가는 길은 말라(Malla)를 거치어 파바 성의 사두 동산[闍頭園] 가운데로 이르렀다.

그때 대장장이[工師]의 아들 춘다는 붇다께서 말라를 거쳐 그 성에 오셨다는 말을 듣고 곧 옷을 꾸미어 입고 세존 계신 곳에 이르러 머리를 대 그 발에 절한 뒤 한쪽에 앉았다.

그때 붇다께서 차츰 춘다를 위하여 설법하고 교화하셨으며, 가르침을 베풀어 이롭게 하고 기쁘게 해주셨다. 춘다는 붇다의 설법을 듣고 믿는 마음으로 기뻐하고 즐거워하며 곧 붇다께 청했다.

"내일은 저희 집에 오셔서 공양을 드십시오."

붇다께서 잠자코 청을 받았다.

파바 성으로 가시어 춘다의 공양청을 받고 찬다나 나무 버섯을 드심

춘다는 붇다께서 허락하신 것을 알고는 곧 자리에서 일어나 붇다께 절하고 돌아가서는 그날 밤으로 공양을 준비했다. 이튿날 때가 되자 붇다께 알려드렸다.

"거룩하신 이여, 잡수실 때가 되었습니다."

그때 세존께서는 가사를 입고 발우를 들고 대중에게 에워싸여 그의 집으로 가 자리에 앉으셨다. 그러자 춘다는 곧 음식을 차려 붇다와 상가대중에게 바치고, 따로 찬다나 나무 버섯[栴檀樹餌]을 지졌다. 그 버섯은 아주 진귀한 것이므로 오직 세존 한 분께만 드렸다. 붇다께서 춘다에게 말씀하셨다.

"이 버섯을 다른 비구들에게는 주지 말라."

춘다는 그 분부를 받고 감히 다른 비구들에게는 주지 못하였다.

당시 그 대중 가운데 늘그막에 출가한 한 장로비구가 있었다. 그는 그 자리에서 다른 그릇에다 그 음식을 조금 얻어먹었다.

그때 춘다는 대중의 공양이 끝난 것을 보고는 발우와 그릇을 모두 거두었다. 손 씻을 물을 돌리고 나서는 곧 붇다 앞에서 게송으로 여쭈었다.

춘다의 물음에 네 가지 사문의 뜻을 답하심

거룩하고 큰 지혜로 바르게 깨쳐
지혜 복덕 두 가지 다 갖추신 분
잘 다루어 온갖 번뇌 조복한 분께
이 제자가 우러러 여쭈옵나니
세간에는 몇 가지 사문 있습니까.

그때 세존께서 게송으로 대답하셨다.

그대가 지금 물어본 바와 같이
사문에는 무릇 네 가지 사문 있다.
뜻과 가는 길 각기 같지 않나니
너는 반드시 가려 알도록 하라.

첫째는 도 행함 아주 빼어난 이
둘째는 도의 뜻 잘 말하는 이
셋째는 도에 의지해 살아가는 이
넷째는 거짓으로 도를 행하면서
실로는 더러움만 짓는 이들이다.

어떤 것을 도가 뛰어나다 하고
도의 뜻을 잘 설명한다고 하며
도를 의지해 살아간다고 하고
거짓 도로 더러움 짓는다 하는가.

은혜와 사랑의 가시밭 건너
니르바나에 들어가 의심이 없고
하늘과 사람의 길을 벗어나면
이를 도가 빼어나다고 한다.

으뜸가는 진리의 뜻 잘 알아

도를 말함에 더러운 때 없고
자비로이 사람 의심 끊어준다면
이것이 도를 잘 말함이 된다.

법의 구절 잘 펼쳐 말해주고
도를 의지해 스스로 생활하며
멀리 때 없는 곳을 우러러보면
도를 의지해 살아감이라고 한다.

속으로는 간사하여 나쁜 뜻 품되
겉모습은 깨끗하고 맑음을 보여
거짓과 속임으로 참되지 못하면
거짓 도로 더러움만 짓는 것이다.

어떤 것이 선과 악이 함께 있으며
깨끗함과 더러움이 뒤섞임인가.
겉으로만 좋은 모습 드러냄이니
마치 구리에 금을 칠함과 같네.

세속사람 이런 모습을 보게 되면
거룩하고 지혜로운 제자라 하나
다른 사람 다 그렇다 하지 않으니
맑고 깨끗한 믿음 버리지 말라.

어떤 사람은 대중을 거느리되
속은 흐리면서 겉만 깨끗이 하면
간사한 자취 지금은 가리지만
실로는 흐트러진 생각 품은 것이네.

그러므로 얼핏 겉모습만 보고
갑자기 가까이해 우러르지 말라.
간사한 자취 지금은 가리지만
실로는 흐트러진 생각 품은 것이네.

최초 공양자와 최후 공양자가 모두 큰 법의 이익 얻을 것을 보이심

그때 춘다는 작은 자리를 가지고 와서 붇다 앞에 앉았다. 붇다께서 차츰 그를 위해 설법하시고 가르치시어 이롭게 하고 기쁘게 하셨다. 대중들은 붇다를 에워싸 모시고 돌아갔다.

길을 가시다 어떤 나무 밑에 그치시며 붇다께서 아난다에게 말씀하셨다.

"나는 등병을 앓고 있다. 너는 자리를 펴라."

아난다가 대답했다.

"예, 그렇게 하겠습니다."

아난다가 곧 자리를 펴자 붇다께서는 거기서 쉬셨다. 그때 아난다는 작은 자리를 가지고 와 붇다 앞에 앉았다. 붇다께서 아난다에게 말씀하셨다.

"아까 춘다가 뉘우치고 한탄하지는 않더냐? 설사 그런 마음이 들었다면 왜 그런 생각을 했겠느냐?"

아난다가 붇다께 말씀드렸다.

"춘다가 공양을 드렸지만 아무 복도 이익도 없습니다. 왜냐하면, 여래께서 맨 마지막 그 집에서 잡수시고 곧 파리니르바나에 드시기 때문입니다."

붇다께서 아난다에게 말씀하셨다.

"그런 말 말라, 그런 말 말라. 이제 춘다는 큰 이익을 얻을 것이다. 목숨을 얻고, 좋은 몸을 얻으며, 힘을 얻고, 좋은 이름을 얻으며, 살아서는 많은 재보(財寶)를 얻고, 죽으면 하늘에 태어나 하고자 하는 것이 저절로 이루어질 것이다.

왜 그런가. 붇다가 처음 도를 이루었을 때 음식을 베푼 자와 붇다가 파리니르바나에 들 때 음식을 베푼 자, 이 둘의 공덕은 똑같아서 다름이 없기 때문이다.

너는 지금 가서 춘다에게 이렇게 말해주어라.

'춘다여, 나는 몸소 붇다에게서 듣고 나는 몸소 붇다의 가르침을 받았다. 춘다여, 너는 음식을 베풀었기 때문에 이제 큰 이익을 거두고 큰 과보를 얻을 것이다.'

그때 아난다는 붇다의 분부를 받고 곧 그의 집으로 찾아가 춘다에게 말하였다.

"나는 몸소 붇다에게서 들었고, 몸소 붇다의 가르침을 받았다. 춘다여, 너는 음식을 베풀었기 때문에 이제 큰 이익을 얻고 큰 과보를 얻을 것이다.

무슨 까닭인가? 붇다께서 처음 도를 얻으셨을 때에 음식을 베푼 자와 파리니르바나에 드실 때에 음식을 베푼 자, 이 둘의 공덕은 똑같아서 다름이 없기 때문이다."

춘다는 집에서 공양 올려

비로소 이런 말씀 듣게 되었네.

여래의 병환이 아주 깊어져서

목숨이 이제 바로 마치시려 함을

비록 찬다나 나무 버섯 잡수시고

병이 오히려 더 심해지셨지만

여래는 병을 안고 길을 걸어서

차츰 쿠시나가라 성으로 가셨네.

• 장아함 2 유행경(遊行經) 앞부분

• 해설 •

여래의 파리니르바나(parinirvāṇa)의 여정은 이제 바이샬리를 떠나 보하나하라 성에 이르고 다시 말라 국의 파바 성에 이르렀다.

그 고을 대장장이 주인의 아들인 춘다가 붇다께 공양청을 드리고서, 공양의 자리에 앉으신 여래께 찬다나 나무 버섯을 지져 드리고 네 가지 사문의 뜻을 물으니, 춘다를 위해 네 가지 사문의 뜻을 잘 설해 거짓으로 도 행하는 자들을 가려 알도록 깨우쳐주신다.

독이 든 버섯 공양으로 여든 노구의 몸에 깊은 병이 드시니, 공양 올린 춘다가 얼마나 자책하며 다른 비구대중은 춘다를 얼마나 원망할 것인가.

세존은 여래에게 맨 처음 공양 올린 자와 맨 마지막 공양자가 모두 평등한 공덕을 얻을 것이라 언약하신다.

최초 공양인 우유죽과 꿀, 최후 공양인 독을 평등한 마음으로 같이 드시고, 공양 올린 자들을 모두 해탈의 공덕으로 언약하시는 여래의 마음은 얼마나 넓고 크시고 얼마나 평등하신가.

독버섯 드시고 병환이 깊어진 몸으로도 북쪽으로 파리니르바나의 길을 멈추시지 않으시니, 여래의 본 서원[本願] 속에 약속된 니르바나의 땅으로 중생을 위해 가심인가.

우리 중생은 여래의 깊고 깊은 그 뜻을 알 수 없을 뿐이다.

꿀과 독, 찬탄과 비방에 털끝만큼 차별도 없으신 여래의 자비의 힘과 욕됨 참는 힘을 무엇으로 찬탄할까. 『화엄경』(「세주묘엄품」)은 이렇게 말한다.

참음의 힘 성취하신 세간의 인도자
중생 위해 닦아 행함 한량없는 겁이네.
세간의 교만한 미혹 길이 떠났으므로
그 몸은 가장 아름답고 깨끗하도다.

成就忍力世導師 爲物修行無量劫
永離世間憍慢惑 是故其身最嚴淨

세존이시여, 저 춘다는 세존보다 먼저
니르바나에 들고저 합니다

그때 세존께서는 곧 자리에서 일어나 앞으로 조금 걸어가시다가 어떤 나무 밑에서 또 아난다에게 말씀하셨다.

"내 등이 매우 아프구나. 자리를 펴다오."

아난다가 대답했다.

"예, 그렇게 하겠습니다."

아난다가 곧 자리를 펴자 여래께서는 거기서 쉬셨다. 아난다가 붇다의 발에 절하고 한쪽에 앉았다.

그때 아라한 제자 '푸쿠사'(Pukkusa)가 쿠시나가라 성에서 파바 성을 향해 가고 있었다. 길 가던 중 나무 밑에 계시는 붇다를 뵈었는데, 그 용모가 단정하고 모든 아는 뿌리[諸根]가 고요하며 잘 마음 다스려 으뜸가는 고요함을 얻은 모습이었다.

마치 큰 용(龍)과 같고 맑고 깨끗해 더러움이 없는 물과 같았다.

그 모습을 보고는 곧 즐겁고 기쁘고 착한 마음이 생겨났다.

푸쿠사가 자기 스승의 선정의 공덕을 아룀

그는 곧 붇다께 나아가 머리를 대 발에 절한 뒤 한쪽에 앉아 붇다께 말씀드렸다.

"세존이시여, 집을 떠나 수행하는 사람이 맑고 깨끗한 곳에서 한가히 지냄을 즐기는 것은 매우 기이하고 빼어난 일입니다. 오백 대의 수레가 그 곁을 지나가도 그것을 듣거나 쳐다보지 않습니다.

언젠가 저의 스승께서는 쿠시나가라 성과 파바 성 중간쯤 되는 곳의 길가 나무 밑에서 고요히 앉아 계셨습니다. 그때 오백 대의 수레가 그 곁을 지나갔습니다.

수레 소리가 우르르 하고 울렸지만 그는 깨어 있으면서도 듣지 못했습니다.

그때 어떤 사람이 제 스승에게 와서 물었습니다.

'아까 수레들이 지나갔는데 어찌 보지 않았습니까?'

'보지 못했소.'

'소리는 들었습니까?'

'듣지 못했소.'

'당신은 여기에 있었소, 아니면 다른 곳에 있었소?'

'여기 있었소.'

'당신은 또렷이 알고 있었소?'

'또렷이 알고 있었소.'

'당신은 깨어 있었소, 자고 있었소?'

'자지 않았소.'

그때 그 사람은 가만히 생각하였습니다.

'이 일은 참으로 드문 일이다. 집을 나와 수행하는 사람이 마음 오롯이 해 사마디를 닦음이 이와 같구나. 저 수레 소리가 우르르 하고 울렸는데 깨어 있으면서도 그 소리를 듣지 못하다니.'

그러고는 곧 스승에게 말했습니다.

'조금전 오백 대의 수레가 이 길을 따라 지나갔습니다. 그 수레 소리가 떨쳐 울렸는데도 오히려 듣지 못했는데 어떻게 다른 소리를 들

겠습니까?'

곧 스승에게 절하고는 기뻐하면서 떠나갔습니다."

푸쿠사에게 여래의 위없는 선정의 공덕을 말씀해줌

붇다께서 푸쿠사에게 말씀하셨다.

"내 이제 너에게 묻겠으니 뜻대로 대답해보라. 많은 수레가 떨쳐 움직이는데, 깨어 있으면서도 듣지 못하는 것과, 우레가 하늘땅을 울리는데, 깨어 있으면서도 듣지 못하는 것 가운데 어느 것이 더 어렵다고 생각되느냐?"

푸쿠사가 붇다께 말씀드렸다.

"천만 대의 수레 소리라 한들 어찌 우렛소리에 비교할 수 있겠습니까? 수레 소리를 듣지 못하는 것도 어려운 일이기는 하지만, 우레가 하늘땅을 울리는데 깨어 있으면서도 듣지 못하는 것이야말로 참으로 어려운 일입니다."

붇다께서 푸쿠사에게 말씀하셨다.

"나는 한때 아투마(Ātumā) 마을을 돌아다니다 어떤 초막에 있었다. 그때 검은 구름이 갑자기 일어나면서 우레와 함께 벼락이 쳐, 황소 네 마리와 농부 형제가 죽자 수많은 사람들이 모여들었다.

그때 나는 초막에서 나와 천천히 거닐고 있었다. 그 군중 가운데서 어떤 사람이 내게 와, 머리를 대 발에 절한 뒤 나를 따라 거닐었다. 나는 알면서도 일부러 그에게 물었다.

'저 대중들이 저렇게 모여 무엇을 하는가?'

'붇다께서는 어디에 계셨습니까? 깨어 계셨습니까, 주무시고 계셨습니까?'

'나는 여기 있었고 자지도 않았다.'

그때에 그 사람은 이렇게 찬탄했다.

'붇다처럼 선정[定]을 얻은 이가 있다는 얘기는 들어보지 못했습니다. 우레와 벼락 치는 소리가 온 하늘땅에 시끄러웠는데 홀로 고요히 선정에 들어 깨어 계시면서도 듣지 못하시다니.'

'아까 검은 구름이 갑자기 일어나 우레와 벼락이 쳐, 황소 네 마리와 농부 형제가 죽었습니다. 그래서 저 대중들이 모인 것입니다.'

그 사람은 기쁜 마음으로 곧 법의 기쁨을 얻어 내게 절하고 떠나갔다."

푸쿠사가 두 벌의 옷을 바치고, 법의 눈이 열려 삼보에 귀명함

그때 푸쿠사는 백천 냥의 가치가 있는 황금빛 나는 두 벌의 옷을 입고 있었다. 그는 곧 자리에서 일어나 길게 꿇어앉아 합장하고 붇다께 말씀드렸다.

"저는 이 옷을 세존께 바칩니다. 받아주시길 바랍니다."

붇다께서 푸쿠사에게 말씀하셨다.

"너는 그 옷 한 벌은 내게 주고, 한 벌은 아난다에게 주어라."

그때 푸쿠사는 붇다의 분부를 받들어 한 벌은 여래에게 바치고 한 벌은 아난다에게 드렸다. 붇다께서는 그를 가엾이 여겨 곧 그것을 받아 주셨다.

그때 푸쿠사는 붇다의 발에 절하고 한쪽에 앉았다.

붇다께서는 그를 위하여 차츰 설법하시고 가르치시어 그를 이롭게 해주시고 기쁘게 해주셨다. 곧 베풂을 말씀하고 계율을 말씀하며 하늘에 남을 말씀해주시고, 애욕은 큰 재앙이요 더럽고 깨끗하지 못해 높은 번뇌의 흐름[上漏]으로 장애가 되니, 이를 벗어나는 요긴한 길이 으뜸이 됨을 보이셨다.

그때 붇다께서는 푸쿠사의 마음이 기쁨에 차고 부드러워져 모든 덮음과 얽힘이 없어져서 쉽게 교화될 줄을 아셨다.

그리하여 모든 붇다들의 늘 하시던 법과 같이 '괴로움의 거룩한 진리'를 말씀하시고, '괴로움 모아냄의 거룩한 진리', '괴로움 사라짐의 거룩한 진리', '괴로움 없애는 길의 거룩한 진리'를 연설해주셨다.

그러자 푸쿠사는 믿음의 마음이 맑고 깨끗해져, 마치 흰 베가 쉽게 빛깔을 받아들이는 것처럼, 곧 그 자리에서 티끌을 멀리하고, 괴로움을 여의고, 모든 법에 법의 눈[法眼]이 생겼다.

그래서 법을 깨닫고 법을 얻어 결정코 바르게 머물러, 나쁜 세계[惡道]에 떨어지지 않게 되고 두려움이 없게 되었다.

그래서 붇다께 말씀드렸다.

"저는 지금 붇다께 귀의하고, 다르마에 귀의하며, 상가에 귀의합니다.

여래께서는 제가 바른 법 가운데에서 우파사카가 되는 것을 들어주시길 바랍니다.

지금부터 목숨을 마칠 때까지 산목숨을 죽이지 않고, 도둑질하지 않으며, 간음하지 않고, 속이지 않으며, 술을 마시지 않겠습니다.

세존께서는 제가 바른 법 가운데에서 우파사카가 되는 것을 허락해주십시오."

그는 또 붇다께 말씀드렸다.

"세존이시여, 돌아다니시며 교화하시다가 파바 성에 오시게 되거든, 뜻을 굽히시어 저희 마을에 들러주십시오.

왜냐하면, 저희 집에 있는 모든 먹을거리와 입을 것, 자리끼와 의약품을 다 세존께 바치고 싶어서입니다.

만약 세존께서 받아만 주신다면 우리 집안은 안락하게 될 것입니다."

붇다께서 말씀하셨다.

"참으로 좋은 말이다."

그때 세존께서는 푸쿠사를 위해 설법하고 가르쳐 이롭게 해 주고 기쁘게 해 주셨다. 그러자 그는 곧 자리에서 일어나 머리 대 붇다의 발에 절한 뒤 기뻐하면서 떠났다.

그가 떠난 지 얼마 되지 않아 아난다가 곧 황금빛 옷을 여래에게 올렸다. 여래께서는 그를 가엾이 여겨 곧 그것을 받아 옷을 몸 위에 걸치셨다.

여래의 얼굴 모습이 밝은 빛으로 환해지는
두 가지 때의 인연을 말씀해주심

그때 세존의 얼굴 모습은 고요하였고 위엄스런 빛은 불꽃처럼 빛났으며 모든 아는 뿌리[諸根]는 청정하였고 얼굴빛도 부드럽고 기쁘셨다. 아난다는 그 모습을 보고 가만히 생각했다.

'내가 붇다를 모신 지 이십오 년이나 되었지만 지금껏 붇다의 얼굴빛이 저토록 빛이 나 황금빛을 밝게 내시는 것을 뵌 적이 없다.'

곧 자리에서 일어나 오른쪽 무릎을 땅에 붙이고 합장하고 붇다께 말씀드렸다.

"제가 붇다를 모신 지 이십오 년이나 되었으나 아직까지 붇다 얼굴의 밝은 빛이 황금처럼 빛나는 것은 뵌 적이 없습니다.

무슨 인연인지 모르겠습니다. 그 까닭 들려주시길 바랍니다."

붇다께서 아난다에게 말씀하셨다.

"두 가지 인연이 있을 때 여래의 얼굴빛은 보통 때와 다르다.

첫 번째는 붇다가 처음으로 도를 얻어 위없고 바른 깨달음을 이룬 때이다.

두 번째는 니르바나에 다다라 파리니르바나하는 때이다.

아난다여, 이 두 가지 인연이 있을 때 여래의 얼굴빛은 보통 때와 다르다."

그때 붇다께서는 게송으로 말씀하셨다.

황금색깔 옷마저 기쁨으로 빛나
부드럽고 곱고 아주 깨끗하구나.
푸쿠사가 그 옷 세존께 바쳤나니
흰눈 같고 흰털의 빛과도 같네.

설산의 신이 바친 카쿠타 강의 물을 마시고
카쿠타 강을 건너 쿠시나가라로 나아가심

붇다께서 아난다에게 분부하셨다.

"내가 목이 말라 물을 마시고 싶구나. 너는 물을 가져오너라."

아난다가 말씀드렸다.

"조금 전에 물 위쪽[上流]에서 오백 대의 수레가 물을 건너갔습니다. 그 흐려진 물이 아직 맑아지지 않아 발은 씻을 수 있어도 마실 수는 없습니다."

붇다께서 세 번이나 분부하셨다.

"아난다여, 물을 가져오너라."

아난다가 말씀드렸다.

"카쿠타 강(巴 Kakuṭṭha)이 여기서 멀지 않습니다. 그 물은 맑고 시원해 마실 수도 있고 목욕할 수도 있습니다."

그때에 설산(雪山)에 살면서 붇다의 도를 독실히 믿는 신(神)이 있었다. 그는 곧 발우에다 여덟 가지 공덕을 갖춘 맑은 물을 떠다 세존께 바쳤다. 붇다께서는 그를 가엾이 여겨 그것을 받으셨다.

(설산의 신이 물 바치는 광경을 게송으로 보이면 다음과 같다.)

붇다는 여덟 가지 음성으로 이렇게
아난다에게 물 가져오라 하셨네.
나는 목이 말라 물을 마시고 싶다.
마시고는 쿠시나가라 성으로 가자.

부드럽고 따뜻하고 고운 그 음성
말하면 중생 마음 기쁘게 하네.
붇다를 곁에서 모신 아난다
이윽고 세존께 말씀드렸네.

조금 전 위에서 오백 대의 수레가
강물 타고 저 언덕 건넜습니다.
수레들이 이 물을 흐려놓아서
마시면 세존 몸에 해롭습니다.

카쿠타 강은 여기서 멀지 않고
그 물빛은 참으로 맑고 시원해
거기 가시면 그 물 마실 수 있고
또 몸을 씻으실 수도 있습니다.

설산에 살고 있는 어떤 착한 신이
여래에게 물을 가져다 바치니
그 물을 마신 뒤에 힘이 솟아나
대중 가운데서 사자 걸음 걸으셨네.

그 강은 신묘한 용이 사는 곳
깨끗하고 맑아서 더러움 없네.
성인 얼굴 마치 저 설산과 같이
편안하게 카쿠타 강 건너가셨네.

그때 세존께서는 곧 카쿠타 강으로 가시어 물을 마시고 또 목욕도
하신 뒤에 대중들과 함께 거기서 떠나셨다.

**쿠시나가라 성으로 가는 길 가운데 춘다가 세존보다
먼저 니르바나에 들어감**

가시는 길 가운데 어떤 나무 밑에서 쉬다가 춘다에게 말씀하셨다.
"너는 상가티를 네 겹으로 접어 여기에 펴라. 나는 등이 아파 잠깐
쉬고 싶구나."

춘다가 분부를 받고 자리를 깔자 붇다께서는 거기 앉으셨다.

춘다는 절하고 한쪽에 앉아 붇다께 말씀드렸다.

"저는 파리니르바나에 들고자 합니다. 저는 파리니르바나에 들고자 합니다."

붇다께서 그에게 말씀하셨다.

"바로 이때인 줄 알아야 한다."

이에 춘다는 곧 붇다 앞에서 파리니르바나에 들었다.

(춘다의 파리니르바나를 게송으로 보이면 다음과 같다.)

붇다께서 카쿠타 강으로 나아가시니
맑고 시원해 더러움 없었네.
사람 가운데 높으신 이 물에 들어가
목욕하고 저 언덕으로 건너셨네.

무리 가운데 가장 우두머리 되는
춘다에게 이렇게 분부하셨네.
나는 지금 몸이 몹시 피곤하니,
너는 빨리 누울 자리를 펴라.

춘다가 이내 가르침을 받고서
네 겹으로 옷을 접어 자리를 펴자
여래는 거기서 머물러 쉬셨고
춘다는 앞으로 나와 앉아서
곧 세존께 이렇게 말씀드렸네.

이제 파리니르바나에 들려 합니다.
사랑도 없고 또 미움도 없는 곳
저는 이제 그곳에 이르렵니다.

바다처럼 한량없는 공덕 지니사
가장 빼어나신 이 그에게 말씀하셨네.
너는 너의 지을 바 이미 마쳤으니
지금 바로 그때인 줄 알아야 한다.

붇다가 이미 들어주신 것 보고
춘다는 몇 곱절이나 더욱 정진해
모든 행을 없애 남음 없었으니
등의 기름 다해 불이 꺼짐 같았네.

• 장아함 2 유행경 부분

• 해설 •

참으로 거룩한 광경이다. 독이 든 버섯을 드시고 몸에 깊은 병이 든 채 쿠시나가라 성으로 가는 길을 멈추지 않으시며 중생을 위해 언교의 교화를 베푸시는 그 모습을 생각해보라.

세존은 파바에서 쿠시나가라 성으로 가시고, 배움 다른 아라한의 제자 푸쿠사는 쿠시나가라 성에서 파바로 내려오다 서로 만나, 여래께서 위없는 선정의 법을 보여 그를 교화해 삼보에 귀명하게 하고, 그의 법의 눈을 열어주신다.

니르바나의 여정 마지막 길목에서 만난 푸쿠사의 제도는 마치 성도 직후 다섯 비구를 만나러 카시 국으로 가시다 브라마나 우파카(Upaka)에게 법을 설해 큰 기쁨 안겨준 것과 같다.

붓다의 선정은 들음도 없고 듣지 않음도 없으며, 앎도 없고 알지 않음도 없으며, 천지개벽의 불바람이 들이쳐도 고요한 선정이니, 어찌 천 대의 수레가 간들 움직일 것이며 하늘의 우렛소리에 놀라 움직일 것인가.

푸쿠사를 나가(Nāga)의 크나큰 선정법으로 교화하시고, 그가 바친 황금빛 옷을 받으신 뒤 여래는 카쿠타 강에 이르러 몸을 씻으시고 목을 축이신 뒤 강 건너 저 언덕에 이르러 쉬신다.

마지막 공양자 춘다에게 나무 아래에 자리를 펴게 하시니, 춘다는 여래의 쉬실 자리를 펴드리고 붓다보다 먼저 니르바나에 든다. 붓다께 마지막 공양을 바치고 번뇌의 흐름이 이미 다해 붓다보다 먼저 육신의 몸을 거두니, 그는 참으로 니르바나의 땅에서 길이 사는 이이다.

여래의 거룩한 모습 위없는 지혜는 우러르고 공경하면 그 또한 여래의 공덕바다에 들고 해탈의 원 채우게 되는 것이니, 『화엄경』(「광명각품」)은 이렇게 말한다.

> 모든 붓다는 허공과 같으사
> 마쳐 다해 늘 청정하니
> 기억해 생각하고 기쁨을 내면
> 그 모든 바람들 갖춰지도다.
>
> 諸佛如虛空 究竟常清淨
> 憶念生歡喜 彼諸願具足
>
> 여래는 가장 자재하시사
> 세간 벗어나 의지함 없고
> 온갖 공덕을 갖추시사
> 모든 존재 건네 해탈케 하네.
>
> 如來最自在 超世無所依

具一切功德　度脫於諸有

만약 여래를 뵙고서
몸과 마음이 분별 떠나면
곧 온갖 법 가운데서
모든 의심과 막힘을
길이 벗어나게 되리라.
若有見如來　身心離分別
則於一切法　永出諸疑滯

3 마지막 교화와 법의 부촉

경전은 여래께서 니르바나에 드시기 전 경전의 법을 마하카샤파와 아난다 두 제자에게 부촉하셨다고 전하고 있다. 여래의 교법은 지금 온전히 드러나 있는 법계의 모습 자체이다. 그런데 그 법을 어찌 카샤파와 아난다에게만 맡겨 전하시겠는가.

여래는 이 세간 육신의 인연을 거두어 파리니르바나에 드시기 바로 전까지 저 배움 다른 브라마나 수밧타라를 막지 않고 친절히 가르쳐 법의 눈을 열어주셨다. 그리고 그 마지막 아라한을 이룬 성문 제자가 니르바나에 든 뒤에 파리니르바나에 드셨다. 여래의 가르침의 문은 온갖 삶들에게 열려 있고 보디의 법은 뭇 삶들 나아가 저 산하대지에 이미 부촉되어 있다.

그러나 현실의 상가와 여래의 언교는 여래의 가르침을 바르게 받아 지니는 사람들에 의해 전승되고 이어져야 한다. 그러므로 세존께서도 사리푸트라 존자와 목갈라야나 존자가 세존보다 먼저 니르바나에 든 뒤에, 교단을 카샤파와 아난다 두 제자가 중심이 되어 이끌어가야 한다는 간곡한 당부의 말씀을 남기셨으리라.

가장 높은 제자와 맨 뒤에 깨친 제자는 붇다 앞에 니르바나에 들고, 저 카샤파 비구는 붇다 니르바나 뒤에도 남아 마이트레야 붇다 때 니르바나에 들어야 한다 말씀하시니, 카샤파의 선정과 두타의 고행이 앞의 붇다와 뒤의 붇다를 이어주는 핵심의 실천임을 보이신 것이리라.

또한 선정과 두타행이 세간에 전승되기 위해서는 여래의 언교가 올바로 세워지지 않으면 안 되니, 아난다의 많이 들음[多聞]의 행이 함께하지 않으면 두타행 또한 올바로 전승될 수 없으므로 아난다에 대한 부촉을 말씀하셨으리라.

실제로 붇다가 니르바나에 드신 뒤 핍팔라(pippala) 굴[七葉窟]에서의 경법(經法)의 결집이 카샤파 장로와 아난다 비구가 중심이 되어 이루어졌으니, 두 제자에 법을 부촉한다는 말씀은 경법 결집의 인연을 미리 말씀하시고 당부하신 것으로 보아야 할 것이다.

증일아함 가운데 카샤파와 아난다에게 여래의 법을 부촉한다는 가르침이 가장 분명하게 나타나고 있으니, 증일아함의 이 경이 편집될 때 당시 교단은 카샤파·아난다 두 장로의 계승자들에 의해서 주도되었을 것이고, 그러한 교단 상황이 그대로 두 존자에 대한 법의 부촉으로 경에 반영되었을 것이다.

그렇다면 그 전함에 가림이 없고 막힘이 없는 여래의 법이지만, 교단의 전승과 세간 교화의 중심을 세워주기 위해 마하카샤파와 아난다에게 특별히 법의 부촉을 말씀한 것으로 보아야 할 것이다.

중국불교에서 선(禪)을 중심으로 붇다의 마음도장[佛心印]을 전하는 법통에 대해 달마선문(達摩禪門)과 천태선문(天台禪門)이 오래도록 논쟁을 해왔다. 두 선문 모두 붇다 니르바나 뒤 심인이 마하카샤파에게 전해졌다고 주장한다. 그러나 천태선문은 니르바나의 묘한 마음이 오직 마하카샤파에게만 전해졌다는 달마선문의 주장을 반대하고, 법의 전승에 대해 '온갖 삶들에게 막힘이 없이 전함[通]'과 '카샤파와 아난다에게 따로 전함[別]'을 같이 말한다.

중국 원대 호계회칙법사(虎谿懷則法師)는 『천태전불심인기』(天台傳佛心印記)에서 이렇게 말한다.

"만약 다른 사람 교화하는 것[化他]을 논하면 당부함[付託]이라 하고 또한 뒷일을 맡김[囑累]이라 한다.

여기에도 통함[通]과 따로 전함[別]이 있으니, 통함은 사부중을 다 망라하고 따로 전함은 카샤파에 있다. 그것은 마치 경(經)을 지니고 읽도록 권하고 유통하도록 당부하고 나아가서는 다른 깊은 법 가운데 가르쳐 보이고 이익과 기쁨을 보이는데, 성문승은 모두 팔천이 있고, 보디사트바는 한량없고 셀 수 없다 함과 같다.

따로 맡김은 오직 카샤파에게 있다고 하지만 그 맡김은 결코 한 곳에 국한되지 않는다. 그러므로 니르바나하실 때 카샤파가 비록 모임에 있지 않았지만 사부대중으로 하여금 모두 알게 해 모임에 함께 있음을 우러러 믿도록 하려고 말씀하셨다.

'내게 이제 위없는 바른 법이 있는데 마하카샤파에 부촉한다.'

또 『부법전』(付法傳)에서는 이렇게 말했다.

'교화의 연이 다하여 니르바나에 드시려 하면서 큰 제자 마하카샤파에게 말씀하셨다.

〈내가 지금 니르바나에 들려 하는데 이 깊은 법의 묘용을 너에게 부촉한다. 너는 반드시 뒤에 나의 뜻을 공경히 따라 널리 유포

하여 끊어짐이 없게 하라.〉'

만약 그렇게 경에 반드시 글이 있다면 그것은 중생제도를 끝내지 않음일 따름이니 카샤파에게만 부촉함에도 세 가지 까닭이 있기 때문이다.

첫째, 여래의 교화의 연은 다하고 카샤파의 교화의 연은 일어나기 때문이다. 둘째, 카샤파의 고행이 붇다의 법을 오래 머물 수 있도록 하기 때문이다. 셋째, 작은 과덕[小果]에 부촉하여 중생 교화의 행이 쉽도록 하기 때문이다.

예를 들면 『법화경』에서 깨끗하고 밝은 덕[淨明德]의 붇다께서 '온갖 중생 기꺼이 보는 보디사트바'[一切衆生喜見菩薩]에게 널리 유포하도록 부촉한 것과 같은 것이다.

대개 교화의 연이 저기에 있지 않으므로 여기에 부촉한 것이니, 어찌 붇다의 마음도장을 전함이 카샤파에게만 있어 다른 사람은 깨닫지 못하게 함이겠는가.

세상 사람들이 이것에 어두워 성현을 속이고 망령되이 헛된 따짐을 내는 것은 스스로 행하고 남 교화함의 바로 전하는 뜻을 아직 알지 못하는 것이다."

호계 존자의 이야기처럼 카샤파께 법을 맡김은 여래의 가르침이 오래 머물도록 하기 위한 싣단타(siddhānta) 인연[悉壇因緣]의 법이니, 여래의 법 전함이 어찌 카샤파 한 곳에 머물 것인가.

온갖 중생을 해탈의 땅에 이끌려는 여래의 자비의 원력을 『화엄경』(「여래현상품」)은 다음과 같이 기술한다.

여래는 널리 몸을 나타내
세간에 두루 들어가시사
중생의 즐거워함을 따라서
신통의 힘을 나타내 보이시네.

如來普現身　遍入於世間
隨衆生樂欲　顯示神通力

붇다의 몸은 차별이 없어
법계를 가득 채우시지만
몸의 모습 보도록 하여
기틀 따라 잘 조복하도다.

佛身無差別　充滿於法界
能令見色身　隨機善調伏

나는 지금 이 법을 카샤파와
아난다 비구에게 부촉한다

이와 같이 들었다.

한때 붇다께서는 슈라바스티 국 제타 숲 '외로운 이 돕는 장자의 동산'에 계셨다.

그때 세존께서 카샤파에게 말씀하셨다.

"그대는 이제 너무 늙어 젊은 기운이 조금도 없다. 그러니 장자들이 주는 입을 것과 먹을거리를 받는 것이 좋겠다."

마하카샤파(Mahākāśyapa)는 붇다께 말씀드렸다.

"저는 그들의 입을 것과 먹을거리를 받을 수 없습니다. 지금 이 누더기 옷을 입고 때맞춰 밥을 비는 것이 비할 바 없이 즐겁습니다.

왜냐하면 앞으로 올 세상에 어떤 비구들은 몸에 부드러우면서도 마음에 좋은 옷과 먹을 것을 탐착하며, 선정에서는 물러나 다시는 고행할 수 없을 것이기 때문입니다.

그들은 이렇게 말할 것입니다.

'과거 붇다 때의 비구들도 사람들의 초청을 받아들이고 옷과 먹을거리를 받았는데, 우리가 왜 옛 때 성인을 본받지 않겠는가.'

그렇게 하여 가만히 앉아서 입을 옷과 먹을거리를 탐내기 때문에 법복을 버리고 세속의 흰옷을 입을 것입니다.

그래서 성현들의 위신을 없애버리고, 네 부류 상가대중이 점점 줄어들게 할 것입니다.

거룩한 상가대중이 줄어들면 여래의 절도 허물어지고, 여래의 절이 허물어지고 나면 수트라의 법[經法]도 시들어 떨어지게 될 것입니다.

이때 중생들은 더 다시 정기와 빛[精光]이 없게 되고, 정기와 밝은 빛이 없기 때문에 그 목숨이 짧아지게 될 것입니다.

그래서 중생들은 목숨을 마친 뒤에 모두 세 갈래 나쁜 곳에 떨어질 것입니다. 마치 오늘날 중생이 복이 많으므로 모두들 하늘위에 태어나듯이 오는 세상에는 죄가 많아 다 지옥에 들어갈 것입니다."

카샤파의 두타행을 크게 찬탄하시고 두타법을 행하지 않을 미래 비구를 예견해 말씀하심

세존께서 말씀하셨다.

"참 잘 말했다, 잘 말했다. 카샤파는 세상에 많은 이익을 주고, 세상 사람들의 좋은 벗이며 좋은 복밭이구나.

카샤파여, 알아야 한다.

내가 파리니르바나에 들고서 천 년 뒤에는 비구들이 선정[禪]에서 물러나고 다시는 두타법을 행하지 않을 것이다.

또한 누더기 옷을 걸치고 밥을 빌지 않고 장자들에게 옷과 먹을 것 청해 받기를 탐착하며, 또 나무 밑이나 한적한 곳에서 지내지 않고 잘 꾸민 방을 좋아할 것이다.

또 대소변을 약으로 쓰지 않고 매우 달고 맛있는 약초만 집착할 것이요, 또는 그 가운데 재물을 탐내고 방을 아껴 늘 서로 다툴 것이다.

이때에는 다나파티(dāna-pati, 施主)들은 붇다의 법을 독실하게 믿고 은혜로이 베풀기를 좋아해 재물을 아끼지 않을 것이다. 그러면 이때 다나파티들은 목숨을 마친 뒤에 모두 하늘위에 태어나지만 게으른 비구들은 죽어서 지옥에 들어갈 것이다.

카샤파여, 이와 같이 온갖 행은 모두 덧없어 오래 붙잡을 수 없다. 카샤파여, 또 알아야 한다.

오는 세상에는 비구들이 수염과 머리를 깎고도 가정살이를 익혀 왼쪽에는 아들을 안고 오른쪽에는 딸을 안을 것이며, 또 거문고를 타고 피리를 불며 거리에서 밥을 빌 것이다.

그런 때라도 다나파티들은 복을 받음이 끝이 없을 것인데 하물며 오늘 지성으로 밥을 비는 자이겠는가? 카샤파여, 이와 같이 온갖 행은 덧없어 오래 머물러 둘 수 없다.

카샤파여, 알아야 한다. 오는 세상에 어떤 비구들은 여덟 가지 바른 길[八種之道]과 일곱 가지 깨달음 법[七種之道]을 버릴 것이다. 그리고 내가 세 아승지겁 동안 모은 오늘의 법보(法寶)를 미래 비구들은 노래나 부르며 여러 사람들 속에서 밥을 빌어 그것으로 스스로 목숨을 건져 이어갈 것이다.

그렇지만 뒤의 다나파티들이 그런 비구들에게 공양하더라도 오히려 그 복을 얻을 것인데, 하물며 오늘 스스로 밥을 비는 이가 그 복을 얻지 못하겠는가?"

카샤파와 아난다 두 제자에게 경법을 부촉하심

"나는 지금 이 법을 카샤파와 아난다 비구에게 맡겨 부친다.

왜 그런가. 나는 이제 늙어 나이 여든이 되었다. 그러므로 여래는 오래지 않아 니르바나에 들 것이기 때문이다.

이제 이 법보를 두 사람에게 맡겨 부치니, 잘 생각하고 외워 지니어 끊어지지 않게 하고 세상에 널리 펴라.

누구든 성인의 가르침을 막거나 끊는 자가 있으면 그는 치우친 곳에 떨어질 것이다. 그러므로 지금 이 경법을 너희들에게 맡겨 부치니, 벗어나 잃게 하지 마라."

그때 마하카샤파와 아난다는 곧 자리에서 일어나 길게 꿇어앉아 손을 맞잡고 세존께 말씀드렸다.

"무엇 때문에 이 경법을 저희 두 사람에게 맡겨 부치고 다른 사람에게는 맡겨 부치지 않으십니까? 여래의 제자 가운데는 신통이 뛰어난 제자가 헤아릴 수 없이 많습니다. 그런데 왜 그에겐 맡겨 부치지 않으십니까?"

카샤파의 두타법과 아난다의 많이 들음을
찬탄하고 법을 다시 부촉하심

세존께서 카샤파에게 말씀하셨다.

"나는 하늘위나 사람 가운데서 카샤파와 아난다만큼 이 법보를 잘 받아 지닐 수 있는 이를 보지 못했고, 또 성문들 가운데서도 너희 두 사람보다 뛰어난 이가 없기 때문이다.

과거 붓다 때에 또한 두 사람이 있어 경법 받아 지니었지만, 만약 지금의 카샤파와 아난다와 견주어보면 그대들이 훨씬 뛰어나고 묘하다.

왜 그런가. 과거의 여러 붓다 때에도 두타행을 행한 비구가 있었지만 그들은 법이 있으면 곧 있다가, 법이 사라지면 곧 사라졌다.

그런데 지금의 카샤파 비구는 이 세상에 머물다가, '마이트레야 붓다'가 세상에 나오신 뒤에 니르바나에 들 것이기 때문이다.

이런 인연으로 말미암아 지금의 카샤파 비구가 과거의 비구들보다 빼어난 것이다.

또 아난다 비구는 왜 과거의 시자(侍者)들보다 훌륭한가?

과거 때 여러 붇다의 시자들은 남의 말을 들은 뒤에야 이해하였지만, 지금의 아난다 비구는 여래가 말하기 전에 곧 이해하고, 여래가 다시 말하지 않아도 모두 알기 때문이다.

이런 인연으로 말미암아 아난다 비구가 과거 붇다의 시자들보다 빼어난 것이다.

그러므로 카샤파와 아난다여, 내 이제 너희들에게 이 법보를 맡겨 부치니, 빠뜨리거나 줄어들게 하지 말라."

그때 세존께서는 곧 게송으로 말씀하셨다.

온갖 행은 항상함이 없어서
생긴 것은 반드시 사라지네.
남이 없으면 곧 죽음 없으니
이 사라짐이 가장 즐거웁도다.

그때 카샤파와 아난다는 붇다의 말씀을 듣고 기뻐하며 받들어 행하였다.

• 증일아함 41 막외품(莫畏品) 五

• 해설 •

여래의 가르침을 이와 같이 듣고[如是聞] 이와 같이 받아 지녀[如是受持] 전하는 아난다의 행과 가르침을 온몸으로 실천 수행하여 두타(dhūta)

를 행하고 선정을 닦는 카샤파의 행이 아니면 붓다의 법이 어찌 미래 만대에 전해지고 사카무니의 법이 마이트레야에게까지 이어지겠는가.

언어적 실천과 두타의 고행, 교(敎)와 선(禪)은 새의 두 날개와 같고 수레의 두 바퀴와 같으니, 어느 하나라도 빠지면 붓다의 법은 이 세간에 거룩한 진리의 깃대를 세우지 못할 것이다.

말함 없이 법바퀴 굴리는 행과 고요한 선정의 행은 두 법일 수 없다. 말함과 말하는 바가 없이 늘 고요해야 말 없는 말을 잘 말할 수 있기 때문이다.

마하카샤파는 두타행과 아란야행으로 여래의 칭찬받는 제자이다.

지금 몸을 낮춰 밥을 빌고 두타를 행함은, 스스로 받을 복을 받지 않고[不受福德] 진리바다에 온갖 복을 회향하여[法界廻向] 세간 중생을 위해 복밭이 되고자 함이다.

그러므로 카샤파의 두타행이 아니면 미래 비구는 세간의 복밭이 될 수 없고, 붓다의 법은 세간에 오래 머물러 단이슬의 법비를 내릴 수 없을 것이다.

이런 뜻에서 붓다는 마하카샤파가 파리니르바나에 들지 말고 마이트레야의 때까지 이 두타법을 전승하고서 니르바나에 들어야 한다고 당부하고 계시는 것이리라.

앞으로 오실 붓다 마이트레야의 때는 언제인가.

지금의 보디의 행[菩提行]이 보디의 과덕[菩提果]을 이루는 때이니, 그때는 늘 미래이되 늘 현재인 때이다.

아난다의 행과 카샤파의 행이 법바퀴를 쉬임 없이 굴려갈 때 사카무니의 법은 마이트레야 붓다의 때까지 이어질 것이고 미래 붓다의 새 세상이 열릴 것이다.

온갖 행이 덧없다[諸行無常]는 여래의 말씀이 참으로 좋은 소식이다.

바깥길 걷는 수행자 수밧타라를 막지 말라,
들어와 의심하는 것을 묻게 하라

이와 같이 내가 들었다.

한때 붇다께서 쿠시나가라 국의 힘센 장사가 태어난 곳인 '굳센 두 그루 사라 나무숲'속에 계셨다.

그때 세존께서 니르바나에 드실 때가 되어 존자 아난다에게 말씀하셨다.

"너는 세존을 위하여 두 그루 나무 사이에 자리를 펴 머리를 북으로 두도록 하라. 여래가 오늘 한밤에 '남음이 없는 니르바나'[無餘涅槃]에서 파리니르바나에 들 것이다."

존자 아난다는 가르침을 받들어 두 그루의 나무 사이에다 자리를 펴 머리를 북으로 두게 하고, 붇다 계신 곳으로 나아가 붇다의 발에 머리를 대 절하고 한쪽에 물러나 앉아서 붇다께 말씀드렸다.

"세존이시여, 두 그루의 나무 사이에 자리를 펴 머리를 북으로 두시도록 했습니다."

그때 세존께서 두 그루의 나무 사이로 가시어 자리에 올라 북쪽으로 머리를 두고 오른쪽 옆구리를 땅에 대고 누워 두 발을 서로 포개고, 생각을 밝은 생각에 묶어 생각을 바로 하고 지혜를 바로 하고 계셨다.

마지막 니르바나의 때, 수밧타라가 세존께 법을 묻기 위해 찾아옴

그때 쿠시나가라 국에 '수밧타라'라고 하는 집을 나온 바깥길 수행자가 있었다. 그는 나이가 이백이십 세의 아주 늙은이로 마치 아라한처럼 쿠시나가라 국 사람들의 존경과 공양을 받았다.

그 집을 나온 바깥길 수행자 수밧타라는 세존께서 오늘밤에 '남음이 없는 니르바나'에서 파리니르바나(parinirvāṇa)에 드신다는 말을 듣고는 이렇게 생각했다.

'나는 오늘밤 세존께서 파리니르바나에 드신다는 말을 들었다. 그러나 나는 의심하는 일이 있어, 세존께서 머물러 계시길 바란다.

사문 고타마께서는 힘이 있으시니 나를 잘 깨우쳐주실 것이다.

나는 지금 바로 사문 고타마 계신 곳으로 나아가 내가 의심하고 있는 일들을 여쭈어보리라.'

그러고는 곧 쿠시나가라 국을 나서 붓다 계신 곳에 갔다.

그때 존자 아난다는 동산 문밖에서 거닐고 있었다.

수밧타라가 아난다에게 말하였다.

"저는 사문 고타마께서 오늘 한밤에 남음이 없는 니르바나에서 파리니르바나에 드신다는 말을 들었습니다. 저에게는 의심하는 일이 있어 좀더 머물러 계시기를 바라고 있습니다.

사문 고타마께서는 힘이 있으시니 저를 깨우쳐 주실 수 있을 것입니다.

만약 아난다께서 수고로움을 꺼리지 않으신다면 저를 위하여 고타마께 가셔서 잠깐 틈이 계시면 제 물음에 대답해주십사 아뢰어주시겠습니까?"

아난다가 대답하였다.

"세존을 힘들게 마십시오. 세존께서는 몹시 피로하십니다."

이와 같이 수밧타라는 두 번 세 번 존자 아난다에게 간청하였으나, 존자 아난다 또한 두 번 세 번 들어주지 않았다.

수밧타라가 말하였다.

"나는 옛날에 출가하신 나이 많은 큰 스승이 이렇게 말씀한 것을 들은 적이 있습니다.

'오래고 오래 있다 마치 우트팔라 꽃과 같이 여래·공양해야 할 분·바르게 깨친 분께서 이 세상에 출현하실 것이다.'

그런데 지금 여래께서는 오늘 밤중에 남음이 없는 니르바나에서 파리니르바나에 드실 것이라고 합니다. 저는 지금 법에 의심이 있어, 마음으로 좀더 머물러주시기를 믿고 있습니다.

사문 고타마께서는 힘이 있으시니 저를 잘 깨우쳐주실 수 있을 것입니다. 만약 아난다께서 수고로움을 꺼리지 않으신다면 저를 위해 사문 고타마께 여쭈어주십시오."

아난다가 다시 대답하였다.

"수밧타라여, 세존을 힘들게 마십시오. 세존께서는 오늘 몹시 피로하십니다."

수밧타라를 막지 말도록 하시고, 법을 설해 깨우치심

그때 세존께서 하늘귀[天耳]로 아난다와 수밧타라가 서로 주고받는 말을 들으시고 존자 아난다에게 말씀하셨다.

"집을 나온 바깥길 수행자 수밧타라를 막지 말라. 들어와 그 의심하는 것을 묻게 하라.

왜 그런가. 이는 맨 마지막 집을 나온 바깥길 수행자와 이야기함이 될 것이요, 이 사람은 맨 마지막으로 성문(聲聞)을 증득하여 '잘 왔구나 비구여'라고 말해줄 수밧타라이기 때문이다."

그때 수밧타라는 세존께서 착한 뿌리를 열어주시겠다는 말을 듣고 기쁨이 더욱 벅차, 세존 계신 곳으로 나아가 세존과 서로 문안 인사를 나눈 다음 한쪽에 물러나 앉아서 붇다께 말씀드렸다.

"고타마시여, 세상의 여러 곳에서는 '푸라나 카샤파'들을 여섯 스승[六師]이라 말하고 각기 이와 같은 주장을 하며 '이것이 사문이다. 이것이 사문이다'라고 합니다.

어떻습니까? 고타마시여, 실로 이들의 말은 각기 옳은 주장[是宗]이 있습니까?"

그때 세존께서는 곧 게송으로 말씀하셨다.

나는 처음 나이 스물아홉에
집을 나와 좋은 도를 닦아
도를 이루어 오늘에까지
쉰 해 남짓 지났도다.
사마디와 지혜의 행 갖추고
늘 깨끗한 계를 닦으니
이 길 조금이라도 떠나면
이밖에는 사문이 없네.

붇다께서 수밧타라에게 말씀하셨다.

"우리의 바른 법과 율 안에서 여덟 가지 바른 길[正道]을 얻지 못한 사람은 처음의 사문도 되지 못하고, 둘째·셋째·넷째 사문도 되지 못하오.

수밧타라여, 우리 법과 율 안에서 여덟 가지 바른 길을 얻은 사람이라야 처음의 사문도 되고, 둘째·셋째·넷째 사문도 될 수 있소.

이것을 내놓고는 어떤 바깥길에도 사문은 없소. 그것은 곧 다른 길의 스승일 뿐이며 이름만의 사문 브라마나일 뿐이오.

그러므로 나는 대중 가운데에서 사자처럼 외치는 것이오."

수밧타라는 법의 눈을 열고 맨 마지막 여래의 출가제자가 된 뒤 세존보다 먼저 파리니르바나에 들어감

이렇게 설법하시자 집을 나온 바깥길 수행자 수밧타라는 티끌을 멀리하고 때를 여의어 법의 눈[法眼]이 깨끗해졌다.

그때 수밧타라는 법을 보아 법을 얻고 법을 알아 법에 들어갔다.

모든 여우 같은 의심을 건너 남을 말미암지 않고 믿으며, 남을 말미암지 않고 건너, 바른 법과 율 안에서 두려움이 없게 되었다.

그는 곧 자리에서 일어나 옷을 바르게 여민 다음에, 오른쪽 무릎을 땅에 대고 존자 아난다에게 말씀드렸다.

"그대는 좋은 이익을 얻었습니다. 그대는 큰 스승을 얻었습니다. 제자가 되어 큰 스승께서 내리시는 법의 비를 정수리에 맞았습니다.

나도 지금 만약 이 바른 법과 율 안에서 집을 나와 구족계를 받고 비구의 신분을 얻으면 좋은 이익을 얻을 수 있을 것입니다."

그때 존자 아난다가 붇다께 말씀드렸다.

"세존이시여, 이 집을 나온 바깥길 수행자 수밧타라는 바른 법과 율 안에서 집을 나와 구족계를 받고 비구 신분 얻기를 바랍니다."

그때 세존께서 수밧타라에게 말씀하셨다.

"비구여, 와서 범행을 닦으라."

저 존자 수밧타라는 그때 집을 나와 곧 구족계를 받고 비구의 신분을 이루었다. 그리하여 이와 같이 집을 나와 닦아 행하는 뜻을 잘 알고 나아가 마음이 잘 해탈하여 아라한을 얻었다.

그때 존자 수밧타라는 아라한을 얻고서 해탈의 즐거운 느낌을 알고는 이렇게 생각하였다.

'나는 차마 붓다께서 파리니르바나에 드시는 것을 보지 못하겠다. 내가 반드시 먼저 파리니르바나에 들어가겠다.'

그때 존자 수밧타라가 먼저 파리니르바나에 들고서, 그 뒤 세존께서 파리니르바나에 드셨다.

• 잡아함 979 수밧타라경(須跋陀羅經)

• 해설 •

이 세간에서 지어야 할 바를 모두 지어 마치고[所作已作] 자취[迹]를 거두시는 마지막 순간, 찾아온 수밧타라를 막지 않고 그에게 사문의 행을 보이시어 법의 눈을 뜨게 하니, 여래의 자비가 한량없고 끝이 없다.

백이십 세 늙고 늙은 바깥길 수행자가 '잘 왔구나 비구여, 와서 범행을 닦으라'는 자비로운 음성 한 마디에 비구가 되고 아라한이 되어 여래보다 앞서 파리니르바나에 드니, 그에게 죽음은 없고 오직 법의 은혜만이 가득할 뿐이다.

맨 나중 깨달은 제자가 먼저 니르바나에 든 뒤에 여래께서 온전한 니르바나 드시나니

이때 쿠시나가라 국 백성들은 여래께서 한밤중에 니르바나에 드실 것이라는 소식을 들었다. 이때 온 나라 백성들이 두 그루 나무 사이로 나아가 그 발에 머리를 대 절하고 한쪽에 앉았다.

그때 백성들은 세존께 말씀드렸다.

"이제 여래께서 니르바나에 드신다는 소식을 들었습니다. 저희들은 어떻게 공경해야 합니까?"

그때 세존께서는 아난다를 돌아보셨다.

아난다는 곧 생각하였다.

'여래께서는 오늘 몸이 너무 피로하시어 나를 시켜 그 뜻을 가르치게 하시는구나.'

이때 아난다는 오른쪽 무릎을 땅에 붙이고 길게 꿇어앉아 두 손을 맞잡고 세존께 말씀드렸다.

"지금 두 종성이 있는데 한 사람은 바사타라 하고 또 한 사람은 수바다(Subhadda)라 하는데, 지금 찾아와 여래와 거룩한 상가에 귀의하면서 말합니다.

'세존께서는 저희들이 우파사카가 되도록 들어주시길 바랍니다. 오늘부터 이 뒤로는 다시 산목숨 죽이지 않겠습니다.'

다시 팃샤(Tiṣya)와 우파티샤(Upatiṣya)라 하는 이들이 있고, 또 포사[佛舍]와 '닭 벼슬'[鷄頭], 이런 이들이 있어 모두 찾아와 여래께 귀의하면서 이렇게 말합니다.

'세존께서는 저희들이 우파사카가 되도록 들어주시길 바랍니다. 오늘부터 이 뒤로는 다시 산목숨 죽이지 않고 다섯 가지 계를 받들 어 지니겠습니다.'"

니르바나에 드실 무렵까지 세존께 귀의하는
여러 대중을 위해 설법하고 우파사카로 받아들이심

그러자 세존께서는 그들을 위해 널리 설법하시고 보내 돌아가게 하였다.

이때 오백 말라족 무리들도 곧 자리에서 일어나 붇다를 세 번 돌 고 물러갔다.

세존께서 아난다에게 말씀하셨다.

"내 맨 뒤의 증명을 받은 제자는 저 쿠시나가라 국의 오백 말라족 무리들이다."

그때 수밧타라 브라마나는 파바 국에서 쿠시나가라 국으로 오다 가 그 오백 말라족 사람들이 오는 것을 보고 곧 물었다.

"그대들은 어디서 오는가?"

오백 말라 사람들은 대답하였다.

"수밧타라여, 아십시오. 여래께서는 오늘 두 그루 나무 사이에서 니르바나에 드십니다."

이때 수밧타라는 곧 이렇게 생각하였다.

'여래께서 세상에 출현하시는 것은 매우 만나기 어렵다.

여래께서 세상에 나오시는 것은 때가 되어야 함이, 저 우트팔라 꽃이 억 겁이 되어야 피어나는 것과 같다. 나는 지금 이런저런 의심이 있어 모든 법을 알지 못한다.

오직 저 고타마 사문만이 나의 여우 같은 의심을 풀어줄 수 있다. 나는 이제 저 고타마 계신 곳에 가서 이 뜻을 여쭈어보리라.'

수밧타라 브라마나가 세존을 찾아가 의문 풀어주길 청하니, 현성의 바른 길을 보이심

이때 수밧타라 브라마나는 두 그루 나무 사이로 가서 아난다 있는 곳으로 찾아가 말했다.

"저는 세존께서 오늘 니르바나에 드신다고 들었는데 참으로 그렇습니까?"

아난다는 대답하였다.

"참으로 그러실 것입니다."

"저에겐 오늘 아직도 여우 같은 의심이 있습니다. 저의 뜻을 들어주시어 세존께 이렇게 말씀드려주시길 바랍니다.

'다른 사람들은 저 여섯 스승의 말한 바도 알지 못하는데, 사문 고타마의 말씀을 볼 수 있습니까.'"

"그만두시오, 그만두시오. 수밧타라여, 여래를 번거롭게 하지 마십시오."

그러나 이렇게 두 번 세 번 되풀이하면서 다시 아난다에게 말씀드렸다.

"여래께서 세상에 출현하는 것은 참으로 만나기 어렵습니다. 우트팔라꽃이 때가 되어야 피어나듯 여래께서 또한 다시 이와 같이 때가 되어야 출현하십니다.

제가 지금 여래를 뵌다면 충분히 저의 여우 같은 의심을 풀 수 있습니다. 제가 지금 여쭈고 싶은 뜻은 말로 다할 수 없습니다.

그런데 지금 아난다께서는 저와 함께 세존께 가서 말씀드리려 하지 않는군요. 또 저는 여래께서 과거의 다함없는 일도 아시고 미래의 다함없는 일도 아신다고 들었습니다. 그런데 어찌 오늘만은 받아들이지 않으십니까?"

그때 세존께서는 하늘귀로 수밧타라가 아난다에게 하는 말을 들으시고 아난다를 불러 이렇게 말씀하셨다.

"그만두어라, 그만두어라. 아난다여, 수밧타라 브라마나를 막지 말라. 왜 그런가. 여기 와서 건너 벗어나려고 묻게 되면 많은 이익을 얻을 것이기 때문이다.

만약 내가 설법하면 그는 곧 건너 벗어나게 될 것이다."

이때 아난다가 수밧타라에게 말하였다.

"아주 좋은 일이요. 여래께서 안에 들어와 법을 묻도록 들어주셨소."

수밧타라는 이 말을 듣고 뛸 듯이 기뻐하며 스스로 이기지 못했다. 그는 세존께 나아가 그 발에 머리를 대 절하고 한쪽에 앉았다.

그때 수밧타라가 세존께 말씀드렸다.

"제가 지금 여쭈고 싶은 것이 있습니다. 들어주시길 바랍니다."

세존께서 수밧타라에게 말씀하셨다.

"지금이 바로 그때요, 지금 바로 물으시오."

수밧타라가 붇다께 말씀드렸다.

"사문 고타마와는 다른 여러 스승들로 많이 뛰어난 이 곧 푸라나 카샤파 · 아지타 케사캄바라 · 미카리 고사리푸트라 · 카쿠다 카타야나 · 산자야 바이라티푸트라 · 니르그란타 즈냐타푸트라 등과 같은 이들이 삼세의 일을 압니까, 모릅니까?

그 여섯 스승[六師] 가운데 여래보다 뛰어난 사람이 있습니까?"

세존께서 말씀하셨다.

"그만두오, 그만두오. 수밧타라여, 이런 뜻은 묻지 마오. 왜 번거롭게 누가 여래보다 나은지를 묻소? 나는 오늘 이 자리에서 그대를 위해 설법하겠으니 잘 생각해보오."

수밧타라는 붇다께 말씀드렸다.

"이제 깊은 뜻을 묻겠습니다. 세존께서는 곧바로 말씀해주시길 바랍니다."

세존께서 말씀하셨다.

"내가 처음으로 도를 배울 때는 나이 스물아홉이었고, 사람들을 건네주기 위해 서른다섯이 되도록 바깥길 닦는 무리 속에서 배웠소. 그러나 그 뒤로는 어떤 사문 브라마나도 찾아가보지 않았소.

그 대중 가운데 여덟 가지 현성의 길이 없으면 곧 사문의 네 과덕이 없기 때문이오.

이것을 수밧타라여, '세상은 텅 비어 도를 얻은 참사람이 없다'고 하는 것이오. 그 현성의 법 안에 현성의 법이 있다면 사문의 네 과덕이 있게 되는 것이오.

왜 그러냐 하면, 사문의 네 과덕이 있는 것은 모두 현성의 여덟 길로 말미암기 때문이오.

수밧타라여, 만약 내가 위없어 바르고 참된 도를 얻지 못했다면 그것은 현성의 여덟 길을 얻지 못했기 때문일 것이오. 현성의 여덟 길을 얻었기 때문에 깨달음을 얻은 것이오.

그러므로 수밧타라여, 부디 방편을 구해 현성의 길을 이루시오."

수밧타라는 다시 붇다게 말씀드렸다.

"저도 그 현성의 여덟 길을 듣고 싶습니다. 널리 설명해주시길 바랍니다."

세존께서 말씀하셨다.

"여덟 가지 바른 길이란 바른 견해[等見]·바른 다스림[等治]·바른 말[等語]·바른 생활[等命]·바른 업[等業]·바른 방편[等方便]·바른 생각[等念]·바른 사마디[等三昧]이니 수밧타라여, 이것을 현성의 여덟 가지 바른 길이라 하오."

여래의 설법 듣고 법의 눈이 밝아진 수밧타라가 비구가 되어 세존보다 먼저 파리니르바나에 들어감

이때 수밧타라는 곧 그 자리에서 법의 눈이 깨끗해졌다.

수밧타라는 아난다에게 말하였다.

"그렇습니다. 저는 이제 좋은 이익을 얻었습니다. 세존께서 사문이 되도록 들어주시길 바랍니다."

아난다가 말하였다.

"그대가 지금 스스로 세존 계신 곳에 가서 사문이 되기를 구하십시오."

수밧타라는 세존께 나아가 그 발에 머리를 대 절하고 세존께 말씀드렸다.

"세존께서 사문이 되도록 들어주시길 바랍니다."

그때 수밧타라는 바로 사문의 몸이 되어 세 가지 법의를 입었다. 수밧타라는 세존의 얼굴을 우러러 뵙고는 그 자리에서 번뇌 흐름에서 마음이 해탈하였다. 세존께서 아난다에게 말씀하셨다.

"내 맨 마지막 제자는 바로 이 수밧타라이다."

수밧타라는 붇다께 말씀드렸다.

"저는 지금 세존께서 '한밤중에 파리니르바나에 드신다'고 들었습니다. 세존께서는 제가 먼저 니르바나에 들도록 들어주시길 바랍니다.

저는 여래께서 먼저 니르바나에 드시는 것을 차마 볼 수 없습니다."

그때 세존께서는 잠자코 그렇게 하도록 하셨다. 왜 그러냐 하면, 과거 강가아 강의 모래알처럼 많은 모든 붇다 세존들께서도 맨 나중 깨달은 제자가 먼저 파리니르바나에 든 뒤에 여래께서 니르바나에 드셨기 때문이다.

이것은 모든 붇다 세존들의 늘 그러한 법도로서 바로 오늘에 있는 일이 아니기 때문이다.

이때 수밧타라는 세존께서 그렇게 하도록 하신 것을 보고 곧 여래 앞에서 몸과 뜻을 바르게 하고 생각을 매어 앞에 두고는, 남음 없는 니르바나[無餘涅槃]에서 파리니르바나에 들었다.

그때 온 땅은 여섯 가지로 떨려 움직였다.

세존께서는 곧 이런 게송을 말씀하셨다.

온갖 행은 항상함이 없어서
태어난 것은 죽음이 있네.
나지 않으면 곧 죽지 않으니
이 사람이 가장 즐거움도다.

상가대중이 서로 공경하는 법을, 마지막으로 가르쳐 깨우치심

세존께서 아난다에게 말씀하셨다.

"지금부터 이 뒤로는 비구들이 서로를 보고 '그대'[卿僕]라고 부르지 말도록 하라. 나이 많은 이는 '거룩한 이'[尊]라 부르고 나이 적은 이는 '어진 이'[賢]라고 부르며, 서로 보는 것을 형제와 같이 해야 한다.

또 지금부터 뒤로는 부모가 지어준 이름을 부르지 말라."

아난다가 세존께 말씀드렸다.

"그러면 이제 비구들은 어떻게 스스로 그 이름을 불러야 합니까?"

세존께서 말씀하셨다.

"젊은 비구는 늙은 비구를 보고 장로(長老)라 부르고, 늙은 비구는 젊은 비구를 보고 성(姓)을 불러라. 또 비구들이 이름을 세우려면 붇다와 법과 상가의 삼보에 의지해야 한다.

이것이 나의 가르쳐 깨우침[教誡]이다."

그때 아난다는 세존의 말씀을 듣고 기뻐하며 받들어 행하였다.

• 증일아함 42 팔난품 三 후반부

• 해설 •

붇다의 니르바나 바로 전 맨 마지막 설법의 대상은 비구 · 비구니대중이 아니다. 붇다는 새로 우파사카가 되기 위해 찾아온 재가대중과 오백 말라족에 설법하여 교화하시고, 다른 길을 걷던 브라마나 수밧타라를 맨 나중 깨달은 제자로 받아들이신다.

붇다는 마지막 니르바나의 자리를 펴게 하시고도 간절한 물음으로 찾아온 백이십 세 노인을 막지 않는다.

사문과 브라마나의 도를 묻는 그에게, 사문과 브라마나의 도란 따로 신비한 무엇이 있는 것이 아니고 여덟 가지 바른 삶의 길[八正道]이 바로 사문을 사문이라 부르게 하고, 브라마나를 브라마나라 부르게 한다고 가르치니, 듣는 그 자리에서 바로 깨달아 백이십 세 노인이 새 비구가 되고 새 아라한이 되었다.

온갖 것은 연기의 법이다. 해탈의 도라 말하려면 해탈의 과덕이 있어야 과덕의 원인이 되는 해탈의 길이라 할 수 있으니, 해탈의 과덕을 안겨주지 않는 어떤 신비한 가르침과 행도 바른 길[正道]이라 할 수 없다. 바른 길은 존재의 실상에 맞아야 하고, 해탈의 과덕을 이루게 해야 한다.

'현성의 바른 법이 있으면 곧 사문의 과덕이 있다'고 가르치심이 곧 해탈이 없는 그 어떤 가르침도 거짓임을 바로 보이심이니, 이 한 마디 말 아래 백이십 세 수밧타라가 여래의 땅에 바로 뛰어든 것이다.

지금 인연으로 나고 사라짐에 남이 없고 사라짐이 없음을 알면 곧 나고 사라짐이 이미 다해 현재법이 곧 니르바나이다. 수밧타라가 여래보다 먼저 니르바나에 들었으나 수밧타라가 이미 이루어진 니르바나에서 파리니르바나에 드니, 그 죽음에는 죽음이 없고 오직 큰 기쁨만이 있다.

수밧타라가 니르바나에 든 뒤 다시 비구와 비구가 서로 공경하는 법, 새로 배우는 아랫사람이 오래 배운 윗사람을 부르고 윗사람이 아랫사람 부르는 법을 보이신다.

그리하여 세속 부모가 지어준 이름을 버리고 오직 삼보에 의지해 법의 이름 세우도록 당부하니, 집이 아닌 데로 집을 나와 범행을 닦으면 그가 곧 붇다의 집안 권속이요 붇다의 법의 자식이기 때문이다.

제4장

가심 없이 니르바나에
들어가시니

"나는 이제 스스로를 요익하게 하고
또 남도 요익하게 하며 여러 사람을 요익하게 하고
세간을 가엾이 여기며, 하늘을 위하고 사람을 위하여
바른 뜻과 요익됨을 구하고 안온한 즐거움을 구하였다.
나는 이제 설법하여 마쳐 다함에 이르렀고
맨 뒤의 깨끗함을 이루었고 맨 뒤의 범행을 이루어 마쳤다.
범행을 이루어 마치고는 나는 이제 나고 늙고 병들고
죽음·울음·걱정·슬픔을 여의었고,
온갖 괴로움을 벗어났다."

여래의 연기법의 가르침으로 보면 한 빛깔 한 냄새도 중도의 진리 아님이 없으니[一色一香 無非中道], 세계 그 어느 곳인들 진리의 국토 아님이 있을 것인가.

비록 무너진 흙성, 먼지 날리고 돌덩이 구르는 곳이라 해도 위없는 보디의 완성자가 파리니르바나에 드시면 그곳이 곧 거룩한 땅이된다.

다시 연기의 법에 의해 저 흙과 불, 물과 바람의 진실을 살펴보면 사대(四大)가 공한 곳에 한량없는 물질의 공덕이 갖춰 있으니, 저 흙 먼지 속에서 황금의 땅과 넘치는 일곱 보배의 공덕을 보아야 여래께서 니르바나에 드신 곳, 쿠시나가라 국이 곧 황금의 나라이고 금강의 보배로 충만하다는 여래의 뜻을 알 것이다.

여래께서 말씀하고 가르치신 수트라(sūtra, 經)와 실라(śila, 戒)를 잘 받아들여 섬기고 받아 지녀 행하면, 여래의 육신이 간다 해도 여래의 법의 몸이 경(經)과 계(戒)를 받드는 중생과 함께하리라.

여래께서 나신 곳, 보디를 이루신 곳, 법바퀴 굴리신 곳, 니르바나에 드신 곳을 늘 잘 가꾸어 보살피며, 그곳에 스투파를 세워 여래를 기억하고 여래의 법을 사유하면, 주지삼보(住持三寶)가 이 세간에서 길이 사라지지 않을 것이다.

상가의 위아래 대중이 서로 공경히 이름 부르고 출가와 재가가 서로를 존중하며, 상가가 이 세간 중생을 위해 요익함을 짓고 범행을 닦으며 복밭[福田]이 되면, 여래의 법 또한 길이 이 세간에 전승될 것이다.

여래의 파리니르바나의 처소가 온갖 중생의 참모습이고 온갖 존재의 진실이며 괴로움[苦]과 즐거움[樂]을 떠난 참된 즐거움의 땅[極樂]인데, 하늘과 땅인들 그 파리니르바나를 찬탄하지 않고 용과 신·간다르바·야크샤·사람과 사람 아닌 이들 그 누구가 여래의 니르바나의 큰 공덕을 찬양하지 않을 것인가.

여래의 니르바나는 경에서 남음 없는 니르바나[無餘涅槃]에서 파리니르바나[般涅槃]에 드셨다고 하였으니, 이미 나고 죽음 없는 니르바나에서 니르바나 보인 뜻은 무엇인가.

『선문염송집』에서는 다음과 같이 여래의 니르바나를 기술하고 있다.

세존이 니르바나의 회상(會上)에서 손으로 가슴을 문지르며 대중에게 말씀하셨다.

"너희들은 나의 자마금빛 몸을 잘 살펴서 마음껏 우러러 바라보고 뒤에 뉘우치지 말라.

만약 내가 니르바나에 들었다 해도 나의 제자가 아니요, 만약 내가 니르바나에 들지 않았다 해도 또한 나의 제자가 아니다."

그때 백만억 대중이 모두다 깨달았다.

아함경에서 여래가 죽은 뒤에 있는가를 물어도 말할 것이 없는 법[無記法]이고 죽은 뒤에 없는가를 물어도 말할 것이 없는 법이라는 가르침이, 『선문염송집』에서는 '여래가 니르바나에 들었다 해도 나의 제자가 아니요, 만약 니르바나에 들지 않았다 해도 나의 제자가 아니다'라는 말씀으로 바뀌어 나타난다.

왜 두 가지 물음이 말할 것이 없는 법[無記法]이고, 두 견해를 가진 이가 여래의 제자가 아니라 하시는가.

연기법의 진실과 맞지 않기 때문이다.

만약 여래가 죽은 뒤에 있다고 하면 이는 늘 있음의 견해[常見]에 떨어진 것이고, 만약 여래가 죽은 뒤에 없다고 하면 이는 끊어져 없음의 견해[斷見]에 떨어진 것이니, 연기의 진실을 보지 못한 자이다.

그렇다면 어떻게 해야 말할 것 없는 법을 여의고 여래의 니르바나의 진실을 볼 수 있는가.

지금 저 눈에 보이는 자마금빛 여래의 모습에서 한 모습도 보지 않는 이가 여래의 니르바나의 뜻을 아는 것인가.

옛 선사[心聞賁]의 다음 노래에 귀 기울여보자.

평생에 이미 발자취 알지 못하는데
맨 뒤에 까닭 없이 가슴 때리네.
백만 대중이 이를 좇아 깨달으니
두 눈 비벼도 금빛 얼굴 보지 못하네.

平生已是不知蹤　末後無端更點胸

百萬人天從此悟　攙眸不見紫金容

세존이시여, 다른 큰 도시가 있는데
왜 이런 작은 흙성에서 니르바나에 드시려 합니까

나는 들었다, 이와 같이.

한때 붇다께서 쿠시나가라 성에 노니실 적에 파바단[和跋單] 힘센 장사의 사라 나무숲 가운데 계셨다. 그때 세존께서 맨 마지막 파리니르바나에 들려 하시면서 말씀하셨다.

"아난다여, 너는 두 사라 나무 사이에 가서 여래를 위하여 북쪽으로 머리를 두도록 자리를 펴라. 내가 한밤에 파리니르바나에 들 것이다."

세존의 분부로 사라 나무 사이에 니르바나의 자리를 폄

때에 아난다가 여래의 분부를 받고 곧 두 그루 나무가 있는 곳에 가서 두 그루 나무 사이에다가 여래를 위하여 북쪽으로 머리를 향하도록 자리를 폈다.

자리를 편 뒤에 붇다 계신 곳으로 나아가 머리를 대 발에 절하고 물러나 한쪽에 서서 여쭈었다.

"세존이시여, 이미 여래를 위하여 두 나무 사이에다 북쪽으로 머리를 두시도록 하고 자리를 펴놓았습니다. 세존께서는 스스로 때를 아시기 바랍니다."

이에 세존께서는 아난다를 데리고 두 나무 사이로 가시어, 웃타라상가를 네 겹으로 접어 자리 위에 깔고, 상가티를 접어 베개를 만들어 베고, 오른쪽 옆구리를 땅에 대고 누워 발과 발을 서로 포개고 맨 마지막 파리니르바나에 들려 하시었다.

때에 존자 아난다가 털이를 잡고 붇다를 모시고 서 있다가 합장하고 붇다를 향하여 여쭈었다.

작은 흙성이 곧 공덕의 땅임을 보이심

"세존이시여, 다시 다른 큰 성이 있어서 첫째는 참파(Campa)이고, 둘째는 슈라바스티이며, 셋째는 바이살리이고, 넷째는 라자그리하이며, 다섯째는 바라나시이요, 여섯째는 카필라입니다.

세존께서는 큰 곳에서 니르바나에 드시지 않고 어찌하여 이 작은 성, 모든 성 가운데서 가장 낮은 이 성에서 니르바나에 드시려 하십니까."

이때 세존께서 말씀하셨다.

"아난다여, 너는 이곳을 작은 흙성이라고 하여 모든 성 가운데서 가장 보잘것없다고 말하지 말라.

왜 그런가. 과거에 이 쿠시나가라 성은 쿠시나가라 왕성이라고 이름하였다. 이 성은 아주 크고 풍요롭고 안락하였으며, 많은 사람이 살았었다. 쿠시나가라 왕성의 길이는 열두 요자나였고 너비는 일곱 요자나였다. 아난다여, 망루를 세웠는데 그 높이가 한 사람의 키만 했고, 또 둘, 셋, 네 사람 나아가 일곱 사람의 높이에 이르기도 했다.

쿠시나가라 왕성 밖 둘레에는 일곱 겹의 해자가 성을 빙 두르고 있었는데, 그 해자는 네 가지 보배인 금·은·유리·수정으로 쌓았으며, 그 밑바닥도 네 가지 보배인 금·은·유리·수정으로 깔았다.

아난다여, 쿠시나가라 왕성 둘레 밖에는 일곱 겹의 담이 있었는데, 그 담 또한 네 가지 보배인 금·은·유리·수정으로 쌓았다.

쿠시나가라 성 둘레에는 일곱 겹으로 네 가지 보배의 사라 나무를 빙 둘러 심었는데, 금 사라 나무는 은잎 은꽃에 은열매가 달리고, 은 사라 나무는 금잎 금꽃에 금열매가 달리며, 유리 사라 나무는 수정 잎 수정꽃에 수정열매가 달리고, 수정 사라 나무는 유리잎 유리꽃에 유리열매가 달렸다.

아난다여, 저 사라 나무 사이에는 여러 가지 연못을 만들었는데, 푸른 연꽃 못, 붉은 연꽃 못, 빨간 연꽃 못, 흰 연꽃 못이 있었다.

그 연못 언덕은 금·은·유리·수정 등 네 가지 보배 벽돌로 쌓았 었고, 그 밑바닥도 네 가지 보배 벽돌로 깔았으니 모래 금 ·은·유 리·수정이었다.

아난다여, 그 못 가운데에는 금·은·유리·수정으로 만든 섬돌이 있었는데, 금 섬돌은 은 발판이요, 은 섬돌은 금 발판이며, 유리 섬돌 은 수정 발판이고, 수정 섬돌은 유리 발판이었다.

저 못 둘레에는 네 가지 보배로 만들어진 고리의 난간이 있었는 데, 금 난간은 은 고리, 은 난간은 금 고리로 되어 있었으며, 유리 난 간은 수정 고리, 수정 난간은 유리 고리였다.

그 못은 그물로 덮었고 그 사이에는 방울을 달았었다. 그 방울도 네 가지 보배로 되었었는데, 금방울은 은혀, 은방울은 금혀로 되어 있고, 유리방울은 수정혀, 수정방울은 유리혀로 되어 있었다.

아난다여, 그 못 가운데에는 여러 가지 물꽃을 심어놓았는데, 푸 른 연꽃, 불그스레한 연꽃, 빨간 연꽃, 흰 연꽃으로서 늘 물에 있었고 늘 꽃이 피어 있었으며, 지키는 사람이 없어서 모든 사람들이 다 볼 수 있었다.

아난다여, 그 못 언덕에는 여러 가지 뭍에서 크는 꽃을 심었었
는데, 수마나(sumanas) 꽃·파사(婆師) 꽃·참바카(campaka) 꽃·
소간디카(saugandhika) 꽃·마튜간티[摩頭揵提] 꽃·아티묵타카
(atimuktaka)·파라투[波羅頭] 꽃이었다.

아난다여, 그 꽃못 언덕에는 많은 여인들이 있었다. 그 여인들의
몸에서는 빛과 윤기가 나고 환하고 깨끗하며, 밝고 맑아 아름다운
얼굴은 사람보다 뛰어나지만 하늘여인에게는 조금 못 미쳤다.

그들은 모습이 단정하여 보는 사람들마다 좋아하고 기뻐하며, 뭇
보배 목걸이로 잘 꾸미어 갖추었다.

그 여인들은 은혜로 베풀되 그 필요에 따라 먹을 것과 옷가지, 수
레·집·잠자리·덮을 것·심부름꾼·등불을 모두 보시하였다.

아난다여, 그 사라 나뭇잎은 바람이 불 때에는 아주 미묘한 음악
소리가 나는데, 마치 다섯 악사들이 음악을 연주할 때 나는 아주 미
묘하고 잘 어우러진 소리와 같았다.

아난다여, 그 사라 나뭇잎은 바람이 불 때에도 또한 그와 같았다.

아난다여, 쿠시나가라 성안에 설사 더럽고 아주 나쁜 하잘것없는
낮은 사람이라 해도 다섯 가지 음악소리를 얻고자 하면, 누구나 다
사라 나무 사이에 가서 마음대로 한껏 즐길 수 있었다.

아난다여, 쿠시나가라 왕성에는 언제나 열두 가지 소리가 있어 일
찍 끊긴 적이 없었으니, 코끼리 소리, 말 소리, 수레 소리, 걸음 소리,
고둥 소리, 북 소리, 가는 북 소리, 장구 소리, 노래 소리, 춤장단 소
리, 음식 소리, 보시하는 소리였다."

쿠시나가라 성이 과거 바른 왕이 법의 정치를 편 공덕의 땅이었고 보디사트바가 진리를 행하다 니르바나에 들었던 땅이었음을 보이심

"아난다여, 쿠시나가라 성에는 왕이 있었는데 이름을 마하수다사나(Mahāsudassana)라 하였다. 그는 전륜왕이 되었는데, 총명하고 지혜가 있었으며, 네 종류의 군사를 두어 천하를 바르게 다스리며, 스스로 자재하여 법다운 법왕으로서, 일곱 가지 보배를 성취하고 사람의 '네 가지 뜻대로 되는 덕'[四如意德]을 얻었었다.

어떤 것이 일곱 가지 보배를 성취하고 사람의 네 가지 뜻대로 되는 덕을 얻은 것인가? 앞에서 말한 일곱 가지 보배와 네 가지 사람의 뜻대로 되는 덕들이다.

아난다여, 이에 쿠시나가라 왕성의 브라마나와 거사들은 구슬보배[珠寶]와 좋은 비단베보배[錭婆羅寶]를 많이 가져다 싣고 마하수다사나 왕에게 나아가 말했다.

'하늘왕이여, 우리들을 사랑하고 가엾이 여겨 이 많은 구슬보배와 좋은 비단베보배를 받아주시기 바랍니다.'

마하수다사나 왕이 브라마나와 거사들에게 말하였다.

'그대들이 이런 물건을 바치지만 나에겐 필요 없소. 나 또한 많이 있소.'

아난다여, 다시 팔만 사천의 모든 작은 국왕들이 마하수다사나 왕에게 나아가 여쭈었다.

'하늘왕이여, 우리들은 하늘왕을 위하여 궁전을 짓고자 합니다.'

마하수다사나 왕이 작은 왕들에게 말하였다.

'그대들이 나를 위하여 정전(正殿)을 짓고자 하지만, 내게는 아무 필요가 없소. 나 또한 정전이 있소.'

팔만 사천의 모든 작은 국왕들은 모두 합장하고 하늘왕을 향하여 두 번 세 번 여쭈었다.

'하늘왕이여, 우리들은 하늘왕을 위하여 정전을 짓고자 합니다. 우리들은 하늘왕을 위하여 정전을 짓고자 합니다.'

그러자 마하수다사나 왕은 팔만 사천의 모든 작은 국왕을 위하여 잠자코 들어주었다. 그때 팔만 사천의 모든 작은 국왕들은 마하수다사나 왕이 잠자코 들어준 것을 알고, 절하고 물러나 하늘왕의 주위를 세 바퀴 돌고 물러갔다.

그들은 각기 본국으로 돌아가 팔만 사천 대의 수레에 금을 가득 싣고, 다시 돈과 사람이 만든 것과 만들지 않은 것을 싣고, 또 낱낱 구슬보배의 기둥을 싣고 쿠시나가라 성으로 갔다.

그리하여 그 성에서 멀지 않은 곳에 큰 정전을 지었다.

아난다여, 그 큰 정전은 길이가 한 요자나이고 너비도 한 요자나 되었다. 그 큰 정전은 온통 금·은·유리·수정 등 네 가지 보배의 벽돌로 쌓았다.

(중략)

아난다여, 저 팔만 사천 부인과 여인의 보배들이 돌아간 지 오래지 않아, 마하수다사나 왕은 곧 시자와 함께 돌아와 대전(大殿)에 올라가 금누각으로 들어갔다. 은자리에다 털담요와 털자리를 펴고 비단덮개로 덮고, 속옷을 입고, 두 머리 베개를 두고 가릉가파화라(加陵伽波和邏)와 파자시타라나(波遮悉多羅那)에 앉았다. 앉은 뒤에는 이렇게 살폈다.

'나는 이제 마지막에 이르렀다. 탐욕을 생각하고 성냄을 생각하며, 해침을 생각하고, 다투어 서로 미워하며, 아첨하고 거짓을 부리

며, 속여 거짓말하는 따위의 한량없이 악하고 착하지 않은 법은 이
제 마지막에 이르렀다.'

그렇게 생각하고 나서 마음은 사랑과 함께하여 한 방위[一方]에
널리 차서 성취하여 노닐었다.

이렇게 둘 셋 네 방위와 네 모서리, 위아래 온갖 곳에 두루하여 맺
힘도 없고 원한도 없으며, 성냄도 없고 다툼도 없으며, 지극히 넓고
매우 크며, 한량없이 착함을 닦아 온갖 세간에 널리 차서 성취하여
노닐었다.

다음에는 금누각에서 나와 은누각으로 들어갔다.

금자리에다 털담요와 털자리를 펴고 비단덮개로 덮고, 속옷을 입
고, 두 머리 베개를 두고 가릉가파화라와 파자시타라나의 자리에 앉
았다. 앉은 뒤에는 이렇게 살폈다.

(중략)

이와 같이 슬피 여김과 함께 하여[悲俱] 널리 온갖 곳에 두루하고,
나아가 기뻐함과 함께 하여[喜俱] 널리 온갖 곳에 두루하였다.

다음에는 유리누각에서 나와 수정누각으로 들어갔다. 유리자리
에다 털담요와 털자리를 펴고 비단덮개로 덮고, 속옷을 입고, 두 머
리 베개를 두고 가릉가파화라와 파자시타라나의 자리에 앉았다. 앉
은 뒤에는 이렇게 살폈다.

'나는 이제 마지막에 이르렀다. 탐욕을 생각하고 성냄을 생각하
며, 해침을 생각하고, 다투어 서로 미워하며, 아첨하고 거짓을 부리
며, 속여 거짓말하는 따위의 한량없이 악하고 착하지 않은 법은 이
제 마지막에 이르렀다.'

다시 마음은 평등함과 함께하여 한 방위에 널리 차 성취하여 노닐

었다.

이렇게 둘 셋 네 방위와 네 모서리, 위아래 온갖 곳에 두루하여 맺힘도 없고 원한도 없으며, 성냄도 없고 다툼도 없으며, 지극히 넓고 매우 크고 한량없이 착함을 잘 닦아 온갖 세간에 널리 차서 성취하여 노닐었다.

아난다여, 마하수다사나 왕은 맨 마지막 때가 이르자, 아주 작은 죽음의 괴로움을 느꼈다.

마치 거사나 거사의 아들이 아주 맛있는 음식을 먹고 작은 괴로움을 내는 것과 같이 마하수다사나 왕이 맨 마지막 때에 이르자, 아주 작은 죽음의 괴로움을 느끼는 것이 또한 그와 같았다.

그때에 마하수다사나 왕은 '네 가지 브라흐만의 집'[四梵宅]에 태어남을 닦아 익히어 생각의 탐욕을 버린 뒤에 목숨 마치자 브라흐마 하늘에 태어났다.

아난다여, 옛날 그때의 마하수다사나 왕을 너는 다른 사람이라 생각하느냐? 그런 생각을 말라. 알아야 한다. 그때의 그는 바로 지금의 곧 나이다.

아난다여, 나는 그때에 스스로를 요익하게 하였지만 또한 남도 요익하게 하였으며, 여러 사람을 요익하게 하였고 세상을 가엾이 여겼으며, 하늘을 위하고 사람을 위하여 바른 뜻과 요익됨을 구하고 안온한 즐거움을 구하였다.

그때에는 설법하여 마쳐 다함에 이르지 못하였고, 맨 뒤의 깨끗함을 이루어 마치지 못했으며, 맨 뒤의 범행을 이루어 마치지 못했다. 그때에는 나고 늙고 병들고 죽음·울음·걱정·슬픔을 여의지 못하였고, 아직 온갖 괴로움을 벗어나지 못하였다."

**쿠시나가라의 작은 이 흙성이 위없는 보디를
완성하고 마지막 맨 뒤의 몸 버리는 곳임을 보이심**

"아난다여, 그러나 이제 나는 세상에 나와 여래·집착 없는 이·바르게 깨친 분·지혜와 행 갖춘 이·잘 가신 이·세간을 아는 분·위없는 스승·잘 이끌어주는 장부·하늘과 사람의 스승이 되어 붇다 세존이라 이름하게 되었다.

나는 이제 스스로를 요익하게 하고 또 남도 요익하게 하며, 여러 사람을 요익하게 하고 세간을 가엾이 여기며, 하늘을 위하고 사람을 위하여 바른 뜻과 요익됨을 구하고 안온한 즐거움을 구하였다.

나는 이제 설법하여 마쳐 다함에 이르렀고 맨 뒤의 깨끗함을 이루었고 맨 뒤의 범행을 이루어 마쳤다.

범행을 이루어 마치고는 나는 이제 나고 늙고 병들고 죽음·울음·걱정·슬픔을 여의었고, 온갖 괴로움을 벗어났다.

아난다여, 나는 쿠시나가라 성, 파바단[和跋單] 힘센 장사의 사라 나무숲, 나이란자나 강, 구구(求求) 강, 천관사, 그리고 나를 위하여 자리를 편 곳을 따라, 나는 그 가운데서 일곱 번 몸을 버렸었다. 그 가운데서 여섯 번을 전륜왕이 되었었으며, 지금은 일곱 번째로 여래·집착 없는 이·바르게 깨친 이가 되었다.

아난다여, 나는 다시 세상 가운데 하늘과 마라, 브라흐마하늘, 사문이나 브라마나 등으로, 하늘에서 사람에 이르기까지 다시 몸을 버리는 것을 보지 않는다. 그러나 지금 이곳은 그렇지 않다.

아난다여, 나는 지금 맨 뒤의 생, 맨 뒤의 있음[有], 맨 뒤의 몸, 맨 뒤의 모습으로 맨 뒤의 나를 얻었다.

나는 이것을 괴로움의 끝[苦邊]이라고 말한다."

붇다께서 이렇게 말씀하시자, 존자 아난다와 여러 비구들은 붇다의 말씀을 듣고 기뻐하며 받들어 행하였다.

• 중아함 68 대선견왕경(大善見王經)

• 해설 •

붇다 당시 가장 번성했던 여섯 개의 큰 도시는 앙가 국의 수도 참파(Campā), 마가다 국의 수도 라자그리하(Rājagṛha), 코살라 국의 수도 슈라바스티(Śravastī), 코살라 국의 사케타(Sāketa), 밤사 국의 수도 카우삼비(Kauśāmbī), 카시 국의 수도 바라나시(Bārāṇasī)였고, 그밖에 화려한 도시로 브릿지 국의 수도 바이샬리(Vaiśāli)가 있다.

붇다는 왜 이러한 사람이 번성하고 화려한 도시에서 니르바나에 드시지 않고, 북쪽으로 북쪽으로 걸어가시다가 무너진 흙성만이 남아 있는 쿠시나가라 성에서 파리니르바나에 드시려 하시는가.

붇다의 니르바나의 여정은 크고 화려한 도시를 거쳐 가거나 돌아 지나치는 과정이다. 세존은 당시 중부인도 최대의 도시 라자그리하를 떠나 날란다와 신흥도시 파탈리푸트라를 거쳐 바이샬리에 이르러, 그 가까운 곳 베누바나에서 여름 안거를 나신 뒤 말라 국 파바를 거쳐 지금 이곳 쿠시나가라 성에 이르셨다.

도리하늘의 어머니 마야 부인의 게송처럼 길에서 길로 걸어 끝내 본래나신 곳 카필라 가까운 곳에 돌아오심인가.

지금 번성하고 화려한 저 도시들도 있되 있지 않아[有而非有] 끝내 사라져 다함을 보면, 이 황량한 쿠시나가라 성의 흙더미 속에서 다함없는 풍요와 일곱 가지 보배의 장엄을 볼 수 있음을 가르치심인가.

크고 화려한 도시를 두고 왜 이 흙먼지 날리는 텅 빈 성에서 니르바나에 드시려는가를 묻는 아난다에게, 붇다는 '이 흙먼지 날리는 곳이 과거 보디사트바의 니르바나의 처소이고 칠보 보배궁전의 처소'라 깨우쳐주신다.

원인이 결과를 이룰 원인이면 원인 속에 이미 결과가 있고, 결과가 결과로서 이루어지면 결과에 결과의 원인이 함께 있는 것이니, 보디의 완성자 여래께서 이곳에서 니르바나에 드시면 이곳이 바로 보디사트바가 니르바나의 처소로 약속한 땅이 됨을 보이심이리라.

그리고 이 말씀은 여래의 자마금빛 거룩한 몸이 덧없음에 돌아가고 이제 니르바나에 드심을 보여, 중생의 허깨비의 몸이 공하되 공도 공함을 보면 허깨비의 몸속에 금강처럼 무너지지 않는 법의 몸[金剛不壞身]이 있음을 보이심이리라.

금강 같은 법의 몸을 보는 자, 그는 세간의 가난과 곤궁함을 떨쳐내고 한량없는 공덕의 곳간에 들어갈 것이니, 쿠시나가라의 흙먼지 속 다함없는 풍월[無盡風月]을 보고 끊임없이 불어오는 맑은 바람[無限淸風]을 받아 써야 할 것이다.

그렇다면 지금 파리니르바나에 드시기 위해 니르바나의 자리에 누워 계신 여래의 자마금빛 몸에서 있음[有]의 자취를 뛰어넘은 자가 온갖 티끌 온갖 빛깔 속에서 여래의 참몸을 볼 수 있는 것인가.

『화엄경』(「여래현상품」)은 이렇게 가르친다.

오직 하나의 굳세고 비밀한 몸이
온갖 티끌 그 가운데 나타나 있네.
그 몸은 남이 없고 또한 모습 없어
여러 국토에 널리 나타나도다.

唯一堅密身　一切塵中見

無生亦無相　普現於諸國

온갖 것은 덧없으니 방일하지 말고 정진하라

그때 세존께서 마지막 사라 나무 사이에 오른쪽 옆구리로 누워 파리니르바나에 드시기 바로 전 아난다가 오른쪽 어깨를 드러내고 오른쪽 무릎을 땅에 대고 붇다께 여쭈었다.

"세존이시여, 현재 사방에 있는 사문으로서 나이가 많고 지혜도 많아 수트라[經]와 비나야[律]를 밝게 알고 덕이 맑고 행이 높은 분들이 세존을 뵈러 오시면 저는 그로 인해 공경히 절하고 가까이 모시며 문안드렸습니다.

붇다께서 니르바나에 드신 뒤에 그들은 다시 오지 않으시어 마주 뵐 수가 없을 것이니 어찌해야 합니까?"

세존의 자취 그리는 네 가지 곳 생각함이
있게 됨을 말씀하고, 널리 출가시키도록 당부함

붇다께서 아난다에게 말씀하셨다.

"너는 걱정하지 말라. 모든 여러 족성의 사람들에게는 늘 네 가지 곳 생각함[四念]이 있다. 어떤 것이 네 가지인가?

첫째, 붇다가 나신 곳[佛生處]을 생각하여 기쁘게 보려 하고, 기억해 잊지 않고 그리워하는 마음을 내는 것이다.

둘째, 붇다께서 처음 도 얻으신 곳[得道處]을 생각하여 기쁘게 보게 하며, 기억해 잊지 않고 그리워하는 마음을 내는 것이다.

셋째, 붇다께서 법바퀴 굴리신 곳[佛轉法輪處]을 생각하여 기쁘게 보려 하며, 기억해 잊지 않고 그리워하는 마음을 내는 것이다.

넷째, 붇다께서 파리니르바나에 드신 곳[佛般泥洹處]을 생각해 기쁘게 보려 하며, 기억해 잊지 않고 그리워하는 마음을 내는 것이다.

아난다여, 내가 파리니르바나에 든 뒤에 모든 족성의 남자나 여인들은 다음과 같음을 생각할 것이다.

곧 붇다가 나실 때의 공덕은 이와 같았다.

붇다께서 도를 얻으셨을 때 신묘한 힘[神力]은 이와 같았다.

붇다께서 법바퀴를 굴렸을 때 사람들 건네주심은 이와 같았다.

니르바나에 닥쳐 남긴 법은 이와 같았다.

이렇게 생각하여 각기 그곳으로 노닐어 다니며, 여러 스투파와 절에 절하면 그들은 죽어 모두 하늘에 태어날 것이다.

다만 도를 얻은 자는 내놓는다.”

붇다께서 아난다에게 말씀하셨다.

“내가 파리니르바나에 든 뒤에 여러 사카 종족이 와서 도 행하기를 구하면, 집 나옴[出家]을 들어주어 구족계(具足戒)를 주어 어려움을 남기게 하지 말아야 한다.

또 여러 배움 다른 브라마나들이 와서 도 행하기를 구하면, 또한 집 나옴을 들어주어 구족계를 주어 넉 달 동안 시험하는 일을 하지 마라. 왜 그런가? 그들은 다른 주장이 있으므로 조금만 머뭇거리면 곧 본래의 견해[本見]를 내기 때문이다.”

상가 화합의 법과 율, 세간에 함께하는 법
수행자가 서로 공경히 따르는 법을 말씀해줌

그때 아난다가 길게 무릎 꿇어 앉아 두 손을 맞잡고 붇다 앞으로 나아가 말씀드렸다.

"찬다카 비구가 제멋대로 행동하고 있습니다. 붇다께서 니르바나에 드신 뒤에는 어떻게 해야 합니까?"

붇다께서 아난다에게 말씀하셨다.

"내가 니르바나에 든 뒤에 만약 저 찬다카가 바른 몸가짐을 따르지 않고 깨우쳐줌[教誡]을 받지 않거든 너희들은 함께 말하지 않는 벌[梵檀罰]을 행하여야 한다. 모든 비구들에게 명령하여 더불어 말하지 말고, 서로 오고 가거나 가르치거나 같이 일하지도 말라."

이때 아난다가 다시 붇다께 말씀드렸다.

"붇다께서 니르바나에 드신 뒤에 여자들로서 와서 가르침을 받는 이들은 어떻게 해야 합니까?"

붇다께서 아난다에게 말씀하셨다.

"서로 보지 마라."

아난다는 또 여쭈었다.

"만약 서로 보게 되면 어떻게 해야 합니까?"

붇다께서 말씀하셨다.

"함께 이야기하지 말라."

아난다는 또 여쭈었다.

"만약 서로 이야기하게 되면 어떻게 해야 합니까?"

붇다께서 말씀하셨다.

"스스로 마음을 거두어야 한다.

아난다여, 너는 여래가 니르바나에 드신 뒤에는 다시 덮어 보살펴 줌이 없어서 지녀오던 것을 잃으리라고 생각하는가? 이런 생각 짓지 마라.

내가 붇다가 된 뒤로 말해온 경[sūtra]과 계[śīla]가 곧 너의 보살펴 줌이 되고, 네가 지켜야 할 것이다.

아난다여, 오늘부터는 모든 비구들이 자잘한 계는 버리도록 들어준다. 위아래가 서로 부름에는 반드시 예법을 따라야 하니, 이것이 출가 수행자의 공경히 따르는 법이다.”

마지막 의심을 묻게 하시고 해탈의 언약을 주신 뒤, 방일하지 않는 정진을 당부하심

붇다께서 여러 비구들에게 말씀하셨다.

“만약 붇다와 법과 상가에 의심이 있거나, 도에 의심이 있는 자는 반드시 빨리 물어보라. 때가 되었으니 뒤의 뉘우침이 없게 하라.

내가 있는 동안 너희들을 위하여 말해주겠다.”

여러 비구들은 잠자코 말이 없었다. 붇다께서 다시 말씀하셨다.

“만약 붇다와 법과 상가에 의심이 있거나, 도에 의심이 있는 자는 반드시 빨리 물어보라. 때가 되었으니 뒤의 뉘우침이 없게 하라. 내가 있는 동안 너희들을 위하여 말해주겠다.”

여러 비구들은 또 잠자코 있었다. 붇다께서 다시 말씀하셨다.

“너희들이 만약 스스로 부끄러워하여 감히 묻지 못하겠으면 좋은 벗으로 여겨 빨리 와서 물으라.

때가 되었으니 뒤의 뉘우침이 없게 하라.”

그때 여러 비구는 또 잠자코 있었다.

아난다가 붇다게 말씀드렸다.

"저는 믿습니다. 이 대중들은 모두 깨끗한 믿음이 있어 어떤 비구도 붇다와 법과 상가를 의심하거나 도를 의심하지 않습니다."

붇다께서 아난다에게 말씀하셨다.

"나 또한 스스로 알고 있다. 지금 이 대중들 가운데 가장 어린 비구도 모두 도의 자취[道迹]를 증득하여 악한 세계[惡道]에 가지 않고 일곱 번을 오가고 나서 반드시 괴로움의 끝을 다할 것이다."

그때 세존께서는 곧 천이백 명의 제자들에게 그들이 얻게 될 도의 과덕[道果]을 언약하셨다. 그때 세존께서는 웃타라상가를 헤치고 금빛 팔을 내밀어 여러 비구들에게 말씀하셨다.

"너희들은 살펴야 한다.

여래가 때가 되어서야 이 세상에 나오시는 것은 마치 우트팔라 꽃이 때가 되어야 한 번 나타나는 것과 같다."

그때 세존께서는 거듭 이 뜻을 살피시고 게송으로 말씀하셨다.

여래의 오른팔은 자마금의 빛깔이고
붇다의 나타나심 우트팔라 꽃과 같네.
가고 오는 행은 다 덧없으므로
니르바나를 나타내 보이는 것이니
함부로 놓아 지냄이 없도록 하라.

"그러므로 비구들이여, 방일하지 말라. 나는 방일하지 않음으로 스스로 바른 깨달음을 이루었다. 한량없는 뭇 착함[無量衆善]도 방일하지 않음을 말미암아 얻는 것이다.

온갖 만 가지 것들은 늘 있는 것이 없으니, 이것이 여래가 맨 뒤에 말해 보여주는 것이다."

머묾 없는 초월의 사마디에서 니르바나에 드심

이에 세존께서는 곧 첫째 선정[初禪定]에 들어가셨다. 첫째 선정에서 일어나 둘째 선정에 들어가시고, 둘째 선정에서 일어나 셋째 선정에 들어가시고, 셋째 선정에서 일어나 넷째 선정에 들어가셨다.

넷째 선정에서 일어나 빈 곳의 선정[空處定]에 들어가시고, 빈 곳의 선정에서 일어나 앎의 곳의 선정[識處定]에 들어가시고, 앎의 곳의 선정에서 일어나 있는 바 없는 곳의 선정[不用定]에 들어가셨다.

있는 바 없는 곳의 선정에서 일어나 생각 있음도 아니고 생각 없음도 아닌 곳의 선정[有想無想定]에 들어가시고, 생각 있음도 아니고 생각 없음도 아닌 곳의 선정에서 일어나 모습 취함 사라진 선정[滅想定]에 들어가셨다.

이때에 아난다가 아니룻다에게 물었다.

"세존께서 이미 파리니르바나에 드셨습니까?"

아니룻다가 말했다.

"아직 들지 않으셨습니다. 아난다여, 세존은 지금 모습 취함 사라진 선정[滅想定]에 계십니다. 저는 옛날 붇다께 몸소 들었는데, '넷째 선정에서 일어나 파리니르바나에 드신다'고 하셨습니다."

그때 세존께서는 모습 취함 사라진 선정에서 일어나 생각 있음도 아니고 생각 없음도 아닌 곳의 선정에 들어가시고, 생각 있음도 아니고 생각 없음도 아닌 곳의 선정에서 일어나 있는 바 없는 곳의 선정에 들어가셨다. 있는 바 없는 곳의 선정에서 일어나 앎의 곳의 선정에 들어가시고, 앎의 곳의 선정에서 일어나 빈 곳의 선정에 들어 가시고, 빈 곳의 선정에서 일어나 넷째 선정에 들어가셨다.

넷째 선정에서 일어나 셋째 선정에 들어가시고, 셋째 선정에서 일어나 둘째 선정에 들어가시고, 둘째 선정에서 일어나 첫째 선정에 들어가셨다.

첫째 선정에서 일어나 둘째 선정에 들어가시고, 둘째 선정에서 일어나 셋째 선정에 들어가시고, 셋째 선정에서 일어나 넷째 선정에 들어가시고, 넷째 선정에서 일어나 파리니르바나하셨다.

바로 그때 땅이 크게 떨려 움직이니 여러 하늘들과 세상 사람들이 다 크게 놀라고 두려워하였다. 해와 달의 밝은 빛이 비치지 못하던 모든 깊은 어두움의 세계들도 다 큰 밝음을 입어 각기 서로 볼 수 있게 되었다.

그들은 서로 번갈아 이렇게 말했다.

'저 사람이 여기에 태어났구나. 저 사람이 여기에 태어났구나.'

그 밝은 빛은 널리 비치어 모든 하늘의 빛을 지녔다.

그때 도리하늘은 허공에서 마나라 꽃·우트팔라 꽃·파드마 꽃·쿠무다 꽃·푼다리카 꽃을 여래 위에 흩어 뿌리고, 여러 모인 대중들에게도 흩어 뿌렸다. 또 하늘의 찬다나 향 가루를 붇다 위에 흩어 뿌리고 여러 대중들에게도 흩어 뿌렸다.

세존의 파리니르바나를 여러 하늘왕과 땅과 나무의 신들
여러 비구제자들이 노래로 찬탄함

붇다께서 니르바나에 드시자, 그때 브라흐마하늘왕이 허공에서 게송으로 말했다.

온갖 어두운 중생의 무리들은
반드시 여러 쌓임 버려야 한다.
붇다는 위없이 높으신 분이라
이 세간에는 같이 짝할 이 없네.

여래는 곧 크고 거룩하신 영웅
두려움 없는 신묘한 힘 있으시네.
세존께선 오래 머무셔야 하는데
이제 바로 파리니르바나 드셨네.

그때 인드라하늘왕도 게송을 지어 말했다.

다섯 쌓임의 지어감 항상함 없어
다만 일어나고 시드는 법이네.
난 것은 죽지 않음이 없으니
붇다는 이를 없애 즐거움 삼네.

바이쓰라바나하늘왕도 게송을 지어 말했다.

복된 나무 크나큰 수풀 가운데
위없이 복된 사라 나무이니
공양 받으시는 세간의 복밭께선
두 나무 사이에서 니르바나 드셨네.

그때 아니룻다도 게송을 지어 말했다.

붇다는 함이 없음으로 머무르사
들고 나는 숨을 쓰지 않으셨네.
본래 고요함으로부터 오시어
신령한 빛 여기에서 사라졌네.

브라흐마나[梵摩那] 비구도 게송을 지어 말했다.

게으르고 교만한 마음이 없이
스스로를 거두어 높은 지혜 닦아
집착 없고 물듦 없으시니
애욕 떠나 위없이 높은 분이네.

아난다 비구도 게송을 지어 말했다.

여러 하늘 사람들이 두려움 품어
이 때문에 옷의 털도 곤두섰도다.
온갖 공덕 지혜를 다 이루시사
바르게 깨친 분 니르바나 드셨네.

킴빌라 신도 게송을 지어 말했다.

세간은 덮어 보살펴줌 잃었으니

중생은 길이 눈멀어 어두우리라.
바르게 깨치신 사람들의 영웅
사카의 사자와 같으신 분을
다시는 우러러 뵐 수 없으리.

밀적역사(密迹力士)도 게송을 지어 말했다.

지금 세상이나 뒷세상에서도
브라흐마하늘, 세간하늘과 사람들
사람의 영웅 사카의 사자 같은 분
다시는 우러러 뵐 수 없으리.

붇다의 어머니 마야도 게송을 지어 말했다.

붇다는 룸비니 동산에서 나셔
깨치신 그 도를 널리 흘러 펼치고
본래 나신 곳으로 돌아오시사
길이 덧없는 몸을 버리시었네.

두 그루 나무신[雙樹神]도 게송을 지어 말했다.

나무 밑에 앉아 계신 저 붇다께
언제 다시 때 아닌 꽃 뿌려드릴까.
열 가지 힘 온갖 공덕 모두 갖추신

여래는 니르바나 들어가셨네.

사라 동산의 숲의 신[林神]도 다시 게송을 지어 말했다.

　이곳은 가장 묘하고 즐거운 땅
　붇다께서는 여기서 나서 자랐고
　여기서 법바퀴를 굴리셨으며
　또 여기서 니르바나 드셨네.

네 하늘왕[四天王]도 게송을 지어 말했다.

　여래께서는 위없는 지혜로써
　늘 덧없음의 뜻을 말씀하셨네.
　중생의 괴로움의 묶임 풀어주시고
　끝내 마쳐 고요함에 들어가셨네.

도리하늘[忉利天]도 게송을 지어 말했다.

　억천만 겁 한량없이 먼 시간 동안
　위없는 도를 구해 이루셨도다.
　중생의 괴로움의 묶임 풀어주시고
　끝내 마쳐 고요함에 들어가셨네.

야마하늘왕[焰天王]도 게송을 지어 말했다.

이것은 맨 뒤 입으신 여래의 옷
여래의 몸을 묶어 감싸고 있네.
붇다가 이미 니르바나 드셨으니
이 옷은 어느 곳에 드려야 할까.

투시타하늘왕[兜率陀天王]도 게송을 지어 말했다.

이것은 맨 뒤 거룩한 여래의 몸
여기서 다섯 쌓임 열여덟 법의 영역
모두다 사라져 다하였나니
시름하고 기뻐하는 생각 없으며
다시 늙고 죽음의 걱정이 없네.

변화가 자재한 하늘왕[化自在天王]도 게송을 지어 말했다.

붇다께서는 오늘 새벽이 다 되도록
오른쪽 옆구리를 대고 누우셨나니
여기 이 사라 숲의 동산 가운데서
사카의 사자 니르바나 드셨네.

타화자재하늘왕[他化自在天王]도 또 게송을 지어 말했다.

세간은 길이 시들고 어두워지리
별의 왕인 저 달 갑자기 떨어졌네.

덧없음의 크나큰 힘에 덮여서
큰 지혜의 해도 길이 가리워졌네.

모든 비구들도 또 게송을 지어 말했다.

이 몸은 마치 물방울 거품과 같아
위태롭고 약하니 누가 즐기리.
붇다는 금강의 몸 얻으셨지만
오히려 덧없이 무너지셨네.

모든 붇다들의 금강의 몸도
모두 또한 덧없음에 돌아가서
적은 눈발처럼 빨리 사라지나니
그 나머지 것들 다시 어찌 바라리.

• 장아함 2 유행경 ③ 후반부

• 해설 •

이 경은 파리니르바나의 마지막 순간 제자들에 대한 여래의 간곡한 당부
와 깨우침을 그 내용으로 하고 있으며, 덧붙여 니르바나 드실 무렵 여래의
사마디와 거룩한 니르바나에 대한 하늘과 땅, 한량없는 대중의 찬탄을 담고
있다.

붇다는 평소에 늘 성문제자들에게 '사람에 의지하지 말고 법에 의지하
라'고 가르치고 '말[言]에 의지하지 말고 뜻[義]에 의지하라'고 가르치신
다. 그렇듯 여래는 마지막 부촉에서도 경(經)과 계(戒)를 잘 아는 장로가 없
더라도 경과 계 자체를 의지하고, 여래의 자취가 배어 있는 네 곳[四處]을

생각하여 여래의 가르침을 따라 배우게 하신다.

네 곳은 붇다께서 나신 곳·보디를 얻으신 곳·법바퀴 굴리신 곳·니르바나에 드신 곳이니, 이 네 곳 생각함을 통해 세간에 오심과 보디의 성취, 붇다의 설법, 붇다의 니르바나를 사유하고 붇다의 보디와 니르바나의 길을 따라 행하도록 하신다.

붇다께서 생각하도록 가르쳐주신 네 곳, 곧 룸비니(Lumbini)의 나신 곳·바라나시의 설법지·붇다가야의 성도지·쿠시나가라의 니르바나 드신 곳은 지금 불교도들이 거룩한 곳으로 받드는 사대성지(四大聖地)로 신앙의 중심지가 되어 있고, 나신 날·성도하신 날·니르바나에 드신 날은 불교도들이 함께 모여 붇다를 기리는 기념일이 되어 있다.

교단 안의 악한 비구에 대해서는 더불어 말하지 않고 상대해주지 않음으로 그를 꾸짖게 하고 깨우치게 하시니, 이것이 여래가 가르치신 범행(梵行)의 벌줌이다.

범행으로 벌줌은 범행에 거슬러 사는 이를 꾸짖어 내쫓거나 혼내는 것이 아니라, 범행에 돌아오도록 그에게 일시적으로 자기반성의 강요된 시간을 주는 것이니, 범행으로 벌줌은 삿된 뜻을 가진 개인에 대한 비판의 태도가 되어야 할 뿐 아니라 사회악에 대한 비판과 개혁의 태도도 되어야 한다.

여래의 니르바나에 드시는 사마디가 왜 이리 복잡한 움직임의 모습으로 기술되어 있는가. 그것은 여래의 사마디가 사마디 아닌 사마디라, 한 사마디가 한량없는 사마디를 갖추고 사마디가 죽어 있는 고요함이 아니라, 법계인 선정이고 해탈의 행으로 발현되는 사마디임을 나타내기 때문이다. 여래의 이러한 사마디를 초월의 사마디[超越三昧]라 하니, 여래에게 하나의 사마디는 곧 그 사마디이되 그 사마디를 벗어나 온갖 사마디를 거두는 크고 넓은 사마디가 됨을 그와 같이 표현했다.

여래의 사마디는 금강처럼 무너지지 않고 움직임 없되 온갖 존재의 운동을 다 거두며, 늘 고요하되 늘 밝으며 온갖 사유가 끊겨졌지만 온갖 것 아는 지혜가 갖춰진 사마디인 것이다.

이 사마디가 본래 니르바나인 곳에서 파리니르바나를 나투어 보이는 사마디이고, 온갖 모습이 아니되 온갖 모습을 모두 거두는 사마디이니, 그 니르바나인 사마디를 브라흐마하늘도 찬탄하고 성문 비구도 찬탄하며, 나무와 풀, 땅과 하늘도 찬탄하는 것이다.

비구들의 게송에 '저 붇다의 금강의 몸이 덧없음에 돌아가서 눈발처럼 사라지는데 온갖 것 그 어느 것이 덧없음에 돌아가지 않겠는가'라고 말하고 있으니, 저 덧없음은 금강의 몸마저 없애버리는 허무와 비탄의 눈물일 것인가.

그렇지 않다. 저 덧없음의 뜻을 참으로 잘 보는 자 그가 덧없음 속에서 참으로 위태롭지 않은 삶의 길을 볼 수 있고, 길이 나지 않고 사라지지 않는 여래의 금강 같은 현존 볼 수 있음을 가르치는 것이다.

그렇다면 사라지지 않는 여래의 참몸은 무엇인가.

『화엄경』(「수미정상게찬품」須彌頂上偈讚品)은 가르친다.

모든 법의 자기성품이
있는 바 없음 살펴보면
저 나고 사라지는 모습은
거짓 이름으로 말한 것이네.

觀察於諸法　自性無所有
如其生滅相　但是假名說

온갖 법은 남이 없고
온갖 법은 사라짐 없으니
만약 이와 같이 알면
모든 붇다 늘 현전하리라.

一切法無生　一切法無滅
若能如是解　諸佛常現前

경의 말씀처럼 세간법의 있되 공한 모습이 여래의 참모습이니, 온갖 견해를 뛰어넘은 세간의 큰 장부라야 가시되 가심 없는 여래의 참된 법의 몸[眞法身]에 나아갈 것이다.

「수미정상게찬품」은 이렇게 말한다.

봄이 있으면 곧 물든 때가 되니
이것은 참된 봄이 되지 못하네.
모든 견해 멀리 떠나야 하니
이와 같아야 붇다를 뵐 수 있으리.

有見卽爲垢　此則未爲見
遠離於諸見　如是乃見佛

만약 세간을 본다고 그렇게 보면
봄이 곧 세간의 모습이 되네.
진실 그대로 평등해 다름 없어야
이것을 참된 봄이라 이름하도다.

若見見世間　見則世間相
如實等無異　此名眞見者

세존이 니르바나에 드시자 사라 나무숲마저
꽃을 피워 세존께 공양하였나니

이와 같이 내가 들었다.

한때 붇다께서는 쿠시나가라 국의 힘센 장사가 태어난 곳인 굳센 두 그루 사라 나무숲에 계셨다.

그때 세존께서는 파리니르바나에 드실 때가 되자 존자 아난다에게 말씀하셨다.

"너는 굳센 두 그루 사라 나무 사이에 자리를 펴 머리를 북으로 두게 하라. 여래가 오늘 밤중에 '남음 없는 니르바나'[無餘涅槃]에서 파리니르바나에 들 것이다."

그때 존자 아난다는 세존의 가르침을 받들어, 세존을 위해 굳센 두 그루 사라 나무 사이에 세존을 위해 자리를 펴 머리를 북으로 두시게 한 뒤 세존께 돌아와 머리를 대 발에 절하고 말씀드렸다.

"여래를 위해 굳센 두 그루 나무숲 사이에 자리를 펴 머리를 북으로 두시도록 했습니다."

그러자 세존께서는 자리에 나아가 오른쪽 옆구리를 땅에 대고 머리를 북으로 두고 누워 발을 포개고 생각을 밝은 모습에 묶었다.

그때 세존께서 한밤중에 남음 없는 니르바나에서 파리니르바나에 드셨다. 그러자 굳센 두 그루 나무숲은 곧 꽃을 피우고는 세존 둘레를 에워싸듯 가지를 드리우며 세존께 공양하였다.

세존의 니르바나를 성문비구와 하늘왕들이 찬탄해 노래함

그때 어떤 비구가 곧 게송으로 말하였다.

　　매우 좋도다, 굳센 나무여.
　　가지 드리워 붇다께 절하네.
　　큰 스승의 파리니르바나에
　　묘한 꽃으로 공양하도다.

그러자 하늘왕 인드라가 곧 게송을 말하였다.

　　온갖 행은 모두 덧없으니
　　이는 나고 사라지는 법이네
　　비록 나지만 곧 사라지나니
　　이것이 고요하면 즐거움이리.

이윽고 사바세계의 주인인 브라흐마하늘왕이 다시 게송을 말하
였다.

　　세간에서 온갖 생겨나는 것
　　이루어지면 반드시 버려야 하네.
　　이와 같이 거룩한 큰 스승께선
　　세간에서 무엇으로 비할 바 없이
　　여래의 빼어난 힘을 얻으시어
　　널리 세간의 눈이 되셨지만

끝내 닳아 사라짐에 돌아가
남음 없는 니르바나 들어가셨네.

존자 아니룻다가 다시 게송으로 말하였다.

드는 숨 나는 숨에 머무르사
마음 세워 잘 거두어 보살폈으니
의지했던 법을 따라 오시어
세간에서 파리니르바나 드셨네.
큰 두려워함이 서로 생겨나
사람 몸의 털 곤두세우니
온갖 행과 힘을 다 갖추옵신
큰 스승의 니르바나 때문이네.
세존께선 그 마음 게으르지 않고
또한 모든 애착에 머무름 없이
마음과 법 모두 떠나 해탈하시니
섶이 다해 불이 꺼짐 같도다.

다비한 뒤 아난다가 게송으로 찬탄함

여래께서 니르바나에 드신 지 이레 뒤에 존자 아난다가 '다비해
드리는 곳'[枝提所]에 가서 게송을 읊었다.

세간의 인도자 이 보배의 몸
브라흐마하늘 위로 가시었네.

이와 같은 큰 신묘한 힘으로
안의 불이 도로 몸 태웠네.
오백 벌 옷으로 몸을 쌌지만
모두 다 타서 사라졌고
천 벌의 부드럽고 좋은 옷으로
여래의 몸에 옷 입혀드렸지만
오직 두 벌만 타지 않았으니
가장 좋은 옷과 속옷이었네.

　존자 아난다가 이 게송을 읊었을 때, 여러 비구들은 잠자코 있으면서 슬퍼하기도 하고 기뻐하기도 하였다.

- 잡아함 1197 입멸경(入滅經)

• 해설 •

　여래의 니르바나의 진리여, 온갖 모습이 아니되 모습 아님도 아니니 하늘이라 해도 옳지 않고 하늘 아니라 해도 옳지 않으며, 땅이라 해도 옳지 않고 땅이 아니라 해도 옳지 않다. 그러니 여래의 거룩한 니르바나 앞에 하늘 신인들 어찌 찬탄의 노래 바치지 않으며, 저 땅인들 여섯 가지로 떨려 움직이지 않을 것인가.

　물도 출렁거려 여래의 니르바나에 공경의 마음 바치고 저 사라 나무도 꽃을 피우고 가지를 드리워 니르바나에 드시는 세존께 공양한다.

　오백 벌 옷으로 여래의 몸을 싸서 다비해드림에 여래의 몸을 싼 속옷과 가장 좋은 옷은 타지 않았다고 말하니, 이는 여래의 법의 몸[法身]이 가되 감이 없어 늘 중생과 함께함을 보여주심이리라.

제5장

사라짐 없는 여래의 법신에
중생은 늘 우러러 돌아가야 하리

"여래께서 니르바나에 드심이 어찌 이리도 빠른가,
세존께서 니르바나에 드심이 어찌 이리도 빠른가,
큰 법이 빠져 사라지고 가리워짐이 어찌 이리도 빠른가?
뭇 삶들은 길이 시들고 세간의 눈이 없어졌구나."

　라자그리하로부터 쿠시나가라에 이르는 세존의 니르바나의 여정 가운데는 두 차례 큰 대중 교화의 법석이 열린다. 그 첫 번째는 베누바나에서 마지막 안거하시기 전, 바이살리에서 화류계 여성 암라파알리와 그 권속이 되는 오백 여인과 수많은 리차비 종족을 교화하심이다. 또 한 번의 큰 법석은 니르바나 드시기 바로 전 파바 국의 말라족을 널리 교화하심이다.

　세존께서는 라자그리하를 떠나 바이살리에 이르러 암라파알리 여인이 소유하고 있었던 땅과 동산에서 머무시며, 암라파알리의 공양청을 받고 암라파알리와 그 거느리던 여인 오백 명, 셀 수 없는 리차비 종족을 교화하신다. 그 법회를 통해 세존은 암라파알리로 하여금 망고동산을 승단에 기증하게 하셨다.

　그렇게 해서 바이살리에서는 상가대중이 머물 큰 아란야를 세우시고, 나중 파바 국 말라족의 교화를 통해서는 세존의 다비를 말라족의 대중이 맡아 하도록 그 인연을 지어주신다.

　경에서는 세존의 다비 준비와 여러 일거리를 사람들만이 참여해서 한 것이 아니라 사람 세상의 말라족과 하늘의 여러 신들이 세존의 다비를 함께 모신 것으로 되어있다.

　그리하여 먼 곳으로 노닐어 나가 있던 카샤파가 돌아올 때까지 하늘신들이 다비를 지체하여 이미 니르바나에 드신 붇다께서는 늦게 이르른 마하카샤파에게 관 밖으로 두 발을 내보이시니, 이것이 제자 대중에 대한 '마지막 깨우침'을 나타내 보이심이다.

　법왕이신 세존의 장례법은 전륜왕의 장례와 같은 예법으로 모셔졌다.

세존의 사리는 여덟 나라의 여러 종족들이 나누어 여덟 개의 스투파를 세우고, 사리를 담은 병과 사리 모시고 남은 재와 생전 머리카락을 모신 스투파까지, 열한 개의 스투파가 이 사람 세상에 세워졌다.

　세존의 사리 분배가 여러 나라들 사이의 전쟁으로까지 치닫게 된 상황에서 사리 분배를 주장하고 그 조정에 나섰던 드로나 브라마나는 먼저 세존의 사리에서 '윗 어금니'를 집어 마가다 국왕에게 보낸다.

　이는 아마 세존의 사리를 독차지하러 맨 먼저 군대를 일으켜 네 군대를 끌고 온 가장 강한 나라 마가다 국의 아자타사트루 왕을 달래어, 사리 분배가 원만히 이루어지도록 하기 위한 드로나의 지혜로운 상황대처법이었으리라.

　사리 분배를 요구했던 파바 국의 말라족, 쿠시나가라 국의 말라족, 알라캄파 국의 불리족, 라마가마 국의 콜리야족, 베타디파 국의 브라마나들, 카필라 국의 사카족, 바이살리 국의 브릿지족, 마가다 국의 아자타사트루 왕, 이 여덟 곳에 사리가 나누어진다.

　그리고 사리 담은 병은 사리 분배를 조정했던 드로나가 모시게 되고, 남은 재는 핍팔리바나의 모리족이 거두어 가 각기 스투파를 세우고, 또 살아계실 때의 머리카락으로 스투파를 세우니, 열한 개의 스투파가 인간 세상에 모셔졌다.

　그러나 옴도 없고 감도 없는 여래의 파리니르바나의 참뜻을 깊이 살피는 이라면, 세워짐이 없으므로 무너짐이 없는 '여래 온몸 그대로의 보배탑'[全身寶塔], '이음새가 없어 꿰맨 자국이 없는 탑'[無縫塔]을 보아야 하리라.

관 밖으로 두 발을 내보여
법신의 참생명을 드러내시니

붇다께서 파리니르바나에 드시고 나자 이때 여러 비구들은 구슬피 울며 기운을 잃어 스스로 몸을 땅에 던져 뒹굴며 부르짖어 스스로 이기지 못하고 흐느끼면서 말했다.

"여래께서 니르바나에 드심이 어찌 이리도 빠른가, 세존께서 니르바나에 드심이 어찌 이리도 빠른가, 큰 법이 빠져 사라지고 가리워짐이 어찌 이리도 빠른가? 뭇 삶들은 길이 시들고 세간의 눈이 없어졌구나."

마치 큰 나무의 뿌리가 뽑혀 가지들이 꺾인 것 같았고, 또 허리 잘린 뱀이 뒹굴고 헤매면서 어디로 갈지 모르는 것 같았다.

그때 모든 비구들 또한 이와 같이 슬피 울고 기운이 막혀 스스로 몸을 땅에 던져 뒹굴며 부르짖어 스스로 누르지 못하고 흐느끼며 말했다.

"여래께서 니르바나에 드심이 어찌 이리도 빠른가, 세존께서 니르바나에 드심이 어찌 이리도 빠른가, 큰 법이 빠져 사라지고 가리워짐이 어찌 이리도 빠른가? 뭇 삶들은 길이 시들고 세간의 눈이 없어졌구나."

세존의 니르바나를 하늘신들마저 모두 슬퍼함

그때 아니룻다 장로가 여러 비구들에게 말했다.

"그만두오, 그만두오. 슬퍼하지 마시오. 여러 하늘신들이 위에 있으면서 괴이하게 여겨 꾸짖으리라."

여러 비구들이 아니룻다에게 물었다.

"위에는 얼마나 되는 하늘신들이 있습니까?"

아니룻다가 대답하였다.

"허공을 가득 채우고 있으니 어떻게 다 헤아릴 수 있겠소? 그들은 모두 허공 가운데서 어지럽게 떠돌아다니며 슬피 부르짖고 가슴을 치고 뛰며 눈물을 흘리면서 말하오.

'여래께서 니르바나에 드심이 어찌 이리도 빠른가, 세존께서 니르바나에 드심이 어찌 이리도 빠른가, 큰 법이 빠져 사라지고 가리워짐이 어찌 이리도 빠른가? 뭇 삶들은 길이 시들고 세간의 눈이 없어졌구나.'

마치 큰 나무의 뿌리가 뽑혀 가지들이 꺾이는 것 같고, 또 허리 잘린 뱀이 뒹굴고 헤매며 어디로 갈지 모르는 것 같소.

지금 모든 하늘들도 이와 같아서 공중에서 어지럽게 떠돌아다니며 슬피 부르짖고 가슴을 치고 뛰며 눈물을 흘리며 말하오.

'여래께서 니르바나에 드심이 어찌 이리도 빠른가, 세존께서 니르바나에 드심이 어찌 이리도 빠른가, 큰 법이 빠져 사라지고 가리워짐이 어찌 이리도 빠른가? 뭇 삶들은 길이 시들고 세간의 눈이 없어졌구나.'

그때 여러 비구들은 밤을 새우고 새벽까지 서로 법의 말씀[法語]을 이야기하였다.

말라족 사람들에게 알려 세존께 공양하도록 하고 장례를 준비시킴

아니룻다가 아난다에게 말했다.

"그대는 성(城)에 들어가 여러 말라족 사람들에게 이렇게 말하시오.
'붇다께서 이미 니르바나에 드셨소. 보시하고 공양하고자 하는
사람은 이때를 놓치지 말아야 하오.'"

아난다가 곧 일어나 붇다의 발에 절하고 한 비구를 데리고 눈물을
흘리면서 성으로 들어갔다. 멀리서 오백 명의 말라족 사람들이 무슨
일이 있어 한곳에 모여 있는 것을 보았다.

여러 말라족들도 아난다가 오는 것을 보고 모두 일어나 맞이하며
그 발에 절하고 서서 아난다에게 말했다.

"무슨 일로 이렇게 일찍 오셨습니까?"

아난다가 대답했다.

"나는 이제 그대들에게 큰 이익을 주고자 이 새벽에 여기 온 것이
오. 그대들은 아셔야 하오. 여래께서 어젯밤에 이미 니르바나에 드
셨습니다. 그대들이 보시하고 공양하고자 하거든 이때를 놓치지 마
시오."

여러 말라족 사람들은 이 말을 듣고 슬퍼하지 않는 사람이 없었
다. 눈물을 닦으면서 말했다.

"어찌 이리도 빠른가? 붇다의 파리니르바나에 드심이여, 어찌 이
리도 빠른가? 세간의 눈이 사라짐이여."

아난다가 대답했다.

"그만 그치시오, 그만 그치시오. 슬피 울지 마시오. 함이 있는 법
을 바뀌지 않게 하고자 해도 그리 될 수 없는 것이오. 붇다께서 말씀
하시기를 '태어난 것은 반드시 죽고, 만나면 헤어진다. 온갖 은혜와

사랑은 길이 있는 것이 아니다'라고 하셨소."

그때 여러 말라족 사람들은 제각기 말하였다.

"우리는 각기 돌아가서 여러 향과 꽃과 또 악기를 마련해 빨리 두 사라 나무로 가 사리에 공양하자. 그리고 하루가 지나거든 붇다의 몸을 평상 위에 모시고, 말라족의 어린이들로 하여금 평상의 네 귀를 들게 하고, 깃발과 일산을 받쳐 들고 꽃을 뿌리고 향을 사르며 음악을 공양하며 동쪽 성문으로 들어가자.

여러 마을을 두루 들러 백성들이 공양할 수 있게 하자. 그런 뒤에 서쪽 성문으로 나와, 높고 탁 트인 곳[高顯處]으로 가서 다비해드리자."

그때 여러 말라족 사람들은 이렇게 의논하고 나서 각기 자기 집으로 돌아가 향과 꽃과 악기를 마련해 두 사라 나무로 나아가 사리에 공양했다.

하루가 지난 뒤 붇다의 몸을 평상 위에 모시고 여러 말라족 사람들이 와서 평상을 함께 들었지만 들려지지 않았다.

아니룻다가 말라족 사람들에게 하늘신들의 장례법을 알려 그 뜻을 따르도록 함

그때 아니룻다는 여러 말라족 사람들에게 말했다.

"그대들은 잠깐 멈추시오. 부질없이 애쓰지 마시오. 지금 모든 하늘이 찾아와 그 평상을 들고자 합니다."

여러 말라족 사람들이 말했다.

"하늘은 이 평상을 어떻게 옮기려고 생각하고 있습니까?"

아니룻다가 말했다.

"그대들은 향과 꽃과 음악으로써 사리에 공양하고 하루를 지낸 뒤 붇다의 몸[佛舍利]을 평상 위에 모시려 하오. 그리고 말라족 어린 이들을 시켜 평상의 네 귀를 들게 하고, 깃발과 일산을 받쳐 들고 꽃을 뿌리고 향을 사르며 음악을 공양하고 동쪽 성문으로 들어가 여러 마을을 두루 들러 백성들이 모두 공양할 수 있게 하려고 하오.

그 다음에는 서쪽 성문으로 나가 높고 탁 트인 곳에서 다비해 드리려고 하오.

그러나 여러 하늘의 생각에는 이레 동안 사리를 모셔 두고 꽃과 향과 음악으로써 예경하고 공양하려 하오. 그 다음에 붇다의 몸을 평상 위에 모시고 말라족의 어린이들이 평상의 네 귀를 들게 하고, 깃발과 일산을 받쳐 들고 꽃을 뿌리고 향을 사르며 여러 가지 음악을 공양하고 동쪽 성문으로 들어가 모든 마을을 두루 들러 백성들이 모두 공양할 수 있게 하려고 하오.

그 다음에는 서쪽 성문으로 나가 나이란자나 강을 건너 마쿠타반다나 체티야(Makuṭabandhana-cetiya, 天冠寺)에 가서 다비에 붙이고자 하오. 위의 하늘들은 이런 생각으로 평상을 움직이지 않게 한 것이오."

말라족 사람들이 말하였다.

"알겠습니다, 그 말이 마음에 듭니다. 여러 하늘의 뜻을 따르겠습니다."

여러 말라족 사람들은 서로 말했다.

"우리들은 먼저 성으로 들어가 거리와 골목길을 평평하게 고르고 물을 뿌려 쓸고 향을 피우자. 그리고 이곳으로 다시 돌아와 이레 동안 사리에 공양하자."

여러 말라족 사람들은 곧 함께 성으로 들어가 거리와 골목길을 평평하게 고르고 물을 뿌려 쓸고 향을 피웠다. 그리고 성을 나와 두 사라 나무 사이에서 향과 꽃과 음악으로써 사리를 공양했다.

이레가 지나 해가 저물 무렵에 붇다의 몸을 평상 위에 모시고 말라족 어린이들이 네 귀를 받들어 들었다. 깃발과 일산을 받쳐들고 꽃을 뿌리고 향을 사르며 여러 가지 음악을 연주하며 앞뒤에서 이끌고 따라 편안하고 고요하게 행진했다.

그때 도리하늘의 여러 하늘무리들은 마나라 꽃·우트팔라 꽃·파드마 꽃·쿠무다 꽃·푼다리카 꽃과 하늘의 찬다나 향 가루를 사리 위에 흩뿌려 온 거리에 가득 차게 하였다.

여러 하늘은 음악을 연주하고 귀신들은 노래를 불렀다.

그때 말라족 사람들은 서로 이야기했다.

"사람의 음악은 잠깐 두고 하늘의 음악을 청해 사리에 공양하자."

그때 말라족 사람들이 평상을 받들고 차츰 나아갔다. 동쪽 성문으로 들어가 여러 거리와 골목에 멈추어 꽃을 뿌리고 향을 사르며 음악을 공양했다.

그때 말라족의 대신 로이의 딸이 있었다. 붇다의 도를 깊이 믿었던 그녀는 손에 수레바퀴만한 황금꽃을 받들어 사리에 공양했다. 어떤 늙은 여인이 소리 높여 칭찬했다.

"이 여러 말라족들은 큰 이익을 얻을 것이다. 여래께서 맨 나중 이곳에서 니르바나에 드시자 온 나라 사람들이 기꺼이 공양하게 되었구나."

아난다 존자가 여래의 장례법이 전륜왕의
장례법과 같음을 보여 말라족들에게 준비시킴

여러 말라족 사람들은 공양을 베풀어 마치고 다시 북문으로 나가 나이란자나 강을 건너 천관사에 이르렀다. 평상을 땅에 내려놓고 아난다에게 물었다.

"저희들은 이제 다시 무엇으로써 공양해야 합니까?"

아난다가 대답했다.

"저는 몸소 붇다께 들었고 몸소 붇다의 가르침을 받았습니다.

붇다는 이렇게 말씀하셨습니다.

'사리를 장례하고자 하거든 전륜왕의 장례법과 같이 하여야 한다.'"

여러 말라족 사람들은 또 아난다에게 물었다.

"전륜왕의 장례법은 어떻게 하는 것입니까?"

아난다가 대답했다.

"전륜왕의 장례법은 우선 향탕(香湯)으로 그 몸을 씻고, 새 무명 베[劫貝]로 몸을 두루 감되 오백 겹으로 차곡차곡 묶듯이 감싸오. 몸을 황금관에 넣고 깨 기름을 부어 채운 뒤, 황금관을 들어 두 번째 쇠관에 넣고, 찬다나 향나무로 짠 덧관으로 그 겉을 거듭 싸오. 온갖 기이한 향을 쌓아 그 위를 두텁게 덮고 다비하오.

그 뒤에 다시 사리를 거두어 네 거리에 스투파를 세우고 세운 깃대에는 비단을 걸어 온 나라의 길가는 사람들이 모두 왕의 스투파를 보게 하여, 그 바른 교화를 사모해 많은 이익을 얻게 해야 하오.

붇다께서는 제게 이렇게 가르치셨습니다.

'아난다여, 네가 여래를 장사지내려 하거든 먼저 향탕으로써 목욕시키고 새 무명베로 몸을 두루 감되 오백 겹으로 차곡차곡 묶듯이 감싸라.

몸을 황금관 안에 넣고 깨 기름을 부어 채운 뒤, 황금관을 들어 두 번째 쇠곽에 넣고, 찬다나 향나무로 짠 덧관으로 겉을 거듭 싸라. 온갖 기이한 향을 쌓아 그 위를 두껍게 덮고 그리고 그것을 다비하라.

다시 사리를 거두어 네 거리에 스투파를 세우고 세운 깃대에는 비단을 걸어 온 나라 길가는 사람들이 모두 그 붇다의 스투파를 보게 하여, 여래 법왕의 도의 교화를 사모해, 살아서는 복된 이익을 얻고 죽어서는 하늘위에 태어나게 하라.

다만 도를 얻은 자는 내놓는다.'"

그때 여러 말라족 사람들은 서로 말했다.

"우리는 성으로 돌아가 장례 도구들인 향과 꽃 · 흰 무명베 · 나무관 · 향기로운 기름과 베를 마련하자."

말라족 사람들은 곧 함께 성으로 들어가 장례 도구들을 마련했다. 천관사로 돌아와 깨끗한 향탕으로 붇다의 몸을 목욕시키고, 새 흰 무명베로 몸을 두루 감되 오백 겹으로 차곡차곡 묶듯이 감싸고 몸을 황금관에 넣고 깨 기름을 부어 채웠다.

다시 금관을 들어 두 번째 큰 쇠곽에 넣고, 찬다나 향나무로 짠 덧관으로 겉을 거듭 싸고, 온갖 기이한 향을 그 위에 쌓았다.

**마하카샤파 존자를 기다리게 하는 하늘신들의 뜻으로
다비의 불이 붙지 않음**

그때 말라족의 대신(大臣) 로이는 큰 횃불을 들고 '붇다의 몸을 안치한 장작더미'[佛積]에 불을 붙이려 하였다.

그러나 불이 붙지 않았다. 다른 말라족 대신이 잇달아 장작더미에 불을 붙였지만 또한 불은 붙지 않았다.

그때 아니룻다가 여러 말라족 사람들에게 말했다.

"그만두시오, 그만두시오. 여러분, 당신들이 할 수 있는 일이 아닙니다. 불이 자꾸 꺼지고 붙지 않는 것은 여러 하늘의 뜻입니다."

말라족 사람들은 또 물었다.

"여러 하늘은 무슨 까닭에 불이 붙지 못하게 합니까?"

아니룻다가 말했다.

"마하카샤파 존자가 그 제자 오백 명을 거느리고 지금 파바 국에서 오는 중인데, 다비하기 전에 도착하여 붇다의 몸을 뵙고자 하오. 그래서 하늘이 그 뜻을 알고 불이 붙지 못하게 하는 것이오."

말라족 사람들이 또 말했다.

"그 뜻에 따르겠습니다."

**노닐어 다니던 카샤파와 그 제자들이 길에서
세존의 니르바나 소식을 듣고 다비 전에 돌아옴**

그때 마하카샤파는 오백 제자를 데리고 파바 국에서 오는 길 가운데서 한 '니르그란타'를 만났다. 그는 손에 마나라 꽃을 쥐고 있었다. 마하카샤파는 멀리서 니르그란타를 보고 가까이 가서 물었다.

"그대는 어디서 오시오?"

그가 대답했다.

"저는 쿠시나가라 성에서 옵니다."

카샤파가 또 물었다.

"그대는 우리 크신 스승을 아시오?"

그는 답했다.

"압니다."

또 물었다.

"우리 크신 스승은 살아 계시오?"

그는 대답했다.

"니르바나에 드신 지 벌써 이레가 지났습니다. 저는 거기서 오다가 이 하늘 꽃을 얻었습니다."

카샤파가 이 말을 듣고 슬퍼했다. 그때 오백 명의 비구들도 붇다께서 니르바나에 드셨다는 말을 듣고 모두 슬피 울면서 뒹굴고 부르짖으며 스스로 억누르지 못했다.

그들은 눈물을 닦으면서 말했다.

"여래께서 니르바나에 드심이 어찌 이리도 빠른가, 세존께서 니르바나에 드심이 어찌 이리도 빠른가, 큰 법이 빠져 사라지고 가리워짐이 어찌 이리도 빠른가?

뭇 삶들은 길이 시들고 세간의 눈이 없어졌구나."

마치 큰 나무가 뿌리째 뽑혀 가지들이 꺾인 것 같았고, 또 허리 잘린 뱀이 뒹굴고 헤매며 어디로 갈지 모르는 것 같았다.

그때 그 대중 가운데 수바다(Subhadda)라는 사카족의 아들이 있었다. 그는 비구들을 만류하면서 말했다.

"그대들은 걱정하지 마시오. 세존이 니르바나에 드셨으니 우리는 이제 자유를 얻었소. 그분은 늘 '이것은 꼭 행하라. 이것은 행하지 말아야 한다'고 하였었는데, 지금부터 나는 내 하고 싶은 대로 하겠소."

카샤파가 이 말을 듣고 섭섭해 하고 언짢아하면서 곧 여러 비구들에게 말했다.

"빨리 옷과 발우를 거두어들라. 어서 두 사라 나무가 있는 곳으로 가자. 다비하기 전에 도착하면 붇다를 뵐 수 있을 것이다."

마하카샤파 존자가 세존께 나아가자 관 밖으로 두 발을 내보이심

그때 여러 비구들은 마하카샤파의 말을 듣고 곧 자리에서 일어나 카샤파를 모시고 따라갔다. 쿠시나가라 성으로 들어가 나이란자나 강을 건너 천관사에 도착했다. 아난다가 있는 곳으로 가서 인사를 나누고 한쪽에 앉아 아난다에게 말했다.

"우리들은 한 번만이라도 사리를 직접 뵙기 위해 다비하기 전에 도착했습니다. 어떻게 뵐 수 없겠습니까?"

아난다가 대답했다.

"아직 다비하지 않았지만 다시 뵙기는 어렵습니다.

왜냐하면 붇다의 몸은 벌써 향탕으로 목욕시켰고, 흰 무명베로 몸을 두루 감되 오백 겹으로 차곡차곡 묶듯이 감쌌고, 금관에 넣어 쇠곽에 모셔두고, 찬다나 향나무로 만든 덧관으로 그 겉을 거듭 싸서 덮었습니다. 그러므로 붇다의 몸을 다시 뵙기가 어렵습니다."

카샤파가 세 번이나 청했지만 아난다는 처음과 같이 붇다의 몸을 다시 뵙기가 어렵다고 대답했다.

그때 마하카샤파는 향더미를 향해 걸어갔다. 바로 그때 붇다께서 거듭 싼 나무관[重槨] 안에서 두 발을 나란히 내미셨는데, 발에 이상한 빛이 있었다.

카샤파는 그것을 보고 이상히 여겨 아난다에게 물었다.

"붇다의 몸은 금빛인데 지금 발은 왜 이상합니까?"

아난다가 대답했다.

"아까 어떤 늙은 여인이 못내 슬퍼하면서 앞으로 나아가 손으로 붇다의 발을 어루만졌습니다. 그때 눈물이 그 위에 떨어졌기 때문에 그 빛이 이상한 것입니다."

카샤파는 그 말을 듣고 매우 언짢아했다. 곧 향더미를 향해 붇다의 사리에 절했다. 그때 사부중(四部衆)과 위의 여러 하늘도 동시에 절했다. 이에 붇다의 발이 갑자기 사라졌다.

마하카샤파 존자가 세존께 찬탄의 노래를 바침

마하카샤파는 향더미를 세 번 돌고 게송을 지어 말했다.

모든 붇다는 짝할 데 없으신 분
거룩한 지혜 이루 말할 수 없나니
짝할 데 없는 거룩한 지혜에
저는 이제 머리 숙여 절하옵니다.

짝할 데 없이 크고 높으신 사문
가장 높아 더러움과 티가 없도다.
무니는 애욕의 가지를 끊으신
큰 신선 하늘과 사람 속의 높은 분
사람 가운데 으뜸가는 영웅이시니
저는 이제 머리 숙여 절하옵니다.

고행에는 같이 짝할 사람이 없어
집착 떠나 사람들 가르치시고

물듦 없고 때와 티끌이 없으신
위없이 높은 이께 절하옵니다.

세 가지 더러운 때 이미 다하고
비어 고요한 행을 늘 즐기시며
둘이 없고 견줄 이 아무도 없는
열 가지 힘 갖춘 이께 절하옵니다.

멀리 잘 가시어 가장 높으시며
지혜 복덕 갖춘 분 중 가장 높은 이
사제법을 깨달아 그치어 쉬신
안온한 그 지혜에 절하옵니다.

모든 사문 가운데 위없으시며
삿됨 돌려 바름에 들게 하셨던
세존께서 적멸함을 보여주시니
고요한 그 자취에 절하옵니다.

번뇌의 불이 없고 티가 없으사
그 마음은 언제나 고요하시며
모든 티끌 더러움을 닦아 없애신
때 없이 높은 이께 절하옵니다.

지혜의 눈은 헤아릴 수가 없으며

위엄 있는 그 이름은 단이슬과 같아
이 세간에 아주 있기 드문 일이라
생각할 수 없고 말할 수 없으니
짝할 수 없는 이께 절하옵니다.

외치는 그 소리는 마치 저 사자
숲속에서 두려워함 없는 것 같아
온갖 모든 마라의 무리 항복케 하고
네 가지 족성의 차별 벗어나심에
머리 숙여 붙다께 절하옵니다.

• 장아함 2 유행경 뒷부분

• 해설 •

세존 장례절차의 총책임자는 제자 가운데 하늘눈이 으뜸이고 네 곳 살핌으로 깊은 선정과 지혜 갖춘 아니룻다 장로이고 그 보조 역할을 아난다 존자가 맡고 있다.

세존께서 파리니르바나 바로 전에 파바 국 말라족의 많은 대중을 교화하시니, 법왕의 장례를 말라족에게 맡기려 함이신가.

아니룻다 장로가 아난다를 보내 말라족에게 알리자, 파바 국은 세존의 장례를 치르기 위해 온 백성이 다 나섰다. 세존의 몸을 전륜왕의 예법처럼 잘 장엄하여 말라족의 나이든 어른들이 들려 하자 들리지 않으니, 그 까닭은 무엇인가.

세존을 공경하는 여러 하늘들이 장례에 동참하여 맑고 깨끗한 말라족의 어린이들로 하여금 세존의 몸을 모신 평상을 들게 하려 함이다.

세존의 몸을 한량없는 꽃과 향 하늘음악으로 공양하고 다비장에 모시어 다비의 불을 붙이려 하자 다시 불이 붙지 않으니, 이는 또 무슨 까닭인가. 세존의 으뜸 제자 마하카샤파가 멀리 다른 곳에 노닐어 나가 있으므로 카샤파의 이르름을 기다려 다비하려는 여러 하늘신들의 뜻이다.

손에 마나라 꽃을 든 니르그란타 수행자로부터 세존의 니르바나 소식을 들은 마하카샤파가 이레 만에 다비의 장소에 이르러 세존께 절하니, 이미 니르바나에 드신 붇다께서 관 밖으로 두 발을 내보이셨다.

이는 무슨 뜻인가. 마지막 여래의 신통의 가르침을 만천하에 열어 보이심인가. 저 마하카샤파에게 비밀히 법을 부쳐 맡기심인가.

선종(禪宗)은 이 모습을 세 곳에서 비밀하게 마하카샤파에게 법을 전한 소식[三處傳心] 가운데 마지막 전한 것이라 말한다.

그러나 이 법은 산하대지에 이미 드러나 있고, 온갖 중생이 이미 갖추고 있으며 온갖 중생이 이미 쓰고 있는 것인데, 어찌 마하카샤파에게만 비밀히 부칠 것인가. 누가 속임을 당한 자인가.

세존께서 관 밖으로 두 발을 보이심이여!

'지금 살아 있는 내 살갗 밑에 참으로 피가 흐르는가'[皮下有血]를 살필 줄 아는 이가 이 뜻을 볼 수 있는 것이다.

해인신(海印信)선사의 다음 노래를 들어보자.

카샤파가 뒤늦게 이르렀는데
관에서 두 발을 내보이셨네.
비록 비밀하게 법을 부쳤다 하나
발라 속임을 억지로 입은 것이네.
그 누가 발라 속인 것인가.
우습다, 그때 장부답지 못함이여.

飮光後至　槨示雙趺
雖云密付　剛被塗糊
誰塗糊　堪笑當時不丈夫

여래의 사리 나눠 여덟 스투파를 세우고
병과 재 머리카락을 모신 스투파를 모시니

마하카샤파 존자는 큰 위엄과 덕이 있고 네 가지 변재가 있었으니, 이 게송을 설하고 나자 그때 붇다 몸에 쌓은 화장 더미는 불을 붙이지 않았는데도 저절로 탔다.

여러 말라족 사람들이 각기 서로 말했다.

"지금 불이 맹렬하게 타올라 불꽃이 너무 거세어 그칠 수 없다. 다비한 사리가 어쩌다 녹아버리지나 않았을까? 어디에서 물을 구해 이 불을 꺼야 할까?"

그때 화장 더미 곁에 사라 나무신[娑羅樹神]이 있었는데, 붇다의 도를 깊이 믿었다. 그는 곧 신력(神力)으로써 화장 더미의 불을 껐다. 그때 여러 말라족 사람들은 또 서로 말했다.

"이 쿠시나가라 성 곁의 십이 요자나에 있는 향기로운 꽃을 모두 꺾어 붇다의 사리에 바치자."

그래서 곧 성 밖으로 나가 여러 향기로운 꽃을 꺾어 공양하였다.

파바 국의 말라족이 군대를 일으켜 사리 분배를 요구하자
쿠시나가라 국의 왕이 거절함

그때 파바 국에 있던 말라족 백성들이 붇다께서 두 사라 나무 사이에서 니르바나에 드셨다는 소식을 듣고 모두들 스스로 생각했다.

'이제 우리들은 가서 사리 분배를 요구하자. 그래서 우리 본 땅에

스투파를 세우고 공양하자.'

파바 국의 여러 말라족 사람들은 나라에 명령을 내려 네 종류의 군대[兵], 곧 코끼리 부대[象兵] · 말 부대[馬兵] · 수레 부대[車兵] · 걷는 부대[步兵]를 정비하고 쿠시나가라 성에 도착하여 사자(使者)를 보내어 말했다.

"세존[衆祐]께서 이곳에 이르러 니르바나에 드셨다고 들었습니다. 그분은 또한 우리의 스승이십니다. 우리는 우러르고 그리워하는 마음 때문에 이렇게 찾아와 그 사리 나누어주실 것을 요청하는 것입니다.

우리 본국에 스투파를 세우고 공양하고자 합니다."

쿠시나가라 왕이 대답했다.

"그렇다, 그렇다. 참으로 말한 바와 같다. 하지만 세존께서는 이 땅에 내려 오셔서 이곳에서 니르바나에 드셨다.

그러므로 이 나라 백성들이 스스로 공양해야 할 것이다. 그대들이 수고롭게도 멀리서 왔지만 사리를 나누어줄 수는 없다."

다른 작은 나라들 백성과 마가다 국의 왕이 사리 분배를 요구하고 군대를 일으켰으나 쿠시나가라 국의 왕이 거절함

그때 알라캅파(Alakappa) 국의 여러 불리족(Buli) 백성들과 라마가마(Rāmagāma) 국의 콜리야족(Koḷiya) 백성들, 그리고 베타디파(Veṭhadīpa) 국의 브라마나들, 카필라 국의 사카족 백성들, 바이샬리 국의 브릿지족 백성들과 마가다 국의 왕 아자타사트루는 여래께서 쿠시나가라 성의 두 사라 나무 사이에서 니르바나에 드셨다는 소식을 듣고 모두들 스스로 생각했다.

'이제 우리도 꼭 가서 사리의 분배를 요구하자.'

그때 아자타사트루 등 여러 국왕들은 곧 나라에 명령을 내려 네 종류의 군대 곧 코끼리 부대·말 부대·수레 부대·걷는 부대를 정비해 가지고 진격하여 강가아 강을 건넜고, 곧 브라마나 드로나(Droṇa)에게 명령했다.

"너는 우리의 이름으로 쿠시나가라 성에 들어가 여러 말라족 사람들에게 다음과 같이 문안하라.

'지내시는 것은 가볍고 편하시며 걸음걸이는 건강하오? 우리는 여러분들을 늘 존경하고 이웃에 있으면서 의리를 지키고 서로 화목하게 지내며 일찍이 다툰 적이 없소.

우리는 여래께서 그대들의 나라에서 니르바나에 드셨다는 말을 들었소. 위없이 높은 분은 참으로 우리가 하늘처럼 받들던 분이시오. 그러므로 멀리서 찾아와 사리의 분배를 요구하오. 우리는 본토에 돌아가 스투파를 세워 공양하고자 하오. 만약 그것을 우리에게 준다면 온 나라의 귀중한 보배를 그대들과 나누겠소.'"

드로나 브라마나는 왕의 명령을 받고 곧 그 성으로 가서 여러 말라족 사람들에게 말했다.

"마가다의 대왕은 한량없이 이렇게 문안하시오.

'지내시는 것은 가볍고 편하시며 걸음걸이는 건강하오? 우리는 여러분들을 늘 존경하고 이웃에 살면서 의리를 지키고 서로 화목하게 지내며 일찍이 다툰 적이 없소.

우리는 여래께서 그대들의 나라에서 니르바나에 드셨다는 말을 들었소. 위없이 높은 분은 참으로 우리가 하늘처럼 받들던 분이시오. 그러므로 멀리서 찾아와 사리의 분배를 요구하오. 우리는 본토

에 돌아가 스투파를 세워 공양하고자 하오. 만약 그것을 우리에게
준다면 온 나라의 귀중한 보배를 그대들과 나누겠소.'"

여러 말라족 사람들은 드로나에게 대답했다.

"그렇소, 그렇소. 진실로 그대의 말과 같소. 하지만 세존께서는 이
땅에 내려 오셔서 이곳에서 니르바나에 드셨소.

그러므로 이 나라의 백성들이 스스로 공양해야 할 것이오. 그대들
이 수고롭게도 멀리서 왔지만 사리를 나누어줄 수는 없소."

마가다 국의 왕과 쿠시나가라 국의 왕이 사리 분배를 놓고 계송으로 뜻을 말함

그때 마가다 국의 왕은 곧 여러 신하들을 모아 함께 의논하고 게
송을 지어 널리 말했다.

> 우리들은 함께 모여 논의하여
> 멀리서 찾아와 머리 숙여 절하며
> 겸손한 말로 나누기를 청했도다.
> 만약 사리를 주지 않는다 하면
> 네 가지 군대가 여기 있으니
> 우리 몸과 목숨 아끼지 않으리.
> 올바로 사리를 못 얻는다면
> 반드시 힘으로 가져가리라.

쿠시나가라 국에서도 곧 여러 신하를 모아 의논하고 게송으로 대
답했다.

여러분은 멀리서 와 힘들게도
굴욕되게 머리 숙여 절하지만
여래께서 남기신 이 사리들은
가지도록 서로 허락할 수 없노라.

그대들이 군대를 일으키려 한다면
우리들 여기 또한 군대가 있다.
목숨 다하도록 서로 맞서 싸우리니
두려워 물러설 것 전혀 없도다.

드로나 브라마나의 화해 노력으로
여래의 사리를 여덟 몫으로 나누기를 결정함

그때 드로나 브라마나는 여러 사람들을 타이르며 말했다.

"여러 어진 이들이시여, 여러분은 기나긴 밤 동안 붇다의 가르침을 받았습니다. 입으로는 진리의 말씀을 외우고 마음으로는 자비의 교화에 감복하며 모든 중생을 늘 안락하게 하려고 생각합니다.

그런데 이제 붇다의 사리를 다투어 서로 죽이려 해서야 되겠습니까? 여래께서 사리를 남기신 것은 널리 이익되게 하고자 함이니 지금 이 사리를 나누어 가지도록 해야 합니다."

모두들 좋다고 칭찬하고는 곧 다시 의논했다.

"누가 이것을 잘 나눌 수 있겠는가?"

모두들 말했다.

"드로나 브라마나는 어질고 지혜로우며 공평하니 그가 나누도록 하는 것이 좋겠습니다."

여러 국왕은 곧 드로나에게 명령했다.

"그대는 우리를 위하여 붇다의 사리를 여덟 몫으로 똑같이 나누라."

드로나가 붇다의 윗어금니를 마가다 국의 왕에게 보내기로 하고 그 뜻을 전함

드로나는 여러 왕의 말을 듣고 곧 사리가 있는 곳으로 갔다. 사리에 머리를 대 절하고 나서 천천히 나아가 붇다의 윗어금니[上牙]를 집어 따로 한쪽에 두었다. 그리고 심부름하는 자를 시켜 붇다의 윗어금니를 가지고 아자타사트루 왕 있는 곳에 가져가게 했다.

심부름하는 자에게 말했다.

"너는 내 말로 대왕께 말씀드려라.

'대왕이여, 지내시는 것은 가볍고 편하시며 걸음걸이는 건강하십니까? 사리가 오지 않아 얼마나 많이 기다렸습니까? 이제 심부름하는 자에게 여래의 윗어금니를 보내오니 그것을 공양하시어, 기다려 바랬던 마음[企望]을 달래십시오.

샛별이 나타날 때쯤에는 사리의 분배를 다 마치고 반드시 스스로 받들어 보내겠습니다.'"

그때에 그 심부름하는 자는 드로나의 분부를 받고 곧 아자타사트루 왕이 있는 곳에 가서 말씀드렸다.

"드로나 브라마나는 이렇게 한량없이 문안 올렸습니다.

'지내시는 것은 가볍고 편하시며 걸음걸이는 건강하십니까? 사리가 오지 않아 얼마나 많이 기다리셨습니까? 이제 심부름하는 자에게 여래의 윗어금니를 보내오니 그것을 공양하시어, 기다려 바랬던 마음을 달래십시오.

샛별이 나타날 때쯤에는 사리의 분배를 마치고 반드시 스스로 받들어 보내겠습니다.'"

사리를 여덟 몫으로 나누어 여덟 스투파를 세우고
그밖에 병탑과 재탑, 머리카락탑을 세워 모심

그때 드로나는 한 섬쯤 들어가는 병에 사리를 받아가지고 곧 고르게 여덟 몫으로 나누었다. 그리고 여러 사람들에게 말했다.

"이 병을 여러분이 의논해서 저에게 주신다면 집에 스투파를 세워 공양하겠습니다."

여러 사람들은 말했다.

"참으로 지혜롭소. 바로 가져갈 때이오."

곧 주는 것을 같이 들어주었다.

핍팔리바나(Pipphalivana)의 모리족 사람들이 여러 사람에게 말했다.

"땅에 널린 잿더미라도 주신다면 스투파를 세워 공양하겠습니다."

모두들 그것을 주자고 말했다.

쿠시나가라 성 사람들[말라족]은 분배된 사리를 얻어 곧 그 땅에 스투파를 세우고 공양했다. 파바 국 사람[말라족]과 알라캅파 국[불리족]·라마가마 국[콜리야족]·베타디파 국[브라마나]·카필라 국[사카족]·바이살리 국[브릿지족]·마가다 국의 아자타사트루 왕도 사리의 한몫을 얻어 각기 그 나라로 돌아가 스투파를 세우고 공양했다.

드로나 브라마나는 사리병(舍利瓶)을 가지고 돌아가 스투파[塔廟]를 세웠고, 핍팔리바나의 모리족 사람들도 잿더미를 가지고 돌아가 스투파를 세웠다.

그래서 그때 여래의 사리(舍利, śarīra)로 '여덟 개의 스투파'[八

塔]를 세웠고, 아홉 번째로는 병의 스투파[瓶塔], 열 번째로는 재의 스투파[炭塔], 열한 번째로는 살아계실 때의 머리카락의 스투파[髮塔]를 세웠다.

붇다의 태어나심과, 집을 나오심, 도 이루심,
니르바나 드신 때를 노래로 보임

붇다께서는 어떤 때 태어나시고, 어떤 때 도를 이루시었으며, 어떤 때 니르바나에 드셨는가?

샛별[沸星]이 나타날 때 태어나셨고, 샛별이 나타날 때 집을 나오셨으며, 샛별이 나타날 때 도를 이루셨고, 샛별이 나타날 때 니르바나에 드셨다.

어떤 때 두 가지 갖추신 이 나셨고
어떤 때 숲속 고행 벗어났으며
어떤 때 가장 높은 도 얻으셨고
어떤 때 니르바나 성에 들어가셨는가.

샛별이 나타날 때 붇다는 태어나셨고
샛별이 나타날 때 숲속 고행 벗어났으며
샛별이 나타날 때 가장 높은 도 얻으셨고
샛별이 나타날 때 니르바나 성에 드셨도다.

여드렛날 여래께선 태어나셨고
여드렛날 붇다는 집 나오셨고

여드렛날 보디를 이루셨으며
여드렛날 니르바나에 드시었네.

여드렛날 두 가지 갖추신 이 나셨고
여드렛날 숲속의 고행 벗어났으며
여드렛날 가장 높은 도 이루셨고
여드렛날 니르바나 성에 들어가셨네.

이월에 여래는 태어나셨고
이월에 붇다는 집 나오셨고
이월에 보디를 이루셨으며
이월에 니르바나에 드시었네.

이월에 두 가지 갖추신 이 나셨고
이월에 숲속의 고행 벗어났으며
이월에 가장 높은 도 얻으셨고
이월에 니르바나 성에 들어가셨네.

사라 나무 꽃들이 불처럼 피어
갖가지 여러 빛들 서로 비칠 때
본디 태어나신 그곳으로 돌아와
여래는 니르바나에 들어가셨네.

자비 크신 이 파리니르바나에 드시자

많은 이들 그분 기려 절하옵나니
여래는 모든 두려움 다 건너서
결정코 사라져 건넘 취하셨네.

• 장아함 2 유행경 끝부분

• 해설 •

세존께서 니르바나에 드신 뒤 남은 사리의 분배를 놓고 파바 국과 마가다 국의 왕이 군대를 일으키고, 뒤이어 쿠시나가라 국 또한 군대를 일으키고, 사리를 요구하는 여러 나라들이 모두 군대를 일으키니, 자비와 평화를 가르친 위없는 스승의 사리를 놓고 전쟁으로 치닫는 정국은 참으로 그 스승의 뜻과 모순된다.

인류역사에 거룩한 스승에 대한 존경심 때문에 성자의 유골을 얻기 위해 전쟁까지 불사하는 이런 일이 일찍이 있었던가. 드로나의 중재로 여덟 왕[八王]이 사리를 나누어[八王分骨] 스투파를 쌓고, 사리를 담은 병과 사리를 거두고 남은 재와 머리카락을 모신 스투파가 인도땅에 세워지니, 주지삼보(住持三寶)인 스투파를 여래의 몸으로 섬기는 믿음이 여래의 니르바나와 함께 시작되었다.

또한 이 열한 개 여래 사리의 스투파[śarīra-stūpa, 舍利塔]는 사리푸트라와 목갈라야나가 니르바나에 든 뒤, 여래께서 두 제자를 위해 스투파를 쌓도록 하시고, 세간에 전륜왕과 아라한, 프라테카붇다와 여래를 위해 스투파를 쌓으라고 하신 가르침의 실현이 된다.

붇다의 가르침을 섬기고 따르는 많은 나라들에서 붇다의 태어남은 4월 8일이고, 붇다의 출가는 2월 8일이며, 붇다의 성도는 12월 8일이고, 붇다의 니르바나는 2월 15일로 기념된다.

그러나 장아함은 2월 8일 샛별이 뜨던 때 붇다는 나시고, 같은 때 고행숲을 벗어나시고 보디 나무 아래서 도를 이루시며, 첫 법바퀴를 굴리시고 니르바나에 드셨다고 말한다.

이 차이점은 무엇인가.

이월 여드렛날은 일년 내내 무더위가 지속되고 비가 내리면 몇 달을 내리쏟아지는 인도의 기후풍토 속에서, 춥지도 않고 덥지도 않으며 비도 내리지 않는 날이다.

더위와 추위가 중간이 되는 이월 여드레, 때와 철 가운데 가장 좋고 좋은 이날 만상이 고요한 새벽 저 어렴풋이 동터오는 하늘에 샛별이 환히 비칠 때, 여래가 이 세간에 오신 것인가.

그리하여 인류의 만 생명 무명의 어두움을 밝히고 역사의 새 새벽을 밝히는 위없는 스승[Anuttara, 無上師] · 사람 가운데 사자[Narendra-siṃha, 人師子] · 크신 영웅[Mahā-vīra, 大雄]이 다시 탐욕의 집을 나와 새벽별이 떠오르는 그때 도를 이루시고 법바퀴를 굴리시며 니르바나에 드셨다고 말한 것인가.

오시고 가신 그 날짜가 서로 달라도 가장 위없으신 이의 오시고 가심을 받들어 섬기는 이들이 제각기 가장 좋은 그 날짜로 받들어 모심이리라.

그렇다면 그때와 철과 날짜는 정해진 날짜가 아닌 것인가.

실로 옴이 없고 감이 없는 곳에서 무명의 기나긴 밤[無明長夜], 그 캄캄한 밤하늘을 밝히는 샛별이 뜨는 때는 언제인가!

다음 『화엄경』(「여래출현품」) 게송의 뜻을 깊이 사유해보자.

> 비유하면 진실한 때는 때가 아니라
> 널리 삼세에 있지만 넓음 아니듯
> 큰 인도자 경계 또한 이와 같아서
> 삼세에 두루하여 다 걸림 없도다.
>
> 譬如實際而非際　普在三世亦非普
> 導師境界亦如是　遍於三世皆無礙

모든 법의 성품 고요함을 깨달아 알면
새가 허공에 날듯 자취가 없네.
본원의 힘으로 몸을 나타내시사
여래의 큰 신변을 보도록 하네.

了知諸法性寂滅　如鳥飛空無有跡
以本願力現色身　令見如來大神變

여래께서 나오시는 법 끝이 없어
세간은 미혹해서 알 수 없어라.
여러 중생 깨우쳐 열기 위하여
이루 비유할 수 없는 그 가운데서
갖가지 비유를 말씀하시네.

如來出現法無邊　世間迷惑莫能知
爲欲開悟諸含識　無譬諭中說其譬

학담 鶴潭

1970년 도문화상(道文和尙)을 은사로 출가하여
동헌선사(東軒禪師)의 문하에서 선(禪) 수업을 거친 뒤
상원사·해인사·봉암사·백련사 등 제방선원에서 정진했다.
스님은 선이 언어적 실천, 사회적 실천으로 발현되는
창조적 선풍을 각운동(覺運動)의 이름으로 제창하며,
용성진종선사 유업 계승의 일환으로 서울 종로에
대승사 도량을 개설하고 역경불사를 진행하여
『사십이장경강의』『돈오입도요문론』『원각경관심석』
『육조법보단경』『법화삼매의 길』 등 많은 불전 해석서를 발간했다.
이밖에도 한길사에서 출간한『물러섬과 나아감』을 비롯하여,
『소외와 해탈의 연기법』『선으로 본 붇다의 생애』 등
많은 저서가 있다.
시대의 흐름에 맞는 새로운 선원과 수행처 개설을 위해
도량을 양평 유명산(有明山)으로 이전하고
화순 혜심원 진각선원(眞覺禪院), 오성산 낭오선원(朗晤禪院)
도량불사를 진행 중이다.

아함경 ²

붓다의 생애

지은이 · 학담
펴낸이 · 김언호
펴낸곳 · (주)도서출판 한길사

등록 · 1976년 12월 24일 제74호
주소 · 413-120 경기도 파주시 광인사길 37
　　　www.hangilsa.co.kr
　　　http://hangilsa.tistory.com
　　　E-mail: hangilsa@hangilsa.co.kr
전화 · 031-955-2000~3　　팩스 · 031-955-2005

부사장 · 박관순 | 총괄이사 · 김서영 | 관리이사 · 곽명호
영업이사 · 이경호 | 경영담당이사 · 김관영 | 기획위원 · 류재화
책임편집 · 서상미 이지은 박희진 박호진
기획편집 · 백은숙 안민재 김지희 김지연 김광연 이주영
전산 · 노승우 | 마케팅 · 윤민영
관리 · 이중환 문주상 김선희 원선아

CTP출력 및 인쇄 · 예림인쇄 | 제본 · 경일제책

제1판 제1쇄 2014년 7월 30일

값 30,000원
ISBN 978-89-356-6282-1 94220
ISBN 978-89-356-6294-4 (세트)